D1748529

TÜBINGER GEOGRAPHISCHE STUDIEN

Herausgegeben von

A. Karger · G. Kohlhepp · H. Grees · W. Moewes · K.-H. Pfeffer

Schriftleitung A. Borsdorf

Heft 99

Christof Ellger

Informationssektor und räumliche Entwicklung - dargestellt am Beispiel Baden-Württembergs

Mit 25 Karten, 7 Schaubildern und 21 Tabellen

1988

Im Selbstverlag des Geographischen Instituts der Universität Tübingen

ISBN 3 - 88121 - 003 - 2
ISSN 0564 - 4232

CIP-Titelaufnahme der Deutschen Bibliothek

Ellger, Christof:
Informationssektor und räumliche Entwicklung - dargestellt am Beispiel Baden-Württembergs / Christof Ellger. Geograph. Inst. d. Univ. Tübingen. - Tübingen : Geograph. Inst., 1988
  (Tübinger geographische Studien ; H. 99)
  Mit 25 Kt., 7 Schaubildern u. 21 Tab.
  Zugl.: Tübingen, Univ., Diss.
  ISBN 3-88121-003-2
NE: GT

WG: 44;61	DBN 88.123506.7	88.09.15
5244	mo/rt	

Gedruckt mit freundlicher Unterstützung folgender Institutionen:

LG-Stiftung: Kunst und Kultur,
eine Stiftung der Landesgirokasse Stuttgart

Württembergische Gemeindeversicherung a. G.

Copyright 1988 Geographisches Institut der Universität Tübingen, Hölderlinstraße 12, D-7400 Tübingen

Zeeb-Druck, 7400 Tübingen 7

Vorwort

Bei dieser Arbeit auf dem Forschungsfeld der Geographie des quartären bzw. Informationssektors bin ich von einer Reihe von Institutionen und von vielen lieben Menschen in großzügiger Weise unterstützt worden. All den Förderern und Helfern, auch denen, die hier nicht namentlich genannt werden können, möchte ich herzlich danken.

Die Sonderauswertung der Beschäftigtenstatistik konnte in Zusammenarbeit mit dem Statistischen Landesamt Baden-Württemberg durchgeführt werden; insbesondere Herrn Wörner möchte ich für seine Unterstützung danken.

Meine Beschäftigung mit Zusammenhängen zwischen Informationstätigkeiten und städtischer bzw. großräumlicher Entwicklung geht wesentlich auf Anregungen aus meinem Studienjahr in Durham, England und aus einem Ferienseminar zu Stadtentwicklungsfragen in Alpbach zurück. Neben den Dozenten und den Kommilitoninnen und Kommilitonen möchte ich der Studienstiftung des deutschen Volkes danken, die mich als Studenten und Doktoranden gefördert und beide Erfahrungen ermöglicht hat.

Ich danke Herrn Professor Karger für die Übernahme des Zweitgutachtens der Dissertation, ihm und seinen Kollegen im Herausgeberkreis der Tübinger Geographischen Studien für die Aufnahme der Arbeit in diese Reihe.

Herrn Engel danke ich für die Reinzeichnung der Karten, Herrn Professor Kluczka und meinen Berliner Kolleginnen und Kollegen für die Unterstützung beim Abschluß dieser Arbeit.

Für die Druckkostenzuschüsse danke ich der LG-Stiftung: Kunst und Kultur sowie der Württ. Gemeindeversicherung a.G.

Der Abschluß dieser Arbeit fällt zeitlich zusammen mit meinem Weggang von Tübingen. Die Tübinger Jahre sind vor allem geprägt von Studium und Arbeit bei Professor Hermann Grees. Was ich 1982 zu meiner Examensarbeit schreiben konnte, gilt heute noch in weit größerem Maße: Ich empfinde es als großes Privileg, über Jahre hinweg bei ihm studiert zu haben, für ihn tätig gewesen sein zu können und mit ihm zusammengearbeitet zu haben. Für seine beständige Ermutigung, für sein Vertrauen, für seinen großen Einsatz für diese Arbeit, für all das, was ich bei ihm gelernt habe an Fachlichem und weit darüber hinaus an Integrität und Menschlichkeit möchte ich ihm ganz herzlich danken.

Berlin, Juli 1988

Inhaltsverzeichnis

Einleitung 1

**A   Theoretische Erörterung der Zusammenhänge zwischen
      Informationssektor und räumlicher Entwicklung** 3

1.   Der Informationssektor als sozialwissenschaftliche Kategorie 3

1.1.   Von der Drei- zur Vier-Sektoren-Gliederung 3
1.1.1.   Die Gliederung der Wirtschaft in Sektoren 3
1.1.2.   Die Drei-Sektoren-Gliederung 4
1.1.3.   Kritik der Drei-Sektoren-Gliederung 5
1.1.4.   Ansätze zur Erweiterung der Drei-Sektoren-Gliederung 6
1.2.   Der Informationssektor als quartärer Sektor 9
1.2.1.   Die Konzeption eines quartären (Informations-)Sektors in den
         Sozialwissenschaften 9
1.2.2.   Zur Begründung der Ausgliederung des Informationssektors 12
1.3.   Definition und Abgrenzung des Informationssektors 16
1.3.1.   Sektorengliederung nach Wirtschaftszweigen
         oder Tätigkeitsbereichen? 16
1.3.2.   Begriff und Definition des quartären bzw. Informationssektors
         bei verschiedenen Autoren 17
1.3.3.   Information als Definitionsmerkmal für den quartären Sektor 23
1.3.4.   Dem 'Informationssektor' verwandte Begriffe und Abgrenzungen 26
1.3.5.   Die Abgrenzung des Informationssektors 28
1.3.5.1. Die Abgrenzung von Informationsberufen 28
1.3.5.2. Die Abgrenzung des Informationssektors auf der
         Basis von Wirtschaftszweigen 37

2.   Informationssektor und Wandel der Beschäftigungsstruktur 40

2.1.   Die Expansion des Informationssektors 40
2.2.   Sozioökonomische Hintergründe der Expansion
         des Informationssektors 51
2.2.1.   Ablösung der 'Industriegesellschaft' durch die
         Dienstleistungsgesellschaft'? 51
2.2.2.   Expansion von Informationstätigkeiten als Folge
         der industriellen Entwicklung 55
2.2.3.   Begriff und Aspekte der Informationsgesellschaft 59

3.	Informationssektor und räumliche Entwicklung	62
3.1.	Forschungsansätze zu einer Geographie des quartären Sektors	62
3.1.1.	Bürostandortforschung	62
3.1.2.	Studien innerhalb der Geographie des tertiären Sektors	65
3.1.3.	'Headquarter'-Studien	68
3.1.4.	'Kontakt'-Studien und verwandte Ansätze	73
3.1.5.	Städtesystem-Studien	76
3.1.6.	Funktional ausgerichtete Stadtgeographie und Stadtforschung	78
3.1.7.	Arbeiten zur großräumlichen funktionalen Arbeitsteilung	80
3.1.8.	Studien zu räumlichen Folgen neuer Informationstechniken	81
3.1.9.	Innovationsorientierte Regionalpolitik	83
3.1.10.	Raumbezogene Studien zu Teilbereichen des Informationssektors	84
3.1.11.	Raumbezogene Studien der Medien-, Kommunikations- und sonstigen Sozialwissenschaften	87
3.2.	Zusammenfassung des Forschungsstandes: Makroräumliche Entwicklungstendenzen des Informationsbereichs und deren Determinanten	89
3.3.	Die Konzentration von Wissen und Macht als Hintergrund der Konzentrationstendenzen des Informationssektors	91
3.3.1.	Typisierung von Informationsfunktionen nach deren Raummustern und raumdynamischer Wirkung	91
3.3.2.	Wissen und Macht als Grundelemente der agglomerativen Informationsfunktionen	93
3.3.2.1.	Informationskonzentration als Konzentration kognitiver Strukturen	94
3.3.2.2.	Informationskonzentration als Konzentration von Machtfunktionen	95
3.3.2.3.	Zur Interdependenz von kognitiven und kontrollierenden Funktionen	97
3.3.3.	Polarisierungstheoretische Formulierung der makroräumlichen Konzentration von Informationsfunktionen	99
3.3.4.	Die Bedeutung des Informationssektors für die räumliche Entwicklung	100
4.	Probleme empirischer Forschung zu den Zusammenhängen von Information und räumlicher Entwicklung	102

		V

B	**Informationssektor und räumliche Entwicklung in Baden-Württemberg**	**105**
5.	Raumstruktur und räumliche Entwicklung Baden-Württembergs	105
5.1.	Einführung	105
5.2.	Aktuelle Situation und Entwicklungstendenzen	107
5.3.	Räumliche Disparitäten in Baden-Württemberg	116
6.	Der Informationssektor in Baden-Württemberg	118
6.1.	Die empirische Untersuchung: Auswertung der Beschäftigtenstatistik	118
6.2.	Die Entwicklung des Informationssektors in Baden-Württemberg	119
6.3.	Die räumliche Verteilung des Informationssektors auf die Stadt- und Landkreise in Baden-Württemberg	125
6.3.1.	Das Verteilungsmuster des Informationssektors insgesamt	125
6.3.2.	Das Verteilungsmuster der Informationsbeschäftigten in ausgewählten Wirtschaftszweigen	135
6.3.2.1.	Verarbeitendes Gewerbe	135
6.3.2.2.	Energiewirtschaft, Wasserversorgung, Bergbau	141
6.3.2.3.	Großhandel und Handelsvermittlung	145
6.3.2.4.	Bankwesen	147
6.3.2.5.	Versicherungen	153
6.3.2.6.	Medienwirtschaft	155
6.3.2.7.	Organisationen ohne Erwerbscharakter	159
6.4.	Die räumliche Verteilung bestimmter privatwirtschaftlicher und öffentlicher Funktionen als Determinante für das Verteilungsmuster der Informationsbeschäftigten	160
6.4.1.	Die Hauptverwaltungsstandorte der größten Unternehmen des Landes	160
6.4.2.	Behördenstandorte	163
6.4.3.	Standorte von Hochschulen und Forschungseinrichtungen	166
6.5.	Die Zusammensetzung des Informationssektors in den Kreisen und die Städtesystem-Struktur	168
6.6.	Zusammenfassung und Schlußfolgerungen	172

Anmerkungen 181

Summary 184

Literaturverzeichnis 187

Verzeichnis der Tabellen

Tab. 1:	Die Vier-Sektoren-Gliederung der Wirtschaft	26
Tab. 2:	International Standard Classification of Occupations - ISCO	29
Tab. 3:	Abgrenzung von Informationsberufen	31
Tab. 4:	Auszug aus der Systematik der Wirtschaftszweige (WZ)	38
Tab. 5:	ISIC - Wirtschaftsabteilungen und ihre Zuordnung zu den Wirtschaftssektoren	39
Tab. 6:	Anteile der Wirtschaftssektoren an den Beschäftigten in der Bundesrepublik Deutschland 1950-1982	42
Tab. 7:	Anteile der Informationsbeschäftigten an den insgesamt Beschäftigten in OECD-Ländern	43
Tab. 8:	Berufsstruktureller Wandel in Deutschland bzw. in der Bundesrepublik 1925-1978	45
Tab. 9:	Entwicklung der Erwerbstätigen nach Tätigkeitsgruppen - Prognose 1980-2000	48
Tab. 10:	Aggregation von Tätigkeitsgruppen der Prognos/IAB-Studie 1985 zu Wirtschaftssektoren	49
Tab. 11:	Prognose der Entwicklung der Wirtschaftssektoren (nach der Prognos/IAB-Studie 1985)	49
Tab. 12:	Struktur des Bruttoinlandsprodukts in der Bundesrepublik Deutschland 1960-1985	54
Tab. 13:	Anzahl und Standortverteilung der Hauptverwaltungen der größten europäischen Industrieunternehmen in Europa 1975	72
Tab. 14:	Unterschiedliche Bedeutung von Kontaktpartnern für Hauptsitze von Großunternehmen	77
Tab. 15:	Beschäftigte insgesamt und Informationsbeschäftigte nach Wirtschaftszweigen 1979 und 1986 in Baden-Württemberg	120
Tab. 16:	Die Entwicklung der Informations- und Nichtinformationsbeschäftigten in Baden-Württemberg 1979 bis 1986	121
Tab. 17:	Beschäftigte insgesamt bzw. in Informationsberufen nach Kreisen 1979 und 1986	176
Tab. 18:	Anteil der Informationsberufe an der Gesamtzahl der sozialversicherungspflichtig Beschäftigten 1979	177
Tab. 19:	Anteil der Informationsberufe an der Gesamtzahl der sozialversicherungspflichtig Beschäftigten 1986	178
Tab. 20:	Anteile der Kreise an den Informationsbeschäftigten des Landes 1986	179
Tab. 21:	Anteile der Wirtschaftszweige an den Informationsbeschäftigten in den Kreisen 1986	180

VII

Verzeichnis der Karten

Karte 1:	Verdichtungsräume, Randzonen der Verdichtungsräume und Verdichtungsbereiche in Baden-Württemberg	106
Karte 2:	Bevölkerungsdichte 1987	108
Karte 3:	Beschäftigtendichte 1986	109
Karte 4:	Bevölkerungsentwicklung 1974-1987	111
Karte 5:	Beschäftigungsentwicklung 1979-1986	113
Karte 6:	Bruttolohn- und -gehaltsummen je Arbeitnehmer in den Stadt- und Landkreisen 1980	117
Karte 7:	Dichte der Informationsbeschäftigten 1986	126
Karte 8:	Informationsquoten 1986	128
Karte 9:	Informationsbeschäftigte 1986	130
Karte 10:	Entwicklung der Informationsbeschäftigung 1979-1986	132
Karte 11:	Informationsbeschäftigte im Verarbeitenden Gewerbe 1986	136
Karte 12:	Informationsquoten im Verarbeitenden Gewerbe 1986	138
Karte 13:	Entwicklung der Informationsbeschäftigung im Verarbeitenden Gewerbe 1979-1986	142
Karte 14:	Informationsbeschäftigte in Energie-, Wasserwirtschaft, Bergbau 1986	143
Karte 15:	Entwicklung der Informationsbeschäftigung in Energie-, Wasserwirtschaft, Bergbau 1979-1986	144
Karte 16:	Entwicklung der Informationsbeschäftigung in Großhandel und Handelsvermittlung 1979-1986	146
Karte 17:	Informationsbeschäftigte in Großhandel und Handelsvermittlung 1986	148
Karte 18:	Informationsbeschäftigte bei Kreditinstituten 1986	149
Karte 19:	Entwicklung der Informationsbeschäftigung bei Kreditinstituten 1979-1986	150
Karte 20:	Informationsbeschäftigte bei Versicherungen 1986	152
Karte 21:	Entwicklung der Informationsbeschäftigung bei Versicherungen 1979-1986	154
Karte 22:	Informationsbeschäftigte in der Medienwirtschaft 1986	156
Karte 23:	Entwicklung der Informationsbeschäftigung in der Medienwirtschaft 1979-1986	157
Karte 24:	Informationsbeschäftigte bei Organisationen ohne Erwerbscharakter 1986	158
Karte 25:	Anteile der Stadt- und Landkreise an den Umsätzen der 75 größten Unternehmen 1985	162

Verzeichnis der Schaubilder

Schaubild 1: Anteile der Wirtschaftssektoren an den Beschäftigten in der Bundesrepublik 1950-1982 42

Schaubild 2: Entwicklung des Anteils der Informationsbeschäftigten an den Beschäftigten in OECD-Ländern 43

Schaubild 3: Berufsstruktureller Wandel in Deutschland bzw. in der Bundesrepublik 1925-1978 46

Schaubild 4: Prognose der Entwicklung der Wirtschaftssektoren (nach der Prognos/IAB-Studie 1985) 50

Schaubild 5: Struktur des Bruttoinlandsprodukts in der Bundesrepublik Deutschland 1960-1985 54

Schaubild 6: Gegenwärtig dominierende Kontaktformen zwischen quartären Organisationen 98

Schaubild 7: Veränderung der Beschäftigtenzahlen in ausgewählten Informationsberufen bzw. Berufsgruppen 1986 gegen 1979 121

Einleitung

Im Zuge der gegenwärtigen sozioökonomischen Veränderungen in den entwickelten Industrieländern gewinnen vor allem Informationstätigkeiten an Bedeutung. In der sozialwissenschaftlichen Diskussion sind in diesem Zusammenhang die Begriffe 'Informationssektor' und 'Informationsgesellschaft' aufgekommen, mit deren Hilfe versucht wird, die Entwicklungstendenzen zu erfassen.

Die Anthropogeographie behandelt die räumlichen Aspekte der Expansion von Informationstätigkeiten gewöhnlich unter dem Begriff des 'quartären Sektors'. In der wirtschafts- und stadtgeographischen Forschung hat sich dieser Begriff in den vergangenen zwei Jahrzehnten regelrecht zu einem Schlagwort entwickelt. Dabei wird der Terminus jedoch häufig nur vage definiert.

Zur Klärung der Begriffe 'quartärer Sektor' und 'Informationssektor' wird deshalb in der vorliegenden Arbeit nach Ausführungen zur Legitimation der Abgrenzung eines solchen vierten Sektors aus allgemein-sozialwissenschaftlicher wie auch aus geographischer Sicht der Versuch gemacht, die Begriffs- und Forschungsgeschichte zu quartärem und Informationssektor aufzuarbeiten. Die Definition des quartären Sektors als Informationssektor wird begründet. Eine wesentliche Intention dabei ist im Interesse einer interdisziplinären Sozialforschung die Anbindung der raumwissenschaftlichen Terminologie an die Begriffsbildung in den Sozialwissenschaften allgemein.

Darauf aufbauend, wird in der Arbeit versucht, die Ansätze der raumbezogenen Forschung, die für eine Geographie des quartären Sektors relevant sind, darzustellen und ihre wesentlichen Erkenntnisse zusammenzufassen. Diese Synthese wird erweitert durch einen eigenständigen Versuch der Interpretation der makroräumlichen Konzentrationstendenzen von Informationsfunktionen als zirkulär-kumulative Ballung von 'Wissen' und 'Macht' an bestimmten Zentren.

Auf diesem verhältnismäßig jungen Forschungsfeld der Anthropogeographie, das insgesamt durch einen Mangel an verfügbaren Daten für empirische Untersuchungen gekennzeichnet ist, werden am Beispiel Baden-Württembergs großräumliche Verteilung und Entwicklungsdynamik des quartären Sektors einer Analyse unterzogen, als Beitrag zur Regionalforschung Südwestdeutschlands in der Tradition des Geographischen Instituts der Universität Tübingen und mit dem Bemühen um Anwendungsbezug für Planung und Politik.

Nachdem eine Untersuchung des Informationssektors auf innerstädtischer Ebene in Stuttgart zu dem Ergebnis führte, daß die Flächenansprüche für quartäre Nutzungen beträchtlich sind, stellt sich die Frage nach den großräumlichen Zusammenhängen dieser Expansion des quartären Sektors in der Landeshauptstadt. Es gilt zu untersuchen, ob sie eine landesweit zu beobachtende Tendenz darstellt oder auf bestimmte Räume beschränkt bleibt oder gar mit Entzugseffekten in anderen Räumen einhergeht.

Die Aussagefähigkeit des Materials aus der Beschäftigtenstatistik, das für die Untersuchung durch die Zusammenarbeit mit dem Statistischen Landesamt herangezogen werden konnte, ist dabei begrenzt. Dennoch ergeben sich einige wichtige Aussagen und Konsequenzen für Landesplanung und regionale Wirtschaftspolitik in Baden-Württemberg. Entgegen den Feststellungen in vielen theoretischen Abhandlungen zum Thema betreffen diese überraschenderweise weniger das Verhältnis von verdichteten Kernräumen zu ländlich-peripheren Gebieten als vielmehr jenes zwischen den Agglomerationsräumen des Landes.

Die Arbeit ist ein kleiner Schritt in einem neuen Aufgabenfeld der Anthropogeographie. Mit Hilfe des vorgestellten begrifflichen Instrumentariums lassen sich jedoch viele Bereiche der raumbezogenen sozialwissenschaftlichen Forschung erschließen, wie zum Beispiel die Metropolen- und die Städtesystemforschung. Deshalb werden notwendige weitere Arbeiten zu diesem Thema sicher nicht ausbleiben.

A Theoretische Erörterung der Zusammenhänge zwischen Informationssektor und räumlicher Entwicklung

1. Der Informationssektor als sozialwissenschaftliche Kategorie

1.1. Von der Drei- zur Viersektoren-Gliederung

1.1.1. Die Gliederung der Wirtschaft in Sektoren

Wirtschafts- und Sozialwissenschaften gliedern wirtschaftliche Institutionen und Tätigkeiten in Sektoren. Die etablierte Gruppierung in drei Sektoren - primären, sekundären und tertiären Sektor - wurde in den 30er Jahren durch die Publikationen von FISHER, CLARK und FOURASTIE bekanntgemacht. Diese Autoren haben die Gliederung der Wirtschaft in drei Sektoren jedoch nicht 'erfunden', denn bereits im 19. Jh. wurde das Wirtschaftsgeschehen in statistischen Darstellungen in die drei Bereiche 'Gewinnung der Naturerzeugnisse', 'Veredlung der Natur- und Arbeitserzeugnisse' und 'Handel, Verkehr und persönliche Dienste' unterteilt (vgl. MENZ 1965, S. 3f.). Aus einer Reihe von Gründen ist die Gliederung des Wirtschaftsgeschehens in Sektoren sinnvoll: Zunächst einmal dient die Sektorengliederung zur Typisierung von wirtschaftlichen Tätigkeiten bzw. Unternehmen. Agrar-, Industrie- und Dienstleistungsproduktion (und -konsum) unterliegen unterschiedlichen Bedingungen, so daß bezüglich dieser verschiedenen Wirtschaftssektoren von Wirtschaftsforschung und Wirtschaftspolitik jeweils unterschiedliche Fragestellungen erforderlich sind. So spielen bei der Betrachtung des primären Sektors Probleme der naturräumlichen Bedingungen eine wichtige Rolle, während für den sekundären Sektor Technologie-Fragen von zentraler Bedeutung sind und die Situation des tertiären Sektors stark von Lebens- und Arbeitsformen der Menschen in der Gesellschaft bestimmt ist.

Ihre Bedeutung hat die Sektorengliederung jedoch vor allem dadurch erhalten, daß sich mit ihrer Hilfe die Struktur einer Volkswirtschaft oder einer Region und deren Wandel im Laufe der Zeit erfassen und mit dem Entwicklungsstand in anderen Gebieten vergleichen lassen. Nach der Verteilung der Anteile der Sektoren an den Beschäftigten oder an der Wertschöpfung einer Volkswirtschaft kann unterschieden werden zwischen Ländern, die entweder vom Agrar-, vom Industrie- oder vom tertiären Sektor dominiert werden. Damit lassen sich nationale und regionale Besonderheiten der Wirtschaftsstruktur erfassen. Insbesondere für die Bildungs- und Arbeitsmarktpolitik ist es unerläßlich, Aussagen zu gewinnen, wie sich die Beschäftigung in den einzelnen Wirtschaftssektoren entwickelt.

Von den Verfechtern der Sektorentheorien ist darüber hinaus angeführt worden, daß die Sektoren vom primären bis zum tertiären Sektor eine "Hierarchie von Bedürfnissen" (MENZ 1965, S. 22) nachzeichnen. Die Befriedigung der Grundbedürfnisse nach Nahrung und Kleidung durch Naturprodukte ist unabdingbar und muß zuerst gesichert werden. Erst wenn dies gewährleistet ist, kann eine Gesellschaft sich der Produktion weiterer Sachgüter zuwenden. Die Leistungen tertiärer Tätigkeiten erscheinen dabei am wenigsten lebensnotwendig. Dienstleistungen gelten vor dem Hintergrund derartiger Überlegungen als Luxus, der nur in entwickelten Gesellschaften angeboten werden kann. Durch diese - übertrieben verkürzende - Vorstellung der Bedürfnishierarchie wurde die Drei-Sektoren-Theorie zu einer einfachen und griffigen Theorie der gesellschaftlichen Entwicklung, die an geschichtsphilosophische und wirtschaftsethnologische Stufentheorien anknüpfte. Ihr Erfolg ist sicherlich gerade auch durch diesen Umstand zu erklären.

Aufbauend auf der Theorie der Bedürfnishierarchie, wurde die Hypothese der Nachfrageverschiebung vom primären zum sekundären und schließlich zum tertiären Sektor entwickelt, der auf der Angebotsseite die Hypothese des unterschiedlichen Produktivitätszuwachses in den Sektoren gegenübergestellt wurde. Zusammengefaßt wurden beide Hypothesen als Gesetz formuliert, das für alle Gesellschaften einen Übergang von der zunächst primär zur sekundär und schließlich tertiär dominierten sektoralen Struktur beschreibt.

Wie in den Wirtschaftswissenschaften wird auch in der Wirtschaftsgeographie in ganz selbstverständlicher Weise vom Konzept der sektoralen Gliederung der Wirtschaft Gebrauch gemacht (so z.B. bei VOPPEL 1970, S. 12). Gerade die Bestimmungsfaktoren zur Verortung wirtschaftlicher Einrichtungen sowie die Wechselwirkungen zwischen wirtschaftssektoraler und räumlicher Entwicklung unterscheiden sich von Sektor zu Sektor. Aus diesem Grund hat die sektorale Gliederung der Wirtschaft in den Raumwissenschaften möglicherweise einen höheren Stellenwert als in den übrigen Sozialwissenschaften.

Aber auch die Vorstellungen von der gleichsam "naturgesetzlichen" Entwicklung von Volkswirtschaften - von Agrar- zu Industrie- und schließlich zu "postindustriellen" Gesellschaften - sind in der Wirtschaftsgeographie auf fruchtbaren Boden gefallen, da hier - insbesondere in der deutschen Wirtschaftsgeographie mit ihrer starken wirtschaftsethnologischen Tradition - große Ähnlichkeiten zu den "Wirtschaftsstufen-Theorien", wie sie von HAHN bis BOBEK entwickelt wurden, gesehen werden konnten.

1.1.2. Die Drei-Sektoren-Gliederung

Die Gliederung wirtschaftlicher Tätigkeiten bzw. wirtschaftlicher Institutionen in primären, sekundären und tertiären Sektor bildet einen allgemein anerkannten Rahmen für makrosoziologische, gesamtwirtschaftliche und raumökonomische Analysen (vgl. WILLMS 1985, S. 361ff.; PETERS 1981, S. 113 u.v.a.). Der primäre Sektor umfaßt dabei entweder alle Bereiche der sogenannten 'Urproduktion', d.h. der Gewinnung von Rohstoffen aus der Natur durch Landwirtschaft, Forstwirtschaft, Fischerei, Jagd und Bergbau, oder aber - in anderen Klassifizierungen - lediglich die Gewinnung von organischen Ressourcen; in letzterem Fall wird der Bergbau wegen seiner industriellen Produktionstechniken zum sekundären Sektor gerechnet, den darüber hinaus Industrie und Handwerk bilden, einschließlich der Bereiche Energie- und Wasserversorgung sowie des Baugewerbes. Im tertiären Sektor werden die verschiedenen Dienstleistungen zusammengefaßt, die von Transport- und Handels- bis zu Beratungs-, Ausbildungs-, Gesundheits- und Verwaltungsfunktionen reichen (vgl. HOLTFRERICH 1980, S. 418; VOPPEL 1970, S. 15).

Um Abgrenzungskriterien und Zuweisung von einzelnen Wirtschaftszweigen zu den Sektoren entstand in den Nachkriegsjahren eine lebhafte Diskussion (vgl. POHL 1970, S. 314f.). Auf die Probleme der Zuordnung des Bergbaus zum primären oder zum sekundären Sektor ist bereits hingewiesen worden. Umstritten ist darüber hinaus vor allem die Eingruppierung des Bereichs Verkehr und Nachrichtenwesen, der zum Beispiel von KUZNETS in seinen international vergleichenden Untersuchungen dem sekundären Sektor zugeschlagen wurde (vgl. HOLTFRERICH 1980, S. 418), die Zuordnung des Handwerks zum sekundären oder tertiären Sektor sowie der Entsorgungsbereich, der als Dienstleistung unter 'tertiär' subsumiert werden oder aber mit den vergleichbaren Wirtschaftszweigen Energie- und Wasserversorgung zum sekundären Sektor gerechnet werden kann.

Zumeist wird in den Wirtschaftswissenschaften die Sektorengliederung produktbezogen und institutionell vorgenommen, d.h. es werden Unternehmen nach dem Schwerpunkt ihrer Produktion jeweils einem Wirtschaftszweig zugewiesen, der wiederum einem der drei Wirtschaftssektoren unterstellt wird. Für sektorale Gliederungen, die auf dem Datenmaterial der deutschen Wirtschaftsstatistik aufbauen, gilt allgemein, daß die Wirtschaftsabteilung 0 (Land- und Forstwirtschaft, Fischerei) den primären Sektor bildet, die Wirtschaftsabteilungen 1 (Energie- und Wasserversorgung, Bergbau), 2 (Verarbeitendes Gewerbe) und 3 (Baugewerbe) zum sekundären Sektor zusammengefaßt werden, und die Wirtschaftsabteilungen 4 bis 9 (Handel; Verkehr und Nachrichtenübermittlung; Kreditinstitute und Versicherungsgewerbe; sonstige Dienstleistungen, von Unternehmen und freien Berufen erbracht; Organisationen ohne Erwerbszweck und Private Haushalte; Gebietskörperschaften und Sozialversicherung) den tertiären Sektor bilden.

Im Gegensatz zur sektoralen Zusammenfassung von Unternehmen zu Wirtschaftszweigen und Sektoren wird neuerdings die Gliederung der Wirtschaft, die alternativ dazu bei den Tätigkeiten von einzelnen Beschäftigten ansetzt und Tätigkeits- bzw. Berufsgruppen zu Aggregationen zusammenfaßt, als 'funktional' bezeichnet (vgl. BADE 1984, S. 9). Zur Unterscheidung von den aus Unternehmensarten zusammengesetzten Sektoren werden in diesem Fall die Aggregationen 'Funktionsbereiche' oder einfach 'Bereiche' genannt (vgl. BADE 1984, S. 28).

Andere Autoren verwenden allerdings den Sektor-Begriff für jegliche Form der "Zusammenfassung von Wirtschaftssubjekten aufgrund gemeinsamer Merkmale" (DICHTL/ISSING 1987, S. 529) und schließen damit auch eine funktionale in Sektoren mit ein: "Am häufigsten werden Sektoren unter institutionellen und funktionalen Gesichtspunkten gebildet" (DICHTL/ISSING 1987, S. 529). In dieser Weise wird auch in verschiedenen vorliegenden Studien zum 'Informationssektor' verfahren; ihnen allen liegt nämlich eine funktionale Abgrenzung von Informationsbeschäftigten zugrunde (so LEGLER/SPECKNER 1978, S. 2, SCHMORANZ 1980, S. 147ff.).

1.1.3. Kritik der Drei-Sektoren-Gliederung

Die dargestellte Drei-Sektoren-Gliederung stellt das gängige Instrument in Analysen des wirtschaftlichen Strukturwandels dar (vgl. FELS/SCHMIDT 1981, HOLTFRERICH 1980, HÖNEKOPP/ ULLMANN 1980 für wirtschaftsstrukturelle Analysen; BUCHHOLZ 1970, ALEXANDER 1963 sowie VOPPEL 1970 für raumökonomische Untersuchungen). Während in der jüngeren Literatur vor allem darüber diskutiert wird, wie der allenthalben festzustellende wachsende Anteil des tertiären Sektors an Beschäftigung und

Wertschöpfung zu erklären ist, findet die Auseinandersetzung um die Einteilung der Sektoren kaum mehr statt. Dabei liegt jedoch genau hier das Problem: Der tertiäre Sektor, der alle Funktionen aufnehmen muß, die weder agrarisch noch produzierend sind, bildet eine übergroße Restklasse, die vor allem durch Heterogenität ihrer Teilbereiche gekennzeichnet ist; er umfaßt so unterschiedliche Funktionen wie Groß- und Einzelhandel, Geldwesen, Abfallbeseitigung, Rechtsberatung, Wohnungswesen, Kirchen, Verbände, Bildung, Wäscherei und Körperpflege, Massenmedien, Erholungseinrichtungen sowie den gesamten Staatsbereich. Die Kategorie 'tertiärer Sektor' stammt aus einer Zeit, in der die Ausdifferenzierung tertiärer Funktionen noch nicht in dem Maße fortgeschritten war, als Landwirtschaft und Industrie zusammen noch den wesentlichen Anteil der Beschäftigten und der Wertschöpfung stellten. Deshalb wurde damals diese güterorientierte Klassifikationsweise des Wirtschaftsgeschehens entwickelt.

Die einzelnen Wirtschaftszweige und Tätigkeitsbereiche des tertiären Sektors haben sehr unterschiedliche Eigenschaften in bezug auf Nachfrage- und Produktionsbedingungen und auch hinsichtlich ihrer Dynamik im gesamtwirtschaftlichen Entwicklungsprozeß. Es lassen sich für sie weder über ihre Bedeutung im sozialökonomischen Strukturwandel noch über Standortorientierungs- und Raumwirkungstendenzen Gemeinsamkeiten formulieren.

Gerade für die Untersuchung des Strukturwandels in Industrieländern zu einer "postindustriellen" Gesellschaft kann der Sammelbegriff 'tertiärer Sektor' nicht verwendet werden. KERN (1976, S. 28) weist darauf hin, daß unter dem Begriff 'tertiärer Sektor' sowohl Funktionen subsumiert sind, die ganz eindeutig von besonderer Relevanz für "postindustrielle" Gesellschaften sind, nämlich insbesondere jene, die mit den Bereichen Gesundheit und Wohlfahrt, Ausbildung und Forschung, Regierung und Verwaltung im Zusammenhang stehen, als auch Funktionen, die eigentlich "vorindustriellen" Charakter besitzen, nämlich vor allem die personenbezogenen Dienstleistungen, die - wie noch zu zeigen sein wird - im Verlauf des Strukturwandels in ihrer Bedeutung eher abnehmen.

In den Raumwissenschaften zeigt schon die Tatsache, daß sich keine geschlossene Teildisziplin einer 'Wirtschaftsgeographie des tertiären Sektors' entwickelt hat, sondern nur "Einzel-Tertiär-Geographien" wie z.B. Einzelhandelsgeographie, Verkehrsgeographie oder Bürostandortforschung (und wie unterschiedlich sind deren Objektbereiche!), daß die Gemeinsamkeiten der Wirtschaftszweige des Tertiärsektors äußerst gering sind. "Der Versuch, Entwicklungs- und Standorttendenzen für den gesamten Sektor zu bestimmen, könnte daher kaum erfolgreich sein" (TANK 1980, S. 245).

Darüber hinaus wird an der Drei-Sektoren-Gliederung mit ihrer Restklasse des tertiären Sektors die Tatsache kritisiert, daß der öffentliche Dienst, dessen Dynamik zum großen Teil weniger von wirtschaftlichen als von politischen Vorgaben bestimmt wird, im tertiären Sektor eingeschlossen ist (vgl. RASMUSSEN 1977, S. 40).

1.1.4. Ansätze zur Erweiterung der Drei-Sektoren-Gliederung

Um das Problem der Heterogenität des tertiären Sektors zu lösen, wird von verschiedener Seite die Auffächerung dieses Sektors in Teilbereiche gefordert. Zumeist wird vorgeschlagen, innerhalb des tertiären Sektors nach produktions- und endnachfragebezogenen

Funktionen zu differenzieren. Die Probleme einer derartigen Unterscheidung liegen auf der Hand: Viele tertiäre Institutionen sind sowohl für Produktionsbetriebe als auch für Konsumenten tätig, so z.B. Banken, Versicherungen, Rechtsanwälte, Post und Bahn sowie bestimmte Organisationen, so daß auf der Grundlage dieses Merkmals keine einheitliche Klassifizierung vorgenommen werden kann.

Bei den Banken und in gewisser Weise auch bei den Versicherungen besteht ja eine wesentliche Funktion gerade darin, daß sie Geldmengen zwischen privaten Haushalten (Sparern) und Unternehmen (als Kreditnehmern) vermitteln.

So ist kaum verwunderlich, daß die Zuweisung der Wirtschaftszweige zu den beiden Kategorien "produzentenorientiert" bzw. "verbraucherorientiert" in der Literatur alles andere als einheitlich ist. KÖPPEL weist die einzelnen tertiären Wirtschaftszweige gemäß dem überwiegenden Anteil der Nachfrage von Unternehmen bzw. privaten Haushalten am Produktionswert des Wirtschaftszweiges (berechnet für 1981 aus Tabellen der volkswirtschaftlichen Gesamtrechnung) jeweils einer der beiden Kategorien zu: Großhandel, Verkehr und Nachrichtenübermittlung, Kreditinstitute, Bildung und Wissenschaft sowie die übrigen Dienstleistungen sind für ihn demnach "produktionsorientiert", während Einzelhandel, Versicherungen, Gaststätten, Wohnungsvermietung, Gesundheitswesen und Organisationen ohne Erwerbscharakter sowie die privaten Haushalte selbst als "haushaltsorientiert" klassifiziert werden (KÖPPEL 1983, S. 209). WÜRTH dagegen rechnet sowohl Banken als auch Versicherungen zusammen mit "Immobilien/Verleih" zu den produktionsorientierten Dienstleistungen (was nicht weniger plausibel erscheint als die Zuordnung bei KÖPPEL), während HEINZE die Bildungseinrichtungen als haushaltsbezogen klassifiziert, den Handel jedoch insgesamt den produzentenorientierten Dienstleistungen zuweist (vgl. WÜRTH 1986, S. 180; HEINZE 1979, S. 18). MARQUAND versucht einen Ausweg aus diesem Dilemma dadurch zu finden, daß sie "mixed producer and consumer services" zusätzlich zu den Reinformen der produzenten- bzw. verbraucherorientierten Dienstleistungen abgrenzt, zu denen sie vor allem Verkehrseinrichtungen und bestimmte Gastronomiezweige rechnet (MARQUAND 1983, S. 103).

Die Differenzierung der Dienstleistungen in die beiden Nachfragergruppen Wirtschaftunternehmen einerseits und Endverbraucher andererseits hat dabei sicher auf jeden Fall ihre Bedeutung. Wirtschaftlich und wirtschaftsräumlich ist es für eine Dienstleistungseinrichtung von Relevanz, ob sie sich mit ihrem Angebot vorwiegend an Betriebe oder an private Haushalte wendet; davon hängen sowohl ihr wirtschaftliches Entwicklungspotential als auch ihre Lokalisation entscheidend ab. Es kann jedoch nicht von vornherein lediglich aufgrund der Zugehörigkeit zu einem Wirtschaftszweig eine Einrichtung zu einer der beiden Kategorien gerechnet werden. Verschiedene Betriebsstätten innerhalb eines Wirtschaftszweigs können unterschiedliche Orientierungen im Hinblick auf Unternehmen oder private Haushalte aufweisen, die sich zudem noch mit der Zeit verändern können.

BROWNING und SINGELMANN (1978) unterteilen tertiäre Funktionen in vier Bereiche: Die "distributive services" umfassen danach Handel und Verkehr, die "producer services" die Wirtschaftszweige Nachrichtenübermittlung, Kreditinstitute und Versicherungen, Immobilienvermittlung, Ingenieure und Architekten, Buchhaltung, Rechtsberatung; unter "social services" finden sich bei BROWNING/SINGELMANN die überwiegend vom Staat erbrachten Dienstleistungen wie Gesundheitswesen, Bildungsbereich,

Post und Staatsverwaltung; die "personal services" schließlich umfassen häusliche Dienste, Gastgewerbe, Reparaturhandwerk, Reinigung und Körperpflege sowie Erholungs- und Unterhaltungsfunktionen (vgl. BROWNING/SINGELMANN 1978, S. 487). Mit Hilfe dieser Gliederung läßt sich der Strukturwandel der Wirtschaft adäquater beschreiben als mit der Drei-Sektoren-Gliederung; die abnehmende Bedeutung von persönlichen Diensten kontrastiert mit der zunehmenden Bedeutung der produktionsorientierten Dienstleistungen und der sozialen Dienste (vgl. BROWNING/SINGELMANN 1978, S. 493). Die Etiketten der Sektoren sind jedoch auch bei dieser Gliederung teilweise problematisch, da auch hier viele Dienstleistungen nicht eindeutig zu einer der Kategorien zugerechnet werden können.

Eine weitere Schwierigkeit liegt darin, daß unterschiedliche Kriterien für die jeweilige Kategorie gewählt werden: Dienstleistungen für Produzenten und persönliche Dienstleistungen werden nach den Nachfragern klassifiziert, die 'social services' nach dem - staatlichen - Anbieter, und als drittes Kriterium tritt für die Handelsberufe deren Verteilfunktion hinzu.

OSTNER und WILLMS (1983, S. 215ff.) und W. MÜLLER (1983, S. 146) lehnen sich in ihren Darstellungen des berufsstrukturellen Wandels in der Bundesrepublik an die von BROWNING und SINGELMANN entwickelte Aufgliederung des Dienstleistungssektors sowie an Vorschläge von BERGER und OFFE (1980) an. Sie trennen die Berufe des Waren-, Güter-, Nachrichten- und Geldverkehrs sowie der "Dienste zur gesellschaftlichen Integration und Steuerung sowie zur Macht- und Ordnungssicherung" als eigene Bereiche innerhalb der Dienstleistungen ab. So gelangt W. MÜLLER zusammen mit den produktionsbezogenen Diensten, den wohlfahrtsstaatlich alimentierten Diensten und den haushaltsbezogenen Diensten zu fünf Dienstleistungsbereichen. Mit Hilfe dieser Gliederung kann die unterschiedliche Bedeutung verschiedener (nicht notwendigerweise zusammenhängender) gesellschaftlicher Entwicklungsprozesse, die sich in einer veränderten Berufsstruktur niederschlägt, quantitativ erfaßt werden. Es zeigt sich, daß vor allem "die Technisierung und Organisation, die professionelle und praktische Dienste für Produzenten sowie Büro- und Verwaltungsberufe als eigenständige Bereiche entstehen läßt", sowie die "Entfaltung der wohlfahrtsstaatlichen Daseinsfürsorge" zur Expansion der Dienstleistungsberufe beitragen (OSTNER/WILLMS 1983, S. 215).

Eine Auffächerung der heterogenen Restklasse des tertiären Sektors erscheint notwendig und sinnvoll. Dabei ist jedoch zu beachten, daß nicht zuviele Klassen entstehen (OSTNER/WILLMS z.B. unterscheiden acht Tätigkeitsbereiche) und daß die Klassifizierung der Institutionen oder Tätigkeiten den Zielfragen der jeweiligen Untersuchung gerecht wird. So erscheint zum Beispiel für Untersuchungen räumlicher Aspekte der verschiedenen Dienstleistungsbereiche eine Klassifizierung problematisch, die Personen-, Güter- und Nachrichtenverkehr in einem Dienstleistungsbereich zusammenfaßt. Aus räumlicher Sicht sind gerade die Unterschiede dieser Verkehrsarten von Bedeutung. Im folgenden werden deshalb die genannten Ansätze makrosoziologischer Sektorengliederungen nicht weiterverfolgt. Stattdessen wird für eine Abgrenzung von Informationstätigkeiten als 'quartärer Sektor' plädiert, die sowohl für Analysen des sozioökonomischen Strukturwandels als auch für Untersuchungen räumlicher Entwicklungen und ihrer Bestimmungsgründe vorteilhaft erscheint.

1.2. Der Informationssektor als quartärer Sektor

1.2.1. Die Konzeption eines quartären (Informations-)Sektors in den Sozialwissenschaften

Für sozial- und raumwissenschaftliche Untersuchungen von Gegenwartsproblemen bietet sich als Ausweg aus dem Dilemma der Heterogenität des tertiären Sektors die Ausgliederung von vorwiegend informationsbezogenen Tätigkeiten als "Informationssektor" oder "quartärer Sektor" an, wie sie von verschiedenen Seiten vorgeschlagen worden ist.

Als 'Pionier' der Analyse des Informationssektors gilt der amerikanische Ökonom österreichischer Herkunft Fritz MACHLUP, der durch Untersuchungen des Patentwesens auf die wirtschaftliche Bedeutung von Informationen und Informationstätigkeiten stieß. Er legte 1962 die erste Studie über den Informationssektor in einer Volkswirtschaft vor - in seinem Fall jener der USA (MACHLUP 1962). Um die qualitative Dimension seines Gegenstands zu betonen, verwendete MACHLUP dabei den Begriff 'Wissen' ('knowledge'), in Anlehnung an Vorstellungen einer Begriffshierarchie, die von 'Weisheit' über 'Wissen' zu 'Information' herunterreicht. MACHLUP räumt 1980 jedoch ein, daß die Begriffsinhalte von Wissen und Information sich angenähert haben und in vielen Fällen weitgehend synonym verwendet werden (MACHLUP 1980, S. 8f. und S. 65ff.), ohne dabei allerdings seine Bevorzugung des eher wertenden Begriffs 'Wissen' aufzugeben.

Es waren verschiedene Gründe, die MACHLUP veranlaßten, Wissensproduktion und -verteilung als ökonomische Größen zu untersuchen: die absolut und relativ zunehmenden Ausgaben von Unternehmen für "Wissen", die damit einhergehenden Veränderungen der Beschäftigtenstruktur und der Produktionsbedingungen, die Folgen dieser Entwicklung für staatliches Handeln sowie bestimmte Besonderheiten der Wissensproduktion wie z.B. der Umstand, daß produziertes Wissen in gewisser Weise "vermehrbar" ist, d.h. von anderen als den ursprünglichen Wissensproduzenten genutzt werden kann, oder auch die Tatsache, daß sich bestimmte Informationsbeschäftigte - gemäß dem Parkinson'schen Gesetz - zum Teil künstlich Arbeit schaffen (vgl. MACHLUP 1962, S. 9f.). MACHLUP versuchte, den Anteil der Wissensproduktion am Bruttosozialprodukt sowie den Anteil der dafür beschäftigten Erwerbstätigen zu schätzen und gelangte für die USA des Jahres 1958 auf einen Anteil der Informationsproduktion von 29% am Bruttosozialprodukt und einen Anteil der Informationsbeschäftigten an allen Erwerbstätigen von 31,6% (vgl. MACHLUP 1980, S. xxvi).

Mit einer gegenüber MACHLUP verfeinerten Abgrenzung von Informationstätigkeiten arbeitete Marc PORAT in seiner Dissertation, in der er versuchte, die Wertschöpfung des Informationssektors in den Vereinigten Staaten zu errechnen (vgl. PORAT 1977). Im Gegensatz zu MACHLUP erscheint bei PORAT der Begriff 'information sector'.

Um die Bedeutung des Informationssektors in ihren Mitgliedsländern zu erfassen, setzte die OECD eine Arbeitsgruppe ein, die 1978 Abgrenzungskriterien für Informationstätigkeiten als Arbeitsgrundlage für die einzelnen nationalen Studien und 1981 ihren Bericht vorlegte (INFORMATION ACTIVITIES 1981). Parallel dazu erschienen Berichte für einzelne Länder; das Projekt wurde in neun OECD-Mitgliedsstaaten durchgeführt. Den Informationssektor in der Bundesrepublik Deutschland untersuchten H. LEGLER und B. SPECKNER am Institut für Systemtechnik und Innovationsforschung der Fraunhofer-Gesellschaft, Karlsruhe (vgl. LEGLER/ SPECKNER 1978), die österreichische Studie erstellte I. SCHMORANZ (vgl. SCHMORANZ 1980).

Die Forschung zum Informationssektor wird seitdem insbesondere in den USA fortgesetzt (vgl. JONSCHER 1983; RUBIN/SAPP 1981). Auch die OECD und ihre Mitgliedsstaaten schreiben die Beobachtungen des Informationssektors jeweils fort. So untersuchte für die Bundesrepublik Deutschland im Jahr 1984 eine Arbeitsgruppe des Deutschen Instituts für Wirtschaftsforschung, Berlin, in Zusammenarbeit mit dem Institut für Arbeitsmarkt- und Berufsforschung der Bundesanstalt für Arbeit, Nürnberg, und dem Heinrich-Hertz-Institut, Berlin, die wachsende Bedeutung des Sektors in der Wirtschaft der Bundesrepublik (vgl. FILIP-KÖHN et al. 1984). Insbesondere die daraus entstehenden Konsequenzen für den Arbeitsmarkt sind für das Nürnberger Institut Anlaß, die Daten über den Informationssektor in der Bundesrepublik kontinuierlich zu beobachten.

Auch im Zusammenhang mit den makrosoziologischen, ökonomischen oder politischen Überlegungen zum Wandel der 'Industriegesellschaft' hin zu einer 'Informationsgesellschaft' wird der Begriff des Informationssektors immer häufiger verwendet. Durch den Anteil der Informationsbeschäftigten an den Erwerbstätigen eines Landes läßt sich die Position dieses Landes in jenem Strukturwandel anschaulich darstellen (so z.B. bei DEUTSCH 1983, S. 69ff.).

Die Ausgliederung eines quartären Sektors - der im wesentlichen Informationsbeschäftigte umfaßt - in den Raumwissenschaften geht auf den Geographen Jean GOTTMANN zurück. In seinem Werk über die Großagglomeration im Nordosten der USA beschreibt GOTTMANN den entscheidenden Wesenszug der ökonomischen Entwicklung der Megalopolis mit der Tatsache, daß die 'white-collar'-Beschäftigten in enormem Maße zunehmen (vgl. GOTTMANN 1961, S. 566). Er fordert deshalb, daß für raumökonomische Analysen diejenigen Tätigkeiten, die die Bereiche "transactions, analysis, research, or decision-making, and also education and government" umfassen, separat ausgewiesen und in einem 'quartären Sektor' zusammengefaßt werden (GOTTMANN 1961, S. 576). Die auf diese Weise entstehende Vier-Sektoren-Gliederung der Wirtschaft hat bereits Eingang gefunden in wichtige Lehrbücher der Anthropogeographie im englischsprachigen Raum. R. ABLER, J.S. ADAMS und P. GOULD betonen, daß in fortgeschrittenen Volkswirtschaften quartäre Institutionen und Tätigkeiten die anderen drei Sektoren an Bedeutung übertreffen (vgl. ABLER et al. 1977, S. 307f.). P. LLOYD und P. DICKEN halten es in ihren wirtschaftsgeographischen Lehrbüchern ebenfalls für selbstverständlich, die Wirtschaft in vier Sektoren zu untergliedern (vgl. LLOYD/DICKEN 1977, S. 11ff.); der quartäre Sektor unterscheidet sich bei ihnen von den anderen drei Sektoren dadurch, daß Informationen übermittelt, empfangen und bearbeitet werden, nicht Güter (vgl. DIKKEN/LLOYD 1984, S. 158). War bei GOTTMANN der Informationsbezug zunächst lediglich ein Merkmal, das viele der quartären Tätigkeiten auszeichnete (vgl. GOTTMANN 1961, S. 57), wurde er bei den folgenden Autoren zum entscheidenden Abgrenzungsmerkmal für die im quartären Sektor aufzunehmenden wirtschaftlichen Funktionen. Der von den Wirtschaftswissenschaftlern ausgegrenzte 'Informationssektor' und die in den Raumwissenschaften entwickelte Kategorie des 'quartäten Sektors' konvergieren also.

Ein Problem im Zusammenhang mit dem Begriff 'quartärer Sektor' liegt gegenwärtig noch darin, daß in einigen - vorwiegend älteren - Publikationen dieser Begriff in völlig anderem Sinne als in dem hier verstandenen verwendet wird. So bezeichnet MENZ den "Quartärsektor" als den Wirtschaftsbereich, "welcher die Befriedigung der umfangreichen Freizeit- und Kulturbedürfnisse ermöglicht" (MENZ 1965, S. 39). Grundlage dieser Abgrenzung ist wiederum die Vorstellung der Hierarchie der Bedürfnisse; quartäre Funktionen befriedigen bei gesicherter Versorgung mit Natur- und Industrieprodukten sowie mit "einfachen" Dienstleistungen die sich daraufhin entwickelnden Bedürfnisse nach Freizeit- und Kulturangebot. In der - zumindest vorläufig - letzten Stufe der Wirtschaftsentwicklung bilden sie für MENZ in den entwickelten Industrieländern den wichtigsten Wachstumssektor. Zu den von MENZ als quartär ausgegliederten Funktionen gehören sicherlich Informationstätigkeiten aller Art; darüber hinaus deckt der MENZ'sche Begriff jedoch auch Bereiche ab, die nach der oben entwickelten Definition des quartären oder Informationssektors ganz eindeutig nicht zu diesem zu zählen sind, z.B. der der Befriedigung von Freizeitbedürfnissen dienende Bereich der Gastronomie.

BOUSTEDT differenziert tertiären und quartären Sektor nach der "Reichweite des Wirkungsbereichs der jeweiligen Einrichtungen" (BOUSTEDT 1975, S. 243). Tertiär sind für ihn die im wesentlichen der Bevölkerungsverteilung folgenden Einrichtungen mit lokalem Wirkungsbereich, die insbesondere Güter und Dienste des täglichen Bedarfs anbieten, während er unter quartären Einrichtungen jene mit regionalem bzw. überregionalem Wirkungsbereich versteht, z.B. Bibliotheken, Verwaltungen, aber auch Schwimmbäder und Einkaufszentren (vgl. BOUSTEDT 1975, S. 243). Sicherlich zeichnen sich informationsbezogene, quartäre Institutionen häufig durch einen überlokalen Wirkungsbereich aus; insofern bestehen zwischen der von BOUSTEDT verwendeten Definition des Begriffes 'quartärer Sektor' und der Definition des quartären Sektors als Informationssektor Gemeinsamkeiten. Die Reichweite von Institutionen jedoch als Abgrenzungskriterium einer explizit funktional orientierten Sektorengliederung zu wählen, erscheint wenig sinnvoll. Dabei wird zum einen ganz und gar Unähnliches zusammengeworfen: Höhere Schule, spezialisiertes Facheinzelhandelsgeschäft und die Mehrzahl der Erholungseinrichtungen gehören nach dieser Definition zum quartären Sektor. Andererseits werden bei Versorgungs-, Bildungs- und Erholungseinrichtungen diese je nach Reichweite verschiedenen Sektoren zugerechnet. Die damit eigentlich getroffene Unterscheidung, nämlich jene nach nah- und fernbedarfsbezogen, ist durchaus von großer Bedeutung für die Regionalanalyse; sie sollte jedoch entsprechend benannt werden und nicht mit dem Begriffspaar 'tertiär' und 'quartär' identifiziert werden.

Auch auf internationaler Ebene wird der Begriff des 'quartären Sektors' nicht in einheitlicher Weise für die Zusammenfassung von informationsverarbeitenden und -produzierenden Funktionen verwendet. In Konkurrenz zu diesem Begriffsinhalt existiert die Auffassung vom quartären Sektor als der Gesamtheit der im wesentlichen vom Staat erbrachten, nicht gewinnorientierten Dienstleistungen, die vom tertiären Sektor getrennt werden, der die von Haushalten und Unternehmen nachgefragten und bezahlten Dienstleistungen umfaßt. Diese Definition des quartären Sektors als nicht-kommerzieller Dienstleistungssektor taucht zum Beispiel in einer niederländischen Publikation (in englischer Sprache) auf: "..., employment in what is referred to as the quaternary sector has greatly increased. This sector comprises the noncommercial services such as education, health care, social services and public administration, which are largely financed from taxes and premiums" (GROOT 1980, S. 103).

1.2.2. Zur Begründung der Ausgliederung des Informationssektors

Im folgenden sollen die verschiedenen Gründe erörtert werden, die für die gesonderte Ausgliederung von informationsbezogenen wirtschaftlichen Tätigkeiten bzw. Institutionen in einem quartären Sektor und die darauf aufbauende Entwicklung eigenständiger Teildisziplinen der Sozial- und Wirtschaftswissenschaften - wie z.B. einer Geographie des Informationssektors - sprechen.

Ein entscheidendes Argument für die separate Erfassung von Informationstätigkeiten in einem quartären Sektor liegt darin, daß sich mit Hilfe der so entstehenden Vier-Sektoren-Gliederung der sozioökonomische Wandel - v.a. in den entwickelten Industrieländern - adäquater beschreiben läßt als mit Hilfe der Drei-Sektoren-Gliederung. Nachdem allgemein Einigkeit über die abnehmende Bedeutung von Agrar- und Produktionsfunktionen in den Industrieländern besteht, stellt sich jetzt die Aufgabe, die Veränderungen innerhalb der heterogenen Restklasse des Dienstleistungsbereichs zu beschreiben: "Die wesentliche Dynamik liegt nicht in seinem - wenngleich sehr beachtlichen - Anwachsen, sondern in den damit verbundenen strukturellen Wandlungen innerhalb des Bereiches, die von ganz erheblichem Ausmaß sind" (RASMUSSEN 1977, S. 91). Dazu ist es sinnvoll, informationsbezogene Tätigkeiten von anderen Dienstleistungen, d.h. den primär personenbezogenen Dienstleistungen wie Körperpflege, Gastgewerbe und den primär materiebezogenen Dienstleistungen wie Wäscherei, Reinigung, Handel und Gütertransport, zu trennen. Denn es nehmen in den entwickelten Ländern genau jene Dienstleistungsfunktionen zu, die primär mit 'Information' umgehen, während in den anderen Dienstleistungssparten zum Teil Abnahmen (durch Rationalisierung, Sachgüter-Substitution etc. bedingt) zu verzeichnen sind. Die Unterteilung von Dienstleistungen in primär materiebezogene einerseits und primär personenbezogene andererseits ist dabei eine für sozial- und raumwissenschaftliche Untersuchungen häufig angewandte Gliederung (vgl. zum Beispiel CHABERNY et al. 1972, S. 242f.). In ihrem zusammenfassenden Beitrag über die Dienstleistungsbeschäftigung in Großbritannien und deren räumliche Verteilung erweitert MARQUAND diese Gliederung ebenfalls um die primär informationsbezogenen Dienstleistungen[1].

Die Relevanz dieser Unterscheidung zeigt sich ganz deutlich im Vergleich der wirtschaftsstrukturellen Entwicklung der Industrieländer mit jener in den Ländern der Dritten Welt. In letzteren sind es insbesondere die (im engeren Sinne) tertiären Tätigkeiten, die absolut und anteilsmäßig zunehmen: Bei allgemein hoher Arbeitslosigkeit arbeiten viele Menschen als fliegende Händler, Hausangestellte, Schuhputzer etc.; sie üben vor allem materie- oder personenbezogene Dienstleistungen aus, zumeist im großen Bereich einer informellen Ökonomie, während sich im formellen Sektor wenig Arbeitsplätze bieten. Gering ausgebildet sind dagegen Beschäftigungsmöglichkeiten im Informationssektor; sie sind zudem meist von einer dünnen, häufig auch von Ausländern gebildeten Elite besetzt. Während also die Wirtschaftsstruktur der unterentwickelten Länder in der Regel von einem hohen Anteil an tertiärer (Gelegenheits-) Arbeit gekennzeichnet ist, bildet in den entwickelten Industrieländern gegenwärtig der Informationssektor des formellen Wirtschaftsbereichs den Sektor mit den absolut und relativ am stärksten zunehmenden Beschäftigtenzahlen. Die Richtung des sich in letzteren vollziehenden Strukturwandels ist nicht einfach durch den Begriff "Dienstleistungsgesellschaft" zu beschreiben, da die Entwicklung in einzelnen Dienstleistungsbereichen völlig gegensätzlich verläuft. Um nun abschätzen zu können, in welchem Maße die Entwicklung der informationsbezogenen Tätigkeiten in der Gesellschaft es rechtfertigt, stattdessen vom Übergang von der 'Industriegesellschaft' zur 'Informationsgesellschaft' zu sprechen, ist es notwendig, dafür die informationsbezogenen Funktionen als speziellen Wirtschaftssektor abzugrenzen und dessen Entwicklung zu beobachten.

KUBICEK kritisiert den Begriff des Informationssektors und seine Verwendung, wie sie sich insbesondere in den Studien der OECD findet (vgl. KUBICEK 1986, S. 347ff.). Mit Recht weist er darauf hin, daß in den OECD-Studien die Zuordnung von Berufen zum quartären Sektor sehr großzügig ausfällt und von daher dieser Sektor überbewertet wird. Auch sei der ausgegrenzte Informationssektor nicht weniger inhomogen als der 'alte' tertiäre Sektor, weshalb für arbeitsmarkt- und berufspolitische Maßnahmen daraus kaum Schlußfolgerungen gezogen werden können. Schließlich könnten mit Hilfe des tätigkeitsbezogenen Konzeptes des Informationssektors keine Untersuchungen über die Wertschöpfung des Informationssektors angestellt werden (wie PORAT dies versucht hat).

Diese Einwände gegen den Begriff des Informationssektors und seine Anwendung haben zum Teil eine gewisse Berechtigung. Sicherlich ist auch der Informationssektor "angesichts der unterschiedlichen Funktionen der genannten Berufe im Produktionsprozeß, des unterschiedlichen sozialen Status und anderes mehr" (KUBICEK 1986, S. 349) keine homogene Kategorie; die unter dieser Bezeichnung zusammengefaßten Funktionen zeichnen sich jedoch durch ein wesentliches gemeinsames Kriterium aus: den Umgang mit Informationen als vorrangiges Tätigkeitsmerkmal. Die genannten Einwände entkräften damit nicht die Argumente, die m.E. für die Ausgliederung des Informationssektors sprechen. Aus sozialwissenschaftlicher Sicht ist die Hypothese, daß diejenigen Tätigkeiten bzw. Betriebsfunktionen, die nicht mehr unmittelbar mit der direkten Bearbeitung von Materie oder der Distribution von Waren befaßt sind, sondern - quasi als Metatätigkeiten - vorwiegend mit dem Umgang von Information (über Waren, Menschen, etc.), innerhalb der arbeitsteiligen Wirtschaft an Zahl und Bedeutung zunehmen, auf jeden Fall prüfenswert. Auch in der Literatur zum Problem der 'Dienstleistungen' wird immer wieder auf die Existenz zweier verschiedener Arten von Dienstleistungen abgehoben; so unterscheiden BERGER und OFFE zwischen "stofflichen" einerseits und Informationsdienstleistungen andererseits (vgl. BERGER/OFFE 1980, S. 46).

Durch rationalisierende Automation im Produktionsbereich einerseits und durch Expansion von Organisations-, Verwaltungs-, Kontroll-, Forschungs- und eventuell auch Bildungstätigkeiten andererseits verschieben sich die Gewichte in der Struktur der Beschäftigten. Dieser Strukturwandel kann durch die Zusammenfassung der Informationstätigkeiten zum Informationssektor adäquat dargestellt werden. Natürlich ist bei einer solchen Zuordnung von Informationsberufen zum quartären Sektor sorgfältig vorzugehen. Zu der notwendigerweise sich anschließenden Frage der Bewertung dieses Prozesses sowie zu der Frage, ob sich durch das Forcieren dieser Entwicklung die gegenwärtigen beschäftigungspolitischen Probleme überhaupt lösen lassen oder ob sie dadurch nicht vielmehr verschärft werden, ist damit noch nichts ausgesagt.

Darüber hinaus rechtfertigen spezifische Charakteristika der den Informationssektor definierenden Größe 'Information' die Ausgliederung dieses Sektors und spezielle Analysen: In vielem unterscheidet sich die Handhabung von 'Information' und 'Informationen' grundlegend von materiellen und personen- oder materiebezogenen Dienstleistungen. Wenn z.B. eine Information - in Form von Beratungstätigkeit o.ä. - verkauft oder sonstwie weitergegeben wird, ist sie nicht nur im Besitz des Informierten, sondern bleibt in der Regel auch dem Informierenden weiterhin verfügbar. Sie scheint damit eine Qualität beliebiger Vermehrbarkeit zu besitzen - im Gegensatz zu Gütern und Dienstleistungen (vgl. hierzu auch PARKER 1975, S. 18). Andererseits sind bestimmte Informationen immer nur für bestimmte Rezipienten nutzbar, und dies auch nur unter bestimmten Bedingungen, z.B. nur bei einem vorhandenen, zur Nutzung der jeweiligen Information notwendigen Vorverständnis. Konkret bedeutet dieses Phänomen zum Beispiel, daß in den Arbeitsstätten des Informationssektors für die zu erwartenden eingehenden Informationen entsprechend qualifizierte Menschen zur Verfügung stehen müssen, die in der Lage sind, solche Information zu verarbeiten, anzuwenden und zu nutzen.

Spezifisch für 'Information' ist der Kontextbezug, die Tatsache, daß eine Aussage nur eingebettet in Begriffskonventionen und inhaltliche Zusammenhänge ihren Sinn erhält. Entscheidendes Problem für Informationsstätten und -beschäftigte ist deshalb die Sicherung des Kontexts für bestehende und neue Informationen. Auch in bezug auf Sättigungsgrenzen verhält sich Information möglicherweise völlig anders als materielle Güter und Dienstleistungen.

Der japanische Informationswissenschaftler Yoneji MASUDA betont insbesondere vier Eigenschaften von Information, durch die sich diese Größe von materiellen Gütern grundsätzlich unterscheidet: "...information, unlike material goods, has four inherent properties that have made self-multiplication possible.

1) It is not consumable - goods are consumed in being used, but information remains however much it is used.
2) It is non-transferable - in the transfer of goods from A to B, they are physically moved from A to B, but in the transfer of information it remains with A.
3) It is indivisible - materials such as electricity and water are divided for use, but information can be used only as 'a set'.
4) It is accumulative - the accumulation of goods is by their non-use, but information cannot be consumed or transferred, so it is accumulated to be used repeatedly. The quality of information is raised by adding new information to what has already been accumulated" (MASUDA 1981, S. 77).

Im Zusammenhang mit den spezifischen Eigenschaften von 'Information' steht natürlich auch die Frage, in welcher Weise Informationsvorgänge über elektronische Medien abgewickelt werden können. Das gemeinsame Merkmal der Betroffenheit durch die Entwicklungen auf dem Gebiet der Informations- und Kommunikationstechnologien wird damit zu einem weiteren Argument, das für die Ausgliederung von Informationsfunktionen als besonderen Wirtschaftssektor spricht.

Die Ausgestaltung des Informationssektors in einer Gesellschaft ist insgesamt in hohem Maße von politischen Entscheidungen abhängig, insbesondere auch deswegen, weil viele Informationsfunktionen (im Bildungsbereich, im Medienbereich) in Form von staatlichen Infrastruktur-Vorleistungen erbracht werden. Nicht zuletzt dieser Aspekt erfordert, daß sich allgemeine und angewandte Wissenschaft diesem Bereich zuwenden. Ein Indiz dafür, daß dies bereits geschieht, kann in der Schaffung von Studiengängen der 'Informationswissenschaft' gesehen werden.

Wegen der genannten besonderen Eigenschaften der Bestands- und Tauschgröße 'Information' weisen Einrichtungen des Informationssektors auch besondere Merkmale im Hinblick auf räumliches Verhalten auf, die sie grundsätzlich von agrarischen oder industriellen sowie sonstigen Dienstleistungseinrichtungen unterscheiden.

Aufgrund bestimmter zu erwartender Ähnlichkeiten bezüglich Flächenansprüchen, Standortorientierungen und Standortwirkungen scheint es sinnvoll, Verwaltungen von Industrieunternehmen, Banken, Versicherungen zusammen mit Forschungseinrichtungen, Bildungsinstitutionen, Büros von Organisationen und anderen vorwiegend informationsbehandelnden Einrichtungen zu einem wissenschaftlichen Gegenstandsbereich zusammenzufassen. Charakteristisch für diese Einrichtungen erscheint vor allem der vergleichsweise geringe Flächenbedarf für Arbeitsplätze im Informationssektor sowie die markante vertikale Stapelbarkeit dieser Flächen an zentralen Standorten. Außerdem erfordern sektorspezifische Standortfaktoren bzw. deren spezifische Gewichtung die Abgrenzung des Informationssektors aus raumwissenschaftlicher Sicht. Einen wesentlichen Aspekt spricht die Wirtschaftsgeographie dabei mit dem Begriff der 'Fühlungsvorteile'an. Entscheidend für die Zusammenhänge zwischen Informationssektor-Entwicklung und räumlicher Entwicklung sind dabei die Art und Weise, wie Informationsbestände und -flüsse in ihren verschiedenen Formen (auf Papier, auf Datenbanken, an Menschen gebunden) räumliche Organisationsmuster aufweisen. Es ist Aufgabe einer "Geographie des Informationssektors", Grundzüge dieser räumlichen Organisation zu erkennen und Bestimmungsfaktoren dafür aufzudecken. Ohne die Berücksichtigung der Zusammenhänge zwischen Information und Raumstruktur bzw. raumstruktureller Entwicklung werden Analyse, Prognose und Planung der räumlichen Entwicklung in den entwickelten Ländern in Zukunft nicht zu leisten sein.

Die Ausdifferenzierung von Informationsfunktionen wie Industrieverwaltungen, verschiedenen produktionsbezogenen Dienstleistungen etc. und deren eigenständige Standortwahl - räumlich getrennt von Produktions-, Lagerungs-, Verteilungsfunktionen o.ä. - ist eine verhältnismäßig junge Erscheinung. Gerade auch dieser Herausbildung räumlich autonomer Einheiten des Informationssektors wird mit der Ausgliederung des Informationssektors Rechnung getragen.

1.3. Definition und Abgrenzung des Informationssektors

1.3.1. Sektorengliederung nach Wirtschaftszweigen oder Tätigkeitsbereichen?

Ein Grundproblem jeder sektoralen Gliederung liegt in der Frage, ob dabei Institutionen (Unternehmen oder Betriebe) oder aber Menschen mit ihren unterschiedlichen Tätigkeiten bzw. Berufen in die verschiedenen Sektoren eingeteilt werden sollen. Beide Verfahren haben ihre Berechtigung, die Gliederung nach Wirtschaftszweigen, d.h. der "industry approach" bei MACHLUP (MACHLUP 1980, S. 227), von BADE "sektorale Gliederung" und von SCHMORANZ "institutionale Gliederung" genannt (vgl. BADE 1985, S. 3ff. und SCHMORANZ 1980, S. 147), ebenso wie die Gliederung nach Tätigkeiten, die MACHLUP "occupations approach" (MACHLUP 1980, S. 18), BADE "funktionale Gliederung" (BADE 1985, S. 8) und SCHMORANZ "funktionellen Ansatz" (SCHMORANZ 1980, S. 147) nennen. Die Definition der Sektoren sollte deshalb beide Verfahren offenhalten, d.h. sie sollte sowohl die Gliederung in agrarische, güterproduzierende, tertiäre und quartäre Institutionen ermöglichen als auch die Gliederung der entsprechenden Tätigkeitsbereiche der Beschäftigten.

Die institutionelle Gliederung teilt Unternehmen nach deren produzierten Gütern bzw. Dienstleistungen in Sektoren ein. Sie gibt an, mit welchen Produkten und Dienstleistungen am Markt wieviel an Umsatz, Wertschöpfung oder Gewinn erzielt wird und wieviele Beschäftigte - gleichgültig in welcher Tätigkeit - dafür eingesetzt sind. Sie dokumentiert damit vorwiegend das Geschehen zwischen den Unternehmen (sowie zwischen diesen und den privaten Haushalten). Mit ihrer Hilfe lassen sich Wachstums- und Schrumpfungsbranchen ermitteln. Indem die institutionelle Gliederung Betriebsstätten mit unterschiedlichem Output voneinander trennt, bietet sie sich auch für wirtschaftsgeographische Untersuchungen an, da diese Betriebsstätten ja gebaute Raumelemente mit bestimmten Funktionen im Raum darstellen.

Wegen des Schwerpunktprinzips, gemäß dem die einzelnen unterschiedlichen Betriebsstätten eines Unternehmens jeweils alle dem vorherrschenden Wirtschaftszweig des Unternehmens zugeordnet werden, birgt die institutionelle Sektorengliederung jedoch auch Probleme. Durch die Entstehung großer Mehrbetriebsunternehmen mit verschiedenen Unternehmensbereichen und insbesondere durch die räumliche Trennung von Verwaltungs-, Produktions- und Vertriebsfunktionen in derartigen Unternehmen wird diese Klassifizierung zunehmend fragwürdig. Problematisch ist im wesentlichen die Tatsache, daß die tertiären (z.B. Vertriebs-) und quartären (z.B. Verwaltungs-)Funktionen von Industrieunternehmen dem sekundären Sektor zugerechnet werden und daß deswegen auf der Grundlage der institutionellen Gliederung erarbeitete Analysen zur regionalökonomischen Situation gerade der Großstädte starke Verzerrungen zugunsten des sekundären Sektors aufweisen.

Die funktionale Gliederung beschreibt - im Gegensatz zur institutionellen Sektorengliederung - nicht das Geschehen **zwischen** den Unternehmen, sondern **innerhalb** einzelner oder aller Unternehmen. Mit der Erfassung der Berufe oder Tätigkeitsbereiche der Beschäftigten dokumentiert sie vor allem die Input-Seite des Produktionsprozesses, sie erfaßt die Art des Arbeitseinsatzes, mit der die Produkte (Waren oder Dienstleistungen) in den Unternehmen hergestellt werden (vgl. BADE 1985, S. 8).

Vergleichende Untersuchungen der Wertschöpfung in den einzelnen funktionalen Bereichen sind (im Gegensatz zu den Wirtschaftszweigen) nicht durchzuführen, - es sei denn auf dem Umweg über die Lohnsummen, wie dies MACHLUP versucht hat, für die USA darzustellen (vgl. MACHLUP 1962, S. 388ff.). Es läßt sich stattdessen jedoch die gesamtwirtschaftliche und - per Kreuztabellierung mit der institutionellen Gliederung - auch die branchenbezogene Tätigkeitsstruktur der Beschäftigten ermitteln.

Aufgrund der skizzierten Probleme mit der schwerpunktmäßigen Zuordnung von Unternehmen oder Betrieben zu Wirtschaftszweigen hat die Gliederung nach Tätigkeiten stark an Bedeutung gewonnen. Schon zu Beginn der 70er Jahre ist von verschiedener Seite gefordert worden, daß Untersuchungen zur sektoralen Struktur der Gesamtwirtschaft nach diesem Prinzip durchgeführt werden sollten (vgl. POHL 1970, S. 325 oder RASMUSSEN 1977, S. 33). Auch FOURASTIE wollte ursprünglich seine Analyse des sozioökonomischen Strukturwandels auf der Basis der Tätigkeiten der Beschäftigten durchführen, mußte jedoch aus Mangel an entsprechendem Datenmaterial auf die institutionelle Gliederung zurückgreifen (vgl. POHL 1970, S. 315).

Insbesondere für die Raumforschung ist das an den einzelnen Menschen und ihren Tätigkeiten orientierte Vorgehen der funktionalen Gliederung interessant, da die Arbeitsorte der Beschäftigten eine wesentliche Determinante der räumlichen Entwicklung generell darstellen: Zum einen werden großräumliche Wanderungen vor allem durch die unterschiedliche Verteilung von Erwerbsmöglichkeiten induziert. Zum anderen bilden Nachfrage und Kaufkraft der Beschäftigten eines Raumes einen entscheidenden Faktor für die wirtschaftliche Entwicklung in diesem Raum.

In sämtlichen bisher erschiedenen wirtschaftswissenschaftlichen Studien zum Informationssektor wird dieser Sektor auf der Basis von Berufsklassifikationen abgegrenzt. Wesentliches Motiv dabei ist offensichtlich die Tatsache, daß damit die Folgen der Expansion des Informationssektors für das Beschäftigungssystem insgesamt - und darauf aufbauend für die Beschäftigungspolitik - erfaßt werden können. Bei nach wie vor dominierender Stellung des Verarbeitenden Gewerbes in den Industrieländern läßt sich gerade in diesem Wirtschaftszweig der Wandel der zur Güterproduktion erforderlichen menschlichen Tätigkeiten bzw. Berufe mit Hilfe der Kategorie des Informationssektors aufzeigen.

1.3.2. Begriff und Definition des quartären bzw. Informationssektors bei verschiedenen Autoren

Als MACHLUP in den Wirtschaftswissenschaften und GOTTMANN in der Geographie zu Beginn der 60er Jahre die Entwicklung einer neuen sozialwissenschaftlichen Kategorie auf den Weg brachten, die schließlich in der Ausweisung des 'Informationssektors' mündete, besaß der Begriff der 'Information' noch nicht die Funktion der diesen Bereich von Wirtschaft und Gesellschaft definierenden Größe. MACHLUP, der durch Untersuchungen über die ökonomischen Aspekte des Patentwesens auf dieses Untersuchungsgebiet gestoßen war (vgl. MACHLUP 1980, S. 15f.), gebrauchte vorwiegend den Begriff 'Wissensproduktion' ('knowledge production') für sein Untersuchungsobjekt und erwähnte nur am Rande, daß der Sprachgebrauch sich dahingehend entwickele, daß 'Information' in vielen Fällen synonym mit 'Wissen' verwendet werde (vgl. MACHLUP 1962, S. 8, S. 15).

Auch GOTTMANN definierte den von ihm beschriebenen 'quartären Sektor' nicht über den Begriff der Information. Im Kapitel "The White-Collar Revolution" seines Buches "Megalopolis" (vgl. GOTTMANN 1961, S. 565ff.) bezog er sich in erster Linie auf die Zunahme von 'office' und 'white-collar'-Tätigkeiten. Zwar gab er an, daß "a good part of office or white-collar work consists in gathering, analyzing, classifying, filing and distributing information..." (GOTTMANN 1961, S. 577); er führte auch die Zunahme dieser Tätigkeitsbereiche in der Megalopolis auf die wachsende Bedeutung von Information als Wirtschaftsfaktor zurück[2]. Dennoch fehlt das Wort 'Information' in den Aussagen, die die quartären Tätigkeiten näher bestimmen: "Indeed one wonders whether a new distinction should not be introduced in all the mass of nonproduction employment: a differentiation between **tertiary** services - transportation, trade in the simpler sense of direct sales, maintenance, and personal services - and a new and distinct **quaternary** family of economic activities services that involve transactions, analysis, research, or decision-making, and also education and government." (GOTTMANN 1961, S. 576). Charakteristisch an diesen quartären Tätigkeiten sind für GOTTMANN "intellectual training" sowie "brain-work and responsibility" (GOTTMANN 1961, S. 577 bzw. 580). GOTTMANN beschreibt die quartären Tätigkeiten damit eher über den Input an Information bei den Informationstätigen, d.h. über deren Ausbildungsniveau und verantwortungtragende Stellung als über deren Output an Information, wie dies später PORAT oder JONSCHER tun. Seine Definition bleibt insofern unbefriedigend, als viele der Routine-Bürofunktionen, die mit Information befaßt sind (Typisten, Telefonisten, etc.), auf diese Weise nicht im quartären Sektor erfaßt sind, und andererseits ja auch in den anderen Sektoren viele Tätigkeiten, die sich definitionsgemäß vor allem durch Materie- oder Personenbezogenheit auszeichnen, die Kriterien von hochqualifizierter Ausbildung und Verantwortung erfüllen.

An dieser Definition des quartären Sektors hält GOTTMANN auch fest in seinem häufig zitierten Aufsatz aus dem Jahre 1970 "Urban centrality and the interweaving of quaternary activities": "We must recognize a **quaternary** sector of economic activities corresponding to the transactional which now employs a large and growing part of the labour force" (GOTTMANN 1970, S. 325). Das Schlüsselwort der Definition des quartären Sektors bei GOTTMANN ist 'transactions' (vgl. den Buchtitel "The Coming of the Transactional City", GOTTMANN 1983), das vielleicht am besten mit "abstrakte Geschäftsvorgänge" zu übersetzen ist, dessen genaue Bedeutung bei GOTTMANN jedoch nicht ganz klar wird. Den Schluß, daß es bei diesen 'transactions' um Vorgänge der Informationserarbeitung, -verarbeitung und -weitergabe geht, zieht GOTTMANN 1970 nicht, obwohl seine Aufzählung quartärer Tätigkeiten - "managerial, professional and higher level technical personnel" sowie die Kategorie der "clerical occupations" (vgl. GOTTMANN 1970, S. 325), also im wesentlichen die Hauptgruppen 1 bis 3 der International Standard Classification of Occupations - gerade den Informationssektor umfaßt. Auch in der jüngsten Publikation GOTTMANNs zum quartären Sektor wird dieser Sektor nicht als Aggregation der Informationstätigkeiten definiert, sondern durch die eher vage Aussage, daß der neue Sektor der quartären Tätigkeiten jene Dienstleistungen umfasse, "performed by white-collar, highly specialized, carefully trained workers" (GOTTMANN 1983, S. 65). Eine Seite weiter erwähnt GOTTMANN allerdings in einem Relativsatz, daß der quartäre Sektor in enger Beziehung zur Produktion, Verarbeitung und Verteilung von Information steht: "But the quaternary sector, which is closely related to the production, processing, and distribution of information, is also expanding, and its structure is changing..." (GOTTMANN 1983, S. 66).

Vermittelt durch die Arbeit von GAD, der in den 60er Jahren mit GODDARD in London über den quartären Sektor gearbeitet hatte, fand die Definition GOTTMANNs Eingang in die deutsche Geographie. Dabei hat ihre vergleichsweise vage Formulierung auch zu Mißverständnissen Anlaß gegeben.

GAD folgt GOTTMANN in der Definition des quartären Sektors insofern, als der Bezug zur Informationstätigkeit zwar genannt, jedoch nicht als definierendes Kriterium verwendet wird. Definiert wird der quartäre Sektor bei GAD mit Hilfe der nicht ganz geglückten Übersetzung aus GOTTMANN (1961, S. 567) als "Dienstleistungen (die bei Transaktionen benützt werden), Forschung, Entscheidungsfällung, Lehre und Erziehung, Regierung" (GAD 1968, S. 15). Und weiter unten wird ausgeführt: "In einer vom quartären Sektor geprägten Wirtschaft verdient der Mensch sein tägliches Brot nicht durch körperlich anstrengende Arbeit, sondern immer mehr durch Beobachtung, Sammeln von Informationen, deren Ordnung, Klassifizierung und Speicherung und die Aussendung von Befehlssymbolen" (GAD 1968, S. 15).

Auch HEINEBERG und DE LANGE halten sich an die Definition GOTTMANNs, die sie offensichtlich der Arbeit von GAD entnehmen, da wesentliche Formulierungen identisch mit GAD 1968 sind:

> "In Anlehnung an die von Jean GOTTMANN (1961) in seiner Abhandlung über die nordostamerikanische Megalopolis geprägte Einteilung der Wirtschaft in vier Sektoren sollen unter dem quartären Sektor im folgenden Dienstleistungsaktivitäten zusammengefaßt werden, für deren Ausübung höhere Ausbildung und Schulung erforderlich sind und die zum Teil einen großen Beitrag zu Entscheidungsprozessen leisten. Dazu zählen insbesondere Regierungs- und öffentliche Verwaltungsfunktionen, Einrichtungen von Verbänden, der Industrieverwaltung, gehobener, zum Teil personenbezogener privater Dienstleistungen (wie Ärzte, Rechtsanwälte, Wirtschaftsprüfer, technische Beratung, usw.) sowie Dienstleistungen, die bei Transaktionen genutzt werden (Banken, Versicherungen usw.). Gegenüber diesen Dienstleistungsgruppen, die ganz überwiegend Büronutzungen sind, umfaßt nunmehr der tertiäre Sektor lediglich den Einzelhandel, Großhandel sowie einfache personenbezogene Dienstleistungen (z.B. Gastronomie, Dienstleistungen des Handwerks) (vgl. auch GAD 1968, S. 15ff; DACH 1980, S. 25ff.)" (HEINEBERG/DE LANGE 1983, S. 223).

Es handelt sich bei dieser Bestimmung des quartären Sektors eher um eine Aufzählung als um eine Definition. Außerdem deuten sich bei dem Begriff der Transaktionen/transactions Verständigungsschwierigkeiten an: HEINEBERG/DE LANGE verstehen unter Transaktionen vor allem 'finanzielle Transaktionen' (s.o.), während GOTT-

MANN seine "transactions" viel umfassender verstanden sehen will, nämlich in der Tat als Informationsübertragungs-, d.h. letztlich als Kommunikationsprozesse. Darauf weist auch der Buchtitel "The Coming of the Transactional City" (GOTTMANN 1983) hin sowie die auch bei DACH (1980, S. 27) zitierte Äußerung GOTTMANNs, daß es sich beim Objekt der abstrakten Transaktionen um Information handelt: "Basically, quaternary work consists of abstract transactions, and the most important category of materials it manipulates and processes can be defined as information" (GOTTMANN 1974, S. 257).

Genau in diesem Sinne interpretiert bereits Anfang der 70er Jahre ABLER den GOTTMANN'schen Begriff des quartären Sektors - m.E. vollkommen zu Recht - als "jobs which revolve around the generation, transmission, processing, and utilization of information and knowledge" (ABLER 1975, S. 49). Diese Definition des quartären Sektors als Informationssektor geht dann auch ein in das amerikanische Standardlehrbuch von ABLER, ADAMS und GOULD "Spatial Organization. The Geographer's View of the World" (vgl. ABLER et al. 1977, S. 307).

Es wurde bereits dargelegt, daß diese Klarstellung hinsichtlich des Begriffs des quartären Sektors bei GOTTMANN durch die Einführung von 'Umgang mit Information' als Abgrenzungskriterium für quartäre Tätigkeiten und Betriebsstätten notwendig und sinnvoll ist. Diese Auffassung ist ebenfalls bereits Anfang der 70er Jahre in die deutsche geographische Diskussion eingegangen, hat jedoch in der Folgezeit kaum weitere Beachtung gefunden. In seinem Diskussionsbeitrag zum Ansatz der Münchner Schule der Sozialgeographie betont BIRKENHAUER 1974 die Bedeutung quartärer Funktionen für die räumliche Entwicklung und fordert deren Untersuchung. Dabei bezieht er sich auf ABLER et al. und gibt als Definition des quartären Sektors an: "Unter 'quartär' wird alles das verstanden, was mit Information, Ideen, Daten und Datenverarbeitung zu tun hat" (BIRKENHAUER 1974, S. 503). Auch KRICKAU-RICHTER und OLBRICH interpretieren GOTTMANN dahingehend, daß die wesentliche Interaktionsgröße des quartären Sektors Information ist; dieser Sektor "unterscheidet sich vom tertiären dadurch, daß die ihm zugehörigen Dienstleistungsbetriebe keine materiellen, physischen Güter in ihre Interaktionen einbeziehen, sondern Informationen" (KRICKAU-RICHTER/OLBRICH 1983, S. 4f.).

Mit Verspätung findet sich der Begriff des quartären Sektors in deutschen geographischen Lehrwerken: Hermann HAMBLOCH erwähnt in der 5. Auflage seines Standardwerks "Allgemeine Anthropogeographie", daß "vereinzelt ... der Begriff des quartären Sektors gebraucht" wird (HAMBLOCH [5]1982, S. 62); auf der Basis der Vorstellung von Wirtschaftsstufen beschreibt ihn HAMBLOCH als "die Zusammenfassung der Dienstleistungen im administrativen und kulturellen Bereich", die "stärkste Wachstumstendenzen haben, wenn die Urbanisierung schon an die Spitze der sozialökonomischen Stufenpyramide geführt hat" (HAMBLOCH [5]1982, S. 132).

Neben den Geographen, die den quartären Sektor nicht über den Umgang mit Information definieren (sondern über das Kriterium 'höhere Ausbildung' u.ä.), und jenen, die den quartären Sektor explizit als Informationssektor definieren, existiert dazuhin eine Forschungsrichtung, die sich sehr früh mit Informationsfunktionen und -flüssen im Raum befaßt hat, dies jedoch (zunächst) nicht unter dem Begriff des quartären Sektors unternahm. Für diese Richtung steht vor allem der Name des schwedischen Geographen Gunnar TÖRNQVIST.

TÖRNQVIST grenzt in seiner Studie "Contact Systems and Regional Development" aus dem Jahr 1970 zwar "information processing activities" aus und fordert dazu auf, die Bedeutung dieser Tätigkeiten für den Urbanisierungsprozeß zu untersuchen (vgl. TÖRNQVIST 1970, S. 26), er erwähnt jedoch nicht den Begriff des quartären Sektors und geht nicht auf die Parallelität seines Ansatzes mit jenem von GOTTMANN ein. Dieser Schritt erfolgt erst in dem 1973 erschienenen Aufsatz "Contact Requirements and Travel Facilities". Darin entwickelt TÖRNQVIST eine tätigkeitsbezogene Gliederung der Wirtschaft in vier Sektoren - "primary functions", "manufacturing or processing functions", "service functions" sowie durch Informationsflüsse zu kennzeichnende "administrative functions", auf deren Ähnlichkeit zu der Gliederung in primär, sekundär, tertiär und quartär bei GOTTMANN er hinweist (vgl. TÖRNQVIST 1973, S. 87). Erst DIKKEN/LLOYD jedoch fügen in das Schaubild der Sektorengliederung, das sie dem Aufsatz von TÖRNQVIST entnehmen, die Begriffe sekundär, tertiär und quartär ein (vgl. DICKEN/LLOYD 1984, S. 157). Sowohl bei TÖRNQVIST (1973) als auch bei DIKKEN/LLOYD (Original 1981, deutsche Ausgabe 1984) bleiben jedoch hinsichtlich der Details der Vier-Sektoren-Gliederung noch Fragen offen. TÖRNQVIST zählt 'business services' zu 'service functions', also zum tertiären Sektor, wobei nicht klar wird, ob darunter auch Informationsfunktionen, wie zum Beispiel Unternehmensberatung oder Rechtsberatung, oder ausschließlich materie- oder personenbezogene Dienstleistungen verstanden werden. Bei DICKEN/LLOYD wird nicht deutlich, daß auch der tertiäre Sektor in starkem Maße von Materieströmen gekennzeichnet ist.

Insgesamt findet der Begriff des quartären Sektors als Zusammenfassung informationsbezogener Dienstleistungstätigkeiten bis 1980 Eingang in führende geographische Lehrwerke des angloamerikanischen Raums: HAGGETT berücksichtigt diese Kategorie in der dritten Auflage seines Werks "Geography. A Modern Synthesis" (vgl. HAGGETT [3]1979, S. 329). Ebenso beschreiben YEATES und GARNER in ihrem Standardwerk der amerikanischen Stadtgeographie den die Stadtentwicklung bestimmenden sozialökonomischen Wandel mit Hilfe des Begriffs des quartären Sektors. Unter der Überschrift "the postindustrial era" führen sie aus, daß "the major shift in economic activity ... has been toward service activities. Employment in the tertiary and quaternary sectors (education, research, etc.) dominates the contemporary economy of most cities" (YEATES/GARNER [3]1980, S. 36).

In der nordamerikanischen Geographie hat sich damit der Begriff 'quartärer Sektor' Anfang der 80er Jahre fest etabliert; zu den räumlichen Aspekten des quartären Sektors fand 1982 sogar ein Symposium der Association of American Geographers in San Antonio statt, das DANIELS/HOLLY (1983, S. 1294) erwähnen.

Ohne die Arbeiten von TÖRNQVIST, ABLER oder GOTTMANN zu berücksichtigen, verwendet SEMPLE 1985 den Begriff des quartären Sektors wiederum lediglich für Leitungs-, Herrschafts- und Entscheidungsfunktionen in Wirtschaftsunternehmen: "the quaternary activites of command, control, and decisionmaking" (SEMPLE 1985, S. 286); er schließt sich also bezüglich der Abgrenzung des Forschungsobjekts im wesentlichen jenen Autoren an, die den quartären Sektor nicht über das Kriterium des Informationsumgangs, sondern über die Entscheidungsposition des jeweiligen Beschäftigten definieren.

Dieser Definitionsansatz ist auch in der französischen Literatur zur Erweiterung der Drei-Sektoren-Gliederung (insbesondere für geographische Untersuchungen) verbreitet:

In einer Studie (in englischer Sprache) über Nantes untersuchen MESNARD und VIGARIE Verflechtungen innerhalb des "upper tertiary sector", den sie als identisch mit der Kategorie des quartären Sektors bei GOTTMANN bezeichnen (vgl. MESNARD/VIGARIE 1979, S. 53); und RIVIERE-MOREL befaßt sich mit der besonderen Bedeutung, welche der als "tertiaire supérieur" bezeichnete Wirtschaftssektor, also wiederum der 'höhere tertiäre Sektor', für Wirtschafts- und Raumentwicklung in der Region Ile de France besitzt (vgl. RIVIERE-MOREL 1984). Dabei werden unter dem 'höheren tertiären Sektor' Tätigkeiten mit spezialisierter Qualifikation verstanden, die sich durch die Begriffe 'Verantwortung', 'Entscheidung', 'Konzeption' und 'Weisung' charakterisieren lassen; RIVIERE-MOREL weist 14 Berufsgruppen der französischen Berufsstatistik diesem höheren tertiären Sektor zu. Dabei wird in sieben Fällen als entscheidendes Abgrenzungskriterium die Tatsache verwendet, daß es sich bei den Tätigkeiten um Leitungsfunktionen handelt: Aus den Wirtschaftszweigen Handel, Banken und Versicherungen, Werbung, Druckgewerbe, Medien, Justizwesen und Kultur sowie Hotelwesen (!) werden jeweils die "cadres supérieurs", d.h. die leitenden Angestellten, zum 'tertiaire supérieur' gezählt (vgl. RIVIERE-MOREL 1984, S. 2). Diese Abgrenzung eines Sektors, der im wesentlichen die um Ingenieure, Techniker, Ärzte und Lehrer ergänzten leitenden Angestellten umfaßt, ist mit keiner der vorgenannten Abgrenzungen eines quartären oder Informationssektors identisch; ohne daß Hinweise auf die Herkunft der verwendeten Begriffe gegeben werden, ist die Ähnlichkeit zu der ursprünglich bei GOTTMANN auftauchenden Definition des 'quartären Sektors' jedoch unverkennbar (vgl. GOTTMANN 1961, S. 576f.). RIVIERE-MOREL betont, daß sich der 'höhere tertiäre Sektor' von einem Subsektor des tertiären Sektors zum führenden Wirtschaftssektor entwickelt habe und daß er immensen Einfluß auf die Dynamik der anderen Wirtschaftssektoren besitze; gerade für die Untersuchung von räumlichen Disparitäten sei die Berücksichtigung der Entwicklung und räumlichen Verteilung dieses Wirtschaftssektors unerläßlich (vgl. RIVIERE-MOREL 1984, S. 18).

Ganz ähnlich weisen STANBACK und NOYELLE auf die wachsende Bedeutung von "advanced services" für die Wirtschaftsentwicklung einzelner Städte hin (vgl. NOYELLE 1983, S. 280ff.). Zu diesen "advanced services" zählen sie die Dienstleistungen für Unternehmen ("producer services") sowie die zentralen Verwaltungseinrichtungen aller Wirtschaftszweige ("central administrative offices"); letzere können allerdings statistisch nicht separat erfaßt werden (vgl. NOYELLE 1983, S. 282f.). Die auch als "complex of corporate activities" bezeichneten "advanced services" bilden eine Aggregation von Wirtschaftszweigen, die einem quartären Informationssektor unter Ausschluß von Bildungsbereich, Staatssektor und Medienwirtschaft entspricht. Die Gliederung des Dienstleistungssektors in die Bereiche 'distributive services', 'complex of corporate activities' (welche nicht notwendigerweise von Großunternehmen erbracht werden müssen!), 'non-profit services', 'mainly consumer services' sowie den Staatssektor lehnt sich insgesamt stark an die Klassifikation der Dienstleistungen von BROWNING und SINGELMANN an, die oben beschrieben wurde.

In der Diskussion um den quartären Sektor und seine Definition außerhalb der Raumwissenschaften erfolgt 1975 mit dem für die OECD erstellten Beitrag des Kommunikationswissenschaftlers Edwin B. PARKER ein vielbeachteter und folgenreicher Schritt (vgl. hierzu zum Beispiel das Vorwort des österreichischen Bundesministers für Wissenschaft und Forschung ROZSENICH zu SCHMORANZ 1980, S. 7). PARKER faßt in seiner Übersicht die langfristige berufsstrukturelle Entwicklung in den USA erstmals Berufe mit Schwerpunkt 'Informationsverarbeitung' zu einem eigenen Wirtschaftssektor zusammen, den er "information sector" nennt (PARKER 1975, S. 10). Auf diese Arbeit gründen sich alle folgenden Studien über den Informationssektor, insbesondere die Dissertation des PARKER-Schülers Marc PORAT über den Informationssektor in den USA und die Studien für alle OECD-Länder nach Vorarbeiten des englischen Ökonomen Stuart WALL.

Dabei ist anzumerken, daß in der sozialwissenschaftlichen Diskussion selten von einem 'quartären Sektor' die Rede ist; eine Ausnahme bildet der kritisch orientierte Sozialwissenschaftler Barry JONES, der sich bei seinen Überlegungen zur sektoralen Gliederung der Wirtschaft explizit auch auf GOTTMANN stützt (vgl. JONES 1982, S. 47). Die Entwicklung geht zum Teil sogar dahin, daß nur noch von zwei Sektoren gesprochen wird, dem Informationssektor und dem Nicht-Informationssektor (so JONSCHER 1983, S. 16, PORAT 1977, S. 2, aber auch ganz ähnlich GOTTMANN 1979, S. 4).

Andererseits wird von geographischer und raumwissenschaftlicher Seite mittlerweile die Arbeit der wirtschaftswissenschaftlichen Informationssektor-Pioniere rezipiert. KELLERMAN weist auf die Identität des bei ABLER, ADAMS und GOULD definierten quartären Sektors mit dem Informationssektor in der Studie von PORAT hin und zitiert beide Forschungsrichtungen in seiner Forderung nach Ausgrenzung des quartären (Informations-)Sektors[3].

1.3.3. Information als Definitionsmerkmal für den quartären Sektor

Erst Mitte der 70er Jahre definieren ABLER (für die Geographie) und davon unabhängig PARKER (in den Wirtschafts- und Sozialwissenschaften allgemein) einen vierten Sektor dadurch, daß sie 'Informationsumgang' als wesentliches Merkmal quartärer Aktivitäten bzw. Institutionen begreifen (vgl. ABLER 1975, S. 49; PARKER 1975, S. 10). In empirischen Untersuchungen der Folgezeit wird die Abgrenzung in der Regel über eine Auflistung von quartären Informationsberufen vorgenommen.

Entscheidend bei dieser Definition ist die Tatsache, daß die Bereitstellung von Information, der 'Output' an Information eines Beschäftigten für seine Zuordnung zum Informationssektor ausschlaggebend ist[4]. JONSCHER faßt diesen Aspekt und seinen Hintergrund treffend zusammen: "The defining characteristic is the nature of the **output** produced by each individual (together with the capital equipment or tools associated with his or her work). If the output has value because of its information content - as in a memorandum, decision, financial document, lecture or research report - then the activity is assigned to the information sector. The extent to which information is used as an **input** to the task is not an issue; all tasks require some knowledge in their execution" (JONSCHER 1983, S. 16).

In diesem Sinne wird deshalb hier folgende **Definition** für den quartären oder Informationssektor vorgeschlagen: Der quartäre oder Informationssektor ist die Zusammenfassung der wirtschaftlichen Institutionen bzw. Tätigkeiten, bei denen nicht die Produktion (primärer Sektor, sekundärer Sektor) oder die Verteilung von Gütern (tertiärer Sektor) und nicht das Erbringen von primär materie- und personenbezogenen Dienstleistungen (tertiärer Sektor) im Vordergrund stehen, sondern die Behandlung und Bereitstellung von Information.

Anzumerken ist hier, daß diese Definition mit jener von Barry JONES übereinstimmt, der ebenfalls von der Ausgrenzung eines quartären Sektors ausgeht, den die Zusammenfassung von Informationsfunktionen bildet (vgl. JONES 1982, S. 47ff., der darüber hinaus jedoch noch einen 'quintären' Sektor der Hausarbeit abgrenzt). Kennzeichnend für quartäre Tätigkeiten sind für JONES die Lieferung immaterieller Dienste sowie die Verarbeitung von Symbolen bzw. symbolischen Gegenständen: "The quaternary (information) sector provices 'soft', or intangible, services, and its common element is the processing of symbols and/or symbolic objects ... The symbols used are words, sounds, images and numbers, or symbolic objects which represent tangibles (e.g. money, cheques, letters, speeches, bills, tickets, type, photographs, advertisements, keys, titles, deeds, legislation or newspapers)" (JONES 1982, S. 48).

Den generellen Überlegungen zu räumlichen Aspekten von Information bzw. von Informationstätigkeiten vorangestellt werden muß außerdem eine Definition des Begriffs der Information. Dies erscheint jedoch insofern nicht einfach, als in verschiedenen Wissenschaftsdisziplinen die unterschiedlichsten Konzepte von 'Information' entwickelt worden sind. Das Unternehmen wird auch dadurch nicht erleichtert, daß mit Informationstheorie und Informationswissenschaft sogar Fachgebiete entstanden sind, in deren Bezeichnungen das Wort 'Information' auftaucht.

Anstelle eines einheitlichen Informationsbegriffes, der die Wissenschaft durchzieht, begegnen wir einer "Begriffsverwirrung" (OESER 1986, S. 231). In vielen Abhandlungen zu diesem Thema ist nicht klar, von welchem Begriff der Information ausgegangen wird; und die Definitionsversuche kehren häufig zu Tautologien zurück, von denen jene Norbert WIENERs vielleicht die bekannteste ist: "Information ist Information, weder Materie noch Energie" (WIENER 1968, S. 166, zitiert nach OESER 1986, S. 231), die allerdings einen grundlegenden Sachverhalt bezüglich Information ausdrückt, nämlich jenen, daß Information neben Materie und Energie als eine dritte naturwissenschaftliche Grundgröße anzusehen ist.

Zu unterscheiden ist bei den Definitionen des Begriffs 'Information' zum einen vor allem, ob Information als Vorgang (des Mitteilens, Belehrens, Unterrichtens) oder als Objekt dieses Vorgangs betrachtet wird, zum anderen, ob ein quantitativer, statistischer Informationsbegriff im Sinne der Informationstheorie zugrundegelegt oder ob versucht wird, den Informationsbegriff qualitativ zu fassen.

Für die Zwecke der analytischen Durchdringung der räumlichen Muster tatsächlicher Informationsprozesse erscheint es zum einen wesentlich, eine weite und pragmatische Definition von Information zu wählen, die nahe am alltagssprachlichen Informationsbegriff als Nachricht, Mitteilung, Auskunft bleibt (vgl. hierzu CAPURRO 1978, S. 196ff.). Hat man vorwiegend menschliche Informationstätigkeit im Auge und geht darüber hinaus generell davon aus, daß die maschinelle Informationsverarbeitung einen - sehr beschränkten - Teilbereich aus dem Spektrum der dem Menschen möglichen Informationstätigkeit besetzt, ist es außerdem notwendig, eine qualitative, d.h. semantische, kontextbezogene Definition von Information zugrundezulegen, die auch pädagogische Elemente miteinbezieht. Information soll nicht reduziert werden auf die Messung des Informationsgehalts einer Aussage oder die Angabe der Wahrscheinlichkeit des mit ihr beschriebenen Ereignisses in bits und unabhängig vom Kontext (wie bei HERRMANN 1986, S. 10ff.), sondern es soll die Bedeutung der Information für die Teilnehmer am Kommunikationsprozeß vor dem Hintergrund ihres Vorverständnisses, ihrer Intentionen und Erwartung ausdrücklich in der Definition mit aufgenommen sein.

Aus der Fülle der in allgemeinen und fachspezifischen Lexika sowie in Lehrbüchern und Abhandlungen der verschiedensten Wissenschaftszweige enthaltenen Definitionen des Begriffs 'Information' erfüllt insbesondere die bei Theodor LEWANDOWSKI gegebene diese Kriterien: "In einem weiten pragmatischen und kommunikationswissenschaftlichen Verständnis ist Information eine an einen physikalischen Träger gebundene Nachricht, die Nichtwissen oder Ungewißheit beseitigt, die etwas Neues mitteilt oder Wissen vermehrt, die Lernen als sofortige oder spätere (latente) dauerhafte Verhaltensänderung bewirkt" (LEWANDOWSKI ^{4}1985, S. 425).

Wie die Informationstheorie geht LEWANDOWSKI dabei aus von der Definition als Nachricht, die Ungewißheit (zu einem bestimmten Punkt) beseitigt; er erweitert sie jedoch um die Berücksichtigung des Sender- und vor allem des Empfängerzustands sowie um die Anknüpfung des Informationsinhalts am 'Sinn' der Information: "Der Informationsgehalt einer Zeichenfolge beruht auf deren Semantik (bzw. auf deren Inhalt oder Sinn, den der Sender weiß und den der Empfänger/Frager noch nicht kennt)" (LEWANDOWSKI ^{4}1985, S. 425). Die Definition schließt die Bestätigung einer Aussage als Information mit ein. Der Informationsgehalt in Informationsspeichern (wie Büchern, Bibliotheken, elektronischen Medien) wird über die latenten, potentiellen Informationsprozesse bestimmt.

Die Nähe des Informationsbegriffs zu jenem der Kommunikation ist offensichtlich; beide bezeichnen aus unterschiedlichem Blickwinkel dieselbe Sache, nämlich die geistige soziale Interaktion, bei der 'Kommunikation' eher Vorgang und Rahmen und 'Information' eher den Inhalt bzw. das Objekt bezeichnen. Insofern können Informationstätigkeiten oder -berufe schließlich auch als Kommunikationstätigkeiten bzw. -berufe angesprochen werden. Der alltagssprachliche Begriff von 'Kommunikation' und 'Kommunikationsberuf' beschreibt jedoch in einem engeren Sinne Medienberufe, weshalb dem Begriff der 'Informationstätigkeit' als wesentlichem Kriterium für die Zuordnung von Funktionen zum quartären Sektor weiterhin der Vorzug gegeben werden soll.

Insgesamt entsteht mit dieser Ausgliederung von Informationsfunktionen im quartären Sektor eine Vier-Sektoren-Gliederung der Wirtschaft, die in Anlehnung an die Übersichten von TÖRNQVIST (1973, S. 87) und DICKEN/LLOYD (1984, S. 152) in Tab. 1 wiedergegeben ist.

Mit dieser Vier-Sektoren-Gliederung der Wirtschaft sind jedoch noch nicht sämtliche Probleme einer wirtschaftlichen und wirtschaftsgeographischen 'Tätigkeitstypologie' gelöst. So macht zum Beispiel die Zuordnung von Militär und Polizei zu einem der vier Sektoren nach wie vor Schwierigkeiten. JONES fordert daneben die Ausgliederung der Hausarbeit in einem fünften Sektor, um sie und ähnliche Aktivitäten als wirtschaftlich ebenso bedeutsam anzuerkennen wie die erwerbswirtschaftlichen Tätigkeiten. Diesem in der Tat wichtigen Anliegen wird man jedoch eher gerecht dadurch, daß man nicht-erwerbswirtschaftliche Tätigkeiten innerhalb der Sektoren berücksichtigt, wobei Hausarbeit überwiegend zum tertären Sektor zählen würde; die sektorale Gliederung sollte am Output des einzelnen Beschäftigten bzw. der Betriebsstätten als Gliederungsmerkmal festhalten und nicht die Unterscheidung von Erwerbs- und Nichterwerbsarbeit zusätzlich - zur Abgrenzung eines 'quintären Sektors' - aufnehmen.

Tab. 1: Die Vier-Sektoren-Gliederung der Wirtschaft

Sektoren	Tätigkeiten	Output	vorrangige raumüberwindende Fließgrößen
primär	Gewinnung agrarischer und mineralischer Rohstoffe	Rohstoffe	Materie Energie
sekundär	Materiebearbeitung	Halbfertig- und Fertigprodukte	Materie
tertiär	personenbezogene und materiebezogene Dienstleistungen	Veränderungen an Menschen und Materie	Materie Personen
quartär	Informationstätigkeiten	Information	Information per - Printmedien - elektron. Medien - Personen

1.3.4. Dem 'Informationssektor' verwandte Begriffe und Abgrenzungen

Anstelle der Zunahme von Informationsbeschäftigten im sozioökonomischen Wandel wird gelegentlich von der Zunahme der "Kopfarbeiter" gesprochen (vgl. OTTO/SONNTAG 1985, S. 90). Dieser Begriff beschreibt im wesentlichen den gleichen Sachverhalt wie der Begriff des Informationsbeschäftigten. Bei Tätigkeiten, deren entscheidendes Merkmal der Umgang mit bzw. die Bereitstellung von Information darstellt und die nicht mehr unmittelbar mit Güterproduktion und -verteilung zu tun haben, wird der Kopf in der Tat zum vorherrschend wirkenden Körperteil. Kopfarbeit ist Informationsarbeit. Die bereits bezüglich des Begriffs Informationsumgang angebrachte Anmerkung, daß jede menschliche Tätigkeit eine Dimension des Denkens und der Emotion besitzt, gilt allerdings auch hier.

HALLER stellt in seiner Untersuchung über den Strukturwandel der österreichischen Gesellschaft "Auf dem Weg zur Dienstleistungsgesellschaft?" fest, daß gerade auch in klassen- und schichtspezifischer Hinsicht die Unterscheidung zwischen überwiegend geistiger und überwiegend körperlicher Arbeit bedeutsam ist: Zwar sind die geistigen Tätigkeiten intern in leitende Elite- und ausführende Routine-Tätigkeiten gegliedert; dennoch sind "alle primär mit geistigen Tätigkeiten befaßten Berufe" überwiegend der Mittelklasse zuzuordnen (HALLER 1982, S. 630).

Von raumwirtschaftlicher Seite hat schon sehr frühzeitig ISENBERG auf die Bedeutsamkeit dieses Unterschieds von Kopf- und Handarbeit für die ökonomische Regionalanalyse hingewiesen, die er mit dem Gegensatzpaar "Führung" und "Ausführung" korreliert. Mit Hilfe dieser Unterscheidung stellte ISENBERG bereits Anfang der 70er Jahre die Hypothese einer räumlichen Arbeitsteilung zwischen Metropolen mit Kopfarbeitern einerseits und abhängigen Räumen mit Ausführungsfunktionen andererseits auf (vgl. ISENBERG 1972, S. 23). Der Begriff 'Kopfarbeiter' erfaßt allerdings möglicherweise nicht die Beschäftigten der Informations-Infrastruktur, zum Beispiel Drucker oder Briefträger, die dennoch wichtige Funktionen des gesellschaftlichen Informationsgeschehens darstellen. Die Begriffe 'Informationssektor' und 'Informationsbeschäftigte' sind allgemeiner- wenn auch weniger anschaulich -, weswegen sie in dieser Arbeit verwendet werden sollen. Auch soll mit der Abgrenzung von Informationstätigen der Trennung der verschiedenen menschlichen Daseinsbereiche in keiner Weise das Wort geredet werden.

Die Frage der Definition und Abgrenzung von Informationsbeschäftigten weist darüber hinaus auch Parallelen zu der Diskussion um den Begriff der 'Angestellten' auf, die insbesondere in der deutschen Sozialgeschichte und Soziologie des 20. Jahrhunderts geführt worden ist.

Bei den Versuchen, diesen Begriff des 'Angestellten' - über den Bezug von Gehalt statt von Lohn sowie über die sozialversicherungsrechtliche Zugehörigkeit der Angestellten zur Angestelltenversicherung hinaus - inhaltlich aufzufüllen, werden immer auch die Aspekte der Angestelltenarbeit aufgeführt, die darauf hinweisen, daß die Angestellten vorwiegend mit Informationstätigkeiten im oben beschriebenen Sinne befaßt sind: "der Charakter ihrer nicht produktorientierten Tätigkeit" (KOCKA 1972, S. 113) bzw. der "schriftliche, büromäßige Charakter ihrer Arbeit" (KOCKA 1972, S. 114) oder die Tatsache, daß der Angestellte "überwiegend geistige Aufgaben zu erfüllen hat" (SELLIEN et al. ^{10}1979, S. 180). BAIN und PRICE führen diese Unterscheidung des Angestellten vom Arbeiter, die sie "brain-brawn-approach" nennen, auf LEDERER zurück, dem darin vielfach gefolgt worden ist (vgl. BAIN/PRICE 1972, S. 326).

Im Verlauf der internationalen Diskussion um den Angestelltenbegriff sind eine ganze Reihe alternativer Definitions- und Abgrenzungskriterien für diese sozialwissenschaftliche Kategorie vorgebracht worden, so etwa die Unterscheidung, daß Angestellte eher mit Menschen und Arbeiter eher mit Materie umgehen (vgl. BAIN/PRICE 1972, S. 336), oder die Tatsache, daß für Angestellte "Autoritätsnähe" ("a functional proximity to authority") kennzeichnend ist (so BAIN/PRICE selbst in ihrer Antwort auf die Frage "Who is a White-collar employee?", 1972, S. 337). Alle diese Merkmale treffen ein Stück weit zu, als allgemeingültige Abgrenzungskriterien für eine wesentliche Gruppe ökonomischer bzw. raumökonomischer Funktionen erscheinen sie jedoch genauso wenig verwendbar wie die Unterscheidung von Kopf- und Handarbeit.

Heute befinden sich viele Beschäftigte im Angestelltenverhältnis, die nicht primär mit Informationstätigkeiten zu tun haben, insbesondere in den Bereichen Produktion und Einzelhandel. Der nur noch versicherungsrechtlich definierte Begriff des Angestellten hat seine Bedeutung als Unterscheidungsmethode zwischen zwei verschiedenen Klassen von abhängig Beschäftigten im wesentlichen verloren: "Die objektive und subjektive Bedeutung der Kragenlinie, des Arbeiter-Angestellten-Unterschieds, hat gegenüber der Weimarer Zeit stark nachgelassen" (KOCKA/PRINZ 1983, S. 253). Deswegen wird das Angestelltenproblem von KOCKA und PRINZ als "sozialgeschichtliches Thema im Stadium seiner Auflösung" angesehen, "das nur noch den Historiker, nicht aber den Gegenwartsanalytiker interessiert" (KOCKA/PRINZ 1983, S. 254f.).

Die andere 'Kragenlinie', jene zwischen produzierenden Nicht-Informationstätigkeiten und organisierenden Informationstätigkeiten, behält dagegen ihre sozialwissenschaftliche Relevanz. Mit dieser Bedeutung halten BERGER, OFFE und andere am Angestelltenbegriff fest: Für sie sind die Angestellten jene Dienstleistungsbeschäftigten, die die eigentliche Produktionsarbeit organisieren; sie leisten damit quasi "Metaarbeit", die die Funktionsfähigkeit der Produktionsarbeit gewährleistet und die dabei vor allem von Ungewißheit und Unvorhersagbarkeit gekennzeichnet ist (BERGER/OFFE 1984, S. 272ff.). Auch diese Unterscheidung führt jedoch auf den Begriff der Informationstätigkeiten zurück, wie er oben entwickelt wurde.

Das im Englischen für 'Angestellte(r)' verwendete Wort 'white-collar employee', das diese Klasse der Beschäftigten über einen Aspekt ihrer Kleidung bestimmt, ist in seiner Anschaulichkeit durchaus zutreffend: Es weist auf die Tatsache hin, daß Informationsarbeit vielfach jene Arbeit ist, bei der "man sich nicht schmutzig macht" und man deshalb einen weißen Kragen tragen kann. Dieser und die übrigen Accessoires der Bürouniform bringen natürlich vielfach darüber hinaus auch Rang, Stellung, Einkommen, Lebensstil etc. des jeweiligen (überwiegend männlichen!) Beschäftigten zum Ausdruck.

1.3.5. Die Abgrenzung des Informationssektors

1.3.5.1. Die Abgrenzung von Informationsberufen

Im Rahmen einer funktionalen Sektorengliederung ist es für empirische Untersuchungen notwendig, die Berufe der Beschäftigten den einzelnen Sektoren zuzuweisen, d.h. für den Informationssektor also diejenigen Berufe zusammenzustellen, bei denen die Tätigkeit primär im Umgang mit Information besteht.

Auf den ersten Blick bietet sich für eine Gliederung der Berufe in vier Sektoren die vom Internationalen Arbeitsamt in Genf herausgegebene "International Standard Classification of Occupations" an, die auch RASMUSSEN in seinen Untersuchungen zum sektoralen Wandel und insbesondere zum Wandel der Dienstleistungsbeschäftigung heranzieht.

Es erscheint naheliegend, aus den akademischen, technischen und verwandten Berufen der Gruppe 0/1, den Verwaltungs- und Leitungsberufen der Gruppe 2 sowie den ebenfalls verwaltenden Berufen der Gruppe 3 den quartären Sektor zu bilden und den tertiären Sektor aus den Verkaufs- und Dienstleistungsberufen der Gruppen 4 bzw. 5,

Tab. 2: International Standard Classification of Occupations - ISCO

major groups		Sektor
0/1	professional, technical and related workers	quartär
2	administrative and managerial workers	
3	clerical and related workers	
4	sales workers	tertiär
5	service workers	
6	agricultural, animal husbandry and forestry workers, fishermen and hunters	primär
7/8/9	production and related workers, transport equipment operators and labourers	sekundär
x	workers not classifiable by occupation	
	armed forces	

Quelle: ISCO ^{2}1968

während die Gruppe 6 den primären Sektor bildet und die Gruppe 7/8/9 den sekundären.

Bei genauerer Durchsicht der ISCO-Abteilungen zeigt sich jedoch, daß dies gerade in bezug auf den Informationssektor nicht unproblematisch ist: In der Hauptgruppe 0/1 sind eine ganze Reihe von Berufen enthalten, die nicht zum quartären Sektor gerechnet werden dürfen, so die Piloten, viele Technikerberufe und viele der Berufe des Gesundheitssektors, die alle in der Hauptgruppe 0/1 aufgeführt sind (also auch Arzthelfer, Krankenpfleger, Krankenschwestern, Hebammen, Optiker und Röntgentechniker) sowie die Athleten und Sportler.

Andererseits sind in den Hauptgruppen 4 bis 6 verschiedentlich Berufe enthalten, die als Informationsberufe auszuweisen sind, so zum Beispiel die Versicherungskaufleute und

Immobilienkaufleute in Gruppe 4 sowie die Betriebsleiter in allen drei genannten Gruppen (vgl. ISCO ^{2}1968, S. 25ff.).

Der Verwendung dieser internationalen Klassifizierung der Berufe sind außerdem dadurch Grenzen gesetzt, daß sie kaum auf die deutsche Systematik der Berufe übertragen werden kann. Die ISCO orientiert sich an der Systematik der Berufe, wie sie im angloamerikanischen Raum üblich ist, und diese weist in einigen Bereichen - so zum Beispiel im Rechtswesen und in der Betriebsorganisation - zum Teil erhebliche Abweichungen gegenüber der deutschsprachigen Systematik der Berufe auf.

Die deutsche "Klassifizierung der Berufe" stammt in ihrer letzten Fassung aus dem Jahr 1975. Aufgrund der Veränderungen von Berufsbenennungen und Berufsinhalten soll sie bis Anfang der 90er Jahre revidiert werden (vgl. SCHEEWE 1987, S. 292). Sie gliedert die Berufe in sechs große Bereiche, die wiederum in Abschnitte, Ordnungen und Klassen unterteilt sind. Die Ausgliederung von Informationsberufen geht auch hier überwiegend quer zur bestehenden Klassifikation; d.h. Informationsberufe existieren in verschiedenen Bereichen, in denen jeweils auch Berufsbenennungen enthalten sind, die nicht zum Informationssektor gerechnet werden können. In Berufsstatistiken wird bis zur Ebene der Berufsordnungen ("Dreisteller") differenziert, die insgesamt 333 Einheiten umfassen; die weitere Untergliederung der Berufsordnungen in einzelne Berufsklassen ("Viersteller") wird nicht ausgewertet. Auf der Ebene der Berufsordnungen lassen sich die Informationsberufe jedoch bereits - mit wenigen Ausnahmen - ausreichend scharf abgrenzen.

In Tab. 3 sind verschiedene Abgrenzungen von informationsbezogenen Berufen bzw. vergleichbaren Zusammenfassungen nebeneinander dargestellt. Aufgenommen wurde die erste Untersuchung des Informationssektors in der Bundesrepublik von LEGLER und SPECKNER, die 1978 unter Übernahme der OECD-Vorgaben für den Ländervergleich erstellt wurde, die Abgrenzung von Büroberufen, wie sie TROLL am Institut für Arbeitsmarkt- und Berufsforschung entwickelt hat, der Vorschlag für ein neues Zuordnungsschema für Informationsberufe von DOSTAL, der ebenfalls am Institut für Arbeitsmarkt- und Berufsforschung tätig ist, sowie die Zusammenstellung verteilender, verwaltender und planender Berufe, die das Batelle-Institut seinen Untersuchungen zum beschäftigungsstrukturellen Wandel zugrundelegt. Die Spalte ganz rechts gibt die Zuordnung der Berufe zum Informationssektor für die hier entwickelte Fallstudie für Baden-Württemberg an.

Eine weitere Quelle zur Abgrenzung quartärer Berufe bildet eine Übersicht von Informationstätigkeiten, die JONES seiner Definition des quartären Sektors beifügt und die er als Erläuterung, nicht als vollständige Liste versteht:

> "Information activities include teaching, research, office work, public service, all forms of communication and the media, films, theatre, photography, posts and telecommunications, book publishing, printing, banking, insurance, real estate, administration, museums and libraries, creative arts, architecture, designing, music, data processing, computer software, selling tickets, accountancy, law, psychiatry, psychology, social work, management, advertising, the church, science, trade unions and parliaments " (JONES 1982, S. 48).

Tab. 3: Abgrenzung von Informationsberufen
(auf der Basis von Berufsordnungen/Dreisteller)

Berufsordnung		1	2	3	4	5
031	Verwalter in der Landwirtschaft	x	x			x
032	Agraring., Landwirtschaftsberater	x	x			x
052	Gartenarchitekten, Gartenverwalter					x
061	Forstverwalter, Förster, Jäger	75*				
163	Buchbinder	x				
171	Schriftsetzer	x		x		x
172	Druckstockhersteller	x		x		x
173	Buchdrucker (Hochdruck)	x		x		x
174	Flach-, Tiefdrucker	x		x		x
175	Spezialdrucker, Siebdrucker	x		x		x
176	Vervielfältiger	x		x		x
177	Druckerhelfer			x		
285	sonstige Mechaniker	14,3				
311	Elektroinstallateure, -monteure	12,5				
312	Fernmeldemonteure	75				
314	Elektrogerätebauer	14,3				
315	Funk-, Tongerätemechaniker	33,3				
491	Raumausstatter	14,3				
521	Warenprüfer	25				
601	Ing. des Maschinen- und Fahrzeugbaus	x	x	x	x	x
602	Elektroingenieure	x	x	x	x	x
603	Architekten, Bauingenieure	x	x	x	x	x
604	Vermessungsingenieure	x	x	x	x	x
605	Bergbau-, Hütten-, Gießereiingenieure	x	x	x	x	x
606	übrige Fertigungsingenieure	x	x	x	x	x
607	sonstige Ingenieure	x	x	x	x	x
611	Chemiker, Chemieingenieure	85,7		x	x	x
612	Physiker, Physiking., Mathematiker	66,7	x	x	x	x
621	Maschinenbautechniker			x	x	x
622	Techniker des Elektrofaches				x	
623	Bautechniker	16,7	x		x	x
624	Vermessungstechniker			x	x	x	x
625	Bergbau-, Hütten-, Gießereitechniker				x	

Code	Beruf					
626	Chemietechniker, Physikotechniker		x		x	x
627	übrige Fertigungstechniker				x	
628	sonstige Techniker			x	x	
629	Industriemeister, Werkmeister	x			x	
631	Biologisch-technische Sonderfachkräfte				x	
632	Physik.- und math.-techn. Sonderfachkräfte				x	
633	Chemielaboranten				x	
634	Photolaboranten	x			x	
635	Technische Zeichner	x	x	x	x	x
681	Groß- und Einzelhandelskaufleute	50	50**	x	x	x
682	Verkäufer				x	x
683	Verlagskaufleute, Buchhändler			x	x	x	x
684	Drogisten				x	x
685	Apothekenhelfer				x	
686	Tankwarte				x	
687	Handelsvertreter, Reisende	33,3			x	x	x
688	ambulante Händler				x	x
691	Bankfachleute	x	x		x	x
692	Bausparkassenfachleute	x	x		x	x
693	Krankenversicherungsfachleute	x	x		x	x
694	Lebens-, Sachversicherungsfachleute	x	x		x	x
701	Speditionskaufleute	x	x		x	x
702	Fremdenverkehrsfachleute	x	x	x	x	x
703	Werbefachleute	x	x	x	x	x
704	Makler, Grundstücksverwalter	33,3		x	x	x
705	Vermieter, Vermittler, Versteigerer	33,3			x	x
706	Geldeinnehmer, Kartenverkäufer			x	x	x
712	Eisenbahnbetriebsregler, -schaffner	83,3				
713	sonstige Fahrbetriebsregler, Schaffner	80				
721	Nautiker (Kapitäne, Lotsen)	x				
726	Luftverkehrsberufe	50				
731	Posthalter	x		x		x
732	Postverteiler	x		x		x
733	Funker	x		x		x
734	Telefonisten	x		x		x
741	Lagerverwalter, Magaziner	14,3				
751	Unternehmer, Geschäftsführer	x	x	x	x	x
752	Unternehmensberater, Organisatoren	x	x	x	x	x
753	Wirtschaftsprüfer, Steuerberater	80	x	x	x	x

Nr.	Bezeichnung					
761	Abgeordnete, Minister, Wahlbeamte	x	x	x	x	x
762	leitende und entsch. Verwaltungsfachleute	x	x	x	x	x
763	Verbandsleiter, Funktionäre	x	x	x	x	x
771	Kalkulatoren, Berechner	x	x	x	x	x
772	Buchhalter	x	x	x	x	x
773	Kassierer		x	x	x	x
774	Datenverarbeitungsfachleute	x	x	x	x	x
781	Bürofachkräfte	x	x	x	x	x
782	Stenographen, Stenotypisten	x	x	x	x	x
783	Datentypisten	x	x	x	x	x
784	Bürohilfskräfte	50	x	x	x	x
791	Werkschutzleute, Detektive	66,7				
811	Rechtsfinder	x	x	x		x
812	Rechtspfleger	x	x	x		x
813	Rechtsvertreter, -berater	x	x	x		x
814	Rechtsvollstrecker	x				
821	Publizisten	x	x	x		x
822	Dolmetscher, Übersetzer	x	x	x		x
823	Bibliothekare, Archivare, Museumsfachleute	x	x	x		x
831	Musiker	14,3		x		x
832	Darstellende Künstler	25		x		x
833	Bildende Künstler, Graphiker	57,1				x
834	Dekorationen-, Schildermaler	x				x
835	Berufe der Bühnen-, Bild- und Tontechnik	37,5				
836	Raum-, Schauwerbegestalter	x				
837	Photographen	x		x		x
841	Ärzte	x				
855	Diätassistenten, pharmaz.-techn. Assist.	66,7				
856	Sprechstundenhelfer	x	x			
862	Heimleiter, Sozialpädagogen	25	x			x
863	Arbeits-, Berufsberater	x	x	x		x
864	Kindergärtner, Kinderpfleger	33,3		x		x
871	Hochschullehrer	x		x		x
872	Gymnasiallehrer	x		x		x
873	Real-, Volks-, Sonderschullehrer	x		x		x
874	Fachschul-, Berufsschul-,Werklehrer	x		x		x
875	Lehrer für musische Fächer			x		x
876	Sportlehrer					
877	sonstige Lehrer	x		x		x

881	Wirtschafts- und Sozialwiss., Statistiker	87,5	x	x	x	x
882	Geisteswissenschaftler			x		x
883	Naturwissenschaftler		x		x	x
891	Seelsorger				x	x
911	Gastwirte, Hoteliers, Gaststättenkaufleute	25				
921	Hauswirtschaftsverwalter	60				x
922	Verbraucherberater		x	x		x

1: LEGLER, H. und B. SPECKNER: Informationssektor in der Bundesrepublik Deutschland. Beschäftigung und Einkommen. (Fraunhofer-Gesellschaft, Institut für Systemtechnik und Innovationsforschung). Karlsruhe 1978

2: TROLL, L.: Arbeitsplatz Büro - Beruf, Qualifikation und Arbeitsplatzsituation im Wandel. In: MittAB, 15, 1982, S. 490-496

3: Neues Zuordnungsschema für Informationsberufe aus DOSTAL, W.: Datenverarbeitung und Beschäftigung. Teil 3: Der Informationsbereich. In: MittAB, 17, 1984, S. 490-505.

4: Abgrenzung verteilender, verwaltender und planender Berufe, Batelle 1986

5: Abgrenzung Informationssektor-Studie Baden-Württemberg 1986

* angenommener Prozentsatz der Informationsbeschäftigten in dieser Berufsordnung

** ohne 6812 Einzelhandelskaufleute

Diese Auflistung quartärer Tätigkeiten ist für die im folgenden dargestellte Diskussion der einzelnen Berufsordnungen ebenfalls herangezogen worden. Außer im Fall der Sozialarbeit, die als eher tertiär angesehen wird, kann ihr im wesentlichen bei der Abgrenzung der Informationsberufe gefolgt werden.

In Übereinstimmung mit LEGLER/SPECKNER und TROLL werden die in der Landwirtschaft verwaltend und beratend Tätigen dem Informationssektor zugeschlagen, darüber hinaus aber auch die Gartenarchitekten und Gartenverwalter. Die Berufsordnung 061 umfaßt neben Förstern und Jägern auch die Forstverwalter, die natürlich zum Informationssektor gerechnet werden müssen; da jedoch Quotenangaben - gerade auch im Interesse der räumlich differenzierten Auswertung - vermieden werden sollen, wird auf die Einbeziehung dieser Berufsordnung verzichtet. LEGLER und SPECKNER zählen 75% dieser Berufsnennungen zum Informationssektor.

Die Druckerberufe gehören eigentlich in den Bereich der produzierenden Tätigkeiten. Ihr Produkt ist jedoch ein wesentliches Informationsmedium und außerdem ändern sich die Tätigkeitsinhalte von Druckern und Setzern verstärkt in Richtung auf Büroarbeit. Sie werden deshalb mit Ausnahme der Druckerhelfer wie bei LEGLER/SPECKNER und DOSTAL zu den Informationsberufen gezählt.

Die Einbeziehung aller Ingenieure sowie der Chemiker, Physiker und Mathematiker ist unter den Autoren unstrittig. Im Gegensatz dazu gestaltet sich die Zuordnung der Technikerberufe zum Informationssektor einerseits und zum produzierenden Sektor andererseits äußerst schwierig. Techniker üben Tätigkeiten aus, die vielfach zwischen Disposition, Entwurf, Entscheidung, Leitung, Berechnung und Ausführung liegen. Die technischen Berufe weisen in den verschiedenen Wirtschaftszweigen unterschiedliche Tätigkeitsschwerpunkte auf. TROLL rechnet Maschinenbautechniker, Bautechniker sowie Chemo- und Physikotechniker zu den Büroberufen, da sie in erster Linie mit dem Tätigkeitsschwerpunkt "Zeichnen und Pläne erstellen" befaßt sind (vgl. TROLL 1984, S. 4). Die Berufsbeschreibungen in den 'Blättern zur Berufskunde' unterstreichen dies: Bei Maschinenbautechnikern sind "Zeichnen und vergleichendes Rechnen sowie Informationsaufnahme, Informationsauswertung und die Weitergabe von Informationen ... die wichtigsten Tätigkeitsmerkmale" (BÖGE ^{3}1980, S. 3); "in allen Arbeitsgebieten übt der Chemotechniker ... eine überwiegend geistige Tätigkeit aus" (HELBING ^{4}1982, S. 2). Deshalb soll der Zuordnung von bestimmten Technikerberufen, wie sie TROLL für seine Abgrenzung von Büroberufen vornimmt, für die Aggregation der Informationsberufe gefolgt werden.

Das 'Produkt' von Vermessungstechnikern und Technischen Zeichnern ist ebenfalls Information; sie werden deshalb überwiegend zum Informationssektor gerechnet. Bei Laborantenberufen überwiegt dagegen der Bezug zur Materie, weshalb sie in Übereinstimmung mit allen anderen Studien nicht zum Informationssektor gerechnet werden, auch die Photolaboranten nicht, die LEGLER/SPECKNER als Informationsberufe ausweisen.

Schwierig gestaltet sich bei den Handelsberufen die Frage der Zuordnung von Groß- und Einzelhandelskaufleuten zum Informationssektor. Insbesondere bei Großhandelskaufleuten und leitenden Beschäftigten im Einzelhandel steht der Umgang mit Information mehr als jener mit der Ware im Vordergrund der Tätigkeit. TROLL schließt deshalb die Berufsklasse der Einzelhandelskaufleute aus seinen Büroberufen aus, und LEGLER und SPECKNER weisen die gesamte Ordnung nur zu 50% dem Informationssektor zu. In jenen Fällen, wo dies nicht durchführbar ist, wird in der Regel die gesamte Berufsordnung zum Informationssektor gezählt. Aus den übrigen Handelsberufen sollen jedoch nur noch die Verlagskaufleute, Buchhändler sowie die Handelsvertreter in den Informationssektor aufgenommen werden.

Auch Geld muß als Informationsgröße angesehen werden, als Information über den Besitz von Wertäquivalenten. Deshalb sollen Bank- und Sparkassenfachleute wie auch die Versicherungsfachleute dem Informationssektor zugeschlagen werden. Vor allem mit Information gehen auch Speditionskaufleute, Fremdenverkehrsfachleute, Werbefachleute, Makler, Grundstücksverwalter, Vermieter, Vermittler und Versteigerer um. Zur Berufsordnung 706 gehören neben Geldeinnehmern und Kartenverkäufern auch Zählerableser - alles Berufe, die mit Informationen und Informationstiteln umgehen und die in ihrer Existenz durch die möglich gewordene Substitution durch Informationstechnik bedroht sind.

LEGLER und SPECKNER zählen einzelne Verkehrsberufe, insbesondere die Schaffner, zum Informationssektor. Davon sollte in Übereinstimmung mit allen anderen Autoren abgesehen werden. Dagegen sind sämtliche Berufe des Nachrichtenverkehrs dem Informationssektor zuzuordnen.

Die Bezeichnung 'Lagerverwalter' legt eine überwiegend informationsbezogene Tätigkeit nahe. LEGLER und SPECKNER zählen die Berufsordnung 741 zu einem Siebtel zum Informationssektor; es handelt sich jedoch überwiegend um "blue-collar"-Tätigkeiten, weshalb auch TROLL und DOSTAL von einer Zuordnung zum Informationssektor absehen.

Die Organisations-, Verwaltungs- und Büroberufe der Ordnungen 751 bis 784 bilden den 'harten Kern' des Informationssektors; ihre Zuordnung ist unstrittig.

'Detektiv' ist sicherlich ein 'Informations'-Beruf; zusammen mit allen übrigen Ordnungen der Dienst- und Wachberufe sowie der Sicherheitswahrer sollte jedoch auch die Berufsordnung 791 mit Werkschutzleuten und Detektiven nicht zum quartären Sektor gerechnet werden. Bei den Rechtsberufen werden - in Übereinstimmung mit LEGLER/SPECKNER und DOSTAL - die Vollstreckungs- und Vollzugsbeschäftigten vom Informationssektor ausgenommen.

Die schriftwerkschaffenden und -ordnenden Berufe der folgenden Gruppe sind wiederum unstrittig quartäre Beschäftigte. Auch die weiteren künstlerischen Berufe produzieren Information, in Bild oder Schrift oder in Form von Sprache, Ton oder Bewegung. Die Grenze der quartären Berufe soll jedoch so gezogen werden, daß Berufe der Bühnen-, Bild- und Tontechnik, die Raum- und Schauwerbegestalter sowie die Restklasse der Artisten, Berufssportler, Mannequins und Photomodelle nicht mehr dem quartären Sektor zugerechnet werden.

Ärzte versorgen ihre Patienten in vielen Fällen mit Information. Dennoch sollten sie eher zu den primär personenbezogenen Dienstleistungen des tertiären Sektors gezählt werden, wie alle übrigen Gesundheitsdienstberufe auch, wobei man über die Zuordnung von Diätassistenten wiederum geteilter Meinung sein kann.

Von den sozialpflegerischen Berufen sind die Heimleiter und Sozialpädagogen sowie die Arbeits- und Berufsberater vorwiegend mit Informationsumgang beschäftigt, während die Sozialarbeiter und Kindergärtnerinnen wiederum eher als primär personenbezogene und damit tertiäre Dienstleistungen zu gelten haben.

DOSTAL ordnet außer den Sportlehrern alle Lehrer dem quartären Sektor zu; diese Abgrenzung soll auch hier übernommen werden. Auch bezüglich der anderweitig nicht genannten Geistes- und Naturwissenschaftler sowie bei der Zuordnung von Seelsorgern zum quartären Sektor soll DOSTAL und seiner Abgrenzung gefolgt werden.

Die allgemeinen Dienstleistungsberufe schließlich zählen fast ausnahmslos zum tertiären Sektor. Hauswirtschaftsverwalter und Verbraucherberater üben jedoch vorwiegend informationsbezogene Tätigkeiten aus und sollen deshalb dem Informationssektor zugewiesen werden.

Grundsätzlich stellt sich über die Frage der Zuordnung von bestimmten Berufen zu den verschiedenen Sektoren hinaus das Problem, ob mit der Berufsbezeichnung tatsächlich die Tätigkeit, das Aufgabenfeld, die Funktion eines Beschäftigten ausreichend beschrieben sind. Die Klassifizierung der Berufe hinkt dem Wandel der Berufsstrukturen immer hinterher; und der Wandel von Tätigkeiten vollzieht sich vielfach mehr durch

Wandel der Berufsinhalte als durch das Aufkommen neuer Berufe (vgl. CHABERNY et al. 1972, S. 231; FELS/SCHMIDT 1981, S. 190). Die Klassifikation der Tätigkeitsmerkmale, die seit 1969 bei der Mikrozensus-Zusatzbefragung zur Erwerbstätigkeit erhoben werden, läßt nun ebenfalls keine klare Ausgliederung von Informationstätigkeiten zu, da zum Beispiel unter dem Tätigkeitsmerkmal "Ausbilden, Informieren" auch medizinische und kosmetische Behandlungs- und Pflegetätigkeiten gefaßt sind (vgl. MÖRTL 1984, S. 410).

Aufschlußreicher noch für das Ausmaß von Informationsfunktionen ist die Mikrozensus-Gliederung nach 'Art des vorwiegenden Arbeitsplatzes': 1982 waren 2,8% der insgesamt in der Bundesrepublik Erwerbstätigen in Schalträumen, Kontrollzentren oder Labors beschäftigt, 25,4% in Büros und Amtsstuben und 3,9% in Unterrichts- oder Vortragsräumen. Die Summe dieser Erwerbstätigen, d.h. 32,1% der Beschäftigten, bildet m.E. eine insgesamt sehr gute Annäherung an den Informationssektor (vgl. MÖRTL 1984, S. 418).

Die Zuordnung einzelner Berufe zu Tätigkeitsbereichen im Rang von Wirtschaftssektoren kann damit immer nur für einen bestimmten Zeitpunkt erfolgen; unter Berücksichtigung der sich verändernden Berufsinhalte muß diese Zuordnung im Laufe der Zeit ständig neu vorgenommen werden.

1.3.5.2. Die Abgrenzung des Informationssektors auf der Basis von Wirtschaftszweigen

Es wäre für verschiedene Zwecke - zum Beispiel für länderbezogene, aber auch für räumlich stärker differenzierende Untersuchungen der Wertschöpfung der verschiedenen Wirtschaftssektoren - wünschenswert, den Informationssektor auch auf der Grundlage von Wirtschaftszweigen abzugrenzen. Ein derartiges Vorgehen gestaltet sich jedoch noch schwieriger als die Abgrenzung von Informationsberufen. Das wesentliche Problem liegt darin, daß innerhalb von Wirtschaftszweigen, innerhalb von Unternehmen, ja sogar von Betrieben, unterschiedliche Funktionsbereiche auftreten. Insbesondere besitzen Großunternehmen in allen Wirtschaftszweigen häufig institutionell und räumlich von anderen Unternehmensbereichen getrennte quartäre Betriebsstätten für Verwaltung, Leitung und Entscheidung oder für Forschungsaufgaben, die bei der Zuordnung von Unternehmen zu Wirtschaftszweigen nicht separat erfaßt werden.

Sieht man einmal von diesem Problem des Schwerpunktprinzips der Zuordnung von Unternehmen zu Wirtschaftszweigen ab und versucht, das Kriterium der Behandlung und Bereitstellung von Information auf die Wirtschaftsabteilungen, -unterabteilungen und -gruppen der Systematik der Wirtschaftszweige anzuwenden, kann man folgende Abgrenzung treffen (vgl. Tab. 4). Während Land- und Forstwirtschaft und Fischerei (und eventuell der Bergbau) den primären Sektor bilden, Energie- und Wasserversorgung, das Verarbeitende Gewerbe und das Baugewerbe den sekundären, und sich der tertiäre Sektor zunächst einmal aus Handel und Verkehr zusammensetzt, bilden v.a. Branchen in den Wirtschaftsabteilungen 6 bis 9 den quartären Sektor.

Die Wirtschaftsabteilung 6 (Kreditinstitute und Versicherungsgewerbe) ist dabei vollständig dem Informationssektor zuzuordnen. Aus den sonstigen Dienstleistungen der Wirtschaftsabteilung 7 müssen die Unterabteilungen 75 (Bildung, Wissenschaft, Kultur,

Tab. 4: Auszug aus der Systematik der Wirtschaftszweige (WZ)

0	Land- und Forstwirtschaft, Fischerei
1	Energie- und Wasserversorgung, Bergbau
2	Verarbeitendes Gewerbe
3	Baugewerbe
4	Handel

    40/41 Großhandel
    42 Handelsvermittlung
    43 Einzelhandel

5	Verkehr und Nachrichtenübermittlung
6	Kreditinstitute und Versicherungsgewerbe
7	Dienstleistungen, soweit von Unternehmen und Freien Berufen erbracht

    71 Gastgewerbe
    72 Heime
    73 Wäscherei, Körperpflege u.a. persönliche Dienstleistungen
    74 Gebäudereinigung, Abfallbeseitigung u.a. hygienische Einrichtungen
    75 Bildung, Wissenschaft, Kultur, Sport, Unterhaltung
    76 Verlagsgewerbe
    77 Gesundheits- und Veterinärwesen
    78 Rechtsberatung, Steuerberatung, Wirtschaftsprüfung und -beratung, technische Beratung und Planung, Werbung, Dienstleistungen für Unternehmen a. n. g.
    79 Dienstleistungen, a. n. g.

8	Organisationen ohne Erwerbszweck

    81 Organisationen ohne Erwerbszweck, nicht für Unternehmen tätig
    82 Organisationen ohne Erwerbszweck, für Unternehmen tätig
    83 Private Haushalte

9	Gebietskörperschaften und Sozialversicherung

    9.0 Politische Führung, zentrale Verwaltung, Auslandsvertretungen
    9.1 Verteidigungsstreitkräfte
    9.2 Öffentliche Sicherheit und Ordnung
    9.3 Rechtsschutz
    9.4 Bildung, Wissenschaft, Forschung, Kultur
    9.5 Sozialhilfe, soziale Kriegsfolgenaufgaben, Wiedergutmachung
    9.6 Sport, Gesundheitswesen
    9.7 Wirtschaftsförderung, -ordnung und -aufsicht
    9.8 Abfall- und Abwasserbeseitigung, sonstige hygienische Einrichtungen
    9.9 verschiedene kommunale Anstalten und Einrichtungen

    98 Sozialversicherung, Arbeitsförderung

    99 Vertretungen fremder Staaten, Stationierungsstreitkräfte, inter- und supranationale Organisationen mit Behördencharakter

Quelle: Das Arbeitsgebiet der Bundesstatistik 1981

Sport, Unterhaltung), 76 (Verlagsgewerbe), 78 (Rechtsberatung, Steuerberatung, Wirtschaftsprüfung und -beratung, technische Beratung und Planung, Werbung, Dienstleistungen für Unternehmen, anderweitig nicht genannt) sowie die übrigen Dienstleistungen der Unterabteilung 79 (mit Grundstücks- und Wohnungswesen, Beteiligungsgesellschaften) dem quartären Sektor zugewiesen werden.

Die Organisationen der Wirtschaftsabteilung 8 - ohne die privaten Haushalte - sind ebenfalls primär informationsbezogene Institutionen.

Die Wirtschaftsabteilung 9 ist etwas anders untergliedert; die zweite Stelle der Dezimalklassifikation bezeichnet hier außer bei 98 und 99 die Ebene der betreffenden staatlichen Einrichtung (Bundes-, Landes- oder kommunale Ebene).

Zum quartären Sektor zu zählen sind sicher die Dreisteller 9.0 (politische Führung, zentrale Verwaltung, Auslandsvertretungen), 9.3 (Rechtsschutz), 9.4 (Bildung, Wissenschaft, Forschung, Kultur), aber auch 9.5 (Sozialhilfe, Wiedergutmachung) und 9.7 (Wirtschaftsförderung, -ordnung und -aufsicht) dürften eine Vielzahl von primär informationsbezogenen Einrichtungen enthalten. Die Unterabteilung 98 kann vollständig dem quartären Sektor zugeordnet werden, während in der Unterabteilung 99 die Stationierungsstreitkräfte im Gegensatz zu den Vertretungen fremder Staaten und den internationalen Organisationen nicht dazuzählen.

Tab. 5: ISIC - Wirtschaftsabteilungen und ihre Zuordnung zu den Wirtschaftssektoren

1 Land- und Forstwirtschaft, Jagd und Fischerei	primär			
2 Bergbau, Gewinnung von Steinen und Erden	primär oder sekundär			
3 Verarbeitendes Gewerbe (ohne Baugewerbe)	sekundär			
4 Energieversorgung und Wasserwirtschaft	sekundär			
5 Baugewerbe	sekundär			
6 Handel, Gaststätten- und Beherbergungsgewerbe		tertiär		
7 Verkehr und Nachrichtenübermittlung				
71 Verkehr		tertiär		
72 Nachrichtenübermittlung				quartär
8 Geld- und Kreditinstitute, Versicherungsgewerbe, Grundstückswesen und Dienstleistungen für Unternehmen				quartär
9 Öffentlicher Dienst, soziale und persönliche Dienstleistungen				
91 Öffentliche Verwaltung Verteidigung				quartär ?
92 Sanitäre und ähnliche Dienste		tertiär		
93 Soziale und verwandte Dienstleistungen		tertiär		
94 Dienstleistungen für kulturelle und Erholungszwecke			tertiär bzw. quartär	
95 persönliche und häusliche Dienstleistungen		tertiär		
96 internationale und supranationale Organisationen				quartär
0 nicht ausreichend beschriebene Tätigkeiten				

Quelle: Das Arbeitsgebiet der Bundesstatistik 1981

Darüber hinaus ist zu erwägen, ob nicht auch die Herstellung von Druck- und anderen Medienerzeugnissen und der Handel mit diesen aus dem sekundären bzw. tertiären Sektor in den quartären hinübergenommen werden müßten. Zu einer derartig differenzierten Gliederung reichen dann jedoch nicht einmal die Dreisteller der Wirtschaftszweig-Systematik aus.

Auch in der Handelsvermittlung (Unterabteilung 42) wird vielfach nur mit Informationen und Titeln über Waren und nicht mit den materiellen Gütern an sich umgegangen, weshalb man auch diesen Bereich zum Informationssektor rechnen könnte.

Aus der Wirtschaftsabteilung 5 ist auf jeden Fall die Deutsche Bundespost (Dreisteller 517) auszugliedern und dem quartären Sektor zuzuordnen, da sie aufgrund des Fernmeldemonopols die grundlegende Institution für Informationsflüsse in der Bundesrepublik darstellt. Die Post transportiert jedoch nicht nur Information (per Papier und Telekommunikation), sondern auch Güter; insofern ist ihre generelle Zuweisung zum Informationssektor ebenfalls nicht unproblematisch.

Auf der Grundlage der internationalen Systematik der Wirtschaftszweige (International Standard Industrial Classification of all Economic Activities) ließe sich die Gliederung in 4 Sektoren einfacher durchführen (vgl. Tab. 5).

Diese Systematik faßt Geld- und Kreditinstitute, Versicherungsgewerbe, Grundstückswesen - also die wesentlichen quartären Wirtschaftsbereiche - bereits zu einer Hauptabteilung (Einsteller) zusammen.

Darüber hinaus müssen noch die Bereiche Nachrichtenübermittlung sowie einige öffentliche Dienstleistungen dem quartären Sektor zugeordnet werden.

2. Informationssektor und Wandel der Beschäftigungsstruktur

2.1. Die Expansion des Informationssektors

Im Rahmen der Studien der OECD zur Entwicklung des Informationssektors in einzelnen Mitgliedsstaaten wurde auch für die Bundesrepublik versucht, die Bedeutung dieses Wirtschaftssektors, insbesondere hinsichtlich seines Anteils an den Beschäftigten, zu erfassen. Diesbezügliche Untersuchungen wurden zunächst am Institut für Systemtechnik und Innovationsforschung, Karlsruhe, (vgl. LEGLER und SPECKNER 1978), in den 80er Jahren dann durch das Deutsche Institut für Wirtschaftsforschung in Zusammenarbeit mit dem Institut für Arbeitsmarkt- und Berufsforschung, Nürnberg, und dem Heinrich-Hertz-Institut, Berlin, erstellt.

Grundlage der Studien ist eine Abgrenzung der Informationsberufe. Wie oben diskutiert, wirft die Zuordnung von Berufen zum Informationssektor naturgemäß eine Fülle von Schwierigkeiten auf; eine unumstrittene Zusammenstellung von Informationssektorberufen wird es nie geben, da die Zahl der Grenzfälle beträchtlich ist. In der von LEGLER und SPECKNER entworfenen Abgrenzung erscheint jedoch insbesondere problematisch, daß eine Reihe von eindeutig überwiegend informationsbezogenen Berufen wie Verlagskaufleute/Buchhändler, Seelsorger, Gartenarchitekten und -verwalter sowie anderweitig nicht genannte Geisteswissenschaftler nicht als Informationsberufe aufgeführt sind, während andererseits einige Berufe, die eher dem tertiären oder auch dem sekundären Sektor zuzuschlagen sind, dem Informationssektor zugewiesen werden, so z.B. Fernmeldemonteure, Ärzte, Sprechstundenhelfer, Kindergärtner (zu einem Drittel), Nautiker sowie die Hälfte der Luftverkehrsberufe. Insgesamt dürfte auf diese Weise der Informationssektor geringfügig zu groß ausgewiesen werden.

Das Datenmaterial für diese Strukturanalysen mit besonderer Berücksichtigung des Informationssektors bilden die Ergebnisse der Volks- und Berufszählungen von 1950, 1961 und 1970 sowie die Mikrozensus-Stichproben von 1980 und 1982. Dabei kommt als weitere methodische Schwierigkeit hinzu, daß bei den Zählungen 1950 und 1961 die Erwerbspersonen (also einschließlich der Erwerbslosen), bei den Erhebungen ab 1970 jedoch die Erwerbstätigen (d.h. die Erwerbspersonen ohne die Arbeitslosen) erfaßt wurden. Aufgrund der vergleichsweise geringen Arbeitslosenquote (0,8% im Jahr 1961) dürfte dieser Unterschied allerdings kaum ins Gewicht fallen.

Die Entwicklung der Beschäftigtenanteile der vier Sektoren ist in Tabelle 6 bzw. Schaubild 1 dargestellt. Auf folgendes Problem muß hingewiesen werden: Während der hier ausgewiesene quartäre Sektor auf der Grundlage von Informations**berufen** in allen Wirtschaftszweigen ermittelt wurde, sind bei den anderen drei Sektoren die Beschäftigten in bestimmten Wirtschafts**abteilungen** (primärer Sektor: Wirtschaftsabteilung 0, sekundärer Sektor: Wirtschaftsabteilung 1-3, tertiärer Sektor: Wirtschaftsabteilung 4 bis 9) - jeweils abzüglich der für die Wirtschaftsabteilung ermittelten Informationsbeschäftigten - angegeben. Der quartäre Sektor wird also berufsbezogen, die anderen Sektoren werden branchenbezogen bestimmt. In gewisser Weise werden damit nicht ganz vergleichbare Gegenstände miteinander verglichen. Die Darstellung gibt jedoch ein anschauliches und aussagekräftiges Bild über die Entwicklung der Informationstätigkeiten im Vergleich zu den übrigen Tätigkeiten im Agrar-, im Produktions- sowie im Dienstleistungssektor.

Seit 1950 - wie schon früher - sinkt die Beschäftigung im primären Sektor beständig, und zwar absolut und relativ zu den anderen drei Sektoren. Der produzierende Sektor verzeichnet Anfang der 60er Jahre einen Höchststand und verliert seitdem wieder an Beschäftigten. Absolute Beschäftigtenzahlen und prozentuale Anteile an den Beschäftigten im tertiären und quartären Sektor nehmen dagegen kontinuierlich zu, seit 1961 - bei annähernd konstanter Gesamtzahl der Beschäftigten - vor allem auf Kosten des Beschäftigtenanteils des primären Sektors, in geringerem Maße auch auf Kosten des Beschäftigtenanteils im sekundären Sektor. Dabei ist die Dynamik im quartären Sektor weit stärker als im tertiären Sektor; Anfang der 80er Jahre löst der quartäre Sektor sogar den sekundären Sektor als führenden Beschäftigungsbereich ab.

In den anderen westlichen Industrienationen verläuft die Expansion des Informationssektors ähnlich wie in der Bundesrepublik Deutschland (s. Tab.7 und Schaubild 2). In all den Ländern, für die die Entwicklung des quartären Sektors seit 1951 verfolgt werden kann, hat sich insgesamt der Anteil des Informationssektors an allen Beschäftigten um rund 15 Prozentpunkte erhöht. Während die Zunahme des Informationssektors im Rahmen des wirtschaftsstrukturellen Wandels in den einzelnen Ländern parallel verläuft, zeigen sich hinsichtlich des tatsächlichen Anteils des quartären Sektors zu den insgesamt Beschäftigten markante Unterschiede im internationalen Vergleich. Am weitesten fortgeschritten ist die Situation in den USA. Dort wird bereits für 1950 von einem Anteil der Informationsbeschäftigten von mehr als 30% ausgegangen, der bis 1980 sogar auf über 45%

Tab. 6: Anteile der Wirtschaftssektoren an den Beschäftigten
in der Bundesrepublik Deutschland 1950-1982

	1950	1961	1970	1980	1982
primärer Sektor	21,7	13,3	7,6	5,2	4,9
sekundärer Sektor	38,3	40,9	39,5	34,9	33,6
tertiärer Sektor	22,2	22,7	24,3	26,0	26,9
quartärer Sektor	18,3	23,1	28,5	33,5	34,7
alle Sektoren	100	100	100	100	100

primärer, sekundärer und tertiärer Sektor nach Wirtschaftszweigen ohne Informationsbeschäftigte

Quelle: DOSTAL 1983 (Daten aus VBZ 1950, 1961, 1970, Mikrozensus 1980, 1982)

Schaubild 1: Anteile der Wirtschaftssektoren an den Beschäftigten in der Bundesrepublik 1950-1982

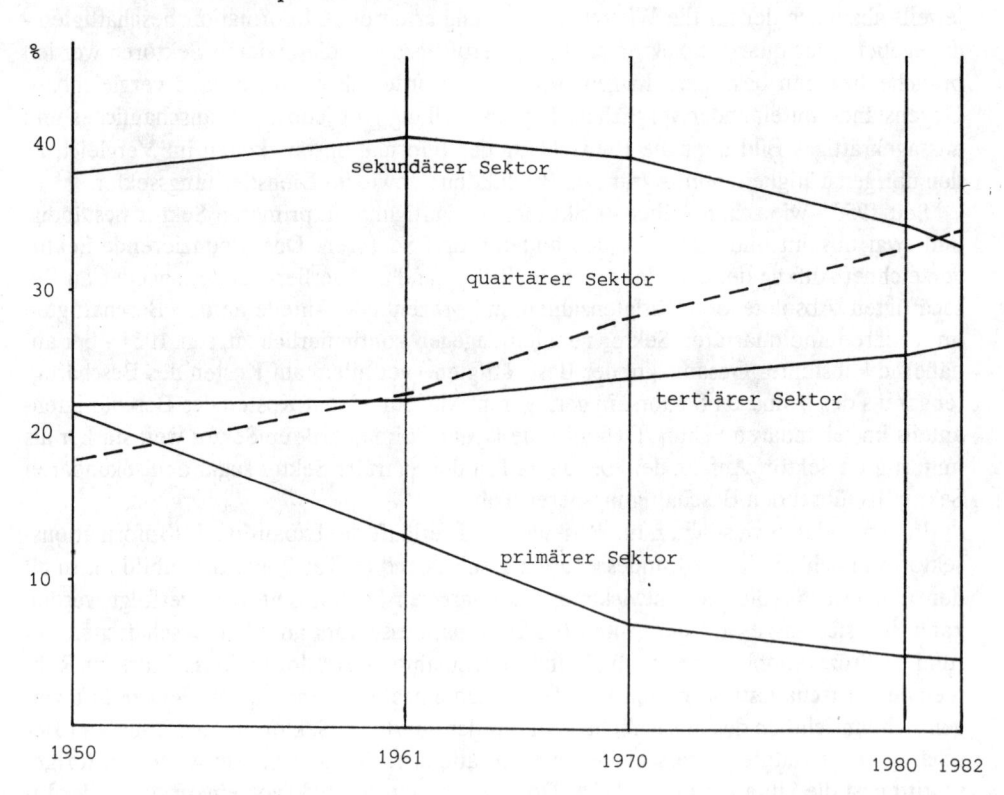

Quelle: s. oben

Tab. 7: Anteile der Informationsbeschäftigten an den insgesamt Beschäftigten in OECD-Ländern

in %	1951	1961	1971	1975	1981	1982
Australien			39,4		41,5	
Österreich	18,0	22,0	28,5	32,2[a]		
Kanada	29,4	34,2	39,9			
Dänemark					30,4[b]	
Finnland	12,6[i]	17,3[g]	22,1[c]	27,5	30,1	
Frankreich	20,3[d]	24,1[e]	28,5[f]	32,1		
BR Dtld.	18,3[i]	23,4	29,3[c]	32,8[a]	33,5	34,8
Japan	17,9[g]	22,2[h]	25,4[c]	29,6		
Neuseeland				39,4[a]	39,8	
Norwegen				20,8	22,9	
Schweden	26,0[g]	28,7[h]	32,6[c]	34,9	36,1[b]	
Großbritannien	26,7	32,1	35,6		41,0	
USA	30,7[i]	34,7[g]	41,1[c]		45,8[b]	

[a] 1976 [b] 1980 [c] 1970 [d] 1954 [e] 1962 [f] 1968 [g] 1960 [h] 1965 [i] 1950

Quelle: Trends in the information economy 1986

Schaubild 2: Entwicklung des Anteils der Informationsbeschäftigten an den Beschäftigten in OECD-Ländern

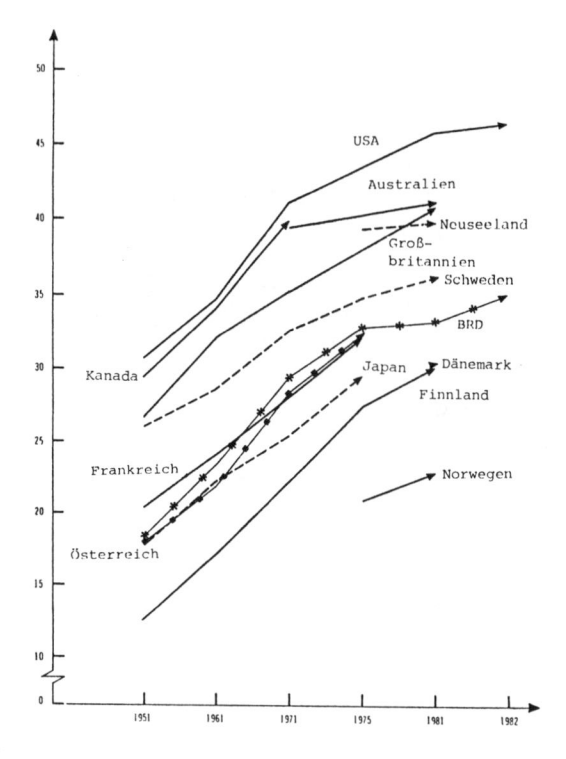

Quelle: s.o.

gestiegen ist. Danach folgen die Commonwealth-Länder Australien, Großbritannien und Neuseeland mit Informationssektor-Quoten für 1981 von rund 40%, während die kontinentaleuropäischen Staaten und vermutlich auch Japan Anfang der 80er Jahre einen Beschäftigtenanteil des Informationssektors an den insgesamt Beschäftigten von rund 35% aufweisen. Diese Differenzen sind dabei sicher nicht allein durch tatsächliche Unterschiede in den Beschäftigungsstrukturen der Länder zu erklären, sondern auch mit den Problemen bei der Abgrenzung der Informationsberufe sowie deren Anwendung auf die jeweilige nationale Statistik. So werden zum Beispiel einige Berufe des Gesundheitswesens sowie des Verkehrswesens (insbesondere Luft- und Seeverkehr) zum quartären Sektor gerechnet, was möglicherweise den hohen Anteil dieses Sektors gerade in den Commonwealth-Ländern erklären könnte.

Um die Nachteile der Abgrenzung von Informationsberufen bei LEGLER und SPECKNER auszumerzen, entwickelt DOSTAL über eine Matrix aus Tätigkeitsmerkmalen und Berufsordnungen ein neues Zuordnungsschema für Informationsberufe (vgl. DOSTAL 1984, S. 505). Dabei bestimmt er zunächst 10 der insgesamt 17 bei den Mikrozensus-Umfragen genannten Tätigkeitsmerkmale der Erwerbstätigen als 'Informationstätigkeiten' und stellt anschließend für jede Berufsordnung fest, zu welchem Prozentsatz die Befragten ihre Tätigkeit primär als eine der ausgewiesenen Informationstätigkeiten angeben. Berufe, bei denen 75% und mehr der Befragten eine Informationstätigkeit als Tätigkeitsschwerpunkt nennen, werden danach als Informationsberufe ausgewiesen. Berufe der Informationsinfrastruktur werden gesondert erfaßt. Auf diese Weise gelangt DOSTAL zu einem Anteil der Informationsberufe an den insgesamt Beschäftigten, der von 35,4% im Jahr 1973 auf 39,9% im Jahr 1982 zunimmt (vgl. DOSTAL 1984, S. 502).

Dieser Wert ist m.E. etwas zu hoch. Einige - stark besetzte - Berufsordnungen werden zum Informationssektor geschlagen, obwohl sie eher materie- oder personenbezogene Dienstleistungen erbringen, so z.B. Verkäufer und Kindergärtnerinnen. Dies entsteht dadurch, daß zwei der als Informationstätigkeiten ausgewiesenen Tätigkeitsbereiche nicht vollständig als solche angesehen werden dürfen, nämlich

- Einkaufen, Verkaufen, Handel treiben, Vermitteln, Versteigern, Taxieren; Werben; Finanzieren, Vermieten, Versichern, Kassieren/Auszahlen,
- Forschen, Lehren, Ausbilden, Erziehen, Betreuen,

da unter 'Verkaufen', 'Handel treiben', 'Erziehen' und 'Betreuen' auch Tätigkeiten erfaßt werden, die nicht primär durch Informations-Output gekennzeichnet sind. Insofern erscheint die verallgemeinernde Aussage, daß die Informationsberufe bereits etwa 40% der Erwerbstätigen stellen, zu hoch (vgl. DOSTAL 1984, S. 490).

Die Entwicklung eines wichtigen Teilbereichs des Informationssektors, nämlich der Büroberufe, hat TROLL 1984 untersucht. Danach hat sich die Beschäftigung in 49 als Büroberufe ausgewiesenen Berufsordnungen zwischen 1961 und 1982 von 5,3 Mio auf 7,6 Mio Beschäftigte erhöht. Während 1961 die Büroberufe noch 19,9% aller Erwerbstätigen stellten, waren 1982 bereits 28,4% der Beschäftigten in Büroberufen tätig (vgl. TROLL 1984, S. 7). Beim Informationssektor fehlen in der Auflistung von TROLL insbesondere die Lehrer und die Berufe der Informationsinfrastruktur (Drucker, Posthalter, Telefonisten etc.), so daß insgesamt die Zahlen für den Informationssektor höher liegen als jene für den Bürobereich nach TROLL.

OSTNER und WILLMS analysieren anhand einer feineren Gliederung der Berufe in Berufsfelder den berufsstrukturellen Wandel in Deutschland von 1925 bis 1978. Aus den von ihnen abgegrenzten Feldern läßt sich der quartäre Sektor sinnvoll als Zusammenfassung von Verwaltungs- und Büroberufen, Lehrern, Kulturberufen, freien Wissenschaftlern und Seelsorgern sowie Geldgeschäftsberufen ermitteln. Sein Anteil an den Erwerbstätigen nimmt von einem Achtel (12,1%) im Jahr 1925 auf fast ein Drittel (32,5%) im Jahr 1978 zu (vgl. Tab. 8 und Schaubild 3).

Bei der Berechnung der Anteile der anderen drei Sektoren an den Beschäftigten nach Berufen, die das Datenmaterial von OSTNER und WILLMS ebenfalls ermöglicht, zeigt sich, daß der tertiäre Sektor höhere, der sekundäre Sektor geringere Anteile aufweist als bei der Berechnung nach Wirtschaftszweigen bei LEGLER und SPECKNER bzw. DOSTAL et al.; dies ist insbesondere darauf zurückzuführen, daß in der Industrie nicht nur quartäre, sondern auch tertiäre Berufe auftreten.

Tab. 8: Berufsstruktureller Wandel in Deutschland bzw. in der Bundesrepublik 1925-1978

Anteile der Berufsgruppen an den Erwerbstätigen in %

		1925	1939	1950	1961	1970	1978
1)	primärer Sektor						
	Landwirtschaftsberufe	30,3	25,9	24,5	13,8	8,4	6,3
2)	sekundärer Sektor						
	Produktionsberufe	37,3	34,6	36,3	37,1	33,9	30,0
3)	tertiärer Sektor	18,4	24,0	23,5	27,0	28,4	30,0
	a) Hauswirtschaftsberufe	4,7	4,5	3,2	1,9	1,0	0,8
	b) Reinigungsberufe, Körperpflege, Bewirtung	1,9	3,0	3,1	4,8	4,9	5,0
	c) Kindergärtnerinnen, sozialpfleg. Berufe	0,1	0,2	0,3	0,4	0,6	1,1
	d) Ärzte, Apotheker, med. Hilfsberufe	1.0	1,0	1,6	1,8	2,4	3,7
	e) Ordnungs- und Sicherheitsberufe	0,4	1,4	0,6	0,7	2,7	3,1
	f) Verkehrsberufe	3,4	4,8	4,1	4,7	4,8	4,5
	g) Handelsberufe	5,8	4,5	6,3	7,6	7,8	7,8
	h) technisch-praktische Dienstleistungen	1,1	4,6	4,3	5,1	4,2	4,0
4)	quartärer Sektor	12,1	13,1	13,5	19,5	26,9	32,5
	a) Lehrer	1,0	0,8	1,0	1,1	1,7	2,8
	b) Kulturberufe, freie Wissenschaftler, Seelsorger	0,7	0,9	1,0	0,9	1,1	1,3
	c) Geldgeschäftsberufe	1,2	0,7	1,1	1,2	2,1	2,7
	d) Verwalt.- u. Büroberufe	9,2	10,7	10,4	16,3	22,0	25,7
Sonstige: Mithelfende außerh. LW		2,0	2,5	2,2	2,5	2,4	1,2
alle Berufe		100,1	100,1	100,0	99,9	100,0	100,0

Quelle: OSTNER/WILLMS 1983

Schaubild 3: Berufsstruktureller Wandel in Deutschland bzw. in der
Bundesrepublik 1925-1978

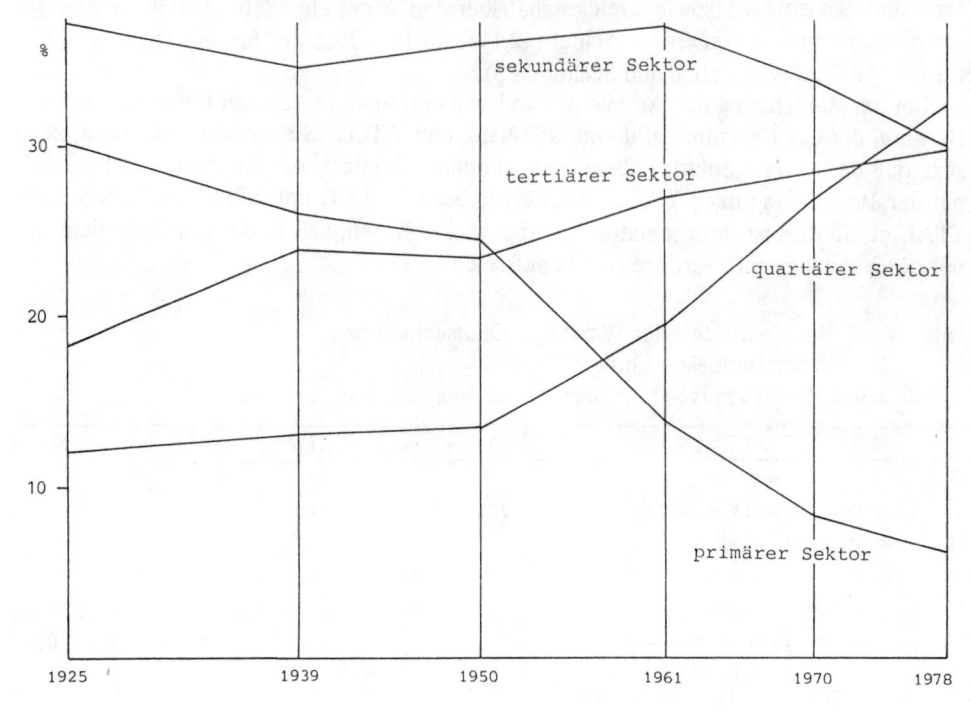

Anteile der Berufsgruppen an den Erwerbstätigen in %

Quelle: OSTNER/WILLMS 1983

Insgesamt kann nach Vergleich der verschiedenen Erhebungsverfahren für den Anteil des quartären Sektors an den Beschäftigten in der Bundesrepublik mit Sicherheit angenommen werden, daß in den 80er Jahren bereits ein gutes Drittel der Beschäftigten in Informationsberufen tätig ist und daß der Informationssektor die Produktionstätigkeiten als bedeutendsten Beschäftigungsbereich ablöst. Damit gewinnen Überlegungen an Berechtigung, die von einer Ablösung der Industriegesellschaft durch eine "Informationsgesellschaft" sprechen.

In Prognosen für die weitere Entwicklung des Informationssektors als Beschäftigungsbereich sowie der übrigen Wirtschaftssektoren in der Bundesrepublik wird allgemein davon ausgegangen, daß die Bedeutung quartärer Tätigkeiten in der Arbeitswelt weiter zunimmt, die der tertiären Funktionen ungefähr ihr Niveau hält, während sekundärer und primärer Sektor weiter an Beschäftigten verlieren.

Auf der Grundlage der Arbeitsmarktprognose von Prognos/IAB aus dem Jahr 1985 schätzt DOSTAL für die 80er und 90er Jahre ein Ansteigen des Anteils der Informationstätigen an den insgesamt Beschäftigten von 40% (1980) auf rund 43% im Jahr 1990 und rund 46% im Jahr 2000, bei geringem absolutem Zuwachs an Informationsbeschäftigten und geringfügig abnehmender Zahl der insgesamt Beschäftigten. Dabei wird jedoch wiederum eine andere Abgrenzung der Informationstätigkeiten zugrundegelegt, die Verkaufs- und sonstige Handelstätigkeiten sowie den Bereich 'Lehren, Betreuen' einschließt, jedoch 'Publizieren und Kunst schaffen' nicht zu den Informationstätigkeiten zählt (vgl. DOSTAL 1986, S. 142).

Die detailliertere Aufgliederung der Prognos/IAB-Vorausschätzung nach einzelnen Tätigkeitsbereichen zeigt, daß bei Routine-Bürotätigkeiten von einer absoluten und relativen Abnahme der Beschäftigten ausgegangen wird, ebenso bei den Verkaufstätigkeiten, während in den Bereichen 'Lehren, Betreuen' und 'Rechtspflege' und vor allem bei 'Disposition, Forschung und Entwicklung' ein Beschäftigtenzuwachs prognostiziert wird (vgl. Tab. 9).

Mit Hilfe einer verbesserten Aggregation der Tätigkeitsgruppen zu den vier Wirtschaftssektoren, die die Verkaufs- und Handelstätigkeiten zusammen mit Lager-, Transportfunktionen und sonstigen Dienstleistungsfunktionen dem tertiären Sektor zuweist (vgl. Tab. 10) stellt sich die zukünftige Entwicklung der Wirtschaftsbereiche gemäß der Prognos/IAB-Prognose folgendermaßen dar:

Bei nur geringfügig schwankender Gesamtzahl der Beschäftigten nehmen die Anteile der Beschäftigten in sekundärem und primärem Sektor weiter ab, in letzterem allerdings nur noch in ganz geringem Maße. Der Anteil des tertiären Sektors stabilisiert sich auf knapp ein Drittel der Beschäftigten, wobei die Bereiche Lager, Transport und Verkauf eine Abnahme, die Bereiche der personenbezogenen Dienstleistungen zumeist einen Zuwachs zu verzeichnen haben. Der hier eher noch unterbewertete quartäre Sektor steigert seinen Beschäftigungsanteil in den 80er und 90er Jahren weiter, jedoch mit insgesamt ebenfalls geringerem Tempo als zuvor (vgl. Tab. 11 und Schaubild 4).

Die Prognos/IAB-Studie klammert das Problem 'Arbeitslosigkeit' völlig aus und betrachtet darüber hinaus ausschließlich die 'formelle Ökonomie'. Dies reicht jedoch - selbst bei so optimistischen Annahmen über die Entwicklung vor allem des industriellen Wachstums und der damit in Zusammenhang stehenden Entwicklung der Beschäftigung im Produzierenden Gewerbe - nicht aus, um die "Arbeitslandschaft" am Ende des 20. Jahrhunderts adäquat zu beschreiben. Denn selbst bei der von Prognos/IAB geschätzten Beschäftigungsentwicklung wird insgesamt die Arbeitslosigkeit in der Bundesrepublik (wie auch in anderen Industrienationen) eher noch zunehmen, vor allem in Bereichen mit geringen Qualifikationsanforderungen, in Krisenbranchen sowie in Problemregionen.

Da auf absehbare Zeit eine generelle Abkehr vom Prinzip der Erwerbsarbeit, d.h. eine Abkopplung des Einkommens von der Arbeitsleistung (etwa durch Einführung eines allgemeinen Grundeinkommens) nicht zu erwarten ist, bietet sich für die von Arbeitslosigkeit Betroffenen in Zukunft nur der Weg, die - häufig dürftige - staatliche Grundversorgung durch Einkünfte aus Arbeit im 'informellen' Wirtschaftssektor, d.h. in arbeitsintensiven materie- oder personenbezogenen, also tertiären Bereichen zu ergänzen. Damit entwickelt sich auch in den Industrieländern eine duale Wirtschaftsstruktur, die einem etablierten formellen Wirtschaftssektor mit weitgehend abgesicherten Beschäfti-

Tab. 9:   Entwicklung der Erwerbstätigen nach Tätigkeitsgruppen - Prognose 1980-2000

Tätigkeitsgruppen, -bereiche	Erwerbstätige (in 1000)			Struktur (in %)		
	1980	1990	2000	1980	1990	2000
1 Primärproduktion	1584	1336	1223	6,0	5,3	4,8
2 Handwerkliche Fertigung	2934	2520	2261	11,2	10,0	8,9
3 Maschinelle Fertigung	2283	1853	1607	8,7	7,3	6,4
4 Kontrolle, Anleitung	651	507	407	2,5	2,0	1,6
5 Maschinenbedienung, -regelung	971	1023	1132	3,7	4,1	4,5
6 Reparatur	1446	1365	1328	5,5	5,4	5,3
PRODUKTION	9869	8604	7958	37,6	34,1	31,5
7 Lager und Versand	1182	1029	942	4,5	4,1	3,7
8 Transport (Güter/Personen)	594	560	538	2,3	2,2	2,1
9 Verkaufstätigkeiten allg. Art	2051	1919	1873	7,8	7,6	7,4
10 Produktbezogene Handelstätigkeiten	331	319	340	1,3	1,3	1,3
11 Kundenbezogene Handelstätigkeiten	260	263	270	1,0	1,0	1,1
LAGER, TRANSPORT, VERTRIEB	4418	4090	3963	16,8	16,2	15,7
12 Abteilungsspezif. Bürotätigkeiten	1611	1339	1155	6,1	5,3	4,6
13 Integrierte Sach-/Antragsbearbeitung	1258	1385	1495	4,8	5,5	5,9
14 Entscheidungsvorbereitung/-assistenz	306	360	397	1,2	1,4	1,6
BÜRO	3175	3084	3047	12,1	12,2	12,1
15 Forschung und Entwicklung	581	646	753	2,2	2,6	3,0
16 Sachbezogene Entscheidungen	796	955	1147	3,0	3,8	4,5
17 Führungsaufgaben, Management	1116	1344	1658	4,3	5,3	6,6
DISPOSITION, F & E	2493	2945	3558	9,5	11,7	14,1
18 Reinigung, Hauswirtschaft, Bewirtung	1367	1356	1360	5,2	5,4	5,4
19 Lehren, Betreuen	1080	1237	1379	4,1	4,9	5,5
20 Ordnen, Bewachen	960	973	1036	3,7	3,9	4,1
21 Rechtspflege	311	368	447	1,2	1,5	1,8
22 Physisch/psychisch behandeln/beraten	1181	1301	1409	4,5	5,2	5,6
23 Publizieren, Kunst schaffen	134	146	169	0,5	0,6	0,7
24 In Ausbildung	1265	1145	956	4,8	4,5	3,8
ALLE TÄTIGKEITEN	26253	25249	25282	100	100	100

Quelle: PROGNOS/IAB-Studie, mittlere Variante — ROTHKIRCH et al. 1985

gungsverhältnissen einen informellen Sektor aus Gelegenheits-, Schwarz-, Selbstversorgungs- etc. -arbeit gegenübergestellt. Zu letzterer sind auch die verschiedenen Bereiche staatlicher Arbeitslosenförderung durch ABM, Warteschleifen etc. zu zählen.

Tab. 10: Aggregation von Tätigkeitsgruppen der Prognos/IAB-Studie 1985 zu Wirtschaftssektoren

primärer Sektor	1	Primärproduktion (ohne Bergbau)
sekundärer Sektor	2 3 5 6	Handwerkliche Fertigung Maschinelle Fertigung Maschinenbedienung, -regelung Reparatur
sowie aus	1	Bergbau-Tätigkeiten
tertiärer Sektor	7-11 18 20 22	Lager, Transport, Vertrieb Reinigung, Hauswirtschaft, Bewirtung Ordnen, Bewachen Physisch/psychisch behandeln, beraten
quartärer Sektor	4 12-14 15-17 19 21 23	Kontrolle, Anleitung Büro Disposition, Forschung und Entwicklung Lehren, Betreuen Rechtspflege Publizieren, Kunst schaffen

Tab. 11: Prognose der Entwicklung der Wirtschaftssektoren (nach der Prognos/IAB-Studie 1985)

	Erwerbstätige (in 1000)			Anteile (%)		
	1980	1990	2000	1980	1990	2000
Landwirtschaft	1399	1153	1057	5,5	4,7	4,3
Produktionstätigkeiten	7819	6944	6494	31,2	28,8	26,6
tertiäre Tätigkeiten	7926	7720	7768	31,7	32,0	31,9
quartäre Tätigkeiten	7844	8287	9007	31,3	34,3	37,0
alle Tätigkeiten	24988	24104	24326	100	100	100

Unter Berücksichtigung dieser Prozesse wird die Entwicklung des Beschäftigungssystems insgesamt eher so aussehen, daß in der Güterproduktion durch Technikeinsatz noch Arbeitsplätze für ungelernte oder angelernte Arbeitskräfte wegfallen werden; auch die Informations- und Kommunikationstechnologien werden nicht die neue große - auch beschäftigungsrelevante - Wachstumsbranche der Zukunft darstellen (vgl. JONES 1982, S. 42 und S. 115). Der Ausbau von F&E-, Verwaltungs-, Koordinierungs- und Leitungseinheiten wird sich fortsetzen und wird den Anteil der Elite-Beschäftigten im quartären Sektor ansteigen lassen, während bei quartären Routine-Tätigkeiten ebenfalls Rationalisierungstendenzen wirksam werden. Expandieren wird neben dem Elite-Quartärsektor dann vor allem der tertiäre Sektor, entweder in Form von wohlfahrtsstaatlich alimentierten Dienstleistungen - bei stärkerem Staatsengagement - oder als Dienstleistungstätigkeiten einer informellen oder semiformellen Ökonomie, zu der außerdem auch die alternative Produktions- und Landwirtschaft zu zählen ist. Bereits jetzt befinden sich zudem viele Akademiker mit Informationsberufen und -tätigkeiten in quasi informellen Beschäftigungsverhältnissen.

Für die Raumwissenschaften stellt sich insgesamt die Frage, welche räumlichen Polarisierungen mit diesen Prozessen der Quartärisierung und Tertiärisierung der Gesellschaft einerseits und der Dichotomisierung in formelle und informelle Ökonomie andererseits verbunden sind.

Schaubild 4: Prognose der Entwicklung der Wirtschaftssektoren
(nach der Prognos/IAB-Studie 1985)

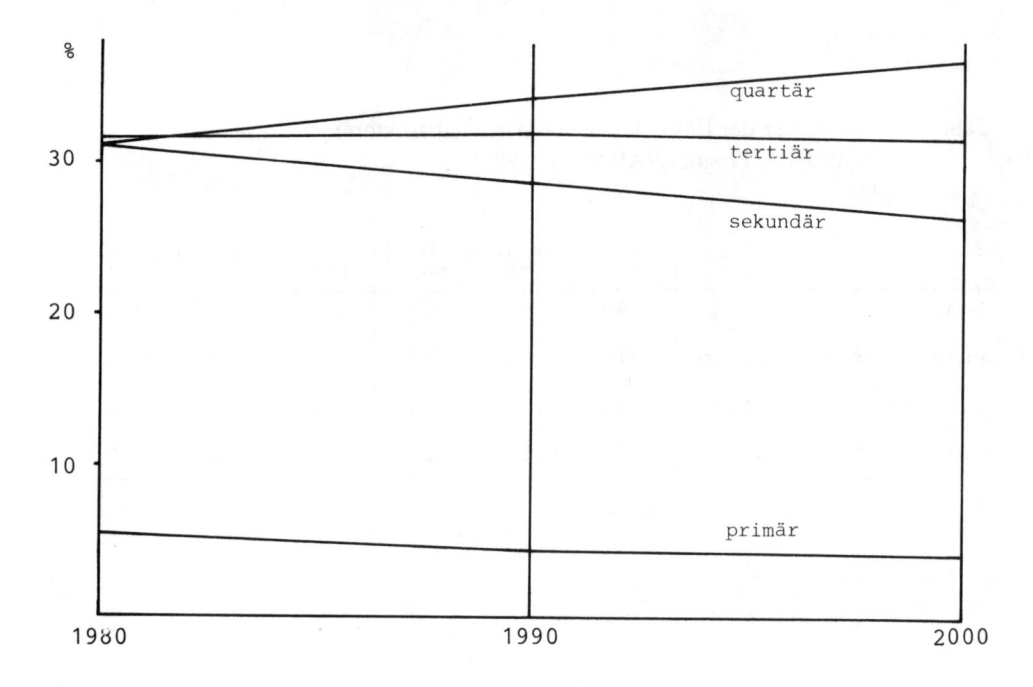

2.2. Sozioökonomische Hintergründe der Expansion des Informationssektors

2.2.1. Ablösung der 'Industriegesellschaft' durch die 'Dienstleistungsgesellschaft'?

Angesichts der dargestellten Verschiebungen in der Berufs- bzw. Tätigkeitsstruktur der Beschäftigten in den entwickelten Industrienationen haben sich Sozialwissenschaftler immer wieder veranlaßt gesehen, diese Veränderungen als Übergang der Industriegesellschaft in eine "Dienstleistungsgesellschaft", eine "postindustrielle Gesellschaft" oder jüngst auch in eine "Informationsgesellschaft" zu deuten, und versucht, für diese Nachfolge-Gesellschaften, die die Industriegesellschaft beerben sollen, Strukturelemente zu formulieren. KERN stellt in seinem vorzüglichen (obwohl nur schlicht als "Einleitung" zu seinem Reader bezeichneten) Beitrag den Stand der Diskussion um die "post-industrielle Gesellschaft" für die Mitte der 70er Jahre dar (vgl. KERN 1976). Seitdem hat sich - vor allem durch die Fragen bedingt, die das Aufkommen neuer Informations- und Kommunikationstechnologien mit sich bringt - die Diskussion erweitert; sie konzentriert sich Mitte der 80er Jahre vor allem auf den Begriff der "Informationsgesellschaft".

Bei seiner Zusammenschau der Auseinandersetzung geht KERN auch auf die methodologischen Probleme der Entwicklung dieser Gesellschaftskonzepte ein. Er betont, daß es sich um Idealtypen handle, ganz im Sinne von Max WEBER; sie werden "... gewonnen durch einseitige Steigerung eines oder einiger Gesichtspunkte und durch Zusammenschluß einer Fülle von ... Einzelerscheinungen, die sich jenen einseitig herausgehobenen Gesichtspunkten fügen, zu einem in sich einheitlichen Gedankengebilde" (WEBER ^{4}1973, S. 191; zitiert nach KERN 1976, S. 18). Gegenströmende Tendenzen werden vernachlässigt, abweichende Entwicklungen bleiben unberücksichtigt, wenn in einem der makrosoziologischen oder wirtschaftswissenschaftlichen Analysekonzepte von dem jeweiligen Theoretiker zentral bedeutende Phänomene des gesellschaftlichen Wandels zu einem schlüssigen Erklärungsmodell zusammengefügt werden. Dabei kann die Realität hinsichtlich der verschiedenen Aspekte der Theorie unterschiedlich weit fortgeschritten sein. Das bedeutet für die Theorie wiederum, daß sie "gleichzeitig Voraussage künftiger Entwicklungen **und** Definition der Gegenwart bilden kann" (KERN 1976, S. 16).

Im Brennpunkt der Auseinandersetzung standen lange Zeit die Aussagen der Drei-Sektoren-Theorie, die besagen, daß der produzierende Sektor vom tertiären Sektor als bedeutendster Wirtschaftsbereich abgelöst werde. Diese Theorien der "Dienstleistungsgesellschaft" in der Tradition von FISHER, CLARK und FOURASTIE argumentieren dabei entweder über Nachfrageverschiebungen - nach Marktsättigung mit industriellen Gütern und unter der Voraussetzung wachsender Einkommen verlagert sich die Nachfrage der privaten Haushalte auf 'immaterielle' Dienstleistungen - oder aber über einen unterschiedlichen Produktivitätszuwachs bei Güterproduktion und Dienstleistungen: Während in der industriellen Produktion hohe Rationalisierungspotentiale existieren, d.h. die Zahl der Arbeitskräfte durch Technikeinsatz beträchtlich gemindert werden kann, seien Dienstleistungen weit weniger durch technische Mittel zu rationalisieren; aus diesem Grund weite sich die Beschäftigung im Dienstleistungssektor zuungunsten der industriellen Beschäftigten aus (vgl. zusammenfassend etwa HALLER 1982, S. 609f.).

Eine oberflächliche Betrachtung der sektoralen Verschiebungen der Arbeitskräfte scheint diese Annahmen zu bestätigen: Neben dem primären Sektor verliert in den 60er und 70er Jahren in den entwickelten Industrieländern auch der sekundäre Sektor an Beschäftigten, während der teriäre Sektor seinen Anteil an den Beschäftigten ausdehnt. Aber schon die Entwicklung der Berufsstruktur macht deutlich, daß bei einigen verbraucherorientierten tertiären Tätigkeiten, u.a. bei den Hauswirtschaftsberufen, die Beschäftigung kontinuierlich gesunken ist, und daß andere tertiäre Bereiche seit 1970 stagnierende Beschäftigungsanteile aufweisen, so die Berufe der Bereiche 'Reinigung, Körperpflege, Bewirtung' sowie die Verkehrs-, Handels- und technisch-praktischen Dienstleistungen (s. Tab. 8).

In der Tat haben der Tertiärisierung entgegenlaufende Tendenzen an Bedeutung gewonnen: Den früh vorgebrachten Einwand, daß in vielen Dienstleistungsbereichen - wie Transportieren, Reinigen, Reparatur und selbst Ernährung - die ursprünglich von Menschen erbrachten Dienstleistungen durch die Herstellung von Sachgütern für die Eigenarbeit der Endverbraucher ersetzt werden (vgl. POHL 1970, S. 323), hat GERSHUNY zu einem Theorieansatz ausgebaut, der davon ausgeht, daß die sozioökonomische Entwicklung weniger in Richtung auf eine 'service society', sondern vielmehr in Richtung auf eine 'self-service society' verläuft (vgl. GERSHUNY 1978, S. 138ff.). Haushalts**güter** wie Waschmaschinen, Autos, Fernseher und deren Gebrauch durch die Verbraucher substituieren Haushalts**dienstleistungen** wie Wäschereien, öffentliche Verkehrsbetriebe, Unterhaltungseinrichtungen wie Kino, Theater etc.. Massenproduktion, billige Energie und hoher Technologieeinsatz bewirkten in der Wirtschaftsentwicklung der Nachkriegszeit, daß die 'Selbermach-Güter' im Vergleich zu den von anderen Menschen erbrachten entsprechenden Dienstleistungen sehr viel günstiger angeboten werden konnten. Die Kommerzialisierung weiter Bedürfnisbereiche, die zuvor insbesondere von Frauen im Rahmen der Hausarbeit nicht-kommerziell abgedeckt wurden (vgl. DECKER 1975, S. 31f.), hat durchaus stattgefunden - jedoch in ganz anderer Weise, als die Drei-Sektoren-Theorie dies vorausgesagt hatte. Bei vergleichsweise geringen Kosten für materielle Rohstoffe und Energie einerseits und steigenden Lohnkosten andererseits sowie unter der Voraussetzung, daß bestimmte Kosten - wie zum Beispiel die Kosten der bei Produktion und Gebrauch der 'self-service'-Güter entstehenden Umweltschäden - sozialisiert werden konnten, verdrängten Sachgüter die konkurrierenden Dienstleistungen. Auch ganz im Interesse der herstellenden Industrie ersetzen Industriegüter plus Eigenarbeit der Verbraucher den dienstleistenden Menschen. Dieses Phänomen der Substitution von menschlicher Arbeit durch Materie gilt zum Beispiel auch für die Entwicklung im Einzelhandel: In Selbstbedienungsmärkten werden Beschäftigte - insbesondere wenn man ihre Zahl auf den jeweiligen Umsatz bezieht - eingespart; dazu ist allerdings ein höherer Aufwand an Verpackung notwendig, deren Beseitigung nach Konsum der Waren im wesentlichen den Kommunen als abfallbeseitigungspflichtigen Körperschaften aufgebürdet wird.

Im Gegensatz zu den Propagandisten der 'Dienstleistungsgesellschaft' haben GERSHUNY und andere herausgearbeitet, daß tertiäre Beschäftigungsbereiche in vielen Fällen an Bedeutung verlieren. Ausgenommen davon sind allerdings wohlfahrtsstaatlich alimentierte Dienstleistungen mit Personalbedarf, insbesondere das Bildungswesen und das Gesundheitswesen. Hier jedoch verhindern gegenwärtig und in Zukunft staatliche Finanzierungsprobleme bzw. politische Entscheidungen die weitere Expansion der - gesellschaftlich sicher notwendigen und wünschbaren - Beschäftigung.

Aus den dargestellten Überlegungen folgt, daß den wesentlichen Wachstumsbereich in der Wirtschaftentwicklung der Industrieländer in der Nachkriegszeit die Industrie gebildet hat. Gerade durch den Abbau der Beschäftigten und den substitutiven Einsatz von Technik in der Massenproduktion wurden im Produzierenden Gewerbe beträchtliche Wachstumsraten erreicht. Im Vergleich zu den starken Veränderungen bei der Verteilung der Beschäftigten auf die Wirtschaftssektoren haben sich die Beiträge der Sektoren zum Bruttoinlandsprodukt in der Bundesrepublik nur leicht verschoben. Bei allen Unzulänglichkeiten der Sozialproduktsberechnung, z.B. dem Nichterfassen der unbezahlten Hausarbeit (mit Hilfe der self-service-Güter), lassen sich die Anteile der Wirtschaftssektoren am Bruttoinlandsprodukt dennoch als Maß für die gesamtwirtschaftliche Bedeutung der Sektoren verwenden. Vor allem aufgrund hoher Wachstumsraten in den - quartären - Bereichen Kreditinstitute und Versicherungen (Bruttowertschöpfungszuwachs 1960-1985: 357%!) sowie 'Übrige Dienstleistungsunternehmen' (Bruttowertschöpfungszuwachs 1960-1985: 220%) haben die Wirtschaftsabteilungen 6 und 7 ihren Anteil am Bruttoinlandsprodukt seit 1960 erhöhen können, während sich das Wachstum bei Handel sowie Staat und Privaten Haushalten analog zum gesamtwirtschaftlichen Wachstum entwickelt hat, ihre Anteile am Bruttoinlandsprodukt seit 1960 also konstant geblieben sind (s. Tab. 12 und Schaubild 5). Angesichts des massiven Wachstums des Industriesektors und des insgesamt nur geringen Rückgangs des Beitrags dieses Sektors zum Bruttoinlandsprodukt kann von einer Entindustrialisierung der Bundesrepublik sicher nicht gesprochen werden. Auch für die nähere Zukunft ist nicht anzunehmen, daß sich diese Entwicklung entscheidend ändert. Im Gegenteil: In dem Maße, in dem Prinzipien der Industriearbeit wie Arbeitsteilung, Technisierung, Rationalisierung und Formalisierung auf andere Wirtschaftsbereiche übertragen werden und in die Dienstleistungsbereiche vordringen, bietet sich eher der Begriff einer "hyperindustriellen Gesellschaft" an (vgl. BERGER/ENGFER 1982, S. 322). "Post-industriell" ist an der Gegenwartssituation höchstens die Tatsache, daß hinter der neuen Technisierungswelle von Dienstleistungsbereichen - in diesem Fall im Informations- und Kommunikationswesen - als treibende Kräfte die Post einerseits und die Industrie andererseits stehen, wie KUBICEK und ROLF treffend bemerken (vgl. KUBICEK/ROLF, ^{2}1986, S. 38).

Burkart LUTZ interpretiert in seinem Buch "Der kurze Traum immerwährender Prosperität" die Wirtschaftsentwicklung der Nachkriegszeit und damit die oben dargestellten Kommerzialisierungs- und Industrialisierungsprozesse, die in immer neue Wirtschaftsbereiche ausgreifen, als "Landnahme durch den expandierenden industriell-marktwirtschaftlichen Teil der Volks- bzw. Weltwirtschaft" (LUTZ 1984, S. 62) auf Kosten des arbeitsintensiven, eher kleinbetrieblich organisierten und eher auf "Auskommen" als auf Gewinn angelegten, "traditionellen" Wirtschaftssektors (vgl. LUTZ 1984, S. 104f.). Wenn auch bezweifelt werden kann, ob diese Landnahme allein für die Nachkriegsprosperität der Bundesrepublik verantwortlich ist und sich die Frage stellt, ob nicht zum Beispiel auch die immense Entfaltung des Exports von Industriegütern hierfür eine entscheidende Rolle spielt (vgl. BERGER 1986, S. 131f.), so ist doch die Erklärungskraft der LUTZ'schen These angesichts der oben dargestellten Substitutionsprozesse von in menschlicher Arbeit erbrachten Dienstleistungen durch (groß)industriell gelieferte Waren durchaus überzeugend: Ein überwiegend durch sekundäre und tertiäre Tätigkeiten charakterisierter, dezentral organisierter "traditioneller Sektor" wird durch die Auswei-

Tab. 12: Struktur des Bruttoinlandsprodukts
in der Bundesrepublik Deutschland 1960-1985

(in Preisen von 1980)

Anteile in % Wirtschaftsabteilung	1960	1970	1980	1982	1985
0 Landwirtschaft	3,6	2,6	2,1	2,5	2,2
1-3 Prod. Gewerbe	46,8	48,3	44,4	42,3	42,7
4-5 Handel und Verkehr	15,2	15,6	15,8	15,9	16,0
6-7 Dienstleistungen	19,8	19,9	23,5	24,7	25,0
8-9 Organ. und Staat	14,6	13,5	14,0	14,5	14,1
4-9 "tertiärer Sektor"	49,6	49,0	53,4	55,2	55,1
alle Wirtschaftsabteilungen	100	100	100	100	100

Quelle: Statistisches Jahrbuch 1986, S. 536f.

Schaubild 5: Struktur des Bruttoinlandsprodukts in der Bundesrepublik Deutschland 1960-1985

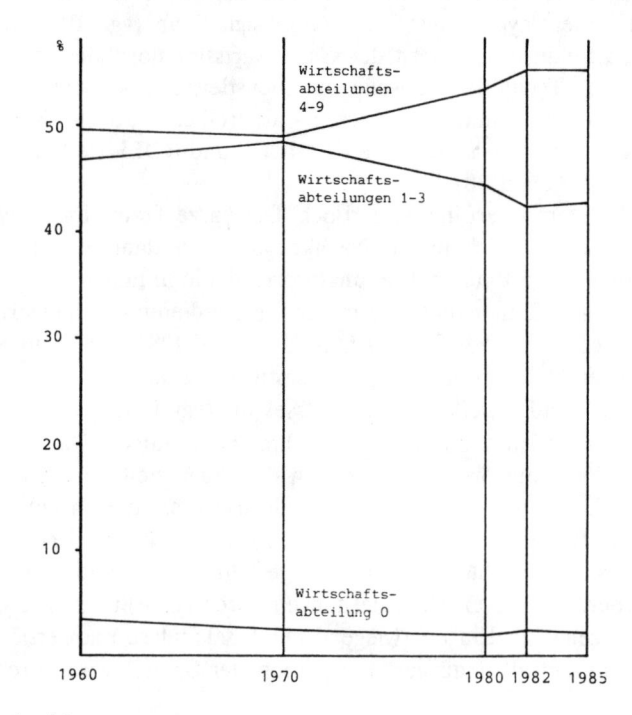

Quelle: s.o.

tung des vor allem von automatisierter Produktion sowie von wachsenden Forschungs- und Entwicklungs-, Koordinations- und Lenkungsaufgaben gekennzeichneten modernen industriell-kapitalistischen Sektors verdrängt.

Wo immer technisch-organisatorisch möglich und durchsetzbar, werden güter- oder personenbezogene Dienstleistungen durch entsprechende Sachgüter ersetzt. Die Industriegesellschaft wird insofern nicht von einer 'Dienstleistungsgesellschaft' abgelöst. Innerhalb des modernen Industriesektors und der mit ihm vernetzten Wirtschaftszweige wie Banken, Versicherungen und produktionsbezogene Dienstleistungen zeigen sich allerdings gewichtige Verschiebungen der Tätigkeitsstrukturen von weitreichender Bedeutung, auf die im folgenden eingegangen wird.

2.2.2. Expansion von Informationstätigkeiten als Folge der industriellen Entwicklung

Die berufsstrukturellen Veränderungen und die damit verbundene Ausweitung quartärer Tätigkeiten sind weniger durch das Anwachsen verbraucherorientierter Dienstleistungstätigkeiten zu erklären als vielmehr durch die Expansion von Informationsfunktionen im Dienste der Produktion, gerade auch innerhalb der Wirtschaftszweige des Produzierenden Gewerbes.

Die Entwicklung und Anwendung immer komplexerer Technologien, die Herausbildung immer größerer Unternehmenskomplexe sowie das wirtschaftliche Operieren in weltweiter Arbeitsteilung sind die wesentlichen Prozesse, die sowohl in privaten Unternehmen als auch beim Staat und in sonstigen Organisationen die Bedeutung von Aufgaben wie Forschung & Entwicklung, Marktforschung, Werbung, Finanzierung, Versicherung, Management, Organisation, Arbeitsvorbereitung, Rechnungswesen etc. gegenüber den unmittelbaren Produktionsfunktionen stark anwachsen lassen (vgl. auch SCHARPF 1986, S. 7): Die quartären Arbeitsplätze entstehen nicht als Ablösung, sondern als Folge der industriellen Entwicklung; auf diesen entscheidenden Zusammenhang ist vielfach hingewiesen worden (vgl. u.a. RASMUSSEN 1977, S. 60 u. S. 92, BERGER/OFFE 1980, S. 50ff., HALLER 1982, S. 616f.). Arbeitsteilige Produktion mit fortschreitender Spezialisierung, technische Entwicklung und Anwendung neuer Technologien, der überregionale Güteraustausch sowie die notwendigen staatlichen Infrastrukturmaßnahmen - als Grundlage oder in vielen Fällen auch als Korrektiv des Funktionierens des Wirtschaftsprozesses - wollen organisiert, koordiniert und geplant sein. Dazu ist bei zunehmender Komplexität der Aufgaben ein wachsendes 'Heer' (!) von entsprechenden Beschäftigten erforderlich.

Aus der Industrialisierungs- und Urbanisierungsgeschichte ist diese Expansion der Dienstleistungstätigkeiten als Folge der industriellen Entwicklung als das "Gesetz des doppelten Stellenwertes" bekannt: "Dank diesem Bildungsgesetz wächst dem industriellen Standort in Handel und Verkehr, im Baugewerbe, in den Dienstleistungen und öffentlichen Diensten eine zweite Stadt zu, die sich in der Größenordnung den industriellen Belegschaften vergleicht." (IPSEN 1956, S. 790). Durch die Rationalisierung bei den einfachen, materiebezogenen Dienstleistungen, in Handel und Verkehr sowie durch die oben dargestellte Sachgüter-Substitution von Dienstleistungen haben sich im Industrialisierungsprozeß die Expansionsbereiche der Dienste allerdings in Richtung auf den quartären Sektor verschoben (vgl. auch HALLER 1982, S. 616f.).

Rationalisierung beim Umgang mit materiellen Gütern, d.h. vor allem in der Produktion, aber auch zum Beispiel bei der Distribution von Waren einerseits und Ausweitung der vorbereitenden, planenden, organisierenden Tätigkeiten zur Koordinierung der anderen Tätigkeiten andererseits sind damit unter den ökonomischen und technologischen Bedingungen der Gegenwart die zwei Seiten einer Medaille: "Die Ausdifferenzierung von Dienstleistungsfunktionen ist die Kehrseite eines Prozesses industriell-kapitalistischer Rationalisierung, in dessen Verlauf reflexive und generative Kompetenzen, wie sie für die Instandhaltung gesellschaftlicher Formalstrukturen und die Absorption ungewisser Risiken erforderlich sind, aus den 'herstellenden' Arbeitsrollen gleichsam herausgezogen werden" (BERGER/OFFE 1980, S. 50).

GALBRAITH hat die Bedeutung von Technologie-Entwicklung und immer komplexer werdender Organisation des Wirtschaftslebens - im Verein mit zunehmender Unternehmenskonzentration und, als deren Folge, dem Außerkraftsetzen von Marktmechanismen - als wesentliche Faktoren der industriellen Entwicklung herausgestellt (vgl. GALBRAITH ^{2}1974, S. 26). Forschung, Planung und Organisation erfordern seiner Meinung nach eine Vielzahl von Informationstätigen, die er "Technostruktur" nennt (GALBRAITH ^{2}1974, S. 78ff.). Diese Technostruktur besteht dabei aus weit mehr Beschäftigten als nur dem Management; sie umfaßt alle Personen, die, mit Spezialwissen, bestimmten Erfahrungen und Kompetenzen ausgestattet, als Mitglieder von Gruppen fungieren, die in einer Hierarchie von Ausschüssen die Organisation des Unternehmens aufbauen (vgl. GALBRAITH ^{2}1974, S. 78). Die Ausweitung der Technostruktur durch Ausdifferenzierung von Verwaltungs-, Koordinierungs-, Planungs-, Forschungs-, Marktforschungs- und Marketing- sowie Werbungsfunktionen bildet den wesentlichen Faktor für die markante Zunahme quartärer Tätigkeiten in den Großunternehmen, darüber hinaus auch im Forschungs- und Bildungsbereich und in der staatlichen Verwaltung (vgl. GALBRAITH ^{2}1974, S. 242).

GALBRAITH vertritt die Ansicht, daß als Produktions- und als Machtfaktor die Größe 'Information' das 'Kapital' abgelöst hat, wobei er Information verstanden wissen will als die strukturierte Organisation von Informierten mit jeweiligem Sonderwissen: "Power has, in fact, passed to ... a new factor of production. This is the association of men of diverse technical knowledge, experience or other talent which modern industrial technology and planning require" (GALBRAITH ^{2}1974, S. 74). Die Vorgänge und Informationsprodukte der Technostruktur, ihre Denkmuster und Strategien bestimmen wesentlich die Entwicklung von Wirtschaft und Gesellschaft. Hier wird abermals deutlich, wie wichtig es ist, die räumliche Dimension der Technostruktur, d.h. des Elite-Informationssektors, zu untersuchen.

In der Einschätzung der Bedeutung des Produktionsfaktors 'Information' deckt sich die Analyse von GALBRAITH mit der des Pioniers des Konzepts der "postindustriellen Gesellschaft" Daniel BELL, der als eines der Grundprinzipien der "postindustriellen" Gesellschaft die führende Bedeutung von Information herausstellt: "Axiales Prinzip" der Gesellschaft, also wichtigster Bestimmungsfaktor, ist für BELL das "theoretische Wissen" (BELL 1976, S. 117). Damit "entsteht das Bild einer von Kopfarbeitern geprägten Gesellschaft" (BELL 1976, S. 140); Akademiker- und Technikerberufe nehmen immer stärker zu (vgl. BELL 1976, S. 145). Die wachsende Rolle von Information glaubt BELL außerdem an der steigenden Flut von wissenschaftlichen Veröffentlichungen ablesen zu können, wobei er allerdings nicht berücksichtigt, daß quantitative Zunahme von Publikationen nicht notwendigerweise mehr innovative Qualität bedeutet.

Es ist BELLs Verdienst, die wachsende Bedeutung von Wissen im Prozeß des gegenwärtigen sozialen Wandels herausgearbeitet und die damit verbundenen gesellschaftlichen Veränderungen aufgezeigt zu haben, vor allem die "Ausbildung einer neuen 'Intelligentsia' - an den Universitäten, in den Forschungsinstituten, den akademischen Berufen und der Verwaltung" (BELL 1976, S. 33). BELL vernachlässigt jedoch die Sphäre der Ökonomie, nach deren Kriterien wissenschaftlich-technische Innovationen erst bewertet werden, bevor sie realisiert werden. Die Autonomie der Wissenschaft, insbesondere gegenüber wirtschaftlichen Kräften, ist bei BELL überzeichnet.

Problematisch an BELLs Vorstellungen erscheint sein über weite Strecken hin unkritischer Optimismus, was bürgerliche Freiheit und gesellschaftliche Interessen angesichts weltmarktinduzierter technologischer und wirtschaftlicher Sachzwänge anlangt. Seine Zuversicht geht so weit, daß er an eine demokratische Gesamtplanung der Zukunft in der postindustriellen Gesellschaft glaubt, die durch gesellschaftlich institutionalisiertes 'Technology assessment' möglich wird, "sie erforderte lediglich [lediglich? eig. Anm.] einen politischen Mechanismus, der die Durchführung einschlägiger Untersuchungen und die Aufstellung der für neue Technologien gültigen Kriterien erlaubte" (BELL 1976, S. 43). BELL sieht zwar die Probleme der Bürokratisierung oder der ungleichen Machtverteilung, der wachsenden Disparitäten (vgl. BELL 1976, S. 119 und S. 136), er hält sie jedoch für generell lösbar in einer Gesellschaft, die "Gesundheit und Bildung in den Mittelpunkt des Interesses" (BELL 1976, S. 135) rückt. BELL unterschätzt die Tatsache, daß technologische und wirtschaftliche Entwicklungen - in wechselseitiger Abhängigkeit - das Spektrum des durch Marktnachfrage oder im politischen Raum Entscheidbaren vielfach einschränken und damit klar determinierend wirken, insbesondere angesichts wachsender Größendimensionen von Unternehmen und Projekten und angesichts der engen Verflechtung zwischen Staat und privaten Unternehmen. Es sind ja nicht nur die kreativen, innovativen Bereiche des Informationssektors, die expandieren, sondern vor allem auch die kontrollierenden, Entscheidung und Herrschaft ausübenden Bereiche.

JONSCHER bestätigt für den Informationssektor in den USA, daß sein Wachstum nur in geringem Maße auf die Zunahme des wissenschaftlichen und technischen Personals - wie dies BELL annimmt -, auf die Verlagerung von Ausgaben der privaten Haushalte zugunsten von Informations-Dienstleistungen (Medien, Bildung etc.) oder auf die Expansion des öffentlichen Dienstes zurückzuführen ist. Maßgeblich für die Ausweitung der Informationstätigkeiten ist die Ausdifferenzierung der verwaltenden und organisierenden Tätigkeiten[5].

In Europa spielt aufgrund der stärkeren wohlfahrtsstaatlichen Tradition der öffentliche Dienst eine größere Rolle als in den USA. Auf den Gebieten staatlicher Infrastrukturleistungen wie Bildungswesen, Gesundheitswesen, Verkehr, Ver- und Entsorgung zeigen sich vergleichbare Prozesse der Spezialisierung und Ausdifferenzierung und damit ebenfalls der generellen Expansion von Informationstätigkeiten. Darüber hinaus nehmen staatliche Wirtschaftstätigkeit und Vernetzungen zwischen öffentlicher und privatwirtschaftlicher Organisation zu (vgl. KERN 1976, S. 46f.); auch dadurch wird die staatliche Bürokratie ausgeweitet.

Geht man von diesen Überlegungen aus, so stellt sich die Frage nach der langfristigen Weiterentwicklung des Informationssektors. Einerseits gibt es insofern prinzipiell Grenzen für eine unaufhaltsame Ausweitung quartärer Tätigkeiten, als diese die Gesamtproduktivität eines Unternehmens oder Wirtschaftszweiges von einem bestimmten Punkt an nicht mehr erhöhen, sondern senken, da sie selbst ja aus der Wertschöpfung der Produktion bezahlt werden müssen. Deshalb werden Rationalisierungspotentiale der Informationsarbeit mit Sicherheit genutzt werden. Dies wird vor allem die Routineinformationstätigen treffen, die durch den verstärkten Einsatz von Informations- und Kommunikationstechnologien in vielen Fällen ersetzbar werden. Aus diesem Grund wird auch der Informationssektor niemals die "große Hoffnung des 20. Jahrhunderts" auf stabile Vollbeschäftigung bilden können.

Eine Verminderung der Elite-Funktionen des Informationssektors kann dagegen unter den genannten sozioökonomisch-technologischen Bedingungen auf absehbare Zeit nicht erwartet werden. Gerade weil man bei diesen Tätigkeiten in der Regel auf Nichtvorhersehbares eingestellt sein muß, weil Verhandlungsaufgaben und Wertentscheidungen getroffen werden müssen, und weil neue Ideen gefragt sind, können diese Tätigkeiten eben nicht generell formalisierbar und damit durch Einsatz von Informationstechnik ersetzt werden.

Dazuhin entwickeln bürokratische Systeme bekanntlich eine vitale Eigendynamik: Metabeschäftigte des Informationssektors beschäftigen sich sozusagen gegenseitig und legitimieren auf diese Weise die permanente Ausdehnung der 'Apparate'. In hierarchischen Strukturen können Angestellte nur dann ausreichend häufig befördert werden, wenn neue Untergebene eingestellt werden. Dieses Phänomen ist ja als das PARKINSON'sche Gesetz bekannt (vgl. JONES 1982, S. 87ff.).

Der Prozeß der Expansion des quartären Sektors kann damit zum einen sicherlich auf die wachsende Bedeutung von Wissen, die beständig notwendige Weiterentwicklung von Wissenschaft und Technologie und die dadurch wachsende Zahl von kreativen, innovativen Wissenschaftlern, Lehrern etc. zurückgeführt werden. Insbesondere wenn man berücksichtigt, daß bei vielen Beschäftigten sowohl innovative als auch regelnde Tätigkeiten auftreten, ist jedoch insgesamt die Zunahme rein kontrollierender, verwaltender Tätigkeiten möglicherweise von größerer Bedeutung. Damit stellt die Expansion des Informationssektors in vieler Hinsicht die beschäftigungsstrukturelle Dimension des Prozesses der Bürokratisierung in Staat und Wirtschaft dar, d.h. der Entwicklung und Ausdehnung arbeitsteiliger, zweckrational orientierter Verwaltungsapparate mit hierarchischer Organisation, festgelegten Kompetenzen und Qualifikationsanforderungen der Amtsträger, Normierung der Amtsführung, Schriftlichkeit der Vorgänge sowie Gehaltserhöhung und Beförderung als wesentlichen Remunerationsmitteln (vgl. TESCHNER ^{2}1975, S. 194f.).

Die Bürokratisierung selbst steht wiederum in engem Zusammenhang mit der Entwicklung des (Industrie-)Kapitalismus: Einerseits sind rationale Kalkulation und Planung von Geschäftsvorgängen und die Berechenbarkeit des Systems gemeinsame Kennzeichen von kapitalistischer Organisation wie auch von Bürokratien; außerdem verlangt der Kapitalismus eine stabile Staatsgewalt mit rationalem Rechtssystem (vgl. TESCHNER ^{2}1975, S. 196). Andererseits entstehen aufgrund der betriebswirtschaftlich orientierten Kalkulationsweise der Unternehmen gesellschaftliche Folgeprobleme, die staatliche Verwaltungstätigkeit erforderlich machen, so zum Beispiel auf den Gebieten der Sozial-, Beschäftigungs-, Umwelt- und Bildungspolitik, wenn nicht aufgrund von Gewinnpotentialen diese Aufgaben wieder von privatwirtschaftlichen Institutionen übernommen werden, was zum Beispiel bei Versicherungen der Fall ist. Wo jedoch nicht mit Gewinn zu operieren ist, fällt die jeweilige Aufgabe in aller Regel dem Staat zu.

Zusammenfassend kann festgehalten werden, daß die Expansion quartärer Funktionen vielfach die notwendige Folge der Entwicklung von Wirtschaft und Technologie im Industriezeitalter darstellt. Wir erleben im Spätkapitalismus eine "Spaltung der Wirtschaft in ein Zentrum, das wenige Großkonzerne umfaßt, und eine Peripherie mit einer Vielzahl kleiner und mittlerer Firmen, wobei sich das Zentrum tendenziell ausweitet" (KERN 1976, S. 44, vgl. auch LUTZ 1984, S. 62ff.). Die expandierenden Großunternehmen des Zentrums dieser 'dual economy' zeichnen sich dabei durch hohe Anteile ihrer Beschäftigten im Informationssektor aus, welche vielfach in enger Verflechtung mit staatlichen Institutionen operieren (These der 'mixed economy', vgl. KERN 1976, S. 43). Wachsende Komplexität der eingesetzten Technologie, wirtschaftliches Operieren auf globaler Ebene sowie langfristige Produktions- und Absatzplanung der Unternehmen erfordern ein Heer von Informationsbeschäftigten zur Abwicklung dieser Aufgaben.

Produktionsfunktionen (einschließlich der Landwirtschaft) werden so weit wie möglich automatisiert; Arbeits- und in wachsendem Maße auch Energieeinsatz werden minimiert. Aufgrund generell hoher Personalkosten wird auch bei materie- oder personenbezogenen Dienstleistungen weiter versucht, Beschäftigte durch Technikeinsatz zu ersetzen. In der "Dienstleistungsgesellschaft" sind damit die Dienstleistungen nicht etwa ubiquitär und in Fülle vorhanden und deswegen billig, sondern lebenswichtig und knapp, was hohe Preise bedingt und wiederum soziale Ungerechtigkeiten mit sich bringt.

Inwieweit diese Zentralisierungs- und Abstraktionsprozesse durch gegenläufige Entwicklungen beeinflußt bzw. korrigiert werden, ist schwer abschätzbar. Szenarien des 'Umbaus' der Industriegesellschaft oder auch des 'Ausstiegs' aus der oben geschilderten Entwicklung sind durchaus vorhanden. Den Hyperindustrialisierungsprozessen setzen sie angepaßte Technologie, möglichst kleinräumig organisiertes wirtschaftliches Prozeßgefüge, dezentrale Entscheidungsstrukturen, umweltgerechte Lebens- und Wirtschaftsweise entgegen. Dabei wird auch angestrebt, die Komplexität von Technologie und Organisation auf ein überschaubares Maß zu beschränken, was die Notwendigkeit der Expansion von Lenkungs- und Regelungsstrukturen vermindern würde.

2.2.3. Begriff und Aspekte der Informationsgesellschaft

Nachdem der Begriff der 'Dienstleistungsgesellschaft' zur Charakterisierung der sozioökonomischen Entwicklungsrichtung in den entwickelten Industrieländern sich als äußerst problematisch erweist, insbesondere da verbraucherbezogene Dienstleistungen eher abgebaut als ausgeweitet werden, stellt sich vor dem Hintergrund der deutlichen Expansionstendenzen bei Informationstätigkeiten die Frage, ob man nicht in gewisser Hinsicht doch von einer sich herausbildenden 'Informationsgesellschaft' sprechen kann, die allerdings ebenfalls mit dem Adjektiv industriell-kapitalistisch zu versehen wäre. Einige wichtige Aspekte des gesellschaftlichen und wirtschaftlichen Wandels scheinen dazu Anlaß zu geben. Die Tatsache absolut oder relativ zunehmender Konsumentennachfrage nach Informationsdienstleistungen (so bei MILES 1985, S. 592), eignet sich als Argument für die Anwendung des Begriffes 'Informationsgesellschaft' auf die gegenwärtigen Vorgänge in den Industrienationen dabei allerdings nicht:

Die privaten Haushalte verwenden weiterhin ihr Einkommen überwiegend für Miete, Ernährung, Kleidung, Haushaltswaren, Transportmittel etc., und nur ein kleiner Teil des Haushaltseinkommens wird für Medien wie Zeitungen, TV, Radio, Kino, Bücher, Zeitschriften oder für Bildungszwecke (VHS, Vorträge, Fernkurse etc.) ausgegeben. Für erhöhten Informationskonsum fehlt angesichts der Arbeitszeit der Haushaltsmitglieder sowie des Zeitaufwandes für Reproduktion, Haushaltstätigkeiten, Pendlerwege zum Arbeits-, Versorgungs- oder Freizeitort sowie für Do-it-yourself- und sportliche, touristische u.a. Aktivitäten (die allerdings häufig ebenfalls sehr informationsintensiv sein können) vielfach einfach die Zeit (vgl. hierzu vor allem auch LINDER 1970, S.4ff.). Deshalb arbeiten die Beschäftigten des Informationssektors ja auch weit weniger für die Endverbraucher bzw. für die Sphäre der Reproduktion als vielmehr für die Produktion. Im Zusammenhang mit dem großangelegten Ausbau der Telekommunikationsinfrastruktur stellt sich deshalb außerdem das Problem, daß für viele der neuen Telekommunikationsdienste ein massenhafter Bedarf gar nicht vorhanden ist, sondern erst geweckt werden muß; bezeichnend ist der Mangel an Aussagen über Nachfragepotentiale in der industrienah orientierten ifo-Studie (vgl. REINHARD et al. 1983, S. 105ff.).

Sinnvoll dagegen ist der Begriff der Informationsgesellschaft im Zusammenhang mit der Tatsache zu verwenden, daß Information zum entscheidenden Wirtschaftsfaktor geworden ist, d.h. als Inputgröße im Wirtschaftsleben andere Produktionsfaktoren an Bedeutung weit übertrifft: Informationen über Technologien, über Märkte, über Finanzierungsmöglichkeiten, über gesellschaftliche Entwicklungen u.v.a. entscheiden mehr denn je über Erfolg oder Mißerfolg privatwirtschaftlichen oder staatlichen Handelns (vgl. so auch LANGHEIN 1985, S. 235, R. KREIBICH 1986, S. 334; BECKER 1986, S. 169). Dabei ist Information in der Informationsgesellschaft allerdings nicht etwa ubiquitär und in Fülle vorhanden, sondern im Gegenteil lebenswichtig und knapp und damit in vielen Fällen nicht allgemein zugänglich, sondern mit hohem Preis belegt.

Zur Aufrechterhaltung von Informationsniveaus durch ständige Aktualisierung und Weiterentwicklung entstehen komplexe arbeitsteilige Organisationen aus 'Kopfarbeitern'; effektive Kommunikationsformen müssen ausgebildet werden, die die Spezialisten der Technostruktur in 'Teams' und 'Brain-Trusts' wieder zusammenbringen. Auf die zwei Grundformen, in denen sich Informationstätigkeit dabei auffächert, wurde bereits hingewiesen: Einerseits expandiert die Bedeutung innovativer, kreativer Information, die sich in die etablierten, per Übereinkunft allgemein akzeptierten Wissensstrukturen einbaut und diese weiterentwickelt. Hier wird die Informationsgesellschaft auch als 'Wissensgesellschaft' oder 'Wissenschaftsgesellschaft' angesprochen (vgl. R. KREIBICH, 1986, S. 334ff.). Andererseits weiten sich bürokratische Verwaltungsapparate aus, zum Zwecke von Leitung, Koordination und Kontrolle von Organisationen mit zunehmenden Größendimensionen, deren Eigendynamik offenbar nicht zu bremsen ist. Insgesamt also rechtfertigt die immense Entfaltung informationsbezogener 'Meta-Tätigkeiten' in allen Wirtschaftszweigen und im Bereich der öffentlichen Verwaltung durchaus die Verwendung des Begriffs der 'Informationsgesellschaft'.

Die Bewertung dieser Entwicklung zur Informationsgesellschaft hängt nun davon ab, ob im Zuge dieser wachsenden Bedeutung von Informationen die Tendenzen der möglichen Emanzipation, Partizipation und Demokratisierung oder die Tendenzen verstärkter Machtkonzentration und Herrschaft gefördert werden. In der Einschätzung der wahrscheinlichen Entwicklungsrichtung scheiden sich hier Optimisten und Skeptiker.

Optimisten wie BELL oder CLEVELAND ziehen aus der Grundannahme, daß Information im Gegensatz zu Materie und Kapital generell unendlich vermehrbar und für alle zugänglich ist, die Schlußfolgerung, daß Partizipation und Demokratisierung in der Informationsgesellschaft vorangebracht werden. Sie schätzen die Wahrscheinlichkeit der Entwicklung von Informationsmonopolen sehr viel geringer ein als die von Kapitalmonopolen. Information ist ihrer Ansicht nach von ihrer Natur her ein partizipatorisches Gut, und politische Machtstrukturen werden durch ihre wachsende Bedeutung zunehmend in Frage gestellt[6]. Ob das 'Teilen' tatsächlich die natürliche Form wissenschaftlicher Tätigkeit oder gar bürokratischer Funktionen ist (das Mit-Teilen ist es angesichts der Publikationsfülle bei den Wissenschaftlern allemal...), ist aber noch sehr die Frage.

Die eher skeptische Einschätzung der Informationsgesellschaft betont deshalb auch, daß in der sich aus dem kapitalistischen Industriesystem mit Konkurrenz als dynamischem Prinzip entwickelnden Informationsgesellschaft Autonomie und bürgerliche Freiheit bedroht sind. Die allgemeine Zugänglichkeit zu Information ist außerdem aufgrund der Komplexität der Informationszusammenhänge und aufgrund der Geschwindigkeit der Veränderungen dieser Zusammenhänge stark eingeschränkt: Information ist nur nutzbar, verwertbar, anwendbar, wenn sie in ihrem Kontext erfaßt werden kann und wenn beim Rezipienten ein entsprechender Grad an Vorinformiertsein vorhanden ist, eine "kognitive Struktur" (WEINERT et al. 1974, S. 661), in die die 'neue Information' eingebaut werden kann. Eine derartige Struktur kann jedoch häufig nur noch von wenigen effektiv organisierten, komplexen 'Brain-Trusts' aufgeboten werden. Nicht nur der ökonomische Wert und die Bedeutung als Machtfaktor, sondern auch schlichtweg die Komplexität des Informationsgeschehens fördern die Monopolisierung von Spezialwissen. Der Satz "Wissen ist Macht" ist zudem reziprok: Die Mächtigen bedienen sich zur Machterhaltung des Wissens (vgl. auch GUSTAFSSON 1979, S. 12), sie instrumentalisieren die Informationselite. In wechselseitiger Abhängigkeit stabilisieren sich politische, ökonomische und technologisch-wissenschaftliche Machteliten.

In der von einer ausgeprägten Dichotomie in 'Informationselite' und 'Restbevölkerung' gekennzeichneten Informationsgesellschaft besteht durchaus die Gefahr, daß durch gezielte Desinformation einerseits und durch Sicherung der als Machtelement verwertbaren Informationen über Menschen andererseits - also durch eine Doppelstrategie aus 'Verdummung' und 'Verdatung' - die Ausübung von Herrschaft durch Wenige über Viele stabiler, dauerhafter und unentrinnbarer wird.

3. Informationssektor und räumliche Entwicklung

3.1. Forschungsansätze zu einer Geographie des quartären Sektors

Aus dem dargestellten soziökonomisch-technologischen Wandel der Industriegesellschaft zur hyperindustriellen "Informationsgesellschaft" entwickelt sich für die Raumwissenschaften die Frage, ob dieser Wandel auch einen Wandel der räumlichen Organisationsform der Gesellschaft mit sich bringt, d.h. ob sich unter den veränderten Bedingungen die Standorte verschiedener gesellschaftlicher Funktionen und damit das Raummuster aus Arbeits-, Wohn-, Freizeit-, Versorgungs- etc. -standorten verschieben. Im Vordergrund des Interesses steht dabei insbesondere aus makroräumlicher Perspektive die Untersuchung der räumlichen Verteilung der Arbeitsplätze - im doppelten Sinn des Wortes -, da diese in Vergangenheit, Gegenwart und auch in absehbarer Zukunft die räumliche Struktur in den industriellen Informationsgesellschaften wesentlich bestimmt.

Mit dieser Frage beschäftigt sich nun mehr oder weniger direkt eine ganze Reihe von Wissenschaftszweigen und Forschungsansätzen innerhalb der Geographie und in den benachbarten Sozialwissenschaften; aus den verschiedensten Blickwinkeln werden dabei Probleme der Zusammenhänge von 'Information' und 'Raum' behandelt. Alle diese Ansätze bilden damit Bausteine für eine 'Geographie des Informationssektors' bzw. in weiterer Entwicklung für eine 'Geographie der Information', welche dann die Rolle von Informationsbeziehungen über die Analyse der räumlichen Verteilungsmuster der Informationsbeschäftigten hinaus generell untersucht.

Die Darstellung dieser verschiedenen Ansätze gestaltet sich freilich insofern schwirig, als sich die Ansätze gegenseitig überlappen und beeinflussen und Trennungsstriche zwischen den einzelnen Zugängen häufig kaum zu ziehen sind. Ergebnisse werden vor allem in Hinblick auf ihre Relevanz für die makroräumlichen Zusammenhänge referiert. Für die Darstellung des Verhältnisses auf der innerregionalen Mikroebene kann auf frühere Arbeiten verwiesen werden (vgl. ELLGER 1982, S. 48ff. und ELLGER 1985a).

3.1.1. Bürostandortforschung

Mit der räumlichen Verteilung von quartären Arbeitsstätten beschäftigt sich als wesentliche Forschungsrichtung der zeitgenössischen Anthropogeographie die Bürostandortforschung, die sich in den 60er und 70er Jahren insbesondere im englischen Sprachraum entwickelt hat, wo sie zumeist als "office location research" (GODDARD 1975, S. 1; vgl. auch den Titel von DANIELS 1975: "Office Location. An urban and regional study") bezeichnet wird. Der Begriff deutet darauf hin, daß diese Forschungsrichtung nicht nur von Geographen vertreten wird; die beiden großen Pionierstudien für London (COWAN et al. 1969) und New York (ARMSTRONG 1972) wurden zum Beispiel nicht von Geographen, sondern von einem Soziologenteam bzw. von einer Wirtschaftswissenschaftlerin erstellt.

Ausgangspunkt der Überlegungen - und zugleich Legitimation des Forschungsansatzes - ist die Beobachtung, daß Büros räumliche Eigenständigkeit gewinnen und innerhalb des Spektrums vor allem innerstädtischer Flächennutzer - sowohl im Prozeß der großräumlichen Entwicklung als auch auf der Ebene der mikroräumlichen Entwicklung in (Groß-)Stadträumen - eine besondere und in zunehmenden Maße auch führende Rolle spielen (vgl. z.B. DANIELS 1975, S. 1). Insbesondere als Komponente der Citybildung kommt der Entwicklung dieser unter dem Begriff 'Büro' subsumierten Funktionen aufgrund ihrer immensen wirtschaftlichen Dynamik und Durchsetzungskraft sowie aufgrund ihrer starken stadtbildprägenden Wirkung große Bedeutung zu (vgl. hierzu auch STÖBER 1964, S. 24). Dies hat in der Vergangenheit gerade die beiden großen Weltstädte und Zentralen wirtschaftlicher und politischer Entscheidungen der alten und der neuen Welt - London und New York - zu Studienobjekten der Bürostandortforscher werden lassen. Über die Tatsache, daß unabhängig davon generell die besondere Bedeutung von Büros als wesentlichen raumprägenden Elementen erst spät erkannt wurde, besteht bei den Kommentatoren Einigkeit (vgl. DONNAY 1985, S. 152).

Bei den meisten Bürostandortstudien steht die Analyse der Verteilung von Bürobetriebsstätten innerhalb von Großstädten bzw. deren Kernräumen im Vordergrund des Interesses. Die generelle makroräumliche Orientierung von Bürofunktionen auf großstädtische Zentren bzw. auf die Spitzen der Städtesystem-Hierarchien wird häufig nur als Voraussetzung für die Bedeutung dieser Funktionen innerhalb des Großstadtraumes genannt (vgl. zum Beispiel DAMESICK 1979, S. 346), bevor das Standortmuster von Büros - differenziert nach Wirtschaftszweig, Größe etc. - in diesem Raum untersucht wird. Neben dieser Betonung der Mikroraumebene fällt die stark empirische Ausrichtung der Bürostandortforschung auf (vgl. auch DANIELS 1975, S. 1), dies nicht nur in Großbritannien, wo bereits Anfang der 60er Jahre der Versuch unternommen wurde, mit Hilfe planungsrechtlicher Instrumente und Beratungstätigkeit durch das 'Location of Offices Bureau' auf die räumliche Verteilung der Büronutzungen Einfluß zu nehmen. Als Problem der empirischen Untersuchungen erweist sich jedoch stets der Mangel an verfügbaren Daten aus der amtlichen Statistik; dies hängt wiederum auch damit zusammen, daß eine allgemein anerkannte Definition und Abgrenzung von Bürobetriebsstätten oder -beschäftigten nicht existiert.

In den empirischen Untersuchungen wird immer wieder auf einen Katalog von Standortfaktoren zurückgegriffen, der die makro- und mikroräumlichen Konzentrationstendenzen der Büros auf Phänomene wie die Dichte der Informations- und Kontaktmöglichkeiten, auf funktionale Verflechtungen, auf die Verfügbarkeit von qualifizierten Arbeitskräften (damit auch indirekt auf Wohn- und Freizeitwert eines Standorts), auf die Erreichbarkeit des Standorts für Beschäftigte, Geschäftspartner und Kunden sowie auf Prestige- und Traditionsaspekte der Standorte zurückführt. Mit Hilfe dieses Katalogs von Standortfaktoren wird zunächst die Dominanz der Stadtzentren als Bürostandorte, dann jedoch auch die Suburbanisierung der Bürofunktionen 'erklärt'.

Über die empirische Arbeit hinaus gelingt es der Bürostandortforschung nicht, eine den Industriestandortlehren oder den Theorien über die Standortwahl von Handelsbetrieben vergleichbare, auch stärker quantifizierende Standorttheorie des Bürosektors zu entwickeln. Ein wesentlicher Grund dafür ist in der Tatsache zu sehen, daß Kostenüberlegungen bei den Verortungsentscheidungen für Bürofunktionen nicht notwendigerweise das ausschlaggebende Kriterium darstellen; Kostenfaktoren werden vielmehr von ökonometrisch schwer faßbaren Motiven wie Prestige- und Traditionswert eines Standorts und persönlicher Vorliebe der jeweils Entscheidenden in den Hintergrund gedrängt. Für den zentralen Standort im Kommunikationsgeschehen, der zudem mit Werbungs- und Repräsentationsvorteilen ausgestattet ist (und auch dies sind Kommunikationsvorteile!), werden bereitwillig Höchstpreise gezahlt. Aus diesem Grund erscheinen Ansätze einer quantitativen Modellbildung wie bei TAUCHEN/WITTE 1983 oder CLAPP 1983 äußerst problematisch. Ein weiterer Grund für das Theoriedefizit der frühen Bürostandortstudien liegt jedoch auch darin, daß vielfach schon die Definition des Untersuchungsgegenstands zu vage bleibt; häufig werden lediglich Aufzählungen über die verschiedenen Aspekte und Aufgaben der Bürobetriebsstätten geliefert (vgl. GODDARD 1975, S. 3, DANIELS 1975, S. 4). Nur in wenigen Fällen wird Information als entscheidendes Tätigkeitsobjekt bei Büroarbeitsstätten der Definition zugrundegelegt, obwohl bereits ARMSTRONG in ihrer klassischen Studie über den Bürosektor in New York Büros definiert als "the places where information, the key product of the new economy, is processed, and where decisions shaping the economic and political climate are made" (ARMSTRONG 1972, S. 2) und GODDARD die Überlegungen aus den Kommunikations- und Kontaktstudien der skandinavischen Forscher auf Studien der mikroräumlichen Verteilung von Büros überträgt (vgl. GODDARD 1973). Im Hintergrund steht insbesondere bei den frühen Bürostandortstudien häufig eine am optischen Erscheinungsbild des Objekts orientierte Vorstellung von 'Bürogebäude'. Eine Analyse der räumlichen Verteilung dieser Gebäude kann jedoch nur im Kontext ihrer Aufgaben im wirtschaftlich und im räumlich arbeitsteiligen Zusammenhang erfolgen; dafür ist eine funktionale Definition der Institution 'Büro' erforderlich. Dies und die Anerkennung von Informationsbezug und Kommunikationsbeziehungen als wesentlichen Bürovorgängen setzt sich allmählich durch (vgl. auch DANIELS 1975, S. 5; für Bürostudien anderer Disziplinen RAUCH 1982, S. 27). Diese Informations- und Kommunikationsprozesse und ihre Folgen für das räumliche Verteilungsmuster von Bürofunktionen sind jedoch noch in keiner Weise ausreichend beleuchtet worden, vor allem hat man sich noch zu stark an der Quantität von Informationskontakten aufgehalten, anstatt sie auf ihre Qualität genauer zu untersuchen, auf ihren kreativen oder administrativen Charakter, ihren Bedeutungsgehalt für die jeweils beteiligten Institutionen (vgl. hierzu auch FREY 1981, S. 137).

Nach der stürmischen Entwicklung der Bürostandortforschung in den 70er Jahren scheint sich auch aus den genannten Gründen dieser Forschungszweig in den 80er Jahren in einer Phase der Unsicherheit zu befinden. DANIELS und HOLLY bezeichnen dies als "transitional phase" des Forschungsansatzes (DANIELS/ HOLLY 1983, S. 1203). Zwar werden die 'klassischen' empirischen Fragestellungen und Vorgehensweisen, d.h. die Analyse der großräumigen Konzentration, der kleinräumlichen funktionalen Cluster-Bildung in den Cities sowie der Suburbanisierungsprozesse, erweitert um die Untersuchung von Bürofunktionen in der makroräumlichen Peripherie (DANIELS 1983, DANIELS 1984, MARSHALL 1983), um Fragen der Folgewirkungen der Bürolokalisierung für Verkehrsaufkommen, Bevölkerung etc. (LEY 1985) sowie um die Untersuchung der immobilienwirtschaftlichen Aspekte der Bürobauten (BATEMAN 1985), wobei eine Fülle neuer Einzelerkenntnisse gewonnen wird. Die Zusammenfassung dieser Einzelaussagen zu einer Theorie der Bürostandortverteilung sowie ihrer Ursachen und Folgen wird jedoch erneut aufgeschoben.

Die makroräumliche Bürostandortforschung muß ohnehin Anleihen von anderen Forschungsfeldern aufnehmen, so vor allem aus den Untersuchungen über die Verteilung von Unternehmenshauptsitzen oder der Analyse der 'funktionalen Arbeitsteilung' zwischen Großräumen (s.u.), um das großräumliche Verteilungsmuster von Bürofunktionen zu erklären.

Ein weiteres Problem der Bürostandortforschung liegt darin, daß sie nur ein Teilgebiet des quartären (Informations-)Sektors betrachtet: Mit der üblicherweise angewandten und letztlich am Erscheinungsbild der Bürogebäude ausgerichteten Definition des Untersuchungsobjekts 'Büro' werden nicht alle primär informationsbezogenen Arbeitsstätten erfaßt, da zum Beispiel Universitäten, Forschungseinrichtungen, Parlamente, Bibliotheken, Medienzentralen wie Fernseh- und Rundfunkanstalten oder auch Fernmeldeämter vielfach ausgeschlossen werden, die ja ebenfalls wichtige Arbeitsstätten des quartären Sektors darstellen (vgl. ABLER et al. ^{2}1977, S. 307). Schließlich läßt eine denkbare räumliche Wiederzusammenführung von Informationsfunktionen und materiebezogenen Tätigkeiten eines Unternehmens den gebäudebezogenen Zugang der Bürostandortforschung in Zukunft eventuell problematisch erscheinen (vgl. DANIELS/HOLLY 1983, S. 1293).

Trotz der genannten Einwände liefert die Bürostandortforschung mit vielen ihrer Ideen und Erkenntnissen insbesondere aus der Phase ihrer raschen Entwicklung in den 60er und 70er Jahren wesentliche Beiträge zu einer 'Geographie des quartären Sektors'. Die weitere Entwicklung dieses Forschungszweiges kann insbesondere dann fruchtbar sein, wenn er sich des Kontexts von Informationsfunktionen und räumlicher Entwicklung, d.h. vor allem der zunehmenden sozioökonomischen Bedeutung von Informationsfunktionen und der Wechselwirkungen dieser mit der groß- und kleinräumlichen Entwicklung, stärker bewußt wird.

3.1.2. Studien innerhalb der Geographie des tertiären Sektors

Da die Konzeption eines quartären Sektors im wesentlichen durch dessen Ausgliederung aus dem tertiären Sektor des Drei-Sektoren-Modells entwickelt wurde, kann eine Geographie des quartären Sektors zum Teil auf Erkenntnisse der Untersuchungen zu raumbezogenen Aspekten des Dienstleistungssektors zurückgreifen. Bereits bei der Legitimation der Ausgliederung eines quartären Sektors wurde allerdings darauf hingewiesen, daß aufgrund der Heterogenität der Kategorie des traditionell abgegrenzten 'tertiären Sektors' keine für diesen Sektor insgesamt geltenden Aussagen über räumliches Verhalten und räumliche Wirkungen getroffen werden können (vgl. auch HELLBERG 1985, S. 21; TANK 1980, S. 1). Der Einzelhandel bildet vor allem aufgrund seiner Orientierung auf die Endverbraucher und wegen des materiellen Charakters der Waren völlig andere Raummuster aus und hat anders geartete Folgewirkungen für räumliche Entwicklungsprozesse als beispielsweise ein Wirtschaftsprüfer, der Informationsdienstleistungen an Unternehmen liefert, oder eine Bankzentrale, die ebenfalls überwiegend Informationsdienstleistungen erbringt - jedoch sowohl für private Haushalte als auch für Unternehmen. Deshalb sind Studien - wie zum Beispiel der Aufsatz von GÄCHTER 1986 über Bern -, die den Dienstleistungssektor in der traditionellen Abgrenzung nach dem Drei-Sektoren-Modell aggregiert betrachten, problematisch, insbesondere dann, wenn sie strikt von der "institutionellen Betrachtungsweise" (GÄCHTER 1986, S. 192) ausgehen, d.h.

den Dienstleistungssektor auf der Basis von Wirtschaftszweigen (als Zusammenfassung der Wirtschaftsabteilungen 5 bis 9) abgrenzen und damit die Dienstleistungsfunktionen in Unternehmen des produzierenden Gewerbes aus dem tertiären Sektor ausschließen.

Eine große Anzahl von Studien der 'Geographie des tertiären Sektors' befaßt sich ausschließlich mit dem Einzelhandel; in der Forschung ist der tertiäre Sektor lange regelrecht mit dem Einzelhandel gleichgesetzt worden (vgl. z.B. DAVIES 1973, S. 125). Damit kann ein großer Teilbereich der Geographie des tertiären Sektors für die Analyse von Informationsaktivitäten und -einrichtungen keine Verwendung finden.

Bausteine für die Geographie des Informationssektors bilden dagegen die Untersuchungen von Einzelbranchen des herkömmlichen tertiären Sektors, die im wesentlichen Informationsfunktionen darstellen; dazu gehören Banken, Versicherungen oder auch die sogenannten 'sonstigen Dienstleistungen' (zusammenfassende Darstellungen bei FRERICH/PÖTZSCH 1975, KUNZ/TIMKO 1977, TANK 1980). Zum Teil wird bei den Untersuchungen dieser Einzelbranchen bereits auf die spezielle Bedeutung des Informationsaspekts eingegangen (so bei FRERICH/PÖTZSCH 1975, S. 137). Auch die spezielleren Studien zu produktionsbezogenen Dienstleistungen (im Gegensatz zu haushaltsbezogenen) sind für die Erforschung der Informationsfunktionen im räumlichen Kontext durchaus fruchtbar zu machen, wobei die beiden Kategorien 'produktionsbezogen' und 'informationsorientiert' jedoch keineswegs identisch sind, wie gelegentlich verkürzend angenommen wird (so WÜRTH 1986, S. 182); der Überschneidungsbereich ist allerdings beträchtlich, einerseits sind viele produktionsbezogene Dienstleistungen eindeutig Informationstätigkeiten, andererseits besteht das Gros der Informationstätigkeiten sicherlich aus Dienstleistungen, die für Betriebe oder - innerhalb von Unternehmen - für andere Unternehmensteile erbracht werden und weniger für Endverbraucher in den privaten Haushalten.

Generell gilt für viele makroräumliche Untersuchungen zum Dienstleistungssektor, daß sie mit großem apparativem Aufwand quantitative Verfahren anwenden, deren Ergebnisgehalt oft beträchtlich hinter dem Aufwand zurückbleibt. So weist zum Beispiel CAMPHAUSEN-BUSOLD in ihrer Analyse der räumlichen Differenzierung zunehmender Betriebsgrößen im Dienstleistungssektor nach, daß die Zunahme der Betriebsgröße in den Ballungsräumen stärker ausfällt als außerhalb der Ballungsräume (vgl. CAMPHAUSEN-BUSOLD 1981, S. 230), ohne dabei auf die Faktoren einzugehen, auf die dies im wesentlichen zurückzuführen ist, so vor allem auf die unterschiedliche Besetzung mit Unternehmenszentralen in Ballungsräumen im Vergleich zu nicht agglomerierten Räumen. Qualitativ angelegte Studien und Fallstudien sind eher die Ausnahme. Das quantitativ festgestellte Maß der Ähnlichkeit der Raummuster zweier oder mehrerer Meßgrößen sagt noch nichts über die qualitativen Zusammenhänge aus, die zwischen diesen Größen bestehen. Insbesondere werden immer wieder Korrelationsanalysen der räumlichen Verteilung von Bevölkerung, Beschäftigten insgesamt und Dienstleistungsbeschäftigten angestellt (vgl. z.B. MARQUAND 1983, S. 109ff., für Großbritannien), häufig mit dem Ergebnis, daß die Verteilung aller Beschäftigten mit der der produzentenbezogenen Dienstleistungen eng übereinstimmt. Die Frage ist jedoch, ob eine derartige Aussage als Erklärung ausreichen kann, wenn also die Art der Wechselbeziehungen zwischen den korrelierten Merkmalen nicht thematisiert wird. Zudem werden häufig durch die getroffenen Annahmen die Resultate vorbestimmt. Bezüglich der qualitativen Dimension der Zusammenhänge ist schon die Ausgangsfrage umstritten, ob eher die Dienstleistungsausstattung eines Raumes die industrielle bzw. gesamtwirtschaftliche Entwicklung dieses Raumes fördert oder aber umgekehrt die Wirtschafts- oder Industriestruktur die Dienstleistungsentwicklung bestimmt. Die Mehrzahl der Dienstleistungsforscher spricht sich für die tendenzielle Autonomie und damit auch für die besondere regionalpolitische Bedeutung des Dienstleistungssektors aus (so FRERICH/ PÖTZSCH 1975 und in ihrer Nachfolge KLEMMER 1980, TANK 1980, außerdem ROSSI 1986 unter Bezugnahme auf weitere Literatur), sicherlich zum Teil auch aus dem Interesse heraus, den tertiären Sektor als Studienobjekt relevant zu halten. Eine Gegenposition nimmt KÖPPEL ein, der die Determinierung der Dienstleistungsentwicklung in einer Region durch die industrielle Dynamik und Struktur in den Vordergrund stellt (vgl. KÖPPEL 1983, S. 226). Zu einer differenzierenden qualitativen Analyse der innerregionalen Interdependenzen von gesamtwirtschaftlicher und Dienstleistungsentwicklung ist jedoch noch nicht vorgedrungen worden.

Schließlich sind bei vielen quantitativen Abstrahierungsmodellen die notwendigen Einräumungen hinsichtlich der angewandten Regionalisierung und deren Einflüsse auf das Untersuchungsergebnis nicht ausreichend berücksichtigt. Je nachdem, wie groß die Agglomerationsräume ausgewiesen werden, tauchen zum Beispiel Suburbanisierungstendenzen als Binnenänderungen (bei groß ausgewiesenen Agglomerationen) oder als interregionale Verschiebungen auf (bei kleiner abgegrenzten Agglomerationen).

Insgesamt läßt die Literatur zur Geographie des tertiären Sektors viele Fragen offen. Als gemeinsames Phänomen der verschiedenen Dienstleistungsbereiche in bezug auf ihre makroräumliche Orientierung kann lediglich festgehalten werden, daß sie eine starke Tendenz zur Konzentration in - vor allem wirtschaftsstarken - Ballungsräumen zeigen (vgl. KUNZ/TIMKO 1977, S. III), wobei Suburbanisierungsphänomene ebenfalls auftreten (vgl. MARQUAND 1983, S. 111ff.). Die Intensität dieser Konzentration ist dabei in den Branchen des Dienstleistungssektors unterschiedlich. CUNHA und BRIDEL haben die Verteilung der Beschäftigtenanteile auf die höchstrangigen Zentren der Schweiz für verschiedene tertiäre Branchen analysiert und dabei herausgefunden, daß Datenverarbeitung, Werbung, Marktforschung und Rechtsberatung - also durchweg eigentlich quartäre Funktionen - die stärksten Konzentrationstendenzen, Versicherungen, Forschungseinrichtungen, die Arbeitsvermittlung, Treuhänder und Wirtschaftprüfer sowie Banken (!) mittlere Konzentrationsintensität und schließlich Architekten und Ingenieure sowie der Einzelhandel - damit der einzige genuin tertiäre Wirtschaftszweig - die geringsten makroräumlichen Konzentrationstendenzen im Dienstleistungssektor aufweisen (vgl. CUNHA/BRIDEL 1986, S. 175).

In Frankreich ist eine Anzahl Studien erschienen, die sich speziell mit höherrangigen Funktionen innerhalb des tertiären Sektors befassen, welche deshalb unter dem Stichwort "tertiaire supérieur" (so bei TAUVERON 1974, S. 169 oder RIVIERE-MOREL 1984, S. 1) zusammengefaßt werden können. Dabei werden - über die Klassifizierung der Berufe - Beschäftigte mit Weisungs- und Entscheidungsaufgaben ("des emplois de commandement et de décision", RIVIERE-MOREL 1984, S. 1) in allen Wirtschaftszweigen von den übrigen Beschäftigten - auch den übrigen Dienstleistungsbeschäftigten! - abgegrenzt und auf ihr räumliches Verteilungsmuster hin analysiert. Auch die (französische) Untersuchung von HOLZ über den "tertiaire de commandement" in der Bundesrepublik Deutschland

(HOLZ 1977, S. 229) folgt dieser Tradition hinsichtlich der Terminologie, schwenkt jedoch im empirischen Teil zu den 'Headquarter'-Studien um (s.u.).

Der 'tertiaire supérieur' dieser Studien kommt der in der vorliegenden Arbeit verwendeten Abgrenzung des quartären Sektors sehr nahe. Die Unterschiede der Abgrenzungen liegen darin, daß im 'tertiaire supérieur" Routinefunktionen mit Informationsumgang wie z.B. Schreibkräfte etc. nicht aufgenommen sind und andererseits Ärzte, Apotheker sowie Führungskräfte im Gastronomiebereich enthalten sind (so jedenfalls bei RIVIERE-MOREL 1984, S. 2). Damit umfaßt der Begriff des 'tertiaire supérieur' im wesentlichen jene Tätigkeiten, die GOTTMANN ursprünglich unter seinem Begriff der 'quaternary occupations' zusammenfassen wollte - auf diese begriffliche Konvergenz deuten MESNARD und VIGARIE hin, für welche die Begriffe "upper tertiary" und "quaternary" synonym sind (vgl. MESNARD/VIGARIE 1979, S. 53 und S. 66).

In ähnlicher Weise wie die genannten französischen Forscher operiert NOYELLE in den USA mit dem Begriff "advanced services", unter welchem er die produzentenbezogenen Dienstleistungen aus der Klassifizierung von BROWNING/SINGELMANN zusammen mit den Beschäftigten der Verwaltungszentralen in Unternehmen aller Wirtschaftszweige erfaßt (vgl. NOYELLE 1983, S. 282). Die als quartär anzusehenden Funktionsbereiche der Nachrichtenübermittlung, des Bildungswesens und der öffentlichen Verwaltung sind dabei jedoch wiederum nicht unter die 'advanced services' subsumiert; NOYELLE erfaßt mit seiner Gliederung im wesentlichen die privatwirtschaftlichen Bereiche des Informationssektors.

Das Fazit auch dieser Studien bildet die Feststellung makro- und mikroräumlicher Konzentrationstendenzen von höherrangigen Dienstleistungen, wie sie RIVIERE-MOREL für die Ile de France herausgearbeitet hat (vgl. RIVIERE-MOREL 1984, S. 18). Betrachtet man darüber hinaus auch die Dynamik der Standortmuster höherrangiger Dienstleistungen im Zuge des räumlichen Entwicklungsprozesses, so zeigt sich ein fortschreitender Konzentrationstrend dieser "leader"-Funktionen (RIVIERE-MOREL 1984, S. 18) auf wenige großstädtische Ballungsräume der Siedlungssysteme und damit nicht nur eine fortschreitende Polarisierung zwischen Agglomerationen und ländlichen Räumen, sondern auch eine Polarisierung zwischen unterschiedlich ausgestatteten Großstädten und Ballungsräumen, d.h. eine "functional dichotomy between urban centers that are by now well positioned in terms of the production and export of advanced services ... and those that are not" (NOYELLE 1983, S. 286).

3.1.3. 'Headquarter'-Studien

Als weiterer wichtiger Baustein für eine Geographie des quartären Sektors können all jene Untersuchungen angesehen werden, die sich mit der räumlichen Verteilung von Unternehmenssitzen in nationalen oder transnationalen Siedlungssystemen befassen. In diesen 'Headquarter'-Studien werden mit den Hauptverwaltungen von Unternehmen wirtschaftliche Führungsfunktionen kartiert, die im wesentlichen Informationstätigkeiten umfassen. Dabei wird auch versucht, den Einfluß bzw. die Bedeutung der Unternehmenssitze über verschiedene Meßgrößen, wie die Zahl der von ihnen kontrollierten Arbeitsplätze, das Grundkapital oder den Umsatz des jeweiligen Unternehmens, quantitativ zu erfassen.

Vor allem in den USA sind derartige Untersuchungen immer wieder unternommen worden (u.a. GOODWIN 1965, BURNS 1977, BORCHERT 1978, STEPHENS/HOLLY 1981, SEMPLE/PHIPPS 1982, WHEELER/BROWN 1985). Aber auch in Großbritannien sind seit Anfang der 70er Jahre regelmäßig Publikationen zu diesem Thema erschienen (so EVANS 1973, WESTAWAY 1974a, GODDARD/SMITH 1978). In irgendeiner Form existieren mittlerweile für viele Industrieländer Studien der räumlichen Verteilung der Unternehmenssitze, so etwa auch für Belgien, Canada oder Japan.

Für die Bundesrepublik Deutschland sind zwei ausländische Aufsätze anzuführen, die sich in ihrem Untersuchungsansatz und in der - stark generalisierenden - Interpretation ihrer Ergebnisse den 'Headquarter'-Studien aus dem anglo-amerikanischen Raum anschließen. Es handelt sich um die französische Studie von HOLZ (1977) und die jüngere Untersuchung aus den USA von STRICKLAND und AIKEN (1984). Zuvor schon hat IBLHER (1970) in seiner Untersuchung zur funktionalen Arbeitsteilung zwischen den Teilhauptstädten der Bundesrepublik eine derartige Studie vorgelegt, die durch die Berücksichtigung von Staatsbereich, Verbänden, Bildungseinrichtungen und Medien noch ergänzt wurde und demnach als Vergleich von 17 westdeutschen Städten bezüglich ihrer Ausstattung mit quartären Funktionen angesehen werden kann. Fortgeführt worden ist dieser Ansatz in der Bundesrepublik Ende der 70er Jahre durch die Arbeit von KRICKAU-RICHTER und OLBRICH (veröffentlicht 1982), die die Standortverteilung der Hauptverwaltungen von Industrieunternehmen, Banken und Versicherungen sowie industrieller Forschungseinrichtungen zum Thema hat.

Die Arbeit von ROJAHN zur "Analyse des Einflusses der industriellen Großunternehmen auf die großräumige funktionale Aufgabenteilung und die bestehenden disparitären Entwicklungen in Europa" (ROJAHN 1984, S. 17) enthält ebenfalls eine höchst aufschlußreiche Aufstellung über die Standortverteilung der Hauptverwaltungen der 444 größten Industrieunternehmen vorwiegend Westeuropas.

COHEN versucht - über die Verteilung von wirtschaftlichen Führungsfunktionen in den USA hinaus- auf globaler Ebene die wichtigsten Zentren von Wirtschaft und Finanzwelt zu ermitteln und deren jeweilige Position in einer "new international division of labor" festzustellen (vgl. COHEN 1981, S. 306ff.).

Die Fülle dieser empirischen Untersuchungen zur räumlichen Verteilung von 'Headquarter'-Funktionen erklärt sich vor allem aus der Verfügbarkeit und aus der leichten Handhabbarkeit des Datenmaterials, die ganz im Gegensatz zu der sonst so dürftigen Datenlage im Bereich des Informationssektors stehen. Einige Studien im Umkreis der Problematik von Informationsfunktionen und räumlicher Entwicklung, die zunächst mit einem anderen Ansatz anheben - so MESNARD/VIGARIE 1979 oder HOLZ 1977 mit der Betrachtung des 'tertiaire supérieur' -, münden deshalb auch in ihrem empirischen Teil in 'Headquarter'-Kartierungen.

Die angegebenen Motive dieser Studien sind dabei allerdings vielfältig. In einer Reihe von Aufsätzen wird der Bezug zur wachsenden Bedeutung von Management-, Büro- oder auch generell Informationsfunktionen hergestellt, deren Folgen für die großräumliche Entwicklung es zu untersuchen gilt. Schon GOODWIN geht in seiner Pionier-Studie dieses Forschungsansatzes aus dem Jahr 1965 von der Notwendigkeit aus, "to regard management as a separate function" (GOODWIN 1965, S. 1), und erkennt als wesentlichen Aspekt dieser auszugliedernden Funktion, daß sie "an idea-handling, not a materialhandling, function" (GOODWIN 1965, S. 2) darstellt. GOODWIN, der sich auf Vorarbeiten von VERNON und GOTTMANN (d.h. auf die beiden bedeutendsten Vertreter der amerikanischen Agglomerationsforschung der 60er Jahre) stützt, erwähnt ebenfalls die Affinität seiner 'Management'-Funktionen zu den "office activities" (GOODWIN 1965, S. 2f). Auch EVANS stellt seine Untersuchungen in den Kontext der Bürostandortforschung (vgl. EVANS 1973, S. 387), während STEPHENS und HOLLY ihre Analysen zur räumlichen Verteilung von Unternehmenssitzen bereits vor dem Hintergrund der Idee einer Geographie der 'postindustriellen Gesellschaft' entwickeln, in der informationsorientierte, quartäre Tätigkeiten die Entwicklung von Siedlungssystemen entscheidend beeinflussen (vgl. STEPHENS/HOLLY 1981, S. 285f.). Dieser letzteren Intention folgen auch STRICKLAND und AIKEN in ihrer Studie über die Hauptverwaltungen von Industrieunternehmen in der Bundesrepublik (vgl. STRICKLAND/AIKEN 1984, S. 38).

Eine Reihe von Autoren verwendet den 'Headquarter'-Ansatz mit dem Ziel, großräumlich ausgebildete Entscheidungs- und Machtstrukturen darzustellen. So wollen MARTZ und SEMPLE "the urban hierarchical power structure" abbilden (MARTZ/SEMPLE 1985, S. 316). HOLZ spricht sogar in der Überschrift von der "Annäherung an eine Geographie der Entscheidung" (HOLZ 1977, S. 229).

Über die Analyse der räumlichen Verteilung von Hauptverwaltungen im Städtesystem hinaus versuchen insbesondere KRICKAU-RICHTER und OLBRICH, Grundlagen für eine auf diese Funktionen zugeschnittene regionalpolitische Strategie zu formulieren. Für GODDARD/SMITH (1978) und auch STEPHENS/HOLLY (1981) bildet die Verteilung von Konzernzentralen auf die Städte eines nationalen Siedlungssystems den entscheidenden Schlüssel zur Struktur dieses Siedlungs- oder vielmehr Städtesystems.

Die 'Headquarter'-Studien sind in ihrer Entwicklung zudem eng verknüpft mit der Herausbildung der "corporate geography" (so der Titel des Themenhefts der Zeitschrift Geo-Journal vom September 1984) innerhalb der Industriegeographie. Mit diesem Zugang wird die Berücksichtigung der zunehmenden Bedeutung von - vor allem durch Unternehmenszusammenschlüsse entstandenen - großen industriellen Mehrbetriebsunternehmen für räumliche Entwicklungsprozesse angestrebt; Standortentscheidungen für Betriebsstätten werden vor dem Hintergrund der Organisationsstruktur der Unternehmen analysiert. Ein wesentlicher Aspekt dabei ist die räumliche Trennung von Produktionsfunktionen einerseits und Verwaltungs- und Lenkungsfunktionen andererseits (vgl. LLOYD/DICKEN 1983, S. 56 oder auch HOLZ 1977, S. 253). Die Hauptverwaltungsstudien spezialisieren sich sozusagen innerhalb der 'corporate geography' auf den Teilbereich der Leitungs- und Verwaltungs- (und gelegentlich auch Forschungs-) Einrichtungen von (Industrie-)Unternehmen, auf jenen Bereich also, der seine besondere Bedeutung dadurch erhält, daß in ihm einerseits die für das jeweilige Gesamtunternehmen relevanten Entscheidungen gefällt werden und daß er andererseits für die Standorte aufgrund von Arbeitsplätzen, Steueraufkommen und raumwirtschaftlichen Folgewirkungen zu einem ganz entscheidenden Entwicklungsfaktor wird.

Datenquellen für die 'Headquarter'-Studien bilden Ranglisten der größten Unternehmen, in denen jeweils verschiedene Kriterien - Kapitalausstattung der Unternehmen, Umsatz oder Zahl der Beschäftigten - maßgeblich sein können. Die Verteilung der Hauptverwaltungen auf die Gemeinden, Kreise, Regionen etc. eines Landes wird entweder schlichtweg nach der Zahl der Verwaltungssitze oder aber gewichtet durch eines der angegebenen Maße für die Unternehmensgröße ermittelt. Vielfach werden die Untersuchungen auch für verschiedene Wirtschaftszweige getrennt durchgeführt.

Wesentliche Fragestellungen bilden das Ausmaß der Konzentration von Konzernverwaltungen auf die führenden Zentren nationaler Städtesysteme und die Konzentrationsentwicklung zwischen zwei Zeitschnitten. Hinsichtlich dieser Entwicklungsprozesse versucht man auch herauszufinden, inwieweit Fusionen oder Hauptsitzverlagerungen für Veränderungen im Standortmuster verantwortlich sind (vgl. STEPHENS/HOLLY 1981, S. 287f.).

Auf die methodischen Fallgruben des so beschriebenen Vorgehens, die zum Teil zu beträchtlichen Fehlerergebnissen und -interpretationen führen können, wird nur sehr selten hingewiesen: Bei den Firmensitz-Standorten kann es sich zunächst einmal um 'Briefkasten-Adressen' handeln, hinter denen sich nicht die großen Verwaltungskomplexe verbergen, die gemeinhin dort vermutet werden (vgl. auch WESTAWAY 1974a, S. 71). Die Identität von Firmensitz und Standort der Hauptverwaltung muß deswegen im Einzelfall geprüft werden. Des weiteren muß man sich bei Zeitvergleichen von Listen der "100 Größten" o.ä. darüber im klaren sein, daß durch Fusionen und Rangsprünge nach oben oder nach unten über die 100-Grenze hinweg die Listenzusammensetzung bei zwei Zeitschnitten beträchtlich differieren kann (vgl. auch STEPHENS/HOLLY 1981, S. 289). Die Entscheidung, den Schnitt bei 100, 500 und 1000 Unternehmen anzusetzen, ist stets willkürlich, wirkt sich jedoch auf das in der Auswertung entstehende Verteilungsmuster aus. Schließlich lassen sich Standortfaktoren für Hauptverwaltungen - gerade bei Industrieunternehmen - aus den Kartierungen oft mit weit geringerer Berechtigung ableiten als vielfach angenommen, da hier eigentlich zunächst alle diejenigen Fälle auszuscheiden sind, wo die Verwaltungsfunktionen - noch - an die Produktionsstätten gebunden sind, für die ein wie auch immer geartetes Standortentscheidungsverfahren entweder nie (Beispiel: Krupp in Essen) oder nur unter Bezugnahme auf die Produktionsfunktion bzw. das Gesamtunternehmen (Beispiel: Volkswagen in Wolfsburg) durchgeführt wurde (vgl. AHNSTRÖM 1984, S. 163f.).

Als Ergebnisse können aus der Zusammenschau der genannten Studien festgehalten werden: Die Hauptverwaltungen der größten Unternehmen eines Landes konzentrieren sich in starkem Maße auf die führenden Großstädte dieses Landes (vgl. z.B. STEPHENS/HOLLY 1981, S. 288, KRICKAU-RICHTER/OLBRICH 1982, S. XVII), wobei Hauptstädte (auch die von Bundesstaaten bzw. -ländern) in der Regel eine zusätzliche Bevorzugung erfahren (vgl. BORCHERT 1978, S. 229).

Die Verteilungsmuster zeigen im Zeitablauf nur geringe Veränderungen, die Persistenz von Firmensitzen ist beträchtlich (vgl. STEPHENS/HOLLY 1981, S. 298, AHNSTRÖM 1984, S. 168). Wenn Veränderungen in der Rangfolge der Standorte auftreten, sind diese zumeist auf Unternehmenszusammenschlüsse, zum Teil auch auf unterschiedliche Wachstumsraten der Unternehmen und ihrer Zweige zurückzuführen, selten jedoch auf Verlagerungen von Unternehmens-Hauptsitzen (vgl. GODDARD/SMITH 1978, S. 1083).

Markant sind die Parallelen zwischen der Ranggrößenverteilung der Städte in einem Städtesystem und der Verteilung von Konzernhauptverwaltungen (vgl. z.B. GOODWIN 1965, S. 4, BORCHERT 1978, S. 230). Die Persistenz der höchstrangigen Plätze im Städtesystem und diejenige der Hauptverwaltungsstandorte hängen offensichtlich eng miteinander zusammen. Deswegen wird die 'Headquarter'-Verteilung auch immer wieder als Instrument für Städtesystemanalysen herangezogen.

Für die Großstädte Westeuropas und deren jeweilige Bedeutung als Hauptverwaltungsstandort bringt die Zusammenstellung der Hauptverwaltungen der 444 größten Unternehmen in der Arbeit von ROJAHN interessante Ergebnisse (vgl. Tab. 13): Weitaus bedeutendster Hauptverwaltungsstandort ist danach London, gefolgt in einigem Abstand von den drei Hauptstädten der ebenfalls zentralistisch strukturierten Länder Frankreich, Spanien und Schweden. Bezüglich der Zahl der lokalisierten Hauptverwaltungen - die sicherlich nur ein sehr grobes Maß für die quartäre Bedeutung einer Stadt darstellen kann - folgen dann sechs 'Teilhauptstädte' der Bundesrepublik Deutschland sowie die (nord-) italienische Teilhauptstadt Mailand. Diesen schließen sich die Hauptstädte der kleineren bzw. wirtschaftlich weniger bedeutenden Staaten Finnland, Österreich und Belgien an, worauf wieder zwei westdeutsche Teilhauptstädte, nämlich Berlin und Köln, folgen.

Tab. 13: Anzahl und Standortverteilung der Hauptverwaltungen der größten europäischen Industrieunternehmen in Europa 1975

Rang nach der Zahl der HV	Name des Standortes	HV der 250 umsatzgrößten Unternehmen	HV der Unternehmen mit mehr als 10.000 Beschäftigt.	HV insgesamt
1	London (GB)	60	32	92
2	Paris (F)	25	17	42
3	Madrid (E)	6	9	15
4	Stockholm (S)	11	2	13
5	Hamburg (D)	10	2	12
	Frankfurt (D)	7	5	12
6	Mailand (I)	3	7	10
7	Essen (D)	8	-	8
	München (D)	4	4	8
8	Düsseldorf (D)	5	2	7
9	Stuttgart (D)	5	1	6
	Helsinki (SF)	-	6	6
	Wien (A)	1	5	6
	Brüssel (B)	4	2	6
	Berlin (D)	2	4	6
10	Köln (D)	2	3	5
11	Basel (CH)	4	-	4
	Oberhausen (D)	3	1	4
	Hannover (D)	3	1	4
	Rotterdam (NL)	3	1	4
	Glasgow (GB)	2	2	4
12	Duisburg (D)	3	-	3
	Schweinfurt (D)	3	-	3
	Gütersloh (D)	3	-	3
	Amsterdam (NL)	3	-	3
	Bonn (D)	2	1	3
	Göteborg (SF)	2	1	3
	Manchester (GB)	2	1	3
	Rom (I)	2	1	3
	Lissabon (P)	1	2	3
	Turin (I)	1	2	3

Quelle: ROJAHN 1984

Hinsichtlich der jüngeren Entwicklungsprozesse der Standortverteilung von Hauptverwaltungen wird allgemein konstatiert, daß die makroräumliche Konzentrationstendenz - insbesondere bedingt durch die anhaltende wirtschaftliche Konzentration - sich fortsetzt. Dabei suchen Leitungsfunktionen von Konzernen jedoch auch in wachsendem Maße Standorte im Umland bedeutender Zentren auf; auch für den Bereich der Hauptverwaltungen lassen sich also Suburbanisierungserscheinungen nachweisen (vgl. GODDARD/SMITH 1978, S. 1983 für den englischen Südosten, STEPHENS/HOLLY 1981, S. 298 für den Nordosten der USA). Vor allem in den monozentrisch strukturierten Staaten Europas erscheint der zirkulär-kumulative Prozeß der Konzentration von wirtschaftlichen Führungsfunktionen auf die Metropolen unaufhaltsam voranzuschreiten (vgl. WESTAWAY 1974b, S. 184). Für die USA dagegen stellen die verschiedenen Autoren Gewinne der Zentren im Süden (und Westen) sowie außerdem auch der kleineren Zentren im Nordosten - letztere vielfach durch Suburbanisierung, dabei zum Teil durch tatsächliche Verlagerungen - auf Kosten der national nach wie vor führenden Großstädte New York, Chicago, Pittsburgh oder Detroit fest (vgl. BORCHERT 1978, S. 229, STEPHENS/HOLLY 1981, S. 294). Die Theorie einer zunehmenden Gleichverteilung von Unternehmenszentralen, wie sie SEMPLE und PHIPPS (1982, S. 259) entwickeln, läßt sich daraus jedoch noch nicht ableiten. In den USA wie auch in der Bundesrepublik ist allerdings eine Verlagerung von wirtschaftlichen Führungsfunktionen von Nord nach Süd zu beobachten, die in den USA zugunsten von Zentren in den Südstaaten mit jungem Wachstum verläuft, die noch vor 10 Jahren kaum von internationaler Bedeutung waren, während sie in der Bundesrepublik Regionen wie den Mittleren Neckarraum und München begünstigt, die bereits beträchtlich länger zu den führenden Wirtschaftsräumen Deutschlands zählen.

3.1.4. 'Kontakt'-Studien und verwandte Ansätze

Mit den Fragen des Zusammenhangs von Information und räumlicher Entwicklung befassen sich vor allem auch die 'Kontakt-Studien' vorwiegend schwedischer Forscher, die bis in die 60er Jahre zurückgehen. In der Nachfolge der von HÄGERSTRAND entwickelten geographischen Innovationsforschung (vgl. TÖRNQVIST 1968, S. 100) suchen diese Wissenschaftler die Determinanten des räumlichen Entwicklungsprozesses der Gegenwart, den sie als umfassende Urbanisierung ansprechen, in den räumlichen Mustern von Informationskontakten, nachdem die raumdifferenzierende Wirkung der Kosten für den Transport materieller Güter an Bedeutung verloren hat (vgl. TÖRNQVIST 1970, S. 24).

Wie sehr diese Forschungsrichtung einer Geographie des quartären Sektors nahekommt, erkennt man schon allein daran, daß als Grundlage eine Gliederung der wirtschaftlichen Funktionen in vier Sektoren entwickelt wird, die zwar "primary", "manufacturing", "service" und "administrative" genannt werden (TÖRNQVIST 1978, S. 89), jedoch ganz im Sinne der vorliegenden Arbeit als primärer, sekundärer, tertiärer (mit personen- und materiebezogenen Dienstleistungen) und quartärer Sektor (Informationstätigkeiten) angesehen werden können (vgl. auch DICKEN/LLOYD 1984, S. 157). Auch für die Kontaktforscher folgt aus der Zunahme der quartären Informationsbeschäftigten und deren tendenzieller Konzentration in den Großstadtregionen die Notwendigkeit, die raumwirtschaftlichen Aspekte dieser Funktionen zu untersuchen (vgl. TÖRNQVIST 1968, S. 104). Die Analysen der Kontaktmuster werden dabei jedoch nicht auf die Informationsbeschäftigten beschränkt; alle Materie- und Personenströme sind ja immer auch von Informationsvermittlung begleitet.

In verschiedenen empirischen Untersuchungen, so bei Befragungen von Geschäftsreisenden auf den Flughäfen Schwedens oder mit Hilfe der Anlage und Analyse von Kontaktregistern ausgewählter Informationsbeschäftigter, stellen TÖRNQVIST, THORNGREN und ihre Mitarbeiter fest, daß sich Zahl, Dauer und Art von interpersonalen Informationskontakten je nach der Stellung der Beschäftigten deutlich unterscheiden. Insbesondere THORNGREN entwickelt davon ausgehend ein Modell der Informationsbeziehungen, das von drei Niveaus von Kontakten ausgeht: "Programme contacts" sind danach die vergleichsweise einfachsten, eingespielten Kontakte von geringer Dauer, die kurzfristiges Handeln betreffen. Sie können als Kommunikation in einer Richtung ablaufen, wie zum Beispiel bei einer Routinebestellung, sie werden häufig von untergeordneten Beschäftigten ausgeführt und sind am ehesten noch über Telekommunikation abzuwickeln. "Planning contacts" zeichnen sich demgegenüber bereits durch größere Komplexität aus. Sie umfassen Aufgaben, die über eine Einwegnachricht hinausgehen. Sie dauern länger und werden entsprechend vorbereitet, wobei sich die Kontaktpartner jedoch zumeist bereits kennen. Deshalb werden sie außer in 'face-to-face'-Treffen auch über Telefon abgewickelt. Die dritte Ebene der Kontakte bilden die "orientation contacts", in denen die komplexesten Probleme, auch im Zusammenhang mit Verhandlungen, Lernprozessen oder auch neu zu etablierenden Geschäftsverbindungen, abgewickelt werden. Bei diesen geht THORNGREN davon aus, daß sie im wesentlichen die physische Nähe der Teilnehmer erfordern, länger dauern als die "planning contacts" und ausführlicher vorbereitet werden. Sie sind seltener, besitzen jedoch weit höheren Informationsgehalt und größere Tragweite für Beteiligte und Betroffene, gerade auch auf längere Sicht. Sie stellen die wesentlichen Aufgaben der Informationsbeschäftigten auf höchster Ebene dar (vgl. THORNGREN 1970, S. 418f.).

Ähnliche Klassifizierungen von Interaktionsformen auf drei Ebenen lassen sich auch in anderen Disziplinen finden, so zum Beispiel in der Betriebswirtschaftslehre eine Gliederung in ein politisches (Orientierung), administratives (Planung) und operatives System (Programm) von KIRSCH (vgl. BRANDT 1984, S. 143) oder auch die Struktur aus Gesetzen, Durchführungsverordnungen und Verwaltungsvorschriften im öffentlichen Recht.

Die Einteilung von Informationskontakten in drei Ebenen ist sicherlich anfechtbar; es ist eher anzunehmen, daß die Art der Informationsbeziehungen ein Kontinuum darstellt von einfachsten bis zu komplexesten Kommunikationsprozessen. Entscheidend ist zunächst jedoch einmal die Feststellung der Verschiedenartigkeit der Kontakte, aus der sich Konsequenzen insbesondere für die Notwendigkeit von 'face-to-face'-Interaktion einerseits bzw. die Technisierbarkeit der Kommunikation andererseits sowie für das in diesem Zusammenhang unterschiedliche aktionsräumliche Verhalten der beteiligten Partner ergeben. Aus der Notwendigkeit von physischer Nähe insbesondere von Elitebeschäftigten in Verwaltungs-, Entscheidungs-, Forschungsbereichen etc. einer Volkswirtschaft zur Durchführung von formellen und informellen Kontakten folgt ihre räumliche Konzentration in den großstädtischen Zentren der nationalen Siedlungssysteme (vgl. TÖRNQVIST 1970, S. 91).

BRANDT versucht in seiner Dissertation, die Theorie der Kontaktebenen der skandinavischen und angloamerikanischen Forscher weiterzuentwickeln und an die wirtschaftswissenschaftliche Theoriebildung anzuknüpfen. Orientierungs-, Planungs- und programmierte Kontakte unterscheiden sich für ihn insbesondere im Anteil an "sperriger Information" (BRANDT 1984, S. 143), wobei sich diese 'Sperrigkeit' einer Information, eines 'Kommunikats', aus Aspekten der Beschaffenheit des Informationsinhalts erklärt (insbesondere Komplexität) sowie der Kommunikationssituation, welche die Kommunikation erschweren. Zu letzteren situationsbezogenen Aspekten zählt BRANDT die "Darstellungsmöglichkeiten der verfügbaren Kommunikationskanäle", den "ordnungspolitischen und organisatorischen Rahmen" der Kommunikationssituation, das "Beziehungsgefälle zwischen Sender und Empfänger" sowie die "Erstmaligkeit des Kommunikationsvorgangs" (BRANDT 1984, S. 140).

Zur Überwindung der Sperrigkeit ist nach BRANDT vor allem die flexible Auswahl unterschiedlicher Kommunikationskanäle hilfreich, wie sie die interpersonale face-to-face-Kommunikation mit ihrem Repertoire an Sprache und Gestik bietet, ergänzt durch die Verwendung von Schrift, Zeichnungen etc. und der Möglichkeit von Rückfragen. Auch BRANDT sieht in den auf diese Weise begründeten Vorteilen der face-to-face-Kommunikation einen wesentlichen Grund für die räumliche Ballung von informationsbezogenen Bürotätigkeiten. Einen weiteren Grund erkennt er darin, daß Informationssuchende bei schlecht strukturierten Problemen sich intuitiv an "zufallsträchtige Orte" wenden, an denen aufgrund ihrer generellen Informationsdichte am ehesten problemrelevante Informationen vermutet werden (vgl. BRANDT 1984, S. 151ff.).

Bereits Anfang der 60er Jahre unternahm R. L. MEIER den Versuch, Urbanisierung als notwendige räumliche Verdichtung des expandierenden Informations- und Kommunikationsgeschehens zu interpretieren: "An intensification of communication, knowledge and controls seemed to be highly correlated with the growth of cities" (MEIER 1962, S. 43). MEIER beschrieb damals bereits den zunehmenden Informationsumsatz in den entwickelten Industrieländern (über den Indikator 'Papierverbrauch für Druckzwecke') sowie die wachsende wirtschaftsstrukturelle Bedeutung von Informationstätigkeiten (vgl. MEIER 1962, S. 15f., 87). Durch Übernahme thermodynamischer Modellvorstellungen entwickelte er seine grundlegende Vorstellung: the "city as an open system that must, if it is to remain viable, conserve negative entropy (information)" (MEIER 1962, S. V). Die Anleihe aus der Thermodynamik ist insofern zu ergänzen, als es der Stadt nicht allein um das 'Konservieren' von Information, sondern vor allem auch um die ständige Zufuhr neuer Information zur Aufrechterhaltung des bestehenden Informationsniveaus gehen muß. Mit diesem Modell ist von MEIER ein für eine raumbezogene Theorie des Informationsgeschehens entscheidend wichtiger Ansatz in die Diskussion gebracht worden.

MEIER sieht darüber hinaus starke Parallelen zwischen dem Verhalten von Information und Informationssystemen einerseits und der Entwicklung des Wirtschaftswachstums andererseits: Mit einer Zunahme von gesellschaftlichem Reichtum - oder auch von Abhängigkeitsbeziehungen innerhalb der Gesellschaft - geht immer eine Zunahme der Informationsflüsse einher (bzw. ihr sogar voraus, vgl. MEIER 1962, S. 151, S. 128).

Städte - und innerhalb dieser die quartär dominierten Stadtzentren - entstehen also als Verdichtungen von Information und Informationskontakten, die wiederum auf Informationsfunktionen ihre Anziehungskraft ausüben (vgl. MEIER 1962, S. 31, S. 64ff.). Hier scheint bereits die Vorstellung vom zirkulär-kumulativen Charakter der Informations-'pools' und -'flows' auf, welche für eine Theorie des Verhaltens von Information im Raum unerläßlich ist.

Einen breiten Raum bei MEIER nehmen Fragen der Überlastung mit Information ein: Bei der Zuwachsrate an gesellschaftlichem Informationsumsatz wird die Informationskapazität von Menschen in absehbarer Zeit erschöpft sein, weshalb Informationsverarbeitung zukünftig vermehrt von Maschinen übernommen werden muß. Die - m.E. plausiblere - Lösung dieses Problems durch weitere Spezialisierung und Arbeitsteilung unter den Informationstätigen spricht MEIER dabei nicht an.

Unter den Raumwissenschaftlern der Bundesrepublik hat sich ISENBERG bereits seit den 50er Jahren mit der besonderen Relevanz der "Fühlungsvorteile", der Informationszugänge und Kontaktpotentiale an zentralen Standorten befaßt (vgl. BAHRS-DISCHER 1981, S. 57). Die von ihm mit angeregte Untersuchung von Elke BAHRS-DISCHER ist ebenfalls als 'Kontakt-Studie' angelegt; den empirischen Teil bildet jedoch vorwiegend eine 'Headquarter'-Untersuchung, bei der die Standorte der 600 größten Unternehmen sowie von 250 Verbandsbüros als die wesentlichen "kommunikativ bedingten Wirtschaftsstandorte" angenommen werden, deren Konzentrationstendenz auf die wichtigsten großstädtischen Zentren der Bundesrepublik nachgewiesen wird (vgl. BAHRS-DISCHER 1981, S. 172). Die Befragung von 332 dieser Unternehmen zu Kontaktbedürfnissen, Standortanforderungen und -beurteilungen sowie Verlagerungen und Verlagerungsabsichten bestätigte (bei 35% Rücklauf, d.h. 115 auswertbaren Fragebögen) die Bedeutung der Anbindung an das überregionale Verkehrsnetz, der Wohnqualität und des Standortimages als Standortfaktoren für die Hauptsitze von Großunternehmen (vgl. BAHRS-DISCHER 1981, S. 255ff.).

Ein wichtiges Ergebnis aus der Befragung ist die Abstufung des Bedeutungsgrades, den verschiedene Kontaktpartner für die Großunternehmen besitzen (vgl. Tab. 14): Kontakte zu Fachverbänden, Banken und staatlichen Einrichtungen stehen dabei an der Spitze - entsprechend der beobachtbaren makro- und mikroräumlichen Zentrenorientierung dieser Institutionen (vgl. auch ELLGER 1985a, S. 140).

3.1.5. Städtesystem-Studien

Verschiedene jüngere, insbesondere in den USA entwickelte Theorieansätze zur Struktur und Entwicklung von Städtesystemen rücken ebenfalls den Faktor 'Information' in den Mittelpunkt ihrer Überlegungen (vgl. hierzu generell auch NOYELLE/STANBACK 1984, S. 42ff.).

So geht Allan PRED in seiner dynamischen Städtesystemtheorie davon aus, daß der Austausch und die Verfügbarkeit von Information nicht gleichmäßig über den Raum verteilt, sondern vielmehr tendenziell in den informationsreichen Ballungsräumen konzentriert sind[7]. Insbesondere weil die Raumbeziehungen - und speziell die räumlichen Informationsbeziehungen - staatlicher und privater Großorganisationen die raumstrukturelle Dynamik entscheidend bestimmen und weil - vor allem aufgrund begrenzten Suchverhaltens, das nicht über die 'informationswahrscheinlichsten' Orte hinausgeht - die Verbindungen dieser Großorganisationen innerhalb und zwischen wachstumsstarken

Tab. 14: Unterschiedliche Bedeutung von Kontaktpartnern für Hauptsitze von
Großunternehmen

Kontaktpartner	Anteil der Unternehmen, die den Kontakt zur betreffenden Institution als "wichtig" einstuften (Mehrfachnennungen möglich)
Fachverbände	67,3
Banken	64,7
Behörden	63,8
Regierung	41,8
Mitbewerber	37,9
Botschaften	17,2
Börse	16,4

Quelle: BAHRS-DISCHER 1981, S. 233

Ballungsräumen zunehmen, häufen sich Informationstätigkeiten und Informationsdichte an diesen Standorten (vgl. PRED 1977, S. 173ff.).

Informationsflüsse, die ja auch sämtliche Materie- und Personenströme begleiten, sind allein schon aufgrund der größeren Zahl aller räumlichen Beziehungen ("linkages") zwischen und in Verbindung mit Verdichtungsräumen, auf diese konzentriert, und zwar umsomehr, je komplexer das Gefüge der Wirtschafts-, Politik-, Bildungs-, Kultur- etc. -beziehungen eines Landes sich gestaltet und je stärker Großunternehmen und deren äußere und innere Verflechtungen das Wirtschaftsgeschehen prägen.

Die Spitzenränge der nationalen Städtesysteme sind deswegen stets von informationsintensiven Orten besetzt, die aufgrund des zirkulär-kumulativen Charakters der mit Informationsaustausch und -verfügbarkeit verbundenen räumlichen Prozesse diese Position in der Regel beständig festigen und ausbauen. Der Rangwechsel bildet dagegen die Ausnahme: Nur wenn an einem nachrangigen Ort eine bedeutende Innovation früher einsetzt als in größeren Zentren, können Wachstumseffekte so stark werden, daß der Ort in der Rangfolge der Städtehierarchie aufsteigt. Aufgrund der generellen Orientierung von Informationsflüssen an der bestehenden Struktur der Informationsverteilung verlaufen nach PREDs Ansicht Informations-Diffusionsprozesse vorwiegend in der Weise, daß innovationsrelevante Information die Spitzenagglomerationen zuerst erreicht und dort besser genutzt werden kann als in kleineren Zentren (vgl. PRED 1977, S. 179). PRED wendet sich damit sowohl gegen Wachstumspoltheorien als auch gegen die Vorstellung des 'Filtering-down', gemäß der Innovationen vorwiegend durch die Hierarchie eines Städtesystems hinunter-'sickern' (vgl. PRED 1977, S. 121ff.).

In seiner komplex angelegten Städtesystemtheorie unterscheidet Edgar S. DUNN neben verschiedenen Typen von Verflechtungsnetzen im Bereich der Güterproduktion und

-verteilung die besonders wichtigen Informationsnetze, die sich zum einen auf Machtfunktionen beziehen, zum anderen auf kreative Funktionen ("control and development networks") und die sich in ihrem Raumverhalten beide durch Konzentrationstendenzen auszeichnen (vgl. DUNN 1980, S. 26ff. sowie NOYELLE/STANBACK 1984, S. 39ff.). Die Bedeutung der Informationstätigkeiten und der räumlichen Netze, die sie ausbilden, liegt in ihrem immens gestiegenen Volumen sowie in ihren signifikanten Unterschieden zu den Netzen der Materieflüsse, weswegen sie besondere Untersuchung verdienen. Dabei müßte die räumliche Verteilung von Informationstätigkeiten nicht nur auf Unternehmensebene, sondern auch auf der Ebene der Verbraucher analysiert werden, da der Informationsanteil an den Reproduktionstätigkeiten - so DUNN - ebenfalls beträchtlich zugenommen hat (vgl. DUNN 1980, S. 29f.).

In der Bundesrepublik sind derartige städtesystem-theoretische Überlegungen, die Informationsfunktionen als Systemelemente und Regelungs- und Kommunikationsströme als Systembeziehungen betrachten, zwar rezipiert worden (vgl. STIENS 1977, S. 392 und vor allem BARTELS 1979, S. 132ff.); aufgrund der Operationalisierungsprobleme, der Frage, wie diese Systemkomponenten in empirischen Studien oder gar regionalpolitischen Konzepten zu konkretisieren wären, sind sie jedoch noch kaum weiterentwickelt worden.

3.1.6. Funktional ausgerichtete Stadtgeographie und Stadtforschung

Für die von den Städtesystem-Theoretikern analysierten veränderten Aufgaben, die von Städten innerhalb nationaler Siedlungssysteme wahrgenommen werden, zeigt auch die funktional ausgerichtete Stadtgeographie Interesse, insbesondere in den englischsprachigen Ländern.

Zu den Geographen, die in diesem Sinne Funktionen von Städten (auf makroräumlicher Ebene) bzw. innerhalb von Städten (auf mikroräumlicher Ebene) beobachten und beschreiben, gehört der bereits erwähnte Jean GOTTMANN, der den Begriff des quartären Sektors geprägt hat und dem in Terminologie und Herangehensweise eine Reihe von amerikanischen Stadtgeographen folgt, insbesondere Robert HARPER und Kenneth COREY. Sie stellen fest, daß trotz sinkender Beschäftigungszahlen in der Produktion und zum Teil auch im Handel die Städte in der Nachkriegszeit insgesamt Beschäftigungswachstum zu verzeichnen haben, das auf die beträchtliche Expansion der informationsbezogenen quartären Funktionen zurückzuführen ist (vgl. GOTTMANN 1983, S. 10).

Zur Bezeichnung des Tätigkeitsobjekts der Quartär-Beschäftigten wird von dieser 'Schule' zumeist der sehr vage Begriff "transactions" verwendet (GOTTMANN 1970, S. 324, COHEN 1979, S. 7). Damit sind offensichtlich sämtliche abstrakten Geschäftsvorgänge per Papier oder über ein anderes Medium gemeint, denn physische Veränderungen - auch Ortsveränderungen - von Sachen oder Menschen werden als "services" davon abgegrenzt[8].

Dieser Terminologie fehlt die Strenge einer Unterscheidung von primär materie- oder personenbezogenen Dienstleistungen einerseits und (quartären) informationsbezogenen Tätigkeiten andererseits, die sich hier zur Klärung geradezu aufdrängt. Deshalb bestehen bei den genannten Stadtgeographen auch Unsicherheiten über die Zuordnung zum Beispiel von Handels- oder verschiedenen Freizeitfunktionen zu den 'transactions-handling activities' (vgl. GOTTMANN 1970, S. 324; GOTTMANN 1974, S. 260).

Inhaltlich ist diese Forschungsrichtung gerade von GOTTMANN beträchtlich weit entwickelt worden. Neben der absolut und - stärker noch - relativ wachsenden Bedeutung quartärer Tätigkeiten in den entwickelten Ländern beschreibt er die Konzentrationstendenzen auf die Verdichtungsräume sowie deren kumulativen Charakter als Resultat der vielfältigen Verflechtungen der quartären Funktionen untereinander sowie der überragenden Rolle von face-to-face-Kontakten (vgl. GOTTMANN 1970, S. 324f.). Im Sinne einer Standorttheorie stellt er einen Katalog von Faktoren zur Lokalisierung von Funktionen des quartären Sektors zusammen: Verkehrsgünstige Lage (bezüglich Automobil-, Bahn- und Luftverkehr), bestehende intensive Informationsflüsse, bestehende quartäre Einrichtungen und Tätigkeiten ("transactional performances"), Verfügbarkeit von Elite- und Routineinformationsbeschäftigten, Freizeitwert des Standorts, das Angebot spezieller produzentenorientierter Dienstleistungen, das Vorhandensein von Banken und Kreditinstituten, höherwertiger Einkaufseinrichtungen sowie von Bildungseinrichtungen bezeichnen die Standortgunst für quartäre Betriebsstätten (vgl. GOTTMANN 1970, S. 329ff.). In einer späteren Publikation werden darüber hinaus Wohnwert eines Standorts und allgemeine Sicherheit (gerade für US-Städte von großer Bedeutung!) als Faktoren genannt (vgl. GOTTMANN 1979, S. 6).

Einen bis in die Terminologie hinein ähnlichen stadtgeographischen Zugang zu urbanen Strukturen wählt Peter HALL in seiner 'Weltstädte'-Studie[9]. Diese 'Weltstädte' sind bedeutende politische Machtzentren, Handelszentren und die führenden Bank- und Finanzzentren der zugehörigen Länder, aber auch Standorte von Jurisdiktion, Forschung und Lehre, Kunst und Medien. Eines ihrer wesentlichen Kennzeichen ist die extreme Konzentration von Bürobeschäftigten: "Die Zunahme der Büroberufe aller Art ist also zweifellos der einflußreichste Einzelfaktor für das Wachstum der Weltstädte in dem Zeitraum seit 1850" (HALL 1966, S. 28).

Die amerikanischen Geographen können bei ihrer funktionalen Stadtanalyse unter anderem zurückgreifen auf die gründlichen empirischen Studien zur Regionalökonomie der Agglomeration New York. Die Pionierarbeit dazu von Robert Murray HAIG (1927) ist in der Nachkriegszeit fortgeführt worden, wobei insbesondere die um 1960 publizierten Werke die amerikanische Raumforschung der Folgezeit wesentlich geprägt haben (vgl. HOOVER/VERNON 1959, ROBBINS/TERLECKYJ 1960, LICHTENBERG 1960). In diesen Studien zu Wirtschaftsstruktur und -wachstum des bedeutendsten Ballungsraums der USA sind quartäre Funktionen zwar nicht unter dieser Bezeichnung betrachtet worden, faktisch jedoch vielfach einbezogen worden. Den Bürofunktionen, den Hauptverwaltungen großer Unternehmen, dem Geld- und Versicherungswesen, dem Großhandel und anderen Bereichen sind jeweils spezielle Kapitel bzw. sogar ganze Bände gewidmet (so bei ROBBINS/TERLECKYJ 1960). Dabei formulierte Robert M. LICHTENBERG den Informationsumgang dieser Einrichtungen als wesentliches Element gerade auch in bezug auf Standortwahl und Raumprägewirkung[10].

Der funktionalistische Ansatz wird auch in der englischsprachigen Stadtsoziologie fortgeführt, so zum Beispiel in den Arbeiten von James SIMMIE über "postindustrielle Stadtentwicklung" in San Francisco (SIMMIE 1983) und London (SIMMIE 1985).

3.1.7. Arbeiten zur großräumlichen funktionalen Arbeitsteilung

Wendet man den 'funktionalistischen' Ansatz großräumlich an, d.h. auf Landes- oder Staatenebene, stehen den vom quartären Sektor dominierten Verdichtungsräumen periphere Regionen gegenüber, deren Beschäftigungsstruktur durch ein Übergewicht von agrarischer oder industrieller Produktion sowie von Fremdenverkehrseinrichtungen oder auch Militär geprägt ist. Eine ganze Reihe regionalwissenschaftlicher Untersuchungen hat sich mit diesem Phänomen einer großräumlichen funktionalen Arbeitsteilung in verschiedenen europäischen Ländern auseinandergesetzt. Hervorzuheben sind die Arbeiten von Klaus MÜLLER (1981) und Ueli GEILINGER (1984) für die Schweiz, Franz TÖDTLING (1983) für Österreich, Alain LIPIETZ (1980) für Frankreich sowie Franz-Josef BADE und Mitarbeiter für die Bundesrepublik Deutschland (vgl. BADE 1981, BADE 1984), John WESTAWAY (1974b) sowie ferner G.R. GUDGIN und S. CRUM (1977) für Großbritannien.

Als Ursachen für die unterschiedliche Ausstattung der Raumtypen mit dispositiven Funktionen einerseits und produktiven Funktionen andererseits werden in den genannten Studien verschiedene Sachverhalte genannt: Schon die sektorale Wirtschaftsstruktur eines Standorts, d.h. die Zusammensetzung der Wirtschaft nach Wirtschaftszweigen, beeinflußt die Tätigkeitsstruktur, da sich der Anteil an dispositiv Beschäftigten von Branche zu Branche ändert. Darüber hinaus besteht häufig branchenintern eine räumliche Arbeitsteilung zwischen Kernräumen mit höherem Anteil und Peripherräumen mit geringerem Anteil der dispositiven Berufe an den Beschäftigten der jeweiligen Branche in der Region. Entscheidend für die Konzentration von höherwertigen, informationsbezogenen Funktionen auf die großstädtischen Verdichtungsräume und die tendenzielle Überrepräsentation von Produktions- und anderen Ausführungsfunktionen in Peripherräumen ist jedoch vor allem die funktionale Arbeitsteilung innerhalb von (Mehrbetriebs-) Unternehmen, wie sie auch von der 'corporate geography' festgestellt wird. Für die Industrie gilt die Faustregel, daß von einer gewissen Unternehmensgröße an Management- und Verwaltungsfunktionen von anderen Funktionen räumlich getrennt werden. Dadurch können die verschiedenen Funktionsbereiche des Unternehmens in Form von einzelnen Betriebsstätten an jeweils für sie günstigen Standorten lokalisiert werden. Das bedeutet, daß sich insbesondere aufgrund ihres Bedarfs an qualifizierten Arbeitskräften und aufgrund der bestehenden Kommunikationsdichte die dispositiven Lenkungsfunktionen in Verdichtungsräumen konzentrieren, während produktive Funktionen - vor allem aufgrund ihres größeren Flächenbedarfs - häufig außerhalb der Verdichtungsräume ihren Standort finden. Der relativ stärkere Anteil flächenintensiver, produktiver Funktionen im ländlichen Raum ist dabei allerdings weniger auf Neugründungen von Zweigwerken zurückzuführen, sondern mehr auf den vergleichsweise schwächeren Anteil von Informationsfunktionen in diesen Räumen. In absoluten Zahlen gemessen, sind auch produktive Funktionen vielfach ebenfalls eher auf Verdichtungsräume konzentriert (vgl. hierzu BADE 1983, S. 318).

Darüber hinaus befinden sich auch gerade bei Dienstleistungsunternehmen wie Banken, Versicherungen, Handelsunternehmen etc. Unternehmensleitung und administrativer 'Innendienst' in großstädtischen 'Informations'-Räumen, während Kundendienst, Verkauf u.ä. an dispersen Standorten abgewickelt werden.

Wesentliche Triebkraft der räumlich-funktionalen Arbeitsteilung ist wiederum der Prozeß der wirtschaftlichen Konzentration; erst dadurch entstehen (vermehrt) Unternehmen, die überregional tätig sind und dabei interregional unterschiedliche Funktionen an unterschiedlichen Standorten und Standorttypen lokalisieren.

Als Folge dieses Prozesses werden in erster Linie die Disparitäten in Qualifikation und Einkommen der Beschäftigten genannt (so LIPIETZ 1980, S. 5, MÜLLER 1981, S. 29f). Darüber hinaus vermutete negative Folgen für Arbeitsplatzsicherheit und die Bereitstellung von Ausbildungsplätzen konnten nicht nachgewiesen werden (vgl. GEILINGER 1984, S. 104). Was die dependenten Produktionsbetriebe in den Peripherräumen anbetrifft, sind sie oftmals leistungsfähiger als selbständige Produktionsbetriebe in den vergleichbaren Räumen (vgl. MÜLLER 1981, S. 324, auch die Untersuchungen zu extern kontrollierten Betrieben von GRÄBER et al. 1986, S. 691f.).

Bezüglich der funktionalen Arbeitsteilung wird für die Zukunft nicht mit einer Abnahme der Disparitäten gerechnet (vgl. GEILINGER 1984, S. 106). Die dispositiven Funktionen in Wirtschaft und Staat, in einzelnen Branchen und einzelnen (Groß-) Unternehmen werden sich auch in Zukunft auf die informationsdichten Ballungsräume konzentrieren. Hier sind höchstens intraregionale Dezentralisierungsbewegungen zu erwarten, also eine stärkere Suburbanisierung bei quartären Institutionen und Funktionen (vgl. BADE 1984, S. 264).

3.1.8. Studien zu räumlichen Folgen neuer Informationstechniken

In die Diskussion geraten ist die Problematik 'Information und räumliche Entwicklung' vor allem mit der Fragestellung, welche räumlichen Folgen die Einführung der zur 'Telematik' zusammengewachsenen Informationsverarbeitungs- und -übertragungstechnologien mit sich bringen. Darüber hat in den 80er Jahren eine lebhafte Auseinandersetzung eingesetzt; in kurzer Zeit ist eine äußerst umfangreiche Literatur zu diesem Thema entstanden, zahlreiche Tagungen und Forschungsaufträge haben diesen Fragenkomplex in den Mittelpunkt der raumwissenschaftlichen Diskussion gestellt.

Die Aufgabe dieser Technologie-Folgenabschätzung aus räumlicher Sicht ist insofern schwierig, als die Wechselwirkungen, die im Zusammenhang mit den Telematiktechniken zu berücksichtigen sind, ein solch komplexes Bild bieten: Einerseits sind in allen Wirtschaftszweigen Veränderungen durch Telematikeinsatz zu erwarten, auf der anderen Seite betreffen die neuen Informations- und Kommunikationstechniken auch die Verbraucherhaushalte. Das methodische Problem liegt vor allem darin, daß die Wirkungen der Telematik auf die Entwicklung der räumlichen Strukturen häufig indirekter Natur sind. Durch die Einführung der Techniken verändern sich sektorale Struktur, funktionale Struktur der Beschäftigten, Organisationsformen der Arbeit, aber auch Einkaufs- und Freizeitverhalten der Konsumenten - dabei sind jedoch auch immer andere Faktoren neben den Informationstechniken im Spiel, und diese Veränderungen lösen Veränderungen im Raum aus. Insgesamt bietet damit dieses Arbeitsfeld weiten Raum für Spekulation; insbesondere in der Anfangsphase zeichnete sich die Diskussion vielfach weniger durch differenzierte Problematisierung als vielmehr durch wenig begründete Behauptungen aus[11].

Eine wesentliche Gefahr bei diesem 'technology assessment' liegt in der Tat in einem überzogenen Technologie-Determinismus. Selbst nach Einschränkung der Diskussion auf die räumlichen Wirkungen veränderter geschäftlicher Dialogkommunikation, unter Ausschalten der Fragen neuer Verteilmedien, erlagen die frühen Kommentatoren in der Bundesrepublik genau dieser Versuchung. Vor allem Klaus FISCHER stützte die These der mikro- und makroräumlichen Dezentralisierungswirkung der Telematik: Durch die Netze und Geräte wird der wesentliche Agglomerationsfaktor 'Information' ubiquitär verfügbar, über die neuen Medien wird physische Mobilität durch "fiktive Mobilität" ersetzt[12]. Die räumlichen Wirkungen wurden per Analogieschluß aus den ex post betrachteten Wirkungen verschiedener Verkehrstechnologien gefolgert; im Rahmen eines "telecommunication-transportation-trade-off" (NILLES et al. 1976, S. I) würden danach die Informations- und Kommunikationstechnologien bestehende Verkehrsleistungen ersetzen.

Differenziertere Überlegungen dagegen gehen davon aus, daß die neuen Telematiktechnologien in ihrer räumlichen Wirkung ambivalent zu sehen sind und nur im Kontext der sozioökonomischen Entwicklung zu ganz bestimmten Folgen führen werden (HENCKEL et al. 1984, S. 8, KREIBICH 1986, S. 1, SPEHL 1985, S. 262). Die herausragende Studie von Dietrich HENCKEL, Erwin NOPPER und Nizan RAUCH kommt dabei zu dem Ergebnis, daß zumindest kurz- und mittelfristig die Einführung der neuen Informations- und Kommunikationstechnologien die Trends der makroräumlichen Konzentration (insbesondere der Betriebsstätten) bei verstärkter Suburbanisierung und damit Ausdehnung der Verdichtungsräume verstärken werden (vgl. auch HENCKEL/NOPPER 1985, S. 212).

Verschiedene Argumente stützen diese These: Die technischen Möglichkeiten erweiterter Telekommunikationsformen bewirken nicht allein schon die Verlagerung von informationsintensiven Funktionen aus Stadtzentren an die Peripherie der Ballungsräume oder sogar darüber hinaus; dazu sind auch in Zukunft face-to-face-Kontakte und informelle Informationsbeziehungen, Zufallsbegegnungen, von zu großer Bedeutung. Mit der technologischen Entwicklung, im Rahmen derer die Telematikentwicklung einen gewichtigen Teilbereich darstellt, wird die wirtschaftliche Konzentration vielfach gefördert, da nur große Unternehmen den Forschungs- und Entwicklungsaufwand dazu leisten können. Zudem entsteht für die multinational organisierten Groß- und Größtunternehmen mit der Telematik ein verbessertes Instrument zur Handhabung ihrer Größe[13]. Damit werden organisatorische Zentralisierungsprozesse verstärkt, die sich im Zusammenwirken mit anderen Faktoren - insbesondere der Zunahme der Informationsbeschäftigten und deren Orientierung auf Verdichtungsräume - wiederum in räumlichen Konzentrationswirkungen niederschlagen können (vgl. auch MANDEVILLE 1983, S. 69).

Nachteile für die gering verdichteten Räume entstehen auch daraus, daß der Einsatz der neuen Techniken zuerst in den Ballungsräumen erfolgt und dieser Entwicklungsvorsprung anhaltende Folgen trägt (so vor allem HOBERG 1983, S. 20, PARE 1982, S. 172, GODDARD/GILLESPIE 1986, S. 396). Der Verlauf des Netzausbaus aus makroräumlicher Sicht, also die Digitalisierung des Schmalbandnetzes sowie der Aufbau des Breitbandnetzes, fördert ebenfalls zunächst die Verdichtungsräume. Aus Rentabilitätsgründen verhalten sich die Netze- und Diensteanbieter überall auf diese Weise (vgl. GODDARD/GILLESPIE 1986, S. 392). Die aus einer solchen Entwicklung erwachsende regionalpolitische Besorgnis hat dabei bereits Eingang in den Raumordnungsbericht 1986

(S. 148ff.) gefunden.

In den u.a. von amerikanischen Forschern angestellten ex-post-Analysen der räumlichen Folgewirkungen der Einführung des Telefons wird die Sichtweise des Technologiedeterminismus, die häufig auch die Diskussion um die zukünftigen räumlichen Folgen neuer Kommunikationstechnologien bestimmt, ebenfalls kritisiert: Das Telefonnetz hat räumliche Entwicklungsprozesse ermöglicht, jedoch nicht verursacht (vgl. ABLER 1977, S. 331). Es hat insbesondere die räumliche Trennung von verschiedenen Funktionsbereichen innerhalb der Unternehmen und deren Lokalisierung gemäß den ihnen eigenen Standorterfordernissen ermöglicht, die für quartäre Funktionen in der makroräumlichen Konzentration in Großstädten bestehen (vgl. ABLER 1977b, S. 326; GOTTMANN 1977, S. 310).

Hier soll angemerkt werden, daß bereits Walter CHRISTALLER in seinem bahnbrechenden Werk der Städtesystemforschung versucht hat, Telekommunikationsbeziehungen als Indikator für den von ihm entwickelten Begriff der 'Zentralität' eines Ortes zu verwenden. Dabei nutzt er die Tatsache aus, daß jeder wirtschaftliche (allerdings auch jeder nichtwirtschaftliche) Vorgang von einem Informations- bzw. Kommunikationsprozeß begleitet wird. Auf diese Weise können - wenn Personen- und schriftlicher Kontakt einmal unberücksichtigt bleiben - überlokale Absatzverflechtungen - und um genau diese geht es CHRISTALLER - über die Zahl der Ferngespräche quantifiziert werden.

Das gravierendste der verschiedenen Probleme dieser Methode zur Messung der Zentralität liegt darin, daß CHRISTALLER die Zahl der Ferngespräche nicht zur Verfügung stand, so daß er auf die Zahl der Telefonanschlüsse ausweichen mußte.

Die räumliche Verteilung von Telefonanschlüssen bzw. die für jeden Ort berechnete Differenz der tatsächlichen zu der gemäß der Bevölkerungszahl zu erwartenden Zahl der Telefonanschlüsse ergibt bei CHRISTALLER nur deswegen ein für ihn so zufriedenstellendes Abbild der zentralörtlichen Hierarchie, weil der Diffusionsprozeß der Innovation 'Telefon' zu seiner Zeit gerade einen Stand erreicht hatte, bei dem die Betriebsstätten vielfach versorgt waren, während die privaten Haushalte erst zu einem geringen Teil mit Telefonen ausgestattet waren. Heute entspricht bei annähernder Vollversorgung die Zahl der Telefonanschlüsse fast der Summe aus Betriebsstätten und Haushalten. Wenn überhaupt, konnte nur in einer bestimmten Phase der Durchdringung der Gesellschaft mit Telefonen das gelten, was CHRISTALLER für das Telefon annahm: "Es ist geradezu das Kennzeichen dafür, ob eine Einrichtung wirklich zentrale Bedeutung oder nur lokale hat" (CHRISTALLER ^{2}1968, S. 142).

3.1.9. Innovationsorientierte Regionalpolitik

Zwei jüngere Entwicklungsstränge in der regionalpolitischen Diskussion stellen ebenfalls informationsbezogene Problemkreise in den Mittelpunkt ihrer Analysen und Vorschläge: Die Strategie der "innovationsorientierten Regionalpolitik" sowie die Untersuchungen zu "beruflicher Qualifikation und regionaler Entwicklung", die in engem Zusammenhang zueinander stehen.

Der Ansatz der 'innovationsorientierten Regionalpolitik' geht davon aus, daß Zuschüsse für private Investitionen und materielle Infrastrukturmaßnahmen allein die Situation in Problemregionen nicht verbessern. Für die räumlichen Disparitäten sind nämlich vor allem interregionale Unterschiede in der Innovationsfähigkeit der Betriebsstätten verantwortlich, die nicht allein durch die sektorale Struktur oder die Betriebsgrößenzusammensetzung erklärt werden können (vgl. EWERS et al. 1980, S. 9). In diesem Zusammenhang werden als Hauptengpässe neben einem Mangel an finanzieller Ausstattung das Fehlen von "Humankapital", von "Markt- und Technologieinformationen" sowie von "Organisations- und Managementpotential" genannt (EWERS et al. 1980, S. 97), das auf die geringere Verfügbarkeit von qualifiziertem Personal in Problemregionen - aber auch zum Teil auf das Desinteresse von Firmen an qualifiziertem Personal -, auf das Fehlen von Messen, Ausstellungen, Forschungsstätten und insgesamt von "Anbietern innovationsrelevanter Informationen" sowie schließlich auf den allgemein geringen Konzentrations- und Diversifizierungsgrad wirtschaftlicher Aktivitäten in diesen Räumen zurückzuführen ist (EWERS et al. 1980, S. 10).

Zur Abhilfe dieser Mängel wird deshalb vorgeschlagen, in den Fördergebieten eine Beratungsinfrastruktur aufzubauen, die diese Informationsdefizite ausgleicht (vgl. EWERS et al. 1980, S. 96 und ELLWEIN/BRUDER 1982, S. 337). Diesem Vorschlag liegt also die Beobachtung zugrunde, daß 'schwache' Regionen gegenüber 'starken' Regionen sich vor allem durch einen Informationsrückstand ausweisen und daß dieser - da Information als wesentlicher Engpaßfaktor erkannt ist - die geringeren Entwicklungschancen dieser Regionen begründet.

Es erscheint allerdings fraglich, ob dieser Rückstand durch den Aufbau einer wie auch immer gestalteten 'Beratungsinfrastruktur' einfach auszumerzen ist; wahrscheinlicher ist, daß dadurch lediglich die Zunahme des Abstandes im Informationsniveau zwischen Regionen gebremst werden kann.

Mit der beruflichen Qualifikation greift der zweite hier zu betrachtende Ansatz eine wesentliche Bedingung für einen erfolgreichen Innovationstransfer in Problemregionen auf. Die Übernahme neuer Techniken, die Rezeption neuen Wissens (über Technologien, Produkte, Märkte etc.) kann nur erfolgreich ablaufen, wenn am 'Zielort' Personal vorhanden ist, das in der Lage ist, die relevanten Informationen aufzunehmen, in die bestehende Informationsstruktur einzubauen und sinnvoll anzuwenden. Dazu ist eine entsprechende Qualifikation erforderlich. Insofern bestimmt das Qualifikationsniveau der Beschäftigten wesentlich die Innovations- und damit Wettbewerbsfähigkeit einer Region (vgl. RECKER/SCHÜTTE 1982, S. 549, DERENBACH 1984, S. 85).

Die räumliche Verteilung von hochqualifizierten Beschäftigten weist nun nach Untersuchungen der BfLR wiederum klare Zentrum-Peripherie-Unterschiede auf: Mit dem Grad der Qualifikation eines Berufes nimmt seine Konzentration auf die Verdichtungsräume zu, insbesondere wenn in den Wirtschaftszweigen, in denen diese Berufe vertreten sind, Großbetriebe vorherrschen (vgl. RECKER/SCHÜTTE 1982, S. 552f.). Als Lösungsansatz wird deshalb hier u.a. die Förderung des Bildungswesens - gerade auch im Bereich der Weiterbildung - in den Peripherregionen genannt (vgl. DERENBACH 1984, S. 85ff.).

3.1.10. Raumbezogene Studien zu Teilbereichen des Informationssektors

Unter eine 'Geographie von Informationsfunktionen' sind des weiteren Studien über raumbezogene Aspekte von Teilbereichen des Informationssektors zu fassen, so die Arbeiten zu räumlichen Aspekten des Pressewesens (vgl. BLOTEVOGEL 1984), die Bildungsgeographie (vgl. MEUSBURGER 1980) sowie Untersuchungen zur räumlichen Verteilung von Forschungseinrichtungen (vgl. MALECKI 1980, HOWELLS 1984, KELLER 1986).

In seinem Beitrag zu einer Geographie des Pressewesens versucht Hans Heinrich BLOTEVOGEL, an frühere Untersuchungen der Sozialgeographie anknüpfend, "Wechselwirkungen zwischen der räumlichen Organisation der Tageszeitungen und dem Siedlungssystem" (BLOTEVOGEL 1984, S. 81) aufzuspüren. Dahinter steht die Überlegung, daß funktionale Verflechtungsräume, wie sie die zentralörtlichen Bereiche darstellen, auch kohärente Kommunikationsräume bilden. Sie sind nämlich zunächst einmal Marktregionen für die Zeitungswerbung; darüber hinaus sind die Verbreitungsgebiete von Tageszeitungen als "Räume gleicher selektiver Informationsverbreitung" (BLOTEVOGEL 1984, S. 80) durch eine jeweils besondere Entwicklung von Öffentlichkeit, Zusammengehörigkeit und Identitätsfindung gekennzeichnet. Diese 'Kommunikationsräume' bilden also sozioökonomische Raumstrukturen ab, führen dabei andererseits jedoch auch zur Festigung dieser Strukturen.

In Anlehnung an Peter MEUSBURGER (1976, S. 22ff.) kann die Geographie des Bildungswesens in zwei wesentliche Forschungszweige untergliedert werden: Eine ganze Reihe von Studien untersucht Verbreitungsmuster, Standortbedingungen, Einzugsgebiete und räumliche Auswirkungen von Bildungseinrichtungen (von Grundschulen bis zu Universitäten und Weiterbildungsinstituten). Dieser institutionsbezogene Ansatz entwickelte sich vor allem in der Zeit des 'Bildungsbooms' der 60er und 70er Jahre, als es galt, Bildungsplanung als Planung des Aufbaus der genannten Einrichtungen auch räumlich zu optimieren. Der andere von MEUSBURGER dargestellte Forschungszweig untersucht dagegen Bildungsbeteiligung, Bildungsniveau von Menschen - seien dies Schüler oder Erwachsene - in Abhängigkeit und als Ursache wirtschafts- und sozialräumlicher Differenzierungen. Im Gegensatz zu den institutionsbezogenen Studien befaßt er sich weniger mit der räumlichen Struktur des Angebots an Bildungsleistungen als vielmehr mit der Nachfrage nach Bildungsleistungen, darüber hinaus jedoch auch mit den Folgewirkungen der Ausstattung von Regionen mit bestimmten Qualifizierungsniveaus der Beschäftigten für die regionale Entwicklung; gerade in letzterem wird die besondere Relevanz dieses Ansatzes für die Regionalwissenschaften gesehen (vgl. MEUSBURGER 1976, S. 37), den man insofern auch als 'Humankapital-Geographie' bezeichnen könnte. Er ist letztlich identisch mit den Studien zur räumlichen Differenzierung beruflicher Qualifikation, die im Zusammenhang mit der Strategie einer innovationsorientierten Regionalpolitik entstanden sind (s.o. Kap 3.1.9).

Die Habilitationsschrift von MEUSBURGER untersucht in diesem Sinne räumliche Unterschiede im Ausbildungs- und Qualifikationsniveau von Beschäftigten in Österreich; sie betrachtet dabei Bildung weniger als Prozeß, an dem Menschen teilhaben, bzw. als 'Output', sondern eher als Zustand und als 'Input'-Faktor für die Wirtschaftsentwicklung von Räumen. Wesentliches Ergebnis ist dabei die enge Korrelation von Bildungsgrad und großräumlicher Konzentrationstendenz: Je höher das Ausbildungsniveau von Beschäftigten, desto größer ihre Orientierung auf die führenden Zentren des nationalen Siedlungssystems (vgl. MEUSBURGER 1980, S. 209). Zur Erklärung dieser räumlichen Strukturen und Prozesse greift auch MEUSBURGER auf die Erkenntnisse der schwedischen Kontakt-Theoretiker THORNGREN, TÖRNQVIST et al. zurück sowie auf organisationstheoretische Überlegungen ähnlich den von John Kenneth GALBRAITH entwickelten, gemäß denen im Prozeß der zunehmenden Arbeitsteilung die wachsenden Hierarchien ihre Führungsfunktionen in den wirtschaftsstärksten Ballungsräumen der Länder konzentrieren, in denen sie operieren.

Auf den bisher vernachlässigten Faktor des 'Humankapitals' für die Entwicklung einer Region weist auch Herwig BIRG in mehreren jüngeren Veröffentlichungen hin. Dabei wird mit dem Begriff 'Humankapital' "der durch Erziehung und Ausbildung erreichte Stand der menschlichen Fähigkeiten bezeichnet" (BIRG 1986, S. 98). Aus den demographischen Analysen und Überlegungen zu räumlicher Verteilung und Mobilität von Humankapital "läßt sich nicht nur auf eine Tendenz zu einer Bevorzugung größerer Regionen durch Hochqualifizierte schließen, sondern auch auf eine Tendenz zu einer Vergrößerung der regionalen Unterschiede des Humankapitalbestands" (BIRG 1986, S. 106).

Eine Mittelstellung zwischen Unternehmenszentralen einerseits und Bildungseinrichtungen, insbesondere Hochschulen, andererseits nehmen die Untersuchungsobjekte der Studien zur räumlichen Verteilung von Forschungs- und Entwicklungsfunktionen ein. Für die Lokalisierung von Forschungseinrichtungen der privaten Wirtschaft, d.h. vor allem der Industrie, wird ein enger Zusammenhang mit der Gesamtstrategie des jeweiligen Unternehmens angenommen. Danach werden selbständige Forschungseinheiten von Mehrbetriebsunternehmen entweder vorzugsweise in der Nähe der Hauptsitze oder aber bei bestimmten wichtigen Produktionsbetriebsstätten angesiedelt; in den bisher vorliegenden Studien des noch jungen Forschungsfeldes werden diese beiden Faktoren als wesentlich genannt (vgl. MALECKI 1980, S. 229ff., HOWELLS 1984, S. 24). Forschungseinrichtungen von Staat oder Organisationen ohne Erwerbscharakter wie zum Beispiel der Max-Planck-Gesellschaft oder der Fraunhofer-Gesellschaft unterliegen derartigen Bindungen nicht, sie scheinen eher an bestehende Universitätseinrichtungen gebunden zu sein, zum Beispiel auch aufgrund von Doppelbeschäftigungen von Mitarbeitern in Universität und Forschungsanstalt. Unabhängig von den unternehmensinternen Faktoren wird auch für die privatwirtschaftlichen Forschungseinrichtungen die Verfügbarkeit von entsprechend qualifiziertem Personal als in erster Linie relevanter Standortfaktor genannt (vgl. MALECKI 1980, S. 225). Auf diese Weise unterliegen Forschungs- und Entwicklungsfunktionen aber ebenfalls tendenziell räumlichen Konzentrationswirkungen an jenen Standorten, an denen sich bereits derartige erfolgreiche Einrichtungen befinden. Die ungleichmäßige Verteilung von Forschungs- und Entwicklungseinrichtungen im Raum weist damit auch starke Beharrungstendenzen auf (vgl. MALECKI 1980, S. 232).

Die für Großbritannien angestellten Untersuchungen zeigen, daß sich hier das Personal von Forschungs- und Entwicklungseinrichtungen makroräumlich stark auf den Südosten des Landes konzentriert, wobei diese Konzentration in den 70er Jahren noch zugenommen hat. Mikroräumlich weist die Verteilung der Arbeitsorte der betrachteten Beschäftigungsgruppen jedoch starke Suburbanisierungstendenzen auf: Gerade das weitere Umland von London gewinnt als Standortraum für Forschungs- und Entwicklungseinrichtungen an Bedeutung (vgl. HOWELLS 1984, S. 18). Zu vermuten ist, daß Wohn- und Umfeldqualitäten des Arbeitsortes, aber auch die Verfügbarkeit von ausreichenden Flächen zu erschwinglichen Preisen im suburbanen Raum für diese Institutionen von größerer Bedeutung sind als die Kontaktdichte der Innenstädte, in denen vor allem Unternehmenszentralen, Banken und Staatsfunktionen konzentriert sind.

3.1.11. Raumbezogene Studien der Medien-, Kommunikations- und sonstigen Sozialwissenschaften

Gerade in jüngerer Zeit entdecken Medien- und Kommunikationswissenschaften die Dimension 'Raum' als wichtige differenzierende Größe. Damit nähert man sich auch von seiten der informationsbezogenen Disziplinen den Raumwissenschaften.

Dies zeigt sich vor allem in den sogenannten 'Medien'- oder 'Kommunikationsatlanten', die etwa für die Schweiz, für Baden-Württemberg oder für Nordrhein-Westfalen erstellt worden sind. Dabei werden alle möglichen verfügbaren Daten zu Angebot und Nutzung vorwiegend von Massenverteilmedien, aber auch zum Beispiel der Telefonversorgung, zusammengestellt und - sofern möglich - auch auf ihre räumlichen Verteilungsmuster hin untersucht.

Der für Baden-Württemberg im Rahmen der Arbeit der Expertenkommission Neue Medien erstellte "Kommunikationsatlas - Medien in Baden-Württemberg" (1981) gewinnt über die reiche Materialsammlung hinaus besondere Bedeutung durch vier gutachterliche Stellungnahmen, die auf der Basis des Kommunikationsatlasses, jedoch zum Teil auch als Ergänzung und Korrektiv dieser Datensammlungen, die Mediensituation in diesem Bundesland unter anderem auch aus räumlicher Sicht beleuchten (vgl. BAUSINGER/WARNEKEN 1981, LÜSCHER 1981, WEHLING 1981, RAHLENBECK 1981). Den quantitativen Erhebungen des Atlaswerks werden dabei vielfach qualitative Differenzierungen gegenübergestellt, die die Problematik der für den Kommunikationsatlas verwendeten Methoden offenbar werden lassen. So verwischt die Regionalisierung des Datenmaterials auf der Basis von Kreisen bzw. sogar Regionen wichtige Unterschiede zwischen kreisangehörigen zentralen Orten höherer Stufe und ländlichen Gemeinden. Daten zur Mediennutzung müßten außerdem auf die Zahl der Haushalte bezogen werden; deren genaue Größe liegt jedoch räumlich tief gegliedert nicht vor. Insgesamt ist die Komplexität des Kommunikationsgeschehens eines Landes, zu dem ja auch persönliche Begegnungen, also face-to-face-Kontakte in Zusammenhang mit Arbeit und Freizeit der Menschen zu zählen sind, quantitativ nur schwer zu fassen.

In die Bewertung der räumlichen Versorgungsmuster mit Massenmedien geht wesentlich ein die a priori Wertung dieser Medien beim Gutachter: Er kann sie einerseits ansehen als (positiven) Indikator für Lebensqualität, andererseits aber auch als Zeichen für den Verlust an funktionierender direkter Kommunikation, für die die Nutzung der Massenmedien lediglich das Substitut darstellt, auf welches mehr oder weniger zwangsweise zurückgegriffen wird (vgl. BAUSINGER/WARNEKEN 1981, S. 8). Damit werden Aussagen zu räumlichen Disparitäten im Zugang und in der Nutzung von Massenmedien, die den Karten und Tabellen des Kommunikationsatlasses entnommen werden können, sehr problematisch. Wenn festgestellt wird, "die medial schlecht versorgten Gebiete Baden-Württembergs sind weitgehend auch identisch mit den Sorgenkindern der Landesplanung" (WEHLING 1981, S. 42), dann darf hieraus nicht auf einen zu einfachen Zusammenhang geschlossen werden. Vor allem ist zu berücksichtigen, daß "Kommunikationsatlas" und

Gutachten ausschließlich die Kommunikation im Verbraucherbereich betrachten; für die Wirtschaftsentwicklung von Regionen spielt jedoch der Informationszugang im geschäftlichen Bereich wahrscheinlich eine sehr viel wichtigere Rolle.

Damit gelangt man zurück zu der Fragestellung, wo informationsintensive Wirtschaftsfunktionen (und aufgrund welcher kommunikativer Notwendigkeiten) ihre optimalen Standorte finden, und wie sich räumliche Entwicklungsprozesse unter der Bedingung wachsender Anteile von Informationstätigkeiten im Wirtschaftsleben gestalten. Die Medienwirtschaft liefert auch dafür bereits ihre Beiträge. Ein Beispiel hierfür bietet eine jüngere Studie über Hamburg als Medienstandort, vorgelegt vom Hans-Bredow-Institut für Rundfunk und Fernsehen der Universität Hamburg und dem HWWA-Institut für Wirtschaftsforschung, die Bestand und Entwicklung der Medienwirtschaft in Hamburg und Standortfaktoren sowie deren Einschätzung durch die entsprechenden Unternehmen und Institutionen detailliert untersucht (vgl. BESTANDSAUFNAHME UND STRUKTURANALYSE 1987). Derartige raumbezogene Studien zur Medien- bzw. Informationswirtschaft dürften in Zukunft schon allein deshalb von Bedeutung sein, weil der Mediensektor als Wachstums- und Schlüsselbranche gilt. In dem Maße, wie Informationsressourcen und Informationsflüsse für wirtschaftlichen Erfolg immer entscheidender werden, wächst natürlich die Bedeutung des Medienbereichs - aber nicht nur dieser Informationsfunktionen! - für die Entwicklung eines Untersuchungsraumes.

Auch für ex post-Analysen von Informationsinstitutionen und deren räumlichen Aspekten kann eine 'Geographie des Informationswesens' aus der Medien- und Informationswissenschaft wichtige Hinweise gewinnen: In seiner hervorragenden Analyse der Entwicklung der Nachrichtenagentur Reuters weist Siegfried WEISCHENBERG am Rande auch auf die Gründe hin für die Entscheidung des deutschstämmigen Firmengründers, sein Handelsunternehmen mit Banken- und Geschäftsnachrichten 1851 in London anzusiedeln: "Reuter orientiert sich damit an der Geographie der Nachrichtenlinien und Materialkonzentrierung", da London zu diesem Zeitpunkt weltweit den "Hauptumschlagplatz von Handelsnachrichten und Börsennotierungen" (WEISCHENBERG 1985, S. 504) darstellt.

Ein Aufsatz des Medienwissenschaftlers Friedrich KNILLI aus dem Jahre 1985 befaßt sich ebenfalls mit Zusammenhängen zwischen räumlichen, in diesem Fall speziell großstädtischen Entwicklungsaspekten und Massenmedien. Der Autor betont, daß großstädtische Metropolen nicht nur die wesentlichen Standorte der Massenmedien waren und sind, sondern daß sie aufgrund ihres gebauten Informationsgehaltes selbst eigentlich Massenmedien darstellen (vgl. KNILLI 1985, S. 67). In diesem Sinne untersucht die Architektursemiotik das bauliche Gefüge von Städten als Informationsträger. KNILLI sieht nun eine Konkurrenzsituation zwischen dieser baulich konkretisierten Medienform - die allerdings dazu erst werden kann durch die Nutzung der Bauten durch Wahrgenommene und Wahrnehmende - und den elektronischen Massenmedien, die im Zuge der technischen Entwicklung den Metropolen ihr Informationsmonopol nehmen können: "Haben die Metropolen überhaupt noch etwas zu bieten, was die neuen Medien nicht schneller und besser könnten? Gehört das Monopol der Metropolen, Information, Belehrung, Unterhaltung und Kunst rund um die Uhr innerhalb einer Stadt, an einem Ort anzubieten, bereits der Vergangenheit an?" (KNILLI 1985, S. 66) - KNILLIs Antwort zu diesem Streit von 'Urbanität' versus 'Medialität': "Die Aura des alten Mediums Metropole gewinnt an

Bedeutung, es fasziniert die Einmaligkeit dieser Medien, dessen Echtheit, die Echtheit des Originals" (KNILLI 1985, S. 67) - also vorerst keine Substitution des 'authentischen' Mediums Großstadt durch die neuen Medien!

Wichtig für die hier betrachteten Zusammenhänge ist vor allem die Erkenntnis, daß Großstädte durch die räumliche Konzentration von Informationsfunktionen überhaupt erst entstanden sind, die sich aus dem Aufsatz von KNILLI gewinnen läßt, sowie aus den Arbeiten von Werner SOMBART, auf die KNILLI sich ausdrücklich bezieht. SOMBARTs wirtschaftsgeschichtliche Überlegungen und empirische Analysen sind gerade für raumbezogene Fragestellungen in vieler Hinsicht fruchtbar[14].

SOMBART und ihm folgend KNILLI stellen heraus, daß die Großstadtentwicklung bis ins 18. Jahrhundert hinein "einer Konzentration des Konsums in den städtischen Metropolen des Landes geschuldet" ist (SOMBART ^{2}1922, Ausgabe 1983, S. 45), und daß nicht primär Handel und Industrie ihre wesentlichen Triebkräfte darstellen, was SOMBART an verschiedenen europäischen Beispielen aufzeigt.

Nun sind diese Konsumenten, denen SOMBART die Funktion der Städtebildner zukommen läßt, nicht allein Konsumenten, sondern außerdem vielfach eigentlich Informationsbeschäftigte: "Der Hof, die Beamten und das Militär als Städtebildner" (SOMBART ^{2}1922, Ausgabe 1983, S. 46) gehen in vielen Fällen Informationstätigkeiten nach. Die Ausübung politischer Macht nimmt in dem von SOMBART betrachteten Zeitabschnitt, d.h. vor allem vor der Industrialisierung, die Führungsposition unter den informationsbezogenen Tätigkeiten ein (noch vor den religiösen und weltlichen Bildungsfunktionen in Klöstern und Universitäten); als ein Höhepunkt dieser Entwicklung ist sicher der absolutistische Staat anzunehmen. Damit bestimmt sie jedoch auch entscheidend die damaligen räumlichen Entwicklungsprozesse der frühen Urbanisierung.

Durch die Hinwendung der Sozialwissenschaften auf die Prozesse der Industrialisierung und die Betonung der produktiven Funktionen sind die steuernden, administrativen Informationsfunktionen - gerade auch innerhalb des Industrialisierungsprozesses - vielfach in den Hintergrund der Untersuchungen geraten. Sie spielen jedoch vor und während des Industrialisierungsprozesses, insbesondere im Hinblick auf die räumliche Organisationsform der jeweiligen Gesellschaft, eine entscheidende Rolle.

3.2. Zusammenfassung des Forschungsstandes: Makroräumliche Entwicklungstendenzen des Informationssektors und deren Determinanten

Bei aller Verschiedenheit der Blickwinkel zeichnet die dargestellten Forschungsansätze, die für eine Analyse der räumlichen Aspekte der Entwicklung des Informationssektors von Bedeutung sind, die Gemeinsamkeit aus, daß sie immer wieder auf die großräumlichen Konzentrationstendenzen von Informationsfunktionen, insbesondere höherwertiger Informationsfunktionen, auf die höherrangigen Zentren der Städtesysteme hinweisen.

Im Sinne einer Standortlehre für quartäre Einrichtungen legt dabei die funktionalistisch ausgerichtete Stadtgeographie, die sich vor allem in den USA entwickelt hat, ihr Erklärungsmuster für dieses Phänomen an: Weil die quartären Einrichtungen Standorte mit guter Verkehrsanbindung, im Mittelpunkt des bestehenden Informationsgeschehens, mit großem und differenziertem Arbeitsmarkt für Informationsberufe, der auch eine entsprechende Qualität der Reproduktionseinrichtungen erfordert, bevorzugen, und diese Qualitäten in Großstadtregionen eher als in weniger dicht besiedelten Räumen vorhanden sind, konzentrieren sich quartäre Funktionen auf die Großstadtregionen.

Von der funktionalistischen Stadtgeographie, und stärker noch von seiten der Kontaktforscher und der ihnen verwandten Ansätze sowie derjenigen Kommentatoren, die der These einer großräumlichen Dezentralisierung von Informationstätigkeiten durch informations-technische Innovationen skeptisch gegenüberstehen, wird als tieferer Grund für die räumlichen Konzentrationstendenzen der Beschäftigten und Arbeitsstätten mit vorwiegend Informationsbezug die Tatsache angeführt, daß 'face-to-face'-Kontakte - vor allem auf höchster administrativer Ebene - nach wie vor von zentraler Bedeutung für das geschäftliche Kommunikationsgeschehen sind[15]. Verhandlungen, Lernprozesse im Rahmen inner- und überbetrieblicher Informationsvermittlung und (Weiter-) Bildungsmaßnahmen, Diskussionen über Situationsanalyse und Strategieentwicklung oder auch Kommunikationssituationen mit dem Zweck der Darstellung von Machtverhältnissen erfordern vielfach die direkte, nicht medial vermittelte Interaktion der Beteiligten.

Am weitesten entwickelt erscheinen dazu die Überlegungen von Stefan BRANDT zur 'Sperrigkeit von Information', die nur in face-to-face-Kommunikation mit der flexiblen Auswahl der verschiedenen Kommunikationskanäle der Sprache, der Gestik, ergänzt durch die Verwendung von Schrift, Zeichnungen etc. und der Möglichkeit von Rückfragen mit entsprechendem Repertoire der Kanalwahl, überwunden werden kann. Hinzu kommt die Bedeutung ungeplanter, informeller Kontakte: Oft gelangt ein Teilnehmer am Informationsgeschehen an eine für ihn wesentliche Information, ohne zielstrebig danach gesucht zu haben, einfach weil er 'per Zufall' auf eine relevante Informationsquelle stößt. Diese zufällige Wissenserweiterung ist nun an bestimmten informationsträchtigen Orten, nämlich jenen bestehender erhöhter Informationsdichte, wahrscheinlicher als an anderen Orten (vgl. BRANDT 1984, S. 151ff.).

Das entscheidende Ergebnis der organisationswissenschaftlichen bzw. sozialpsychologischen Studien zum Kommunikationsverhalten, insbesondere zur 'Kanalwahl' von Akteuren in Wirtschaftsunternehmen oder Behörden, ist die Feststellung, daß u.a. im Aufbau neuer Verbindungen die face-to-face-Kommunikation ihre Bedeutung findet und daß im Gegensatz dazu Telekommunikation überwiegend zwischen Teilnehmern abläuft, die sich bereits kennen (vgl. THORNGREN 1977, S. 382).

Als weiteres Ergebnis erscheint es wichtig festzuhalten, daß der überproportionale Besatz mit Informationsfunktionen in großstädtischen Räumen und die tendenzielle Zunahme dieser Disproportionalität auch als eine Folge der wirtschaftlichen Konzentrationsvorgänge angesehen werden müssen. Vor allem die 'Headquarter'-Untersuchungen und die Studien zur großräumlichen funktionalen Arbeitsteilung, aber auch die Arbeiten zu den räumlich differenzierten Verteilungsmustern der Beschäftigten mit unterschiedlichen Qualifikationsniveaus weisen auf diesen Faktor hin: Je mehr die großen Mehrbetriebsunternehmen, die ihre Führungs- und Verwaltungseinrichtungen in den Großstädten konzentrieren, das Wirtschaftsgeschehen dominieren, desto stärker wird auch die Konzentration von Informationsbeschäftigten auf diese Räume.

Schließlich zeigt sich als wesentliches Ergebnis verschiedener Forschungsrichtungen, die sich mit den Zusammenhängen zwischen Informationsfunktionen und räumlichen

Entwicklungsprozessen befassen, der tendenziell zirkulär-kumulative Charakter der räumlichen Konzentration von Informationsfunktionen. Schon bei einem Blick auf die Liste der Standortfaktoren für quartäre Einrichtungen drängt sich diese Schlußfolgerung auf: Als Bestimmungselemente für die Lokalisierung tauchen nämlich mehrfach bestehende quartäre Einrichtungen, bestehende Informationsflüsse und Informations-'Lagerstätten' auf. Mit anderen Worten: Die Informationsbeschäftigten zieht es in der Tendenz dahin, wo andere Informationsbeschäftigte schon sind. MEIER und PRED machen diese Eigenschaft von Information in bezug auf räumliche Prozesse zum Kernpunkt ihrer jeweiligen Theorie. MEIER übernimmt dabei Begriff und Vorstellung der Entropie aus der Thermodynamik bzw. der Biologie (ohne sie allerdings weit genug zu entwickeln). Seine Überlegungen führen zu dem Schluß, daß aus informationstheoretischer Sicht Städte anzusehen sind als räumliche Konzentrationspole von Negentropie, zu deren Aufrechterhaltung die beständige Zufuhr von Information notwendig ist (vgl. MEIER 1962, S. 150; zum Begriff der Negentropie vgl. auch RIEDL 1973, S. 415ff.), und daß auf diese Weise die fortgesetzte Akkumulation von Informationsprozessen an bereits existierenden Informationspolen zu begründen ist.

In den städtesystembezogenen Überlegungen PREDs entsteht der zirkulär-kumulative Charakter der Konzentration von Information auf die Spitzenränge der Städtesystem-Hierarchie aus der Tatsache, daß die Entwicklung der Interaktionsbeziehungen einer Region und die Entwicklung der Verfügbarkeit spezialisierter Information in der Region sich gegenseitig verstärken, und zwar sowohl auf innerregionaler Ebene als auch auf der Ebene von Interaktion und Informationsaustausch mit anderen Regionen, so daß von zwei "feedback sequences" gesprochen werden kann (PRED 1977, S. 177).

Dies ist allerdings nur die dominierende Tendenz der Entwicklung. Veränderungen in Art und Gewicht anderer Faktoren können die Beziehungen im Städtesystem und damit die Entwicklung des Städtesystems auch in entgegengesetzter Richtung beeinflussen; so können Agglomerationsnachteile wie zum Beispiel ökologische Überlastung oder Kriminalität auch bei hochentwickeltem Informations- und Kommunikationsniveau die Entwicklungsspirale einer informationsintensiven Großstadtregion ins Negative kehren.

3.3. Die Konzentration von Wissen und Macht als Hintergrund der Konzentrationstendenzen des Informationssektors

3.3.1. Typisierung von Informationsfunktionen nach deren Raummustern und raumdynamischer Wirkung

Es ist zunächst einmal davon auszugehen, daß es verschiedene Typen von Informationsfunktionen gibt, die sich nach den von ihnen ausgebildeten räumlichen Verteilungsmustern und nach ihren Folgen für räumliche Entwicklungsprozesse unterscheiden lassen.

Bestimmte Informationsfunktionen sind - makroräumlich betrachtet - in gewisser Weise gleichmäßig über die Fläche verteilt bzw. folgen der Bevölkerungsverteilung; Beispiel dafür sind die allgemeinbildenden Schulen oder auch die grundlegenden Postdienste, bei denen ein einheitliches Niveau der Erreichbarkeit für die Bevölkerung zumindest angestrebt wird, möglicherweise aber auch bestimmte privatwirtschaftlich ausgeübte konsumentenbezogene quartäre Dienstleistungen wie der Außendienst von Versicherungsunternehmen oder Schalterfunktionen von Bankinstituten. Das Ausmaß der großräumlichen Konzentration dieser verbrauchernahen Informationsfunktionen hängt wesentlich von der Konzentration des Bestimmungsfaktors 'Bevölkerung' ab.

Eine zweite Klasse von Informationsfunktionen bildet hierarchisch-zentralörtliche Verteilungsmuster aus. Zu denken ist hier an den gesamten Bereich der öffentlichen Verwaltung (auch zum Beispiel Kirchen- und Militärverwaltung): Alle Gemeinden besitzen Kommunalverwaltungen, die zum Teil auch Aufgaben als untere staatliche Verwaltungsbehörden wahrnehmen. Staatliche Verwaltungstätigkeit konzentriert sich darüber hinaus auf unterer Ebene in Kreis- (bzw. kreisfreien) Städten, auf mittlerer Ebene an Sitzen von Regierungspräsidien und auf oberer Ebene in (Landes-)Hauptstädten oder Städten mit Funktionen von Teilhauptstädten. Möglicherweise kann auch für andere Bereiche ein derartiges hierarchisches räumliches Verteilungsmuster angenommen werden, so zum Beispiel für das Pressewesen: Die Basis der Hierarchie würden Lokalzeitungen und kommunale Mitteilungsblätter auf der Ebene der Gemeinden bilden. Darüber existieren Regionalzeitungen, und an der Spitze der Hierarchie stehen die Organe der überregionalen Presse. Dabei sind sicherlich viele Plätze unbesetzt, gerade auf den unteren Rängen; außerdem existieren Kopplungen: Lokalzeitungen großer Städte (wie Frankfurter Rundschau oder Süddeutsche Zeitung) fungieren auch als überregionale bzw. sogar nationale Presseorgane.

Das räumliche Muster der Verteilung dieser Funktionen kann sich durch Umorganisation der jeweiligen Struktur ändern. So bedeutete die Verwaltungsreform der 70er Jahre vielfach einen räumlichen Konzentrationsprozeß, da Funktionen von einer niederen Ebene auf eine jeweils höhere Ebene verlagert wurden. Andererseits hätte zum Beispiel die einmal in Baden-Württemberg geplante Abschaffung der Regierungspräsidien und die partielle Übertragung ihrer Kompetenzen auf die Regionalverbände eine niedrigere - und zudem noch kommunal-zweckverbandliche - Ebene gefördert und damit dezentralisierend gewirkt.

Als dritter Typus von Informationsfunktionen sind jene anzusprechen, deren Lokalisierung in Peripherräumen nur schwer vorstellbar ist, die sich stattdessen tendenziell auf (Groß-) Agglomerationen konzentrieren und damit eine polarisierende räumliche Wirkung entfalten. Dazu zu zählen sind die Lenkungsbereiche großer Unternehmen, die Zentralen von Großbanken, Großhandelsunternehmen, viele Mediengesellschaften, der gesamte Bereich der Verbandsbüros, aber auch Universitäten und Forschungseinrichtungen, all jene Bereiche also, auf die die oben vorgestellten Forschungszweige ihr Augenmerk vorwiegend gerichtet haben.

Schließlich kann - als Gegenpart zu der vorgenannten Kategorie der agglomerierenden Informationsfunktionen - ein Typ von Informationsfunktionen abgegrenzt werden, der sich quasi als Lückenbesetzer vorzugsweise in der Peripherie niederläßt; als Beispiele lassen sich Informationstätigkeiten anführen, die im engen Kontakt zu agrarischen oder touristischen Funktionen stehen, also Agrarverwalter oder -berater sowie Fremdenverkehrsfachleute.

Die Gesamtdynamik der räumlichen Wirkung quartärer Funktionen setzt sich nun zusammen aus den geschilderten Entwicklungstendenzen innerhalb dieser Teilbereiche sowie wesentlich auch aus der Veränderung der jeweiligen Gewichtung der Teilbereiche.

Dies heißt vor allem, daß eine Zunahme der als dritten Typ genannten polarisierend wirkenden Funktionen insgesamt räumliche Polarisierungstendenzen verstärkt. Auf diese Funktionen soll deshalb im folgenden vor allem der Blick gerichtet sein, da sie gegenwärtig den Raumentwicklungsprozeß in starkem Maße prägen und auch Folgewirkungen für die Entwicklung der Raummuster der anderen Informationsfunktionstypen besitzen.

3.3.2. Wissen und Macht als Grundelemente der agglomerativen Informationsfunktionen

Wie bereits mehrfach ausgeführt, hat sich bei einer ganzen Reihe von Informationsfunktionen erwiesen, daß sie räumliche Konzentrationstendenzen besitzen und stark agglomerierend wirken. 'Information' stellt vielfach ganz und gar nicht jene mühelos den Raum überwindende Größe dar, wie man dies eventuell aufgrund ihrer 'nicht-materiellen' Eigenschaft vermuten könnte. In seiner am weitesten bisher vorgedrungenen Theorie für diese Beobachtung führt Stefan BRANDT dies auf die "Sperrigkeit von Informationen" (BRANDT 1984, S. 140) zurück, die face-to-face-Kommunikation zwischen Menschen als entscheidenden Kommunikationskanal notwendig macht.

Die zu beobachtenden agglomerierenden Tendenzen von Informationsfunktionen hängen jedoch nicht nur mit dem Charakter von zu übertragenden Informationen zusammen, sondern auch wesentlich mit dem Zustand des Empfängers. Es erscheint in diesem Zusammenhang fruchtbar, die Informationsprozesse als Lernprozesse aufzufassen und die Theorie der Konzentration von Informationsfunktionen an die Theoriebildung in Pädagogik und pädagogischer Psychologie anzuknüpfen.

Es erscheint darüber hinaus sinnvoll, davon auszugehen, daß Information in zwei Formen auftritt: Zum einen als 'Wissen', zum anderen als 'Macht'. D.h.: Die als quartär zusammengefaßten Informationstätigkeiten sind überwiegend einzuteilen in einerseits wissende, wissenschaffende, kreative oder innovative Tätigkeiten und in kontrollierende, beherrschende, Macht ausübende Tätigkeiten andererseits[16].

Aus dieser Gliederung ergeben sich als Untersuchungsfelder der jeweiligen räumlichen Aspekte auf der einen Seite eine Geographie des Wissens und der Kreativität (an der Anne BUTTIMER sowie Gunnar TÖRNQVIST und seine schwedischen Kollegen arbeiten, vgl. den Titel des Aufsatzes "Creativity and the renewal of regional life", TÖRNQVIST 1984), und auf der anderen Seite eine 'geography of control', d.h. eine Politische Geographie, die gerade auch wirtschaftliche Machtbeziehungen untersucht, wie sie beispielsweise in empirischen Arbeiten der australische Geograph Michael TAYLOR verfolgt (vgl. TAYLOR 1984, S. 10f.).

Neben dem Wissensaspekt der Information ist also der Herrschaftsaspekt ebenfalls in eine Theorie der makroräumlichen Konzentration von Informationsfunktionen einzubeziehen. Dies erfordert eine Anknüpfung an Disziplinen wie Politologie oder Politische Ökonomie.

Der oft beschriebene zirkulär-kumulative Charakter der Konzentration von Informationsfunktionen auf die höherrangigen Zentren von Städtesystemen schließlich legt es nahe, die Überlegungen zu den Zusammenhängen zwischen Informationstätigkeit und räumlichen Entwicklungsprozessen an dem Ansatz der kritischen Regionalökonomie anzubinden, wie er zum Beispiel von Friedrich BUTTLER, Knut GERLACH und Peter LIEPMANN in ihrem einführenden Werk aus dem Jahr 1977 wiedergegeben wird.

3.3.2.1. Informationskonzentration als Konzentration kognitiver Strukturen

Begreift man die Prozesse, in die insbesondere die unter dem Stichwort 'Wissen' subsumierten Informationstätigen eingebunden sind, als **Lernprozesse**, können die Institutionen, in denen die spezialisierten Kopfarbeiter (und ihre informationstechnischen Hilfsmittel) zusammengefaßt sind, als 'kognitive Strukturen' aufgefaßt werden, deren Interesse darin besteht, ihr Informationsniveau durch ständige Zufuhr von relevanter aktualisierender Information bzw. durch eigene Weiterentwicklung zu halten bzw. zu verbessern.

Um relevante Informationen zu verwerten, nutzen, in bestehende Wissensstrukturen einbauen, ordnen und bewerten zu können, bedarf es einer differenzierten Struktur aus Vorwissen, die 'Ankerplätze' für die 'neuen' Informationen bereithält. Bedeutung erhalten Aussagen für einen Rezipienten erst durch Einbau in dessen strukturierten Wissensschatz; Information baut immer auf Information auf. Dies gilt für Lernprozesse bei einzelnen Menschen; dies gilt jedoch auch für Organisationen, weshalb es sinnvoll ist, den Begriff der kognitiven Struktur aus der Lernpsychologie in die Theorie der räumlichen Aspekte von informationsverarbeitenden arbeitsteiligen Organisationen zu übertragen. Dieser Begriff beschreibt eine Informationsstruktur aus Wissen, Kenntnissen und Einsichten, aber auch aus Techniken des Problemlösens, d.h. Fähigkeiten, die Problemstellung zu analysieren, Hypothesen zu formulieren und zu prüfen, einschließlich intuitiver Elemente, eine Struktur also, die Menschen wie auch Organisationen dazu verhilft, Informationen als für sie bedeutungsvoll zu erkennen, sie auszuwählen, zu ordnen und zu bewerten, aber auch relevante Informationsquellen zu erschließen sowie Problemlösungsstrategien zu entwickeln (vgl. EDELMANN ^{2}1986, S. 211).

Der Begriff steht in engem Zusammenhang mit der oben entwickelten semantischen Definition von Information, da er wie diese die qualitativen, sinnbezogenen Aspekte von Information für den Lernenden mit einzuschließen sucht. Gerade eine Theorie der Bestimmungsfaktoren und der Wirkung von Information im Raum erscheint ohne diesen qualitativen Begriff von Information nicht denkbar (so auch bei CLAVAL 1985, S. 139). Der qualitative Informationsbegriff schließt dabei die Formulierung der Informationsprozesse mit Hilfe der aus der Thermodynamik entlehnten Begriffe Entropie bzw. Negentropie nicht aus. Im Gegenteil: Es läßt sich durch sie eine Dynamisierung der Theorie der kognitiven Strukturen gewinnen. Die Qualität einer Informationsstruktur ist zeitabhängig; ohne die aktualisierende Veränderung verliert sie in der Regel mit der Zeit an Wert. Genau dieser Zusammenhang wird durch den Zweiten Hauptsatz der Thermodynamik ausgedrückt, d.h. durch das Gesetz der Entropiezunahme in geschlossenen Systemen als Funktion der Zeit. Allerdings erscheinen m.E. Versuche, die Größe der Negentropieniveaus bzw. ihrer zeitlichen Abnahme quantitativ - in bits - erfassen zu wollen, nicht sinnvoll.

Als entscheidender gesellschaftlicher und auch räumlich wirksamer Entwicklungsprozeß einer "Wissensgesellschaft" (vgl. R. KREIBICH 1986, S. 334ff.) kann die Entwicklung von Informationsorganisationen als arbeitsteilig organisierten kognitiven Strukturen angesehen werden - seien dies Wirtschaftsunternehmen, Banken, staatliche Behörden, Beratungsfirmen, Verbände, Universitäten, sonstige Forschungsstätten o.ä.. Deren wachsende Aufgaben und die Art und Weise ihrer Lösung bestimmt dabei auch die räumliche Orientierung.

Das Wachstum des Wissens und die zum Teil auch zunehmende Geschwindigkeit des Wissensumschlags, die steigende Spezialisierung und Komplexität des Informationsgeschehens sowie schließlich die Konkurrenz um Information - durch zunehmende Kommerzialisierung des Gutes Information bzw. den Drang nach ökonomischer Verwertung von Information - führen zum Wachstum der arbeitsteiligen Informationsstrukturen in Staat und Wirtschaft und zur Zunahme ihrer Komplexität.

Wesentliche Bedingung für den Erfolg dieser Organisationen, für ihre Fähigkeit, ihr Informationsniveau zu erhalten bzw. zu erhöhen, ist eine adäquate innerorganisatorische Informationsinteraktion und eine entsprechende Qualität der Außenbeziehungen.

Wie immer das Kommunikationsgefüge gestaltet sein mag, für die Optimierung relevanter Informationsflüsse scheinen nach wie vor zwei Aspekte von vorrangiger Bedeutung zu sein: Das Nebeneinander von formellen und informellen Kontakten (vgl. auch BRAEHMER 1983, S. 36) bzw. ein Kontinuum von Kontakten unterschiedlicher Formalität sowie die Kommunikation von Angesicht zu Angesicht als Grundlage des Kommunikationsgeschehens. Nur dadurch existiert die notwendige Zuverlässigkeit bei der Kommunikation komplexer, bewerteter bzw. zu bewertender Inhalte, nur dadurch entsteht - informationsproduktiv - eine Atmosphäre der Motivation und Anregung sowie die als Grundlage notwendige qualitativ-wertend ausgebildete Kenntnis der Gesamtstruktur bei den einzelnen Teilnehmern des Kommunikationsgeschehens der Organisation. Torsten HÄGERSTRAND faßt dies folgendermaßen zusammen: "Es ist etwas paradoxal zu beobachten, daß die grundlegende Wissensentwicklung trotz der gewaltigen Expansion der Kommunikationstechnologie ihre 'neolithischen' Züge bewahrt hat. Die Ansammlung von forschungsintensiver Tätigkeit auf Zentren zeigt, daß das Gespräch von Angesicht zu Angesicht und die direkte Beobachtung nicht durch technische Hilfsmittel ersetzt werden konnten. Sie sind nur Ergänzungen." (HÄGERSTRAND 1986, S. 3).

Aus all dem folgt, daß die arbeitsteilig vernetzten Spezialisten in Behörden, Unternehmen und sonstigen Informationsorganisationen zur Optimierung ihrer Kommunikationsprozesse möglichst räumlich zusammengefaßt werden. Aufgrund des vergleichsweise geringen Flächenbedarfs von Informationstätigen und ihrer elektronischen Hilfsmittel sowie durch die vertikale Stapelbarkeit über mehrere Stockwerke hinweg (vgl. hierzu insbesondere GOTTMANN 1966, S. 201), ist dies bei Informationsfunktionen auch eher machbar als in allen anderen Wirtschaftsbereichen.

3.3.2.2. Informationskonzentration als Konzentration von Machtfunktionen

Eine Reihe von Informationstätigkeiten und Informationsbeziehungen kann nicht unter dem Aspekt der Schaffung oder Weitergabe von Wissen aufgeführt werden. Es handelt sich dabei um Informationstätigkeiten (bzw. deren kommunikative Verflechtungen), die mit der Ausübung von Herrschaft zusammenhängen, deren Funktion es ist, Befehle und Weisungen zu erteilen. Diese sind insbesondere in den von den 'Headquarter-Studien' untersuchten Verwaltungskomplexen von Wirtschaftsunternehmen, aber auch in staatlichen Bürokratien zu finden.

Die Zusammenhänge von Machtstrukturen und -beziehungen einerseits und Raumstrukturen bzw. räumlichen Entwicklungsprozessen andererseits sind von der raumwissenschaftlichen Forschung bislang noch wenig analysiert worden (vgl. BASSAND 1981, S. 241). Zwar gibt es eine ganze Reihe von Hinweisen auf die Relevanz dieser Problematik, es fehlt jedoch an weiterführenden Analysen; die genannten 'Headquarter-Studien' oder auch die Arbeiten zur externen Kontrolle bilden dafür wichtige Bausteine (vgl. auch BARTELS 1979, S. 134).

Will man diesen Problemkreis als Teilaspekt der Überlegungen zu räumlichen Aspekten von Informationsfunktionen einmal auf abstrakter Ebene betrachten, so ist zunächst festzuhalten, daß moderne Gesellschaften als Merkmal die Existenz einer Vielzahl von hierarchisch aufgebauten Organisationen aufweisen, deren Funktionsprinzip ein herrschaftliches ist, nämlich jenes von Anweisung und Ausführung (vgl. DÖHN ^{6}1984, S. 399). Ihre Entwicklung ist eine Folge der Zunahme des Volumens und der Komplexität des zu Verwaltenden sowie der wachsenden Größendimensionen der wirtschaftlichen und staatlichen Operationen. Sie funktionieren auf der Grundlage der vor allem von Max WEBER beschriebenen Überlegenheit der bürokratischen Organisationsform (vgl. TESCHNER ^{2}1975, S. 195). Derartige Organisationen mit internen Herrschaftsstrukturen und Machtansprüchen und -kompetenzen nach außen durchziehen alle gesellschaftlichen Funktionsbereiche: Politik, Staatsverwaltung, Militär, Justizwesen, Wirtschaft, Wissenschaft, Religion, Massenmedien, Sozialfürsorge, Freizeitgestaltung etc.

Die Grundlage der Macht dieser Organisationen kann ökonomischer, politischer oder fachlicher Natur sein; d.h. sie erwächst entweder aus der Verfügung über Kapital, aus verfassungsmäßig oder sonstwie institutionell fixierten Rechten bzw. aufgrund von Wahlen, oder im dritten Fall aus der (anerkannten) Fachkompetenz der Bürokraten.

Mit der Ausdehnung der Herrschaftsbereiche dieser Organisationen wachsen ihre Verwaltungsapparate, aber auch ihre internen und externen Verflechtungen. Die Dynamik wachsender Konzentration von Herrschaftsfunktionen wird dabei vor allem angetrieben von der wirtschaftlichen Konzentration. Mit der Herausbildung von bis auf supranationaler Ebene organisierten Unternehmen, an denen dann Staaten als Teilhaber mitwirken und deren Herrschaftsbereiche sich über die ganze Erde erstrecken, wachsen gegenwärtig in den Zentren der wirtschaftlichen Entscheidung die Verwaltungsapparate dieser Unternehmen, denen ebenfalls global operierende Organisationsstrukturen in anderen Bereichen (wie Banken, Verbänden etc.) folgen bzw. parallel zu ihnen sich entwickeln.

Auch für diese Herrschaftsapparate ist es nun von entscheidender Bedeutung, interne Kommunikation und Koordination optimal zu gestalten, nicht nur entlang den vertikalen Hierarchiebeziehungen, sondern auch auf horizontaler Ebene und häufig quer durch die Organisationsstruktur, z.B. um Doppelarbeit zu vermeiden oder auch gegensätzliches Handeln, und um reaktionsfähig und flexibel bleiben zu können. Dies führt insgesamt auch bei diesem Typ von Informationsfunktionen zu Vorteilen der räumlichen Zusammenfassung an zentralen Standorten.

Darüber hinaus bilden die kommunikativen Vernetzungen der jeweiligen Hierarchiespitzen in den verschiedenen Organisationen - insbesondere als Vernetzungen von Entscheidungsträgern in Wirtschaft und Staat (und zwar nicht nur bei gemischt-wirtschaftlichen Unternehmen!) - einen wesentlichen Faktor für die räumliche Ballung von Verwaltungsapparaten in den hochrangigen Zentren der Städtesysteme. Gerade hier sind informelle Kontakte von großer Bedeutung. Ihre Existenz ist dabei "jedoch nicht nur unter dem Aspekt der Konspiration und der Durchsetzung von Spezialinteressen zu sehen. Sie erleichtert auch den Informations- und Meinungsaustausch und damit die Entscheidungsfindung innerhalb einer Elite" (HOFFMANN-LANGE 1983, S. 22). Empirische Studien von Machtstrukturen auf nationaler oder auf kommunaler Ebene heben immer wieder auf die zentrale Rolle von Absprachen innerhalb der jeweiligen Elite(n) ab (vgl. zusammenfassend BASSAND 1981, S. 244); Folge davon bzw. Bedingung dafür ist jeweils "a rapid, intense and deep communication among them" (BASSAND 1981, S. 244).

Die Inhaber der Spitzenpositionen in diesen Organisationen bilden im wesentlichen die nationalen bzw. globalen Eliten. Diese wiederum stellen den Untersuchungsgegenstand der Eliteforschung in den Sozialwissenschaften dar, deren Ergebnisse für die hier angesprochenen Fragen der Raumentwicklung noch kaum berücksichtigt worden sind, obwohl sie sehr viel zur Aufhellung der Hintergründe der räumlichen Verteilungsmuster der unter dem Attribut "Macht" zusammenzufassenden Informationstätigen beitragen können (so FELBER 1986, S. 90ff.; HOFFMANN-LANGE 1983, S. 21ff.).

Schließlich ist den dargestellten Machtbeziehungen der Aspekt eigen, daß sie in räumlichen Elementen symbolhaft ihren sichtbaren Ausdruck finden - und auch dies ist ein wesentlicher Aspekt gesellschaftlicher Kommunikation. Binnenstrukturell zeigt sich dieses Phänomen zum Beispiel in der unterschiedlichen Lage, Größe und Art der Ausstattung der Arbeitsräume von Beschäftigten auf den verschiedenen Ebenen der Hierarchien. Nach außen hin sollen zentrale Lage, Größe und auffällige Gestaltung der Bauten, welche die Organisationen beherbergen, deren Status in der Machtordnung auf der Ebene der Organisationen demonstrieren.

3.3.2.3. Zur Interdependenz von kognitiven und kontrollierenden Funktionen

Die beiden betrachteten Informationsbereiche des Wissens und der Macht zeigen jedoch nicht nur jeweils einzeln Konzentrationstendenzen, sondern vor allem auch in ihrem Zusammenwirken. Gerade mit dem Aufstieg von wissenschaftlich-technischer Information zum erstrangigen Wirtschaftsfaktor wächst die Interdependenz beider Bereiche. Wissen und Macht bedingen sich gegenseitig. Die Herrschaftsapparate kontrollieren und instrumentalisieren die Wissen schaffenden 'brain-trusts' - insbesondere durch die Finanzierung - und bestimmen vielfach deren Orientierung. Sie versuchen, Wissen und Wissensentwicklung zu steuern und als "Herrschaftswissen" zu monopolisieren (vgl. GUSTAFSSON 1979, S. 12, FIRNBERG 1979, S. 17). Anderseits sind sie auf die Arbeit der 'brain-trusts' angewiesen.

In vielen Fällen ist jedoch eine Trennung der beiden Funktionsbereiche nur theoretisch denkbar und in der Analyse tatsächlicher Verhältnisse nicht durchführbar. Viele Eliteinformationstätige sind sowohl Elemente von Wissens- als auch von Machtstrukturen bzw. sind die aus Informationsfunktionen zusammengesetzten Organisationen sowohl Wissens- als auch Machtapparate.

Aus den Verflechtungen zwischen Machtapparaten und innovativ-kreativen 'braintrusts' resultieren enge personale Kommunikationsbeziehungen innerhalb der Wissens- und Entscheidungseliten. Entscheidungen, denen ja stets die Bewertung der möglichen Entscheidungsalternativen vorausgeht, sind immer an Menschen bzw. an Gruppen von Menschen in Organisationen gebunden, die miteinander ein enges und vielfältiges Kontaktgeflecht aufbauen, das sich zumindest makroräumlich durch Konzentrationstendenzen auf wenige zentrale Standorte auszeichnet[17].

Auf die Bedeutung und die Interdependenz von Kommunikation, Wissen und Macht in Organisationen weisen auch Sozialpsychologie und Organisationsforschung hin. Wissen und Fähigkeiten stellen dabei eine Schlüsselressource dar, die jedoch erst durch die Perzeption innerhalb der Organisation zu einem Machtfaktor wird (vgl. z.B. CONRAD 1985, S. 177ff.).

Die besondere Rolle der face-to-face-Kommunikation liegt dabei darin, daß es neben der Sprache vor allem ihre nonverbalen Kommunikationsformen sind, die spezifische Aufgaben im Kommunikationskontext wahrzunehmen in der Lage sind: Durch sie werden schnell und spontan Emotionen, Haltungen und Wertungen der Akteure vermittelt. Außerdem werden durch sie die Rahmenbedingungen der Kommunikation gesteuert. Gesprächsteilnehmer signalisieren Interesse, Zuhören, Aufmerksamkeit oder das Gegenteil. Über die nonverbalen Kanäle verständigt man sich darüber, wer spricht, wer an der Reihe ist. Da sie weniger bewußt kontrolliert werden als die Sprache (vgl. FORGAS 1985, S. 138), zeigt sich in ihnen stärker als in den sprachlichen Äußerungen die eigentliche Intention eines Kommunikators. Zur Schaffung einer Perzeption von Vertrauen und Verläßlichkeit bei einem Gesprächspartner ist deswegen eine gewisse Übereinstimmung von verbaler und nonverbaler Mitteilung notwendig, die face-to-face-Kommunikation damit unerläßlich. Genau darin scheint der wesentliche Grund für die große und raumwirksam so folgenreiche Bedeutung von face-to-face-Kommunikation im Geschäftsleben zu liegen.

Bezüglich der Kontaktformen zwischen Organisationen läßt sich insgesamt folgendes stark vereinfachendes Modell entwickeln (vgl. Schaubild 6).

Schaubild 6:   Gegenwärtig dominierende Kontaktformen zwischen quartären Organisationen

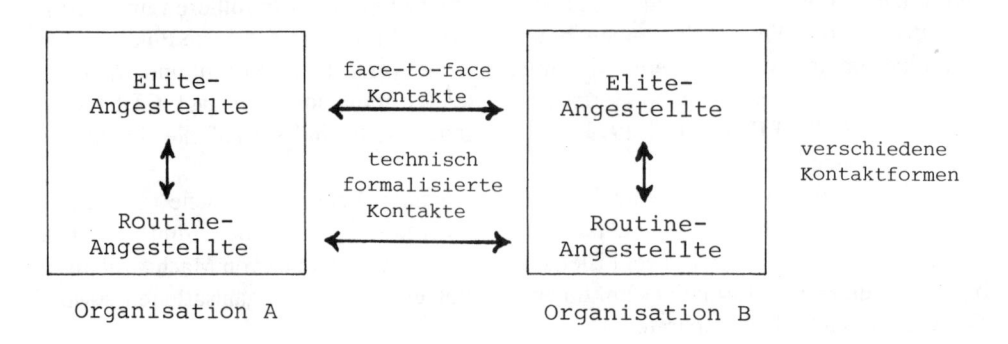

```
┌─────────────┐  face-to-face  ┌─────────────┐
│   Elite-    │    Kontakte    │   Elite-    │
│ Angestellte │ ◄────────────► │ Angestellte │
│      ▲      │                │      ▲      │    verschiedene
│      │      │   technisch    │      │      │    Kontaktformen
│      ▼      │  formalisierte │      ▼      │
│  Routine-   │    Kontakte    │  Routine-   │
│ Angestellte │ ◄────────────► │ Angestellte │
└─────────────┘                └─────────────┘
 Organisation A                 Organisation B
```

Kontakte zwischen den Eliteangestellten der Organisationen sind vorwiegend Orientierungs- und Planungskontakte, die vorzugsweise von Angesicht zu Angesicht abgewickelt werden (vgl. auch DANIELS 1975, S. 123 und 143), während die Routinebeschäftigten vor allem auf technisch formalisiertem Wege kommunizieren (vgl. COWAN 1969, S. 37). Für die Kommunikation zwischen den Elite- und den Routinebeschäftigten innerhalb einer Organisation sind verschiedene Kontaktformen anzunehmen, die sowohl face-to-face-Kontakte als auch über Materie (Papier) und Telekommunikationsmedien vermittelte Kontakte einschließen.

Vielfach sind die letztgenannten Kontakte formalisierbar und damit per Telekommunikation abzuwickeln, was dazu führt, daß Routinefunktionen innerhalb von Organisationen ausgelagert, d.h. mikroräumlich dezentralisiert werden können.

3.3.3. Polarisierungstheoretische Formulierung der makroräumlichen Konzentration von Informationsfunktionen

Ein hilfreicher theoretischer Rahmen für die Behandlung der Zusammenhänge zwischen Information und räumlicher Entwicklung, wie sie sich gegenwärtig darstellen, existiert im polarisierungstheoretischen Ansatz der Regionalökonomie. Dieser erklärt die im Kapitalismus "offensichtlich allgemein anzutreffende disparitäre räumliche Entwicklung" (BUTTLER et al. 1977, S. 12), d.h. den charakteristischen Zentrum-Peripherie-Dualismus, als Folge zirkulär-kumulativer Wachstums- und Schrumpfungsprozesse, die selbst aus der Annahme einer (zum Teil gesteuerten) "selektiven Immobilität von Wachstumsdeterminanten" (BUTTLER et al. 1977, S. 80) abgeleitet werden. In einem Zentrum entstehen durch einen 'ursprünglichen Impuls' Wachstumsvorteile, die weiteres innerregionales Wachstum erzeugen und - interregional - Wachstumsdeterminanten (in Form von Arbeitskräften, Kapital, Naturressourcen etc.) anziehen, gerade auch aus der Peripherie, wo der parallele Schrumpfungsprozeß abläuft[18]. Die Mobilität der Wachstumsdeterminanten ist also in der Weise selektiv, daß Wachstum tendenziell dem bereits stärkeren Zentrum zugute kommt. Schlichter ist dies mit dem "Gesetz des 'Kernwachstums'" formuliert worden, d.h. mit dem "Effekt, daß die Gebiete, die schon 'alles haben', auch noch den größten Zuwachs aufweisen" (FUCHS 1974, S. 29f); in dieser verkürzten Formulierung kann jedoch das 'Umschlagen' der Wachstums- und Schrumpfungsprozesse zugunsten schwächerer Regionen aufgrund geänderter Mobilitäten von Wachstumsdeterminanten, d.h. das "polarization reversal" (SCHÄTZL 1983, S. 323), nicht erklärt werden, was die ausführlichen Polarisationsmodelle leisten (vgl. BUTTLER et al. 1977, S. 81).

Auf den zirkulär-kumulativen Charakter der Konzentration von Informationsfunktionen auf bestimmte Zentren der nationalen Städtesysteme ist immer wieder hingewiesen worden; er konnte als Ergebnis der verschiedensten Forschungsrichtungen zum Problemkreis 'Information und Raum' festgestellt werden (s.o. Kap. 2.1.). In der Tat scheint die Wachstumsdeterminante Information der Beschreibung von Wachstumsdeterminanten im Sinne des polarisierungstheoretischen Modells sehr gut zu entsprechen. Sie ist sozusagen immanent selektiv immobil: Als Wissensgröße ist sie an kognitive Strukturen gebunden; spezielle Informationen können nur da 'andocken', wo entsprechende kognitive Ankerplätze vorhanden sind; Information baut auf Information auf und generiert Information. Als Machtgröße ist sie ebenfalls an (Macht-)Strukturen gebunden, die die Tendenz der Ausweitung auf Kosten schwächerer Strukturen besitzen. Es ist deshalb zu vermuten, daß die Wachstumsdeterminante Information in einer Konkurrenzwirtschaft in hohem Maße räumliche Polarisierungsmuster aufweist und Polarisierungsprozesse vorantreibt. Dies heißt auch, daß bei verschärfter Kommerzialisierung der Größe Information und wachsender Konkurrenz um Information Polarisierungsprozesse verschärft werden. Torsten HÄGERSTRAND formuliert diese Entwicklung folgendermaßen: "Wissen hat sich zu einer in noch höherem Grade als früher ungleich verteilten Ressource entwickelt. Damit laufen wir Gefahr, daß wir in noch höherem Grade als früher eine regionale Struktur erhalten mit verhältnismäßig wenigen schöpferischen Zentren mit hochausgebildeten, gutbezahlten Menschen und einer Peripherie, die gekennzeichnet ist durch automatisierte Routinearbeiten und hohe Arbeitslosigkeit." (HÄGERSTRAND 1986, S. 3).

Darüber hinaus ist die hier betrachtete Größe Information auch insofern sinnvoll in polarisierungstheoretische Modelle einzubauen, als die gemäß dieser Modelle zwischen Zentrum und Peripherie bestehenden "Autoritäts- und Abhängigkeitsbeziehungen" (SCHÄTZL 1983, S. 323) einen Teil jener unter dem Schlagwort 'Information als Machtaspekt' zusammengefaßten Informationsbeziehungen darstellen.

Die aus all dem zu schließende hochgradig selektive Immobilität der Wachstumsdeterminante Information bindet diese an die informationsintensiven Agglomerationen. Eine solche Dynamik scheint nur durch eindeutige intellektuelle Irrwege bzw. durch die Erstarrung der Machtapparate in den Zentren einerseits und durch überlegene Kreativität in der Peripherie andererseits gemildert bzw. umgekehrt werden zu können.

3.3.4. Die Bedeutung des Informationssektors für die räumliche Entwicklung

Wesentlich für den Prozeß der makroräumlichen Entwicklung sind in erster Linie die räumliche Verteilung der Arbeitsstätten sowie deren zeitliche Veränderung. Der hohe Stellenwert von Arbeit und vor allem Erwerbsarbeit in der Gesellschaft ist ungebrochen (vgl. u.a. KRECKEL 1985, S. 307). In dem Maße, wie der Informationsbereich seinen Anteil an den Beschäftigten steigert, wächst auch seine Bedeutung für den Raumentwicklungsprozeß.

Generell nimmt die Relevanz von Information als Wachstumsdeterminante zu; sie drängt andere Inputfaktoren, wie etwa Naturressourcen, zurück. Für die Regionalentwicklung ist heute und in Zukunft weniger entscheidend, welches Naturpotential in der Region vorhanden ist, sondern vielmehr welches Informationspotential zur Verfügung steht. Dabei gibt es hier durchaus Abhängigkeitsbeziehungen, zum Beispiel in der Form der Anziehungskraft von Klimagunst und Freizeitwert auf Eliteinformationsbeschäftigte. Zum entscheidenden Faktor wird das Bildungs-, Qualifikations- und Spezialisierungsniveau der Erwerbspersonen, die Qualität der kognitiven Strukturen, die gemeinsam von den Informationstätigen gebildet werden, sowie ihre Interaktionsweise und ihr intelligenter Einsatz der Hilfsmittel der Informationstechnologie. Es ist wesentlich für eine Region, Information von außen verstehend zu rezipieren und - darauf aufbauend - kreativ weiterzuentwickeln.

Inner- und interregional ist ferner von Bedeutung, daß es sich bei den Informationstätigen vielfach um Elitebeschäftigte handelt, deren großräumliche Konzentration auf Ballungsräume gewichtige Folgewirkungen zeigt. Insbesondere werden dadurch andere wirtschaftliche Funktionen nachgezogen, teilweise ebenfalls quartäre - wie zum Beispiel 'Informationszulieferer' in Form von produzentenbezogenen Dienstleistungen -, aber auch die verschiedenen Bereiche des nach Ausgliederung der Informationstätigkeiten verbleibenden tertiären Sektors. Kaufkraft und Anspruchsniveau dieser Informationsbeschäftigten und ihrer Angehörigen ermöglichen und erfordern eine stetige Weiterentwicklung von Konsum-, Kultur- und Freizeiteinrichtungen in den informationsintensiven Agglomerationen.

Auch zwischen inner- und interregionaler Verkehrsentwicklung und der Dynamik des Informationsbereichs in Agglomerationen laufen interdependente, sich wechselseitig verstärkende Prozesse ab: In dem Maße, wie zur Kommunikation innerhalb der Metropolen und zwischen ihnen die Infrastruktur für Personenverkehr, Papiertransport und Telekommunikationsverbindungen gefördert werden, stabilisiert sich die bestehende räumliche Struktur des Informationssektors. So bedeutet zum Beispiel die Entwicklung von IC- und Schnellbahnnetz der Deutschen Bundesbahn sowie der Aufbau des BIGFERN-Netzes durch die Bundespost sowohl die Folge als auch die Ursache für die weitere Entwicklung der westdeutschen Agglomerationsräume. Aus der Informationsentwicklung (in Arbeit- und in Freizeitsphäre) in den Agglomerationen, aus der Entwicklung von Folgedienstleistungen, dem Infrastrukturausbau und der Bevölkerungsentwicklung erwächst eine Spirale, die einen räumlichen Entwicklungsprozeß auf großräumlicher Ebene zugunsten informationsintensiver Agglomerationsräume beschreibt.

Schließlich schließt der Informationsbereich genau jene Tätigkeiten ein, von denen die sozioökonomisch-technische Entwicklung im wesentlichen bestimmt wird. Innovation und Kontrolle der übrigen Wirtschaftsbereiche gehen von ihm aus. Die Eliteinformationsbeschäftigten entscheiden über die Leitlinien der Technologieentwicklung, der Kapitalverwertung und des staatlichen Handelns und bestimmen dabei auch über die Determinanten der Entwicklung in den Peripherräumen. Dieser umfassende Herrschaftsaspekt des Informationsbereichs verschafft ihm eine Schlüsselstellung im Raumentwicklungsprozeß.

Insgesamt ist zu vermuten, daß die in der Tat bestehenden makroräumlichen Dezentralisierungstendenzen in Produktion und bestimmten Dienstleistungsbereichen in den entwickelten Industrieländern durch großräumliche Konzentrationstendenzen und damit polarisierende Effekte des Informationsbereichs bei weitem überkompensiert werden und daß Gegensätze zwischen Zentral- und Peripherräumen durch die wachsende Bedeutung des Informationsbereichs zunehmen. Die Entwicklung von Agglomerationsräumen als "transactional centers" (HARPER 1982, S. 87) wird entscheidend von der Größe 'Information' vorangetrieben, die sich in den Menschen konkretisiert, die mit ihr umgehen, in den Datenspeichern aus Papier, elektronischen und anderen Speichermedien sowie in den Flüssen, die zwischen ihnen allen ablaufen. Mit den Begriffen Werner SOMBARTs ausgedrückt: Die Informationstätigkeiten stellen gegenwärtig und in Zukunft die städtebildenden Funktionen dar, welche den großräumlichen Entwicklungsprozeß prägen.

4. Probleme empirischer Forschung zu den Zusammenhängen von Information und räumlicher Entwicklung

Das am weitesten reichende Ziel einer 'Geographie der Information' wäre sicherlich, das gesamte Informationsgeschehen eines Untersuchungsraumes abzubilden, d.h. sowohl die Informationsspeicher (also Menschen, Institutionen, Bibliotheken, Archive, Datenbanken etc.) darzustellen als auch die Flüsse zu erfassen, d.h. die Kommunikationsprozesse, die zwischen diesen Speichern ablaufen. Darauf aufbauend müßten die Zusammenhänge zwischen den Elementen des Informationsgeschehens aufgedeckt und die Faktoren für die Verteilung der Informationslagerungs- und -produktionsstätten wie die der Kommunikationsflüsse herausgearbeitet werden, um auf diese Weise zu einer Erklärung der Verteilungsmuster zu gelangen.

Nun ist das Informationsgeschehen eines Industrielandes von solch großer Ausdehnung und Komplexität, daß diesem Anspruch nie Genüge getan werden könnte. Nichtsdestoweniger hat es verschiedene Versuche gegeben, auf der Ebene von Einzelstaaten aggregierte Daten zum Informationsgeschehen zusammenzustellen, insbesondere in den USA und in Japan. Für den Bereich der Zunahme von Wissen sind hier vor allem die Arbeiten von Daniel BELL und Derek de SOLLA PRICE zu nennen. SOLLA PRICE beschäftigt sich mit den Wachstumsraten verschiedener Indikatoren, insbesondere der Zahl wissenschaftlicher Veröffentlichungen und wissenschaftlicher Zeitschriften. Seinen Statistiken gemäß wachsen diese exponentiell, d.h. sie verdoppeln sich in konstanten Zeitabschnitten. Diesem Wachstum sind jedoch Grenzen gesetzt, zum Beispiel kann es nicht mehr Wissenschaftler geben als Einwohner; SOLLA PRICE nimmt deshalb an, daß das exponentielle Wachstum den Beginn einer logistischen Kurve darstellt, die an einer bestimmten Sättigungsgrenze endet. Bevor diese Sättigungsgrenze erreicht wird, können sich jedoch Oszillationen einstellen oder kann durch veränderte Rahmenbedingungen sich erneut exponentielles Wachstum ergeben (vgl. SOLLA PRICE 1974, S. 34ff.). BELL meint, damit sei insgesamt nicht viel gewonnen; er sieht die Entwicklung des Wissens vor allem manifestiert in einer Differenzierung der immer weiter sich aufspaltenden Wissensbereiche (vgl. BELL 1976, S. 190f.).

Aus kommunikationswissenschaftlicher Perspektive wurde für die USA und Japan versucht, die "Informationsexplosion" quantitativ in der Weise zu erfassen, daß die Zahl der Wörter ermittelt wird, die über die verschiedensten Medien gesendet bzw. empfangen werden. Die Liste der dabei betrachteten Medien umfaßte 18 Bereiche, von Radio, TV, Schallplatten, Büchern, Zeitungen, Zeitschriften über Briefpost, Telefongespräche bis zur Datenfernübermittlung und berücksichtigte auch Informationsflüsse im Unterrichtswesen (vgl. POOL et al. 1984, S. 7). Die face-to-face-Kommunikation wurde nicht einbezogen.

Datengrundlage für die Untersuchung des amerikanisch-japanischen Forscherteams bildeten Publikationen von Einschaltquoten, Verkaufszahlen, Post- und Pressestatistiken. Für die Gesamtzahlen wurden exemplarische Auszählungen (von Buch-, Zeitungsseiten, Fernsehminuten etc.) hochgerechnet. Für die USA ergibt sich nach diesen Untersuchungen eine Zunahme der gesendeten Wörter pro Einwohner und Tag von 8,7 Mio im Jahr 1975 auf 11 Mio im Jahr 1980 und der aufgenommenen Wörter von 45 000 auf 48 000 im gleichen Zeitraum (vgl. POOL et al. 1984, S. 16). Die Autoren stellen also insgesamt hohe Wachstumsraten für die gesendeten Wörter fest und eine geringe Zunahme beim Wörterkonsum pro Einwohner, wobei Radio und Fernsehen ihre Anteile auf Kosten der Printmedien ausbauen konnten. Einen hohen Zuwachs weisen auch Datenfernübertragungsströme zwischen Computern auf (vgl. POOL et al. 1984, S. 20ff.).

Für Untersuchungen der räumlichen Differenzierung des Informationsgeschehens innerhalb eines Landes erscheint ein derartiges Vorgehen nicht angemessen. Die Daten liegen nicht regional gegliedert vor; und bei den Schätzungen und Hochrechnungen für Teilräume vergrößern sich die Fehlerquoten beträchtlich. Über face-to-face-Kommunikation besitzen die Autoren der USA-Japan-Studie selbst auf gesamtstaatlicher Ebene keinerlei Daten - ebensowenig wie die Produzenten der Medien- und Kommunikationsatlanten in der Bundesrepublik.

Abgesehen von der mangelnden Verfügbarkeit an Daten, insbesondere räumlich differenzierten Daten, erscheinen Forschungsansatz und Ergebnisse dieser Wörterzähler auch aus grundsätzlichen Erwägungen heraus äußerst problematisch. Über die Tatsache, daß vielfach nicht vergleichbare Gegenstände miteinander verglichen werden und daß zum Beispiel zwischen ausschließlichen und parallel nebeneinander verlaufenden Kommunikationsprozessen eines Sender-Empfängers nicht unterschieden wird, sind sich auch die Autoren im klaren (vgl. POOL et al. 1984, S. 2). Zu kritisieren sind derartige Studien jedoch vor allem wegen des rein quantitativen Informationsbegriffes, der ihnen zugrunde liegt. Der Stellenwert einer Information, eines Kommunikationsaktes kann jedoch um Größenordnungen differieren. Relevanz, Wirkung oder Wirkungspotential einer Information müßten deshalb berücksichtigt werden; weltbildprägende Aussagen sind zu unterscheiden von Schlagertextzeilen. Auch der Papierverbrauch für Druckzwecke (MEIER 1962, S. 17) kann insofern kein Maß für die Informationsentwicklung einzelner Räume sein.

Aus diesen Überlegungen wäre zu folgern, daß die Forderung nach qualitativer Bewertung von Information nicht erfüllt werden kann und deshalb eine statistische Erfassung des Informationsgeschehens grundsätzlich ausgeschlossen ist. Dies ist jedoch nicht die einzige denkbare Schlußfolgerung. Wenn es gelingt, einen Indikator zu finden, der in irgendeiner Weise die Verteilung von Information und Informationspotentialen in qualitativ bewerteter Form repräsentiert, können raumbezogene Informationsstudien durchaus erfolgreich durchgeführt werden.

Unter Berücksichtigung der qualitativen Aspekte von Information erscheint ein gangbarer Weg für empirische Studien darin zu bestehen, daß man an den Menschen ansetzt, die mit Information umgehen und sie dabei bewerten, ordnen, auswählen, verändern: In ihrer semantischen, kontextbezogenen Form ist Information immer an Menschen gebunden, welche sich dabei allerdings ständig komplexer werdender Speicher- und Übertragungsmedien bedienen[19]. Allem Anschein nach und allem Fortschritt der Entwicklung im Bereich der Künstlichen Intelligenz zum Trotz wird dies noch geraume Zeit auch so bleiben[20].

Der hier vorgeschlagene Zugang für empirische Untersuchungen der gesellschaftlichen, wirtschaftlichen und räumlichen Aspekte des Informationsgeschehens besteht also darin, die Zahl und Verteilung der Menschen, deren ökonomische Funktion vorwiegend darin besteht, mit Informationen umzugehen, als Indikator für die Ermittlung von Konzentrationspolen des gesellschaftlichen Informationsgeschehens zu verwenden und damit auch zur Feststellung, welche Rolle die Größe Information für die Entwicklung von Teilräumen besitzt. Diese Herangehensweise kann erweitert werden durch die Einbeziehung wichtiger Informationsspeicher wie Bibliotheken, Datenbanken, Archive u.ä., die quasi Reservoirs potentieller Informationsprozesse darstellen.

Ein derartiges Vorgehen gewinnt seine Legitimation außerdem aus der Tatsache, daß für die makroräumliche Entwicklung nach wie vor die Verteilung der Arbeitsorte der Beschäftigten und deren Dynamik von herausragender Bedeutung ist. Dies zeigt sich zum Beispiel auch darin, daß großräumige Wanderungsentscheidungen zumeist arbeitsplatzorientiert sind. Die Arbeitsplätze im Informationssektor, deren Anteil im Zuge des sozioökonomischen Strukturwandels wächst, bestimmen in Zukunft das Schicksal von Regionen in besonderem Maße.

Eine Alternative zur Kartierung der informationsbezogen tätigen Menschen liegt in der Kartierung von Bauten, die vornehmlich dem Umgang mit Information dienen. Dabei werden Büro- und Verwaltungsgebäude sowie Forschungsstätten und Bildungseinrichtungen als Informationsstätten betrachtet, aber auch zum Beispiel Parlamentsgebäude oder Rundfunkanstalten. In der Bundesrepublik ist ein solches Vorgehen auf der Basis der Bautätigkeitsstatistik möglich, bei der allerdings nur die laufende Entwicklung an Zu- und Abgängen erfaßt wird (dabei jedoch mit genauen Daten über Bauherrn, Nutzer, kleinräumliche Lage und Nutzfläche des Objekts), nicht jedoch der Bestand. Trotz dieser Einschränkung sind für eine Reihe von westdeutschen Großstädten Auswertungen der Bautätigkeitsstatistik im Hinblick auf die Entwicklung der innerstädtischen Verteilung von Bürogebäuden und ähnlichen Bauten angestellt worden, die in der Kombination mit weiteren Auswertungen zur Bestandserfassung (zum Beispiel über den Umweg der Arbeitsstättenzählung 1970) zu wichtigen Erkenntnissen über die Bedeutung von Bürofunktionen für die Stadtentwicklung geführt haben (vgl. BÜROFLÄCHENNUTZUNG UND BÜROFLÄCHENBEDARF 1976, LANDESHAUPTSTADT DÜSSELDORF 1976, ZENTRALE STANDORTE - BÜROFLÄCHEN 1977, ELLGER 1985a).

In der im Zusammenhang mit der Volkszählung durchgeführten Gebäude- und Wohnungszählung, die für 1983 vorgesehen war, sollten ursprünglich Nichtwohngebäude nach verschiedenen Kategorien der 'Systematik der Bauwerke (SB)' getrennt erhoben werden (vgl. SZAMEITAT 1980, S. 30). Diese Differenzierung wurde jedoch bereits bei der Diskussion um die Finanzierung der Zählung Anfang der 80er Jahre wieder aufgegeben.

B Informationssektor und räumliche Entwicklung in Baden-Württemberg

5. Raumstruktur und räumliche Entwicklung Baden-Württembergs

5.1. Einführung

Baden-Württemberg weist in seiner raumstrukturellen Situation und Entwicklung typische Merkmale der räumlichen Organisation einer fortgeschrittenen Industriegesellschaft auf. Dominierend ist die Entwicklung der Verdichtungsräume, insbesondere hier der Agglomeration Stuttgart: Während der Agglomerationskern bereits seit den 60er Jahren an Bevölkerung verliert und seit den 70er Jahren auch an Arbeitsplätzen, dringt die Welle der Suburbanisierungsfront beständig weiter ins Umland vor; ihre Spitze hat mittlerweile die Grenzen der Nachbarregionen im Norden (Franken), Westen (Nordschwarzwald), Süden (Neckar-Alb) und in geringerem Maße auch im Osten (Ostwürttemberg) überschritten.

Ähnliche Tendenzen, mit insgesamt geringerem Volumen an Bevölkerung und Arbeitsplätzen und mit zeitlicher Verzögerung, sind bei den übrigen Verdichtungsräumen des Landes zu erkennen: Seit den 70er Jahren haben auch Mannheim und Karlsruhe Einwohnerverluste zu verzeichnen - insbesondere aufgrund von Abwanderungen -, die vorwiegend dem Umland zugute kommen; die Städte Ulm, Heilbronn und Pforzheim haben ebenfalls in den 70er Jahren an Bevölkerung verloren, während Umlandgemeinden anhaltendes Wachstum zeigen. Lediglich Heidelberg und Freiburg weisen Bevölkerungszuwachs auf, bei gleichzeitigem Wachstum der Umlandgemeinden.

Die drei großen Verdichtungsräume um Stuttgart, um Mannheim und Heidelberg (d.h. der badische Teil des Verdichtungsraums Rhein-Neckar) und um Karlsruhe bilden zusammen mit den 1970 als eigene Stadtregionen ausgewiesenen verdichteten Bereichen Pforzheim und Heilbronn einen zusammenhängenden urbanisierten Ring, den man als 'Randstad Nordwürttemberg-Nordbaden' bezeichnen könnte, von dem Ausläufer sich im Südosten entlang der Fils-Achse bis Geislingen, im Süden bis Reutlingen und Tübingen, und im Südwesten von Karlsruhe aus bis nach Baden-Baden und Bühl erstrecken.

Außerhalb dieses Rings besitzt Baden-Württemberg gemäß den Abgrenzungskriterien der Ministerkonferenz für Raumordnung von 1968, die auch für die Regionalisierung der baden-württembergischen Landesplanung herangezogen worden sind, einen vierten Verdichtungsraum mit dem Zentrum Freiburg sowie Anteile an der Randzone des Verdichtungsraums Basel in der Südwestecke des Landes. Der Existenz kleinerer und geringer verdichteter Bereiche wurde mit der Ausweisung von 'Verdichtungsbereichen im ländlichen Raum' Rechnung getragen, für die die gleichen Abgrenzungskriterien gewählt wurden wie für die Randzonen der Verdichtungsräume. Es sind dies die Bereiche Kehl-Offenburg-Lahr, Villingen-Schwenningen, Hechingen-Balingen-Albstadt, Singen-Konstanz, Friedrichshafen-Ravensburg-Weingarten, Ulm und Aalen-Heidenheim (vgl. Karte 1). Darüber hinaus weisen eine überdurchschnittliche Bevölkerungs- und Siedlungsdichte (d.h. Anteil der Siedlungsfläche an der Gemarkungsfläche) im ländlichen Raum nur noch die Städte Mosbach, Schwäbisch Hall und Biberach auf (vgl. die Karten 7 und 8 im LANDESENTWICKLUNGSPLAN 1983, Anhang).

Karte 1 Verdichtungsräume, Randzonen der Verdichtungsräume und Verdichtungsbereiche in Baden-Württemberg

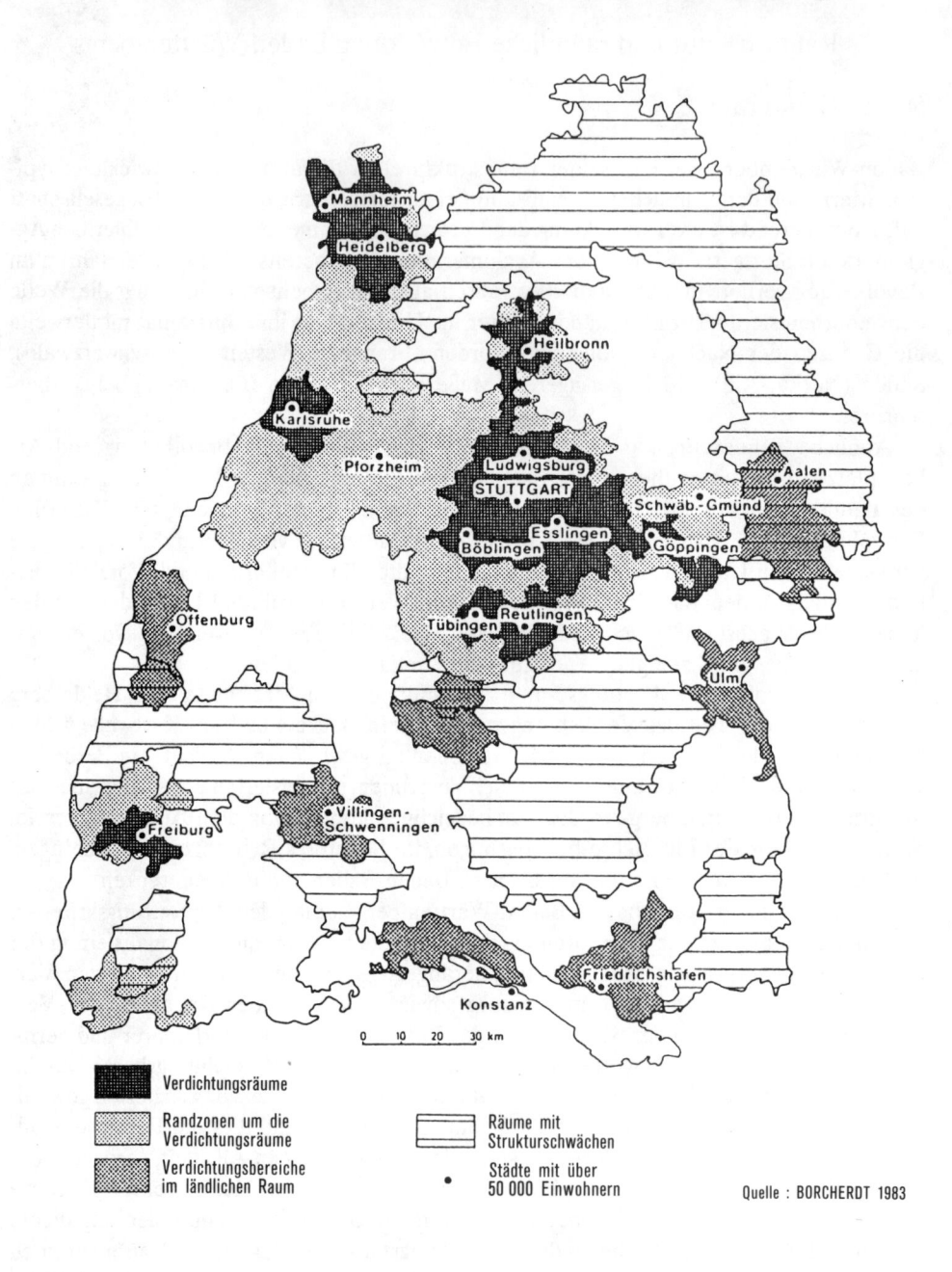

Quelle: BORCHERDT 1983

Die gering verdichteten ländlichen Räume des Landes liegen demgegenüber - abgesehen von dem kleinen Bereich im Zentrum der 'Randstad' - im Nordosten des Landes, daneben in weiten Teilen des Südens: der Schwarzwald, die Schwäbische Alb und Oberschwaben bilden mit Ausnahme der genannten Verdichtungsbereiche hier den ländlichen Raum. Sie bleiben in ihrer Entwicklung vielfach hinter jener der Verdichtungsräume zurück und sind von daher als 'Räume mit Strukturschwächen' ausgewiesen. In den 60er Jahren weisen sie nur unterdurchschnittliches Wachstum auf, und in den 70er Jahren nimmt vor allem im Nordosten (Neckar-Odenwald-Kreis, Main-Tauber-Kreis, Kreise Schwäbisch Hall, Aalen und Heidenheim), auf der Alb und im Schwarzwald in vielen Gemeinden die Bevölkerungszahl absolut ab, gerade auch "in zahlreichen Städten im Zuge von Entwicklungsachsen innerhalb des ländlichen Raumes" (LANDESENTWICKLUNGSBERICHT 1986, S. 28).

5.2. Aktuelle Situation und Entwicklungstendenzen

Die Karte der aktuellen Bevölkerungsdichte in den Kreisen Baden-Württembergs bestätigt die Aussagen zur allgemeinen raumstrukturellen Situation des Landes (vgl. Karte 2). Die höchsten Dichtewerte weisen die Stadtkreise auf - mit den Ausnahmen Ulm, dessen Wert mit 848 E/km^2 beträchtlich unter der 1000 E/km^2-Marke bleibt, und Baden-Baden (gerade bei Ulm ist dies jedoch auf die Eingemeindung großer, gering verdichteter Gemarkungen zurückzuführen). Deutlich erkennbar ist das Städteviereck, auf dessen Längsseiten Mannheim, Heidelberg und Heilbronn bzw. Karlsruhe, Pforzheim und Stuttgart liegen. Diese Stadtkreise werden darüber hinaus fast vollständig durch überdurchschnittlich verdichtete Landkreise verbunden (nur der Landkreis Heilbronn liegt mit 230 E/km^2 unter dem Landesdurchschnitt von 261 E/km^2). Das Gewicht des am dichtesten besiedelten Stadtkreises Stuttgart (2730 E/km^2) und der hochverdichteten Umlandkreise der Region Mittlerer Neckar sowie der südlich anschließenden Landkreise Tübingen und Reutlingen zieht dabei den Bevölkerungsschwerpunkt des Landes in die Landesmitte. Mit der Verdichtung in den Landkreisen um Stuttgart hält lediglich der Rhein-Neckar-Kreis im Umland von Mannheim und Heidelberg Schritt. Die südlichen Landkreise Lörrach (im Vorfeld der Agglomeration Basel), Konstanz und Bodenseekreis weisen 1987 Dichtewerte auf, die sich um den Landesdurchschnitt bewegen. Im gesamten Nordosten, in weiten Teilen der Alb und Oberschwabens sowie im Schwarzwald liegen die Dichtewerte beträchtlich unter dem Landesmittel.

Hinsichtlich der Verteilung der sozialversicherungspflichtig Beschäftigten zeigen sich bei den Stadtkreisen größere Unterschiede (vgl. Karte 3). In den drei größten baden-württembergischen Städten Stuttgart, Mannheim und Karlsruhe sind pro Flächeneinheit weit mehr Beschäftigte gemeldet als in den übrigen Stadtkreisen. Der Stadtkreis Baden-Baden weist sogar eine geringere Beschäftigtendichte auf als die drei Landkreise der Region Mittlerer Neckar Esslingen, Böblingen und Ludwigsburg. Auch die beiden übrigen Landkreise dieser Region, Rems-Murr-Kreis und Göppingen, der Rhein-Neckar-Kreis im Mannheim-Heidelberger Umland sowie der Kreis Tübingen besitzen Beschäftigten-

Karte 2 Bevölkerungsdichte 1987

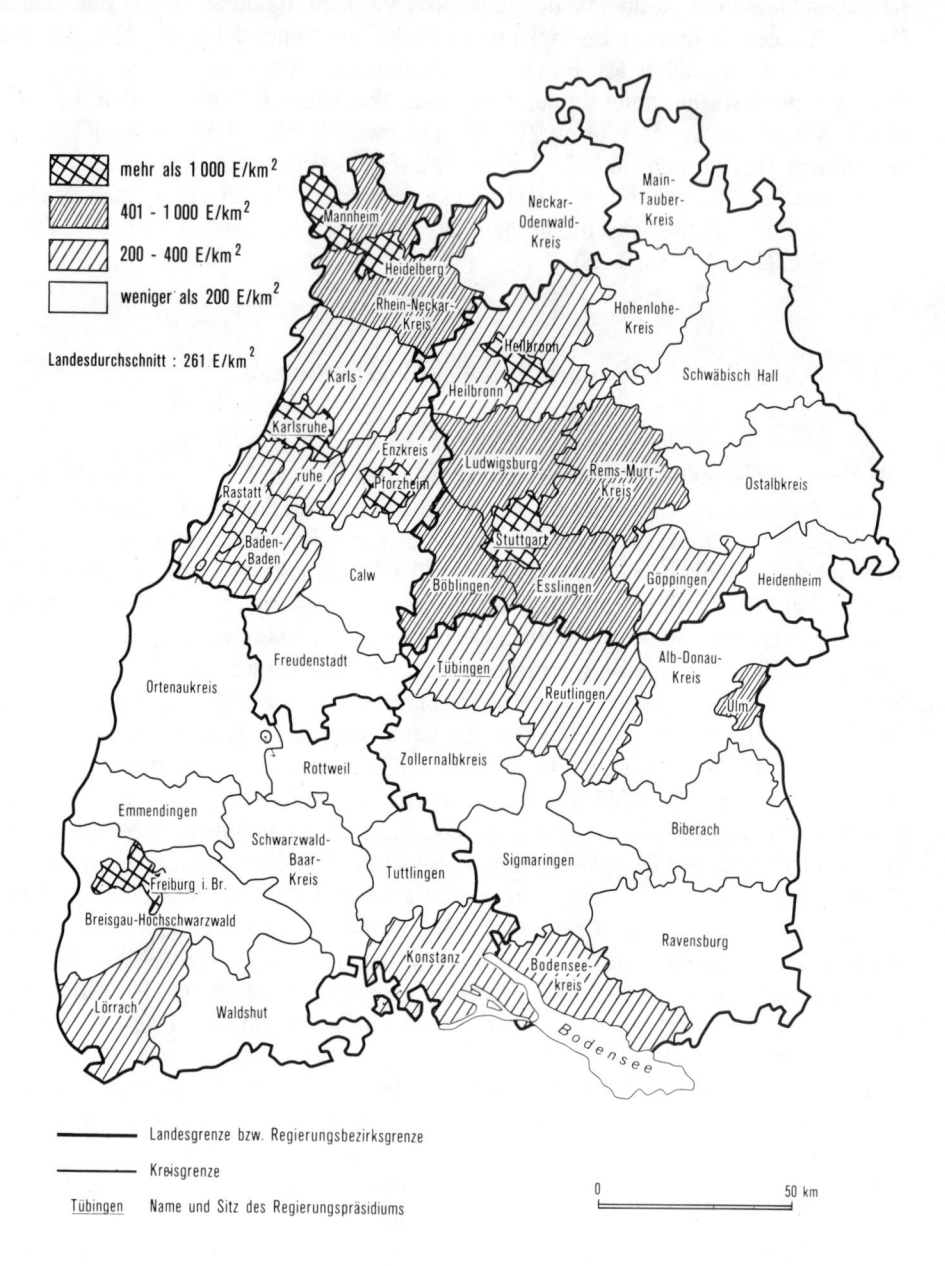

Legende:
- mehr als 1 000 E/km²
- 401 - 1 000 E/km²
- 200 - 400 E/km²
- weniger als 200 E/km²

Landesdurchschnitt : 261 E/km²

— Landesgrenze bzw. Regierungsbezirksgrenze
— Kreisgrenze
<u>Tübingen</u>   Name und Sitz des Regierungspräsidiums

0   50 km

Karte 3 Beschäftigtendichte 1986

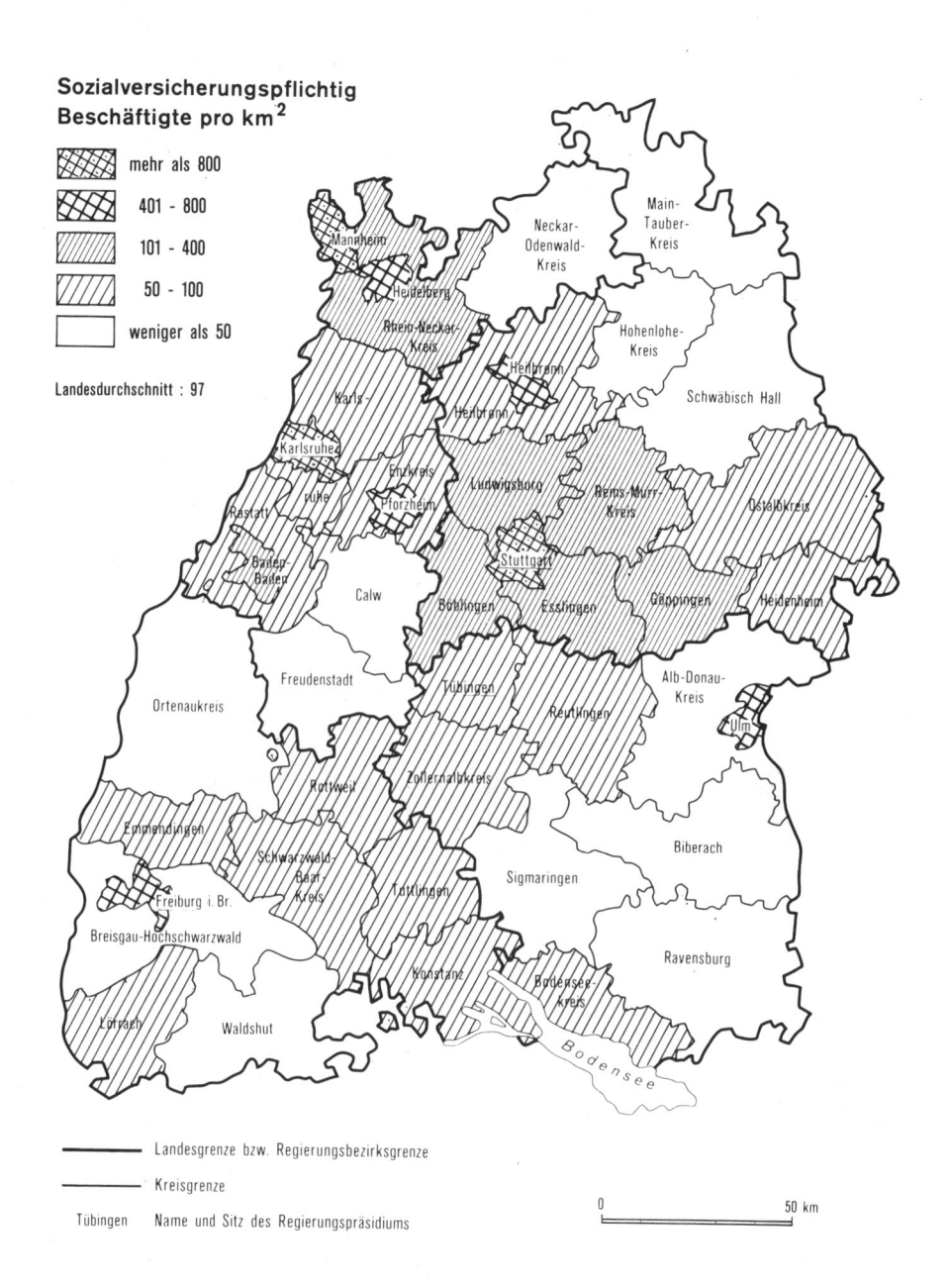

Sozialversicherungspflichtig Beschäftigte pro km^2

- mehr als 800
- 401 - 800
- 101 - 400
- 50 - 100
- weniger als 50

Landesdurchschnitt : 97

——— Landesgrenze bzw. Regierungsbezirksgrenze
——— Kreisgrenze
Tübingen   Name und Sitz des Regierungspräsidiums

0   50 km

dichten über dem Landesdurchschnitt. Knapp darunter liegen die Werte für die übrigen Landkreise im Nordwesten des Landes, in den stärker industrialisierten Regionen Ostwürttemberg, Neckar-Alb und Schwarzwald-Baar-Heuberg sowie im Bodenseeraum (Bodenseekreis und Kreis Konstanz) und im großenteils dem Verdichtungsraum Basel zugehörigen Landkreis Lörrach. Der Wert im Kreis Emmendingen entsteht vor allem durch die geringe Fläche dieses Landkreises.

Drei Großräume mit deutlich niedrigerer Beschäftigtendichte heben sich ab: der Nordosten des Landes mit den zur Region Franken gehörenden Landkreisen Main-Tauber-Kreis, Hohenlohekreis und Schwäbisch Hall sowie dem Neckar-Odenwald-Kreis in der Region Unterer Neckar, der Schwarzwald vom Kreis Freudenstadt im Norden bis zum Kreis Waldshut im Süden sowie ganz Oberschwaben, d.h. alle Landkreise der Regionen Donau-Iller (soweit zu Baden-Württemberg gehörig) und Bodensee-Oberschwaben.

Nachdem die Bevölkerung Baden-Württembergs insgesamt bis 1973 ständig zugenommen hatte - das Land hatte am 31.12.1973 rund 9 239 400 Einwohner - sank sie bis 1976 wieder, um dann bis Ende 1981 auf einen neuen Höchststand anzuwachsen (rund 9 287 900 Einwohner); nach erneutem Bevölkerungsrückgang bis Ende 1984 stieg die Einwohnerzahl des Landes bis Ende 1986 auf 9 326 780. Die Fluktuationen sind dabei vor allem auf das - stärker konjunkturabhängige - Wanderungsverhalten der Ausländer zurückzuführen, denn die deutsche Bevölkerung hat seit 1976 vor allem durch Zuwanderung aus nördlichen Bundesländern kontinuierlich zugenommen (vgl. LANDESENTWICKLUNGSBERICHT 1986, S. 28ff.).

Für die räumlich-dynamische Betrachtung der Bevölkerungsentwicklung bietet sich die Entwicklung in den einzelnen Kreisen zwischen den Zeitpunkten mit Bevölkerungshöchststand, d.h. zwischen 1974 (Jahresmitte) und 1987 (Jahresbeginn) an (vgl. Karte 4). In diesem Zeitraum nahm die Bevölkerung insgesamt landesweit um 1% zu. Durch weit überdurchschnittliches Wachstum sind der Stadtkreis Heidelberg, der Landkreis Tübingen sowie der Kreis Breisgau-Hochschwarzwald im Freiburger Umland gekennzeichnet; diese drei Kreise weisen Wachstumsziffern von über 10% für den genannten Zeitraum auf. Für diesen Zuwachs, wie auch für jenen im Fall von Ulm, kann jedoch zum Teil auch die in den Zeitraum fallende Änderung des Melderechts verantwortlich sein, nach der Studenten in der Regel ihre Hauptwohnung am Studienort anmelden müssen. Die stärksten Abnahmen weisen die beiden bevölkerungsreichsten Stadtkreise Stuttgart und Mannheim auf, wobei bei Stuttgart allerdings im Jahr 1986 der langjährige Bevölkerungsverlust wieder in einen Zuwachs umgeschlagen hat. Stuttgart verliert zwischen 1974 und 1987 insgesamt 0,6 Prozentpunkte seines Landesanteils an der Bevölkerung, Mannheim 0,3 Prozentpunkte. In der Agglomeration Stuttgart wird dieser Verlust jedoch durch die weit überdurchschnittliche Entwicklung der Umlandkreise überkompensiert, wobei die Wachstumsspitzen im Kreis Esslingen und - jenseits der Regionengrenze - im Kreis Freudenstadt, im Landkreis Heilbronn sowie im Kreis Tübingen liegen. Die Region Mittlerer Neckar verliert insgesamt an Bevölkerung, da die Zuwächse in Esslingen, Böblingen, im Rems-Murr-Kreis und in Ludwigsburg die Verluste aus Stuttgart (und auch aus Göppingen) nicht wettmachen. Die Wachstumsspitze der Suburbanisierung hat die Nachbarregionen erreicht. Im Gegensatz zur Großagglomeration Stuttgart können die Verluste, die der Stadtkreis Mannheim aufweist (auf der Grundlage der Zahlen für den badischen Teil des Verdichtungsraumes Rhein-Neckar), nicht allein auf Suburbanisierungsphäno-

Karte 4 Bevölkerungsentwicklung 1974-1987

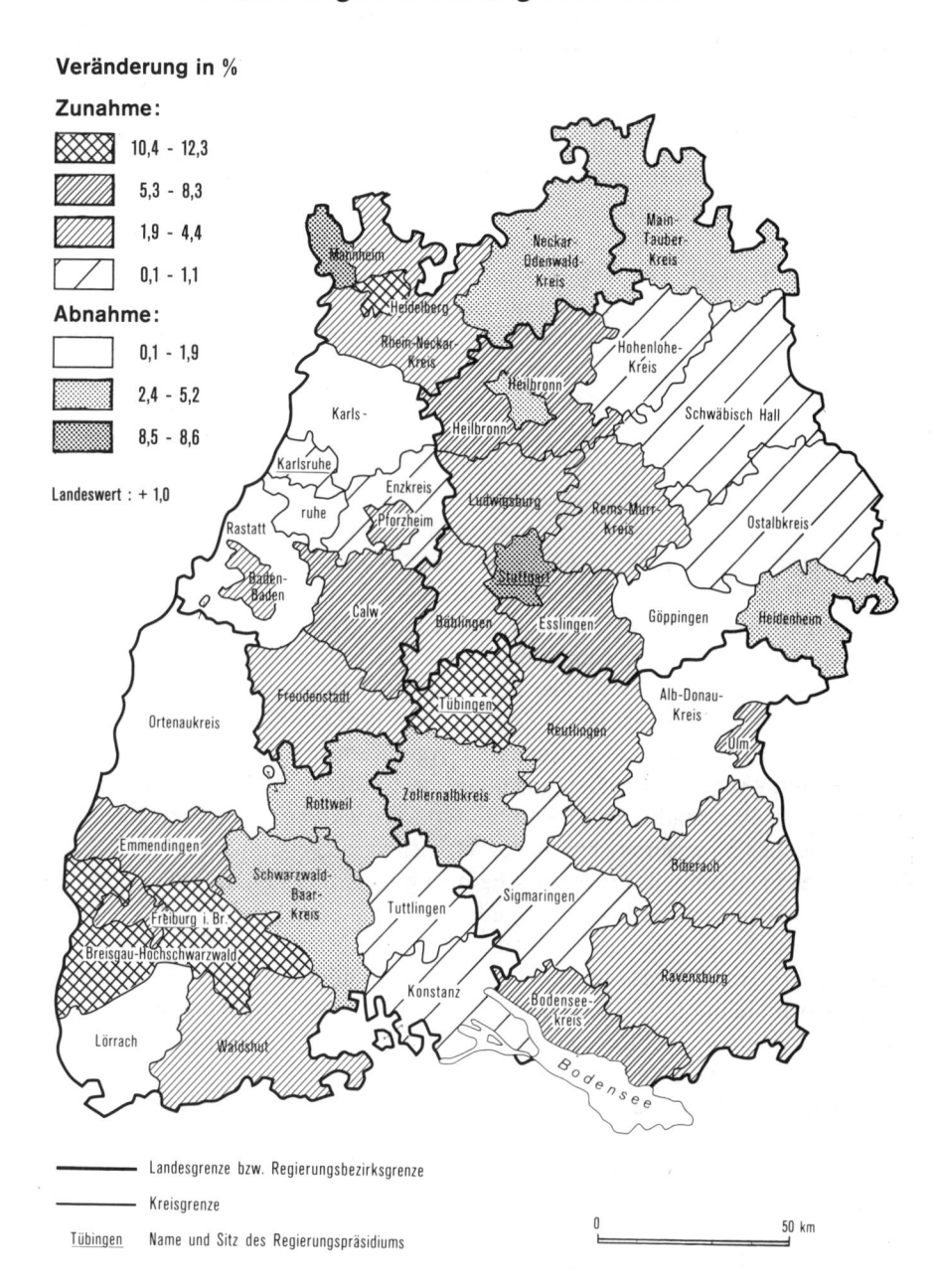

Veränderung in %

Zunahme:
- 10,4 - 12,3
- 5,3 - 8,3
- 1,9 - 4,4
- 0,1 - 1,1

Abnahme:
- 0,1 - 1,9
- 2,4 - 5,2
- 8,5 - 8,6

Landeswert : + 1,0

───── Landesgrenze bzw. Regierungsbezirksgrenze
───── Kreisgrenze
<u>Tübingen</u>   Name und Sitz des Regierungspräsidiums

0   50 km

mene zurückgeführt werden, da der Rhein-Neckar-Kreis und der Stadtkreis Heidelberg weniger an Bevölkerung gewinnen als Mannheim verliert und auch die Nachbarlandkreise Neckar-Odenwald-Kreis und Karlsruhe Bevölkerungsverluste aufweisen.

Im betrachteten Zeitraum weisen die Bevölkerungszahlen für Karlsruhe, Ulm, Pforzheim und auch Baden-Baden sowie für deren jeweiliges Umland eher auf innerregionale Konzentration der Bevölkerung hin als auf eine fortgesetzte Suburbanisierung, im Gegensatz zu Stuttgart, Mannheim und Heilbronn, wo - wie beschrieben - die Kerne auf Kosten des Umlands an Bevölkerungsanteilen verlieren. Vor allem bei Baden-Baden, Ulm und Pforzheim, den drei am wenigsten verdichteten Stadtkreisen, sind dabei allerdings die Gemarkungsflächen so groß, daß sich die Bevölkerungsverschiebungen vielfach innerhalb der Gemeinde bewegen. Die Region Mittlerer Oberrhein verliert insgesamt an Bevölkerung (-0,5%), so daß für den gesamten nordbadischen Regierungsbezirk Karlsruhe mit den Zentren Mannheim und Karlsruhe ein Bevölkerungsrückgang zwischen 1974 und 1987 von ebenfalls 0,5% zu verzeichnen ist.

Gewinner der Bevölkerungsumverteilung sind neben den Stuttgarter Umlandkreisen vor allem der Raum Freiburg und der württembergische Bodenseeraum sowie das östliche Oberschwaben. Unterdurchschnittliches Bevölkerungswachstum weisen der Hohenlohekreis und die Kreise Schwäbisch Hall und Aalen im Nordosten auf sowie die Kreise Tuttlingen, Sigmaringen und Konstanz im Süden. Zu den Verlierern im ländlichen Raum zählen die nordöstlichen Landkreise Main-Tauber-Kreis und Rhein-Neckar-Kreis sowie weite Bereiche der Alb (Kreise Heidenheim, Alb-Donau und Balingen) und des Schwarzwaldes (Kreise Rottweil, Schwarzwald-Baar und Ortenaukreis).

Die Entwicklung der sozialversicherungspflichtig Beschäftigten in den Kreisen zeigt ein ähnliches Bild wie die Veränderung der Bevölkerungsverteilung: Für den großen Agglomerationsraum Stuttgart ist im Zeitraum von 1979 bis 1986 eine relative Dezentralisierung der Arbeitsplätze zu konstatieren (vgl. Karte 5). Die Beschäftigung in den Umlandkreisen - vor allem in Böblingen und im Landkreis Heilbronn (wohin auch Arbeitsplätze aus dem Stadtkreis Heilbronn verlagert wurden) - wächst schneller als in Stuttgart, das nur unterdurchschnittliches Wachstum aufweist und deshalb 0,3 Prozentpunkte seines Landesanteils an der Beschäftigung - allerdings ohne Berücksichtigung der Beamten und Selbständigen (ohne Mitgliedschaft in der Sozialversicherung) - einbüßt.

Die Verluste an Beschäftigten in den Stadtkreisen Mannheim, Karlsruhe, Pforzheim und auch Ulm werden durch die Zuwächse in den jeweiligen Umlandkreisen zwar ausgeglichen, jedoch bleibt die Gesamtzunahme der betroffenen Regionen jeweils unter dem Landesdurchschnitt. So verliert der Regierungsbezirk Karlsruhe insgesamt 0,6 Prozentpunkte seines Anteils an der Gesamtzahl der Beschäftigten im Land zwischen 1979 und 1986. Beschäftigtenzunahme verzeichnet der Raum Freiburg, im Stadtkreis unterdurchschnittlich, in der Umgebung zum Teil erheblich über dem Landesdurchschnitt. Beträchtliche Zunahmen und Verbesserungen der Landesanteile weisen außerdem die Kreise Schwäbisch Hall und Hohenlohekreis in Franken sowie das gesamte östliche Oberschwaben auf.

Bereiche mit absoluten Abnahmen im ländlichen Raum sind die Kreise Balingen und Schwarzwald-Baar; Rückgänge am Landesanteil zwischen 1979 und 1986 haben die Kreise der Westalb - Balingen und Sigmaringen - und der Ostalb - Aalen und Heidenheim - zu verzeichnen.

Karte 5 Beschäftigungsentwicklung 1979 - 1986

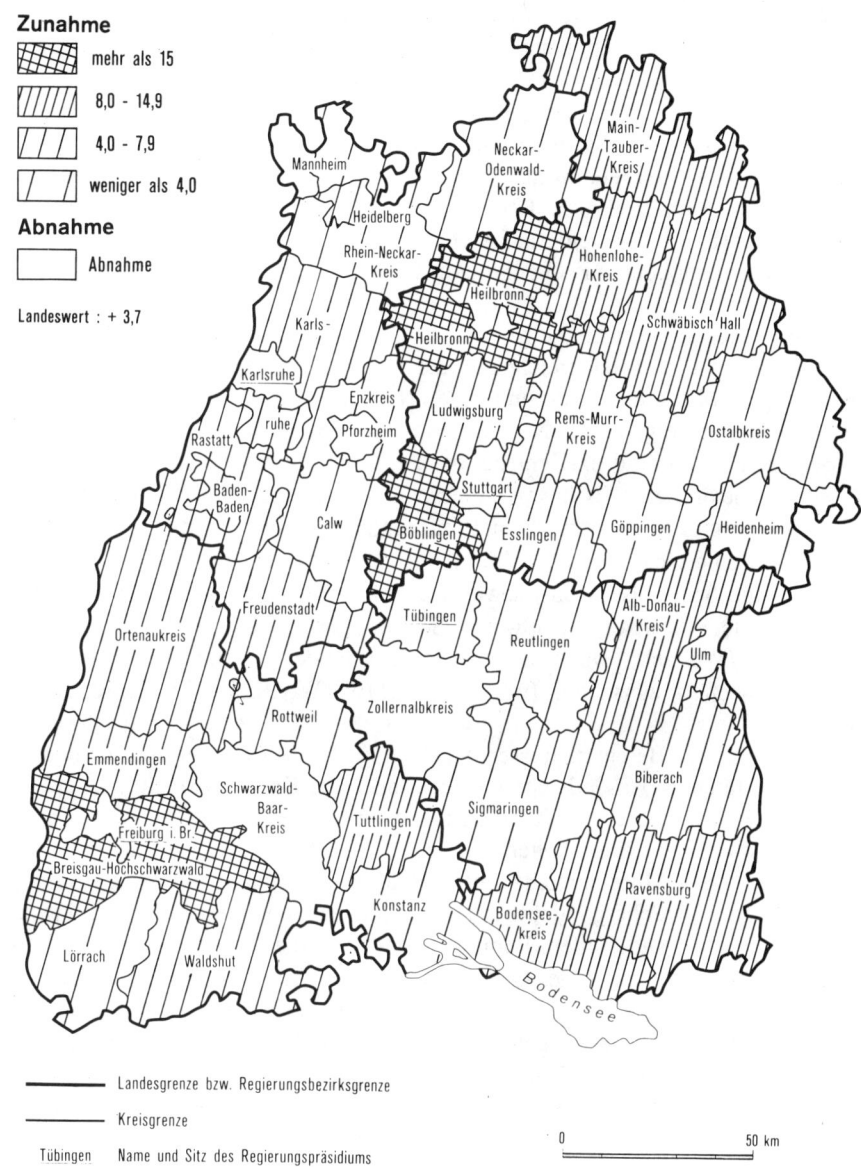

Veränderung der Zahl der sozialversicherungspflichtig
Beschäftigten in %

Zunahme

- mehr als 15
- 8,0 - 14,9
- 4,0 - 7,9
- weniger als 4,0

Abnahme

- Abnahme

Landeswert : + 3,7

———— Landesgrenze bzw. Regierungsbezirksgrenze
———— Kreisgrenze
Tübingen   Name und Sitz des Regierungspräsidiums

0   50 km

Aufgrund der geringen Basis im Jahr 1979 kann der periphere Main-Tauber-Kreis seinen Landesanteil an den Beschäftigten trotz seiner beachtlichen Wachstumsrate der Beschäftigung nicht merklich erhöhen.

In der Betrachtung nach Kreisen werden jedoch gewichtige kleinräumige Differenzierungen verwischt, die sich bei einer Betrachtung der Entwicklung in den Mittelbereichen erfassen lassen. Im LANDESENTWICKLUNGSBERICHT 1986 sind deshalb auch Bevölkerungs- und Beschäftigtenentwicklung in den Mittelbereichen des Landes für den Zeitraum 1978 bis 1984 analysiert worden. Danach liegen die Bereiche mit stärkstem Bevölkerungswachstum in der Landesmitte, in Form eines nach Osten geöffneten Rings, der das Verdichtungszentrum Stuttgart umgibt, daneben im Südwesten um Freiburg (Mittelbereiche Freiburg, Emmendingen und Müllheim), im Bodenseeraum (insbesondere die Mittelbereiche Radolfzell und Überlingen) und in suburbanen Mittelbereichen des Rhein-Neckar-Raums (Mittelbereiche Heidelberg und Sinsheim) bzw. der Städte Ulm (Mittelbereich Laupheim), Karlsruhe (Mittelbereich Ettlingen) und Heilbronn (Mittelbereich Öhringen).

Die Bevölkerungsverschiebungen im Agglomerationsraum Stuttgart führen also zu Wachstumsspitzen in Mittelbereichen an den südlichen, westlichen und nördlichen Grenzen der Region Mittlerer Neckar und in den Nachbarregionen (Mittelbereiche Nürtingen, Tübingen, Herrenberg, Horb, Nagold, Calw, Leonberg, Vaihingen, Bietigheim-Bissingen/Besigheim), während im Zentrum der Agglomeration Verluste zu verzeichnen sind (Mittelbereiche Stuttgart, Esslingen, Ludwigsburg/Kornwestheim, Waiblingen/Fellbach).

Die beiden großen Abnahmegebiete im ländlichen Raum bilden der Nordosten des Landes (Mittelbereiche Buchen, Wertheim, Tauberbischofsheim, Bad Mergentheim, Künzelsau und Schwäbisch Hall) sowie das Gebiet zwischen Westalb und Schwarzwald (Mittelbereiche Albstadt, Rottweil, Schramberg, Villingen-Schwenningen, Haslach/Hausach/Wolfach), wo sich Abwanderungstendenzen aufgrund mangelnder Erwerbsmöglichkeiten auswirken (vgl. LANDESENTWICKLUNGSBERICHT 1986, S. 57f.).

Die Analyse der Beschäftigungsentwicklung in den Mittelbereichen für den gleichen Zeitraum bestätigt im wesentlichen die Ergebnisse der Kreisbeobachtung: "Auf dem Gebietsraster der Mittelbereiche zeigt die Entwicklung der Beschäftigten zwischen 1978 und 1984 - abgesehen von extrem hohen Zuwächsen einzelner Mittelbereiche in verdichteten Gebieten, z.B. der Mittelbereiche im Vorfeld von Stuttgart, Böblingen/Sindelfingen, Leonberg oder Herrenberg - deutliche Beschäftigungszunahmen vor allem in den peripheren ländlichen Landesteilen. Bemerkenswert sind die Zugewinne im Nordosten des Landes, in Oberschwaben, in der Oberrheinebene und im Südschwarzwald. Die in diesen Gebieten überwiegenden Betriebsstrukturen kleiner und mittlerer Betriebe sowie der Nachholbedarf an Dienstleistungen haben die Beschäftigungsstruktur dort günstig beeinflußt. Beschäftigungsverluste dagegen erlitten zum einen Mittelbereiche mit industriell-gewerblicher Verdichtung, z.B. die Mittelbereiche der Verdichtungszentren Stuttgart, Mannheim, Pforzheim und Ulm, und zum anderen Mittelbereiche mit hohen Anteilen traditioneller Industrien mit Anpassungsproblemen, z.B. die Mittelbereiche Villingen-Schwenningen, Schramberg, Albstadt, Geislingen oder Heidenheim" (LANDESENTWICKLUNGSBERICHT 1986, S. 72f.).

Hier muß jedoch angemerkt werden, daß sich hinter den relativ hohen Zuwachsraten in den nordöstlichen Mittelbereichen in absoluten Zahlen ausgedrückt zum Teil ziemlich geringe Zunahmen verbergen, da der Basiswert vergleichsweise niedrig ist. Die Steigerung der Beschäftigten zwischen 1979 und 1986 im Kreis Böblingen um 18,7% bedeutet z.B. absolut eine Zunahme von 22 148 Beschäftigten, während die Zunahme von 19,3% im Landkreis Heilbronn lediglich einem absoluten Wachstum von 11 795 Beschäftigten entspricht.

Angesichts des Ausgreifens des Suburbanisierungsprozesses insbesondere der Bevölkerung, aber auch der Arbeitsplätze mit seinen Wachstumsspitzen in von der Landesplanung als ländlicher Raum klassifizierte Bereiche erscheint eine zusammenfassende Darstellung der räumlichen Entwicklungstendenzen in Baden-Württemberg auf der Basis der nach den Kriterien der Ministerkonferenz für Raumordnung 1968 festgelegten Raumkategorien nicht angemessen. Diese wird insbesondere der Differenzierung der Bereiche des ländlichen Raums in solche, die durch Suburbanisierung und solche, die durch 'Peripherisierung' gekennzeichnet sind, nicht gerecht. Zu ersterer gehören mittlerweile zum Beispiel die Mittelbereiche Öhringen, Nagold und Horb, die von der vom Verdichtungsraum Stuttgart ausgehenden Suburbanisierungswelle erfaßt worden sind; in ähnlicher Weise wird, vom Verdichtungsraum Rhein-Neckar ausgehend, der Mittelbereich Sinsheim verstärkt zum suburbanen Raum umgewandelt, während der Mittelbereich Laupheim für Ulm und der Mittelbereich Müllheim für Freiburg diese Funktion erfüllen. Deshalb muß man sich von der Darstellung der Entwicklung in den Raumkategorien lösen, wie dies auch im LANDESENTWICKLUNGSBERICHT 1986 vielfach geschieht (vgl. LANDESENTWICKLUNGSBERICHT 1986, S. 48ff. und S. 68ff.). Wesentlich erscheinen insgesamt die folgenden vier Feststellungen:

1) Dominierender Wachstumsraum ist aufgrund großer Bevölkerungs- und Arbeitsplatzgewinne in einem weiten Umland, die die Abnahmen in der Landeshauptstadt bei weitem überkompensieren, der Verdichtungsraum um Stuttgart. Der Metropolisierungsprozeß auf die Landesmitte schreitet unter Ausdehnung dieses führenden Verdichtungsraums und paralleler Auflockerung seines Zentrums fort. Die Bugwelle der Suburbanisierung greift dabei weit in die traditionell zum Teil eher ländlich geprägten Nachbarregionen hinein, insbesondere im Westen der Region.

2) In den nordbadischen Agglomerationen werden die langfristigen absoluten Abnahmen (so bei Mannheim zwischen 1961 und 1986) bzw. unterproportionalen Zunahmen der zentralen Stadtkreise (so im gleichen Zeitraum Karlsruhe, Heidelberg und Baden-Baden), bedingt durch die Stagnation bzw. eine nur geringe Zunahme in den Umlandkreisen, nicht ausgeglichen, so daß die nordbadischen Regionen - und zwar gerade jene mit Verdichtungsräumen - generell an Anteilen des jeweiligen Landeswertes verlieren. Die Entwicklung in der Nordhälfte des Bundeslandes begünstigt damit eindeutig den württembergischen Landesteil.

3) Innerhalb des Landes zeichnet sich eine tendenzielle Verlagerung des Schwerpunkts von Bevölkerung und Erwerbstätigkeit in südlicher Rich-

tung ab. Dafür sind vor allem die anhaltenden Gewinne im Raum Freiburg und im badischen und württembergischen Bodenseegebiet sowie die unterdurchschnittliche bzw. schrumpfende Entwicklung im Nordwesten und im Nordosten des Landes verantwortlich.

4) Abnehmende Bevölkerungs- und teilweise auch Beschäftigungsziffern bzw. eine stagnierende Entwicklung kennzeichnen die peripheren Räume im Nordosten des Landes, auf der Ostalb, der Westalb und an der Ostabdachung des Mittleren Schwarzwaldes. Diese Bereiche bleiben in ihrer Entwicklung zum Teil beträchtlich hinter dem Landesdurchschnitt zurück.

5.3. Räumliche Disparitäten in Baden-Württemberg

Die Dominanz der Landeshauptstadt und ihres weiteren Umlandes - gegenüber den badischen Agglomerationen und natürlich auch gegenüber der gesamten Peripherie des Bundeslandes - zeigt sich auch bei der Betrachtung der Indikatoren 'Einkommen pro Arbeitnehmer' und 'Arbeitslosigkeit'.

Die Unterschiede im Lohnniveau innerhalb des Landes verändern sich nur sehr langsam. In der Dekade zwischen 1970 und 1980 haben sich die Disparitäten geringfügig verringert, da die Einkommen in privaten Dienstleistungen und im Öffentlichen Dienst, die vorwiegend in den zentralen Stadtkreisen mit hohem Lohnniveau vertreten sind, geringere Steigerungsraten aufweisen als die Einkommen im primären und sekundären Sektor, wobei auch die größere Bedeutung der Teilzeitarbeit im tertiären Sektor (herkömmlicher Abgrenzung) für das geringere Wachstum mit verantwortlich ist (vgl. MÜNZENMAIER/WALTER 1985, S. 187f.).

Der Berechnung der Löhne und Gehälter pro Arbeitnehmer in den Kreisen des Landes zufolge, welche MÜNZENMAIER und WALTER auf der Grundlage der Daten der Beschäftigtenstatistik (für die sozialversicherungspflichtig beschäftigten Angestellten und Arbeiter) sowie der Personalstandsstatistik des Öffentlichen Dienstes (für die Beamten) vorgenommen haben, zählten 1980 vom Mittleren Neckarraum die Kreise Stuttgart, Böblingen und Esslingen zusammen mit dem Stadtkreis Mannheim zur Gruppe der Kreise mit dem höchsten Lohnniveau (vgl. Karte 6). Karlsruhe und Heidelberg befinden sich - zusammen mit Ulm und dem Landkreis Ludwigsburg sowie dem Bodenseekreis - erst in der zweiten Größenklasse mit Einkommenswerten knapp über dem Landesdurchschnitt. Ein Lohnniveau um den Landesdurchschnitt weisen die Stadtkreis Heilbronn, Baden-Baden und Freiburg auf, dazu die östlichen Landkreise der Region Mittlerer Neckar sowie die sich anschließenden Landkreise der Region Ostwürttemberg und der Kreis Reutlingen. Einziger badischer Landkreis in dieser Mittelgruppe ist der Kreis Rastatt. Knapp unter dem Durchschnitt liegen die Einkommen der Arbeitnehmer in den Landkreisen des Nordwestens, in weiten Bereichen Südbadens und im östlichen Oberschwaben. Die Räume mit den niedrigsten Löhnen sind die peripheren Kreise des Nordostens, der Alb sowie des Schwarzwaldes (mit Ausnahme der industrialisierten Bereiche des Mittleren Schwarzwaldes).

Karte 6 Bruttolohn- und -gehaltsummen je Arbeitnehmer in den Stadt- und Landkreisen 1980

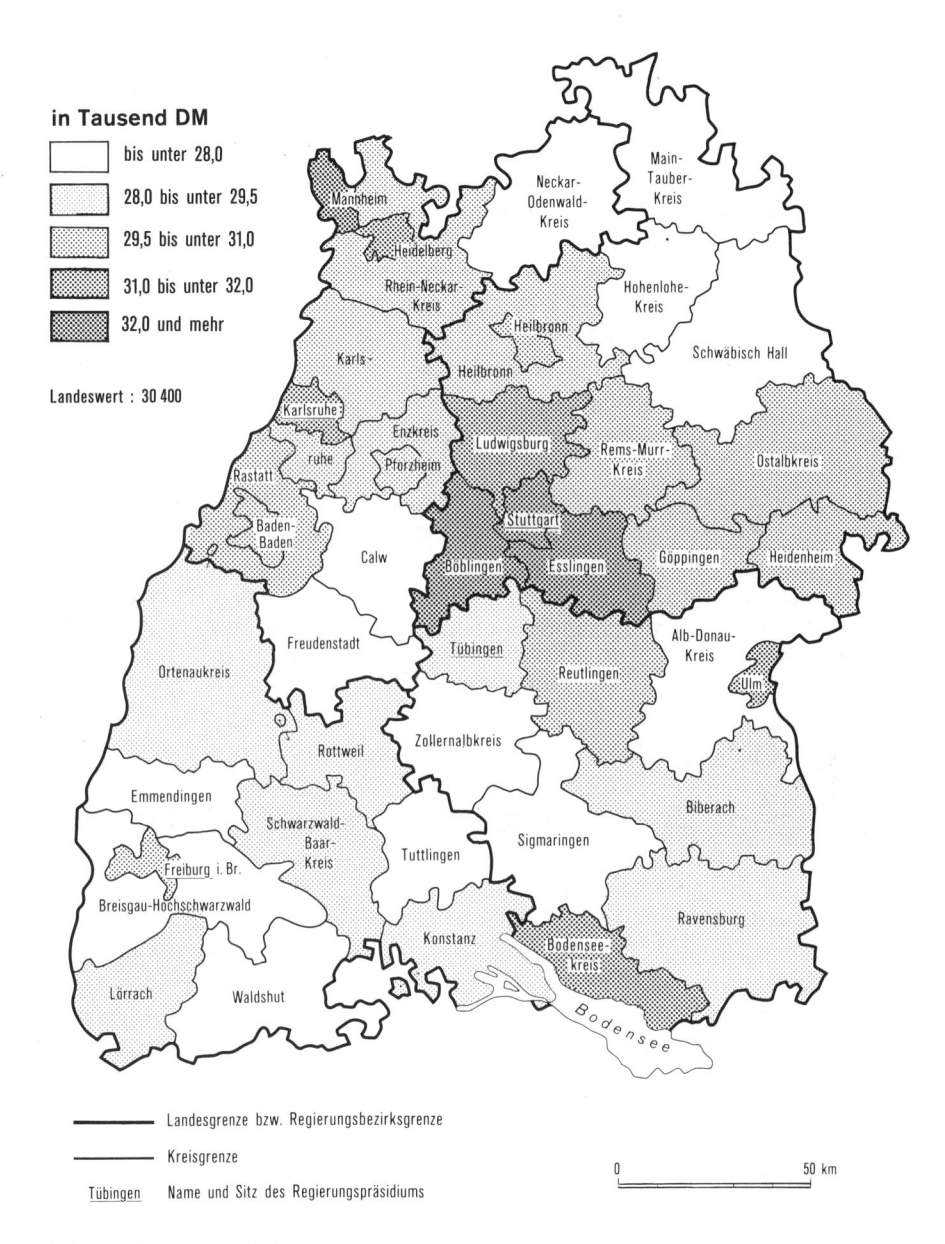

in Tausend DM

- bis unter 28,0
- 28,0 bis unter 29,5
- 29,5 bis unter 31,0
- 31,0 bis unter 32,0
- 32,0 und mehr

Landeswert : 30 400

―――― Landesgrenze bzw. Regierungsbezirksgrenze
―――― Kreisgrenze
Tübingen Name und Sitz des Regierungspräsidiums

Quelle : MÜNZENMAIER/WALTER 1985

Die räumliche Verteilung der Arbeitslosenquote zeigt ein deutliches Gefälle zwischen dem Mittleren Neckarraum und seinen nördlich, westlich und südlich angrenzenden Nachbarräumen einerseits und den übrigen Landesteilen andererseits. Mit ihrer geringen Arbeitslosigkeit nehmen vor allem die Arbeitsamtsbezirke Stuttgart, Ludwigsburg, Waiblingen und Göppingen nicht nur im Land, sondern auch bundesweit eine Ausnahmestellung ein. Außerhalb dieses baden-württembergischen Kernraums liegen nur noch im Südwesten und im äußersten Südosten des Landes Bereiche mit Arbeitslosenquoten unter dem Landesdurchschnitt. Überdurchschnittliche Arbeitslosenquoten weisen die gesamte Rheinachse im badischen Landesteil sowie daran angrenzend der Norden und Osten des Landes auf. Ein Gebietsstreifen mit ebenfalls höheren Arbeitslosenquoten zieht sich von Ulm über die südliche Schwäbische Alb in das westliche Bodenseegebiet und den mittleren Schwarzwald (vgl. LANDESENTWICKLUNGSBERICHT 1986, S. 74f.).

"Unbestritten besteht zwar auch in Baden-Württemberg ein Gefälle zwischen wirtschaftsstärkeren und wirtschaftsschwächeren Landesteilen. Die Gebiete mit höherer Arbeitslosigkeit umfassen sowohl verdichtete als auch dünnbesiedelte ländliche Räume, wobei es ein Gefälle zwischen der Landesmitte und den anderen Landesteilen gibt. Die Gründe sind aber vielfältig. Sie liegen sowohl in der Mannigfaltigkeit der natürlichen Bedingungen als auch in der unterschiedlich verlaufenen, von vielen Einzelfaktoren abhängigen historischen Entwicklung der einzelnen Landesteile" (LANDESENTWICKLUNGSBERICHT 1986, S. 75). Es ist sicher richtig, für die so beschriebene Raumstruktur und -entwicklung des Landes eine Vielzahl von Gründen anzunehmen. Ein wesentlicher und bislang von der regionalwissenschaftlichen Forschung noch kaum berücksichtigter Faktor scheint jedoch in der unterschiedlichen Ausstattung der Teilräume des Landes mit Institutionen des Informationssektors und deren Folgewirkungen für die jeweiligen Räume zu liegen.

6. Der Informationssektor in Baden-Württemberg

6.1. Die empirische Untersuchung: Auswertung der Beschäftigtenstatistik

Als Einstieg in die Untersuchung der Fragestellung, welche Bedeutung der quartäre Sektor für die wirtschaftliche Entwicklung und darüber hinaus insbesondere für die räumliche Entwicklung Baden-Württembergs besitzt, wurde in Zusammenarbeit mit dem Statistischen Landesamt Baden-Württemberg eine Sonderauswertung der Statistik der sozialversicherungspflichtig Beschäftigten durchgeführt. In dieser Statistik sind Selbständige, Beamte, nur geringfügig Beschäftigte sowie zum Teil Beschäftigte mit Einkommen über der Sozialversicherungsgrenze nicht erfaßt; es kann jedoch davon ausgegangen werden, daß in dieser fortlaufend geführten Beschäftigtenstatistik rund 80% aller Erwerbstätigen registriert sind. Die Beschäftigten werden am Arbeitsort erfaßt; seit 1979 werden die Beschäftigten nach Berufen in tiefer Gliederung (Dreistellern) geführt, so daß Berufsbereiche in ihrem räumlichen Verbreitungsmuster erschlossen werden können.

Anhand der in Teil A der Arbeit dargestellten Kriterien wurden Berufe mit dem Tätigkeitsschwerpunkt 'Informationsumgang' als Informationsberufe abgegrenzt und zum Informationssektor zusammengefaßt.

Es wäre wünschenswert, diese Auswertung durch eine entsprechende Erfassung der Beamten, die ja in vielen Fällen ebenfalls Informationstätigkeiten im dargelegten Sinne ausüben, zu ergänzen; dazu müßte die Personalstandserhebung des Öffentlichen Dienstes herangezogen werden. Bei dieser Statistik stellen sich jedoch zum einen wieder neue Abgrenzungsprobleme (zum Beispiel ist die Frage zu entscheiden, welche Dienstebenen - einfacher, mittlerer, gehobener, höherer Dienst - bei der Polizei zum Informationssektor zu zählen sind); zum anderen sieht man sich bei der Zuordnung der informationstätigen Beamten zu den Arbeitsorten vor unüberwindliche Schwierigkeiten gestellt, da diese vor allem nach Haushaltstiteln von Bund, Ländern und Gemeinden und nicht nach räumlichen Bereichen geführt werden. Eine derartige Untersuchung kann somit nur sehr schwer durchgeführt werden.

Die räumliche Verteilung der Informationsbeschäftigten in Baden-Württemberg wurde auf der Basis der Stadt- und Landkreise ermittelt. Differenzierter läßt sich das räumliche Verbreitungsmuster auf der Grundlage von Mittelbereichen darstellen, was jedoch aus verschiedenen Gründen bei der Sonderauswertung nicht vorgenommen werden konnte. Die Feststellung, die Mittelbereiche Baden-Württembergs entsprechen im Gegensatz zu den Stadt- und Landkreisen funktional zusammenhängenden Gebieten, ist ohnehin nur sehr bedingt berechtigt. Im wesentlichen sind die Grenzen der Kreise mit denen von Mittelbereichen identisch, die Mittelbereiche stellen also in der Regel nicht nur Untergliederungen von Regionen, sondern auch von Kreisen dar. Die Zufälligkeit von Kreisgrenzen überträgt sich dabei vielfach auf die Grenzen der Mittelbereiche.

Für die Auswertung wurden zwei Zeitschnitte gewählt: Der 31.3.1979 als der früheste Zeitpunkt, an dem die Auswertung der Statistik nach Berufen in Dreisteller-Gliederung möglich ist, und das Vergleichsdatum im Jahr 1986.

6.2. Die Entwicklung des Informationssektors in Baden-Württemberg

Das Bundesland Baden-Württemberg stellt sich im Untersuchungszeitraum dar als Raum mit expandierender Wirtschaft auf dem Weg zu einer von Informationstätigkeiten dominierten Tätigkeitsstruktur (vgl. Tab. 15). Zwischen 1979 und 1986 wächst die Gesamtzahl der sozialversicherungspflichtig Beschäftigten im Land um 3,7%; die Zahl der Informationstätigen unter ihnen erhöht sich jedoch im gleichen Zeitraum fast dreimal so stark, nämlich um 10%. Damit wächst der Anteil der Informationsbeschäftigten an den Beschäftigten insgesamt von 30,0% im Jahr 1979 auf 31,9% im Jahr 1986.

Betrachtet man die Entwicklung der aggregierten absoluten Zahlen von Informations- und Nichtinformationsbeschäftigten in Baden-Württemberg für die Jahre zwischen 1979 und 1986 (vgl. Tab. 16), so fällt auf, daß die Zahl der Nichtinformationsbeschäftigten insgesamt nur sehr geringfügig zugenommen hat und daß damit das Beschäftigungswachstum um rund 120 000 Beschäftigte in diesem Zeitraum zu mehr als 80% auf die Zunahme der Informationsbeschäftigten zurückzuführen ist. Im betrachteten Zeitraum bestimmen damit im wesentlichen die Veränderungen im Informationssektor die regionale Beschäftigungsentwicklung in Baden-Württemberg. Insgesamt sind 1986 rund 1,1 Mio der knapp 3,5 Mio sozialversicherungspflichtig Beschäftigten in Baden-Württemberg als Informationsbeschäftigte anzusehen.

Tab. 15: Beschäftigte insgesamt und Informationsbeschäftigte nach Wirtschaftszweigen 1979 und 1986 in Baden-Württemberg

Wirtschaftsabteilung bzw. -gruppe	Beschäftigte insgesamt		Informations-beschäftigte		Veränderung 1979-1986 (%)		Anteil der Inf.'beschäftigten an den insgesamt Beschäftigten		Anteil des Wirtschaftszweiges an den Beschäftigten insgesamt		Anteil des Wirtschaftszweiges an den Informationsbeschäftigten	
	1979	1986	1979	1986	Beschäftigte insgesamt	Informations-beschäftigte	1979	1986	1979	1986	1979	1986
Land- und Forstwirtschaft, Tierhaltung, Fischerei	30800	32150	2026	2165	4,4	6,9	6,6	6,7	0,9	0,9	0,2	0,2
Energie, Wasser, Bergbau	30356	33235	10355	11358	9,5	9,7	34,1	34,2	0,9	1,0	1,0	1,0
Verarbeitendes Gewerbe	1683358	1662760	386915	405757	-1,2	4,9	23,0	24,4	50,4	48,0	38,6	36,8
Metallverarbeitung	371358	387094	84152	91184	4,2	8,4	22,7	23,6	11,1	11,2	8,4	8,3
Kfz.-Herstellung	226432	243425	42445	47590	7,5	12,1	18,7	19,6	6,8	7,0	4,2	4,3
DV-Anlagen, E-Technik	271058	280640	79051	88220	3,5	11,6	29,2	31,4	8,1	8,1	7,9	8,0
Feinmechanik, Optik u.ä.	179931	172983	36789	37623	-3,8	2,3	20,4	21,7	5,4	5,0	3,7	3,4
Papier/Druck	85072	81538	41015	40908	-4,2	-0,3	48,2	50,2	2,5	2,4	4,1	3,7
Nahrungsmittelherst.	81250	85478	11573	11007	5,2	-4,9	14,2	12,9	2,4	2,5	1,2	1,0
Baugewerbe	251985	232929	29677	30797	-7,6	3,8	11,8	13,2	7,5	6,7	3,0	2,8
Handel	393813	399516	144201	150647	1,4	4,5	36,6	37,7	11,8	11,5	14,4	13,6
Großhandel, Handelsverm.	168161	169909	89314	94480	1,0	5,8	53,1	55,6	5,0	4,9	8,9	8,6
Einzelhandel	225652	229607	54887	56167	1,8	2,3	24,3	24,5	6,8	6,6	5,5	5,1
Verkehr und Nachrichten-übermittlung	116146	123405	42033	47893	6,2	13,9	36,2	38,8	3,5	3,6	4,2	4,3
Kreditinst. und Versicherung	112673	127662	103590	118863	13,3	14,7	91,9	93,1	3,4	3,7	10,3	10,8
Kreditinstitute	82887	96306	75414	88956	16,2	18,0	91,0	92,4	2,5	2,8	7,5	8,1
Versicherungen	29786	31356	28176	29907	5,3	6,1	94,6	95,4	0,9	0,9	2,8	2,7
Sonstige Dienstleistungen	484181	587698	159869	197024	21,4	23,2	33,0	33,5	14,5	17,0	15,9	17,8
Gastgewerbe, Heime	86894	104004	10061	13446	19,7	33,6	11,6	12,9	2,6	3,0	1,0	1,2
Kunst, Theater, Film, Verlags- und Pressewesen	26019	32268	18298	23080	24,0	26,1	70,3	71,5	0,8	0,9	1,8	2,1
Gesundheitswesen	143971	180474	13342	18266	25,4	36,9	9,3	10,1	4,3	5,2	1,3	1,7
Rechtsberatung, Architekten Vermögensverwaltung	71213	93098	58471	78846	30,7	34,8	82,1	84,7	2,1	2,7	5,8	7,1
Organisationen ohne Erwerbs-charakter, private Haushalte	47094	60903	23453	30508	29,3	30,1	49,8	50,1	1,4	1,8	2,3	2,8
Gebietskörperschaften und Sozialversicherung	191201	204104	101205	109022	6,7	7,7	52,9	53,4	5,7	5,9	10,1	9,9
alle Wirtschaftszweige	3341607	3464362	1003324	1104034	3,7	10,0	30,0	31,9	100	100	100	100

Tab. 16: Die Entwicklung der Informations- und Nichtinformationsbeschäftigten in Baden-Württemberg 1979 bis 1986

	1979	1986	Veränderung 1979-1986 absolut	%
Beschäftigte insgesamt	3 341 607	3 464 362	+ 122 755	+ 3,7
Nicht-Informationsbeschäftigte	2 338 283	2 360 328	+ 22 045	+ 0,9
Informationsbeschäftigte	1 003 324	1 104 034	+ 100 710	+ 10,0

Schaubild 7: Veränderung der Beschäftigtenzahlen in ausgewählten Informationsberufen bzw. Berufsgruppen 1986 gegen 1979

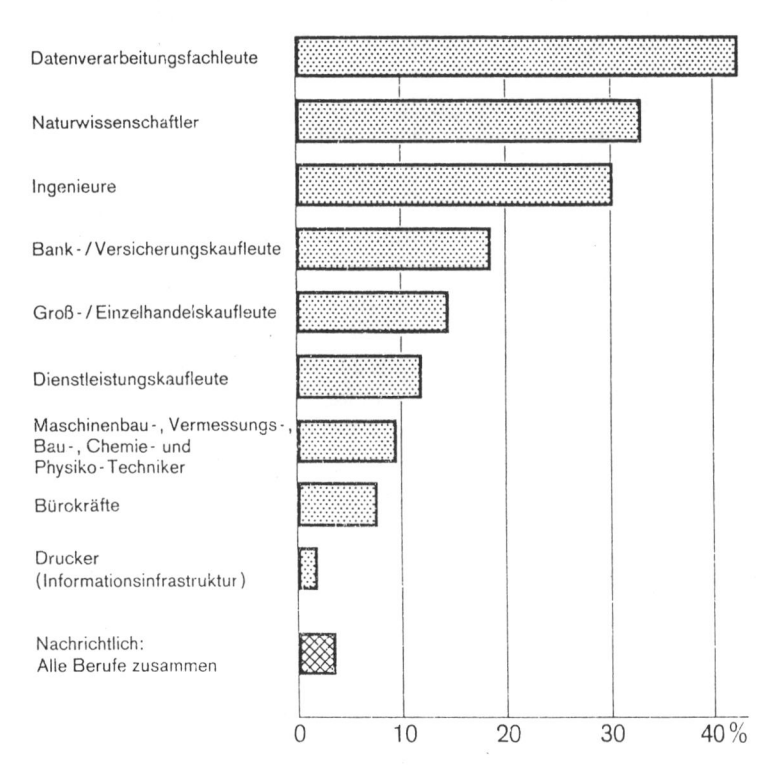

Statistik der sozialversicherungspflichtig Beschäftigten, Stichtag jeweils 31. März.

Statistisches Landesamt Baden-Württemberg

Die Zunahme des Anteils der Informationsbeschäftigten an den Beschäftigten insgesamt erstreckt sich über alle Wirtschaftszweige. Lediglich in der Nahrungsmittelindustrie nimmt die Zahl der Informationsbeschäftigten ab, auch absolut, während die Nichtinformationsberufe insgesamt so stark zunehmen, daß diese Wirtschaftsgruppe als ganze an Beschäftigten zunimmt.

Innerhalb des Informationssektors nehmen in den sieben Jahren seit 1979 vor allem die Berufe der Datenverarbeitungsfachleute, Naturwissenschaftler und Ingenieure an absoluter Zahl und Anteil zu, in geringerem Maße auch die der Kaufleute, vor allem im Bank- und Versicherungswesen (vgl. Schaubild 7).

Unterdurchschnittlich im Verhältnis zu allen Informationsberufen ist der Zuwachs bei den Büroberufen (mit 7,6% gegenüber 10%); diese geringere Wachstumsrate ist jedoch zum Teil auch auf das 1979 bestehende hohe Ausgangsniveau bei dieser Berufsgruppe zurückzuführen, die Zusammenfassung der Büroberufe enthält mit knapp einer halben Million Beschäftigten ein gutes Drittel aller Informationsberufe.

Immer noch sind weitaus die meisten Erwerbstätigen in Baden-Württemberg in der Industrie beschäftigt. Wenn auch der Anteil der sozialversicherungspflichtig Beschäftigten im Produzierenden Gewerbe von 50,4% im Jahr 1979 auf 48,9% im Jahr 1986 abgenommen hat, zeigt sich in dieser Quote doch die Dominanz der Industrie in der Wirtschaftsstruktur des Landes. Wesentlich ist dabei, daß fast ein Viertel der in dieser Wirtschaftsabteilung Beschäftigten Informationsberufe ausüben und daß dieser Anteil noch ansteigt, da einerseits die Beschäftigtenzahl in den Informationsberufen in der Industrie absolut zunimmt, sich andererseits jedoch die Zahl der Nichtinformationstätigen im Untersuchungszeitraum fast um die doppelte Anzahl vermindert hat, so daß die Beschäftigungsentwicklung im Produzierenden Gewerbe insgesamt rückläufig ist. Aufgrund der allgemein großen Bedeutung der Industrie in der baden-württembergischen Wirtschaftsstruktur stellt dieser Wirtschaftszweig auch die meisten Informationsbeschäftigten: Gut 400 000 Kopfarbeiter, über ein Drittel aller Informationsbeschäftigten des Landes, sind in der Industrie beschäftigt. Gerade die Berufsgruppen mit weit überdurchschnittlichen Wachstumsraten - wie Datenverarbeitungsfachleute, Naturwissenschaftler und Ingenieure - sind hier sehr stark vertreten. Im Verarbeitenden Gewerbe insgesamt ist jedoch der Zuwachs an Informationsbeschäftigten im Zeitraum 1979-1986 geringer als jener in der gesamten Wirtschaft, weshalb der Anteil des Produzierenden Gewerbes an den Informationsbeschäftigten in Baden-Württemberg von 38,6% auf 36,8% zurückgeht.

In den technologieintensiven, hochproduktiven Wachstumsbranchen Kraftfahrzeugherstellung, Metallverarbeitung sowie Elektrotechnik und Herstellung von Datenverarbeitungsanlagen steigt die Zahl der Informationsbeschäftigten stärker als in der gesamten Industrie und zum Teil auch stärker als in der Gesamtheit aller Wirtschaftszweige. Diese Branchen erhöhen ihren Anteil an allen Beschäftigten und zum Teil auch an den Informationsbeschäftigten. In der Automobilindustrie allein steigt die Zahl der Beschäftigten um 7,5%, jene der Informationsbeschäftigten jedoch um 12,1%! Dies hängt sicherlich auch mit der Massierung von Lenkungs- und Entwicklungsfunktionen in der baden-württembergischen Automobilindustrie zusammen. Darüber hinaus ist ein Zusammenhang zwischen dem Anteil der Informationsbeschäftigten an den Beschäftigten insgesamt und dem Produktivitätsniveau in den einzelnen Branchen (berechnet als Bruttowertschöpfung je Erwerbstätigen) eindeutig gegeben: Von den untersuchten Wirtschaftszweigen mit hoher Produktivität haben nahezu alle auch eine überdurchschnittliche Informationsquote aufzuweisen (vgl. STATISTISCH-PROGNOSTISCHER BERICHT 1986/87, S. 99).

In den schrumpfenden Branchen Papier/Druck und Feinmechanik, Optik und dergleichen zeigen die Informationsberufe ebenfalls eine vergleichsweise jeweils günstigere Entwicklung als die übrigen Berufe; in Feinmechanik, Optik etc. nehmen sie sogar absolut zu, jedoch nicht in dem Maße wie der Durchschnitt der Gesamtwirtschaft. Umgekehrt stellt sich in dem betrachteten Zeitraum die Situation in der Nahrungsmittelindustrie dar, wo Beschäftigungszuwachs zu verzeichnen ist, bei absolutem Verlust an Beschäftigten in Informationsberufen. Eventuell sind hier dem Rationalisierungsprozeß in der Produktion Grenzen gesetzt, und der Einsatz von Personal bleibt unabdingbar, während im Bürobereich Stellen abgebaut werden. Aber auch der Anteil von Naturwissenschaftlern und Ingenieuren ist in dieser Branche außerdem beträchtlich geringer als in anderen Industriezweigen. Die Entwicklung kann jedoch möglicherweise auch durch Ausbau von Zweigwerken o.ä. erklärt werden.

Das Baugewerbe zeigt die auch für das Produzierende Gewerbe beschriebene Entwicklung, jedoch mit insgesamt stärkerer Abnahme der Beschäftigtenzahlen. Auch hier nehmen die quartären Berufe noch geringfügig zu. Die Verluste an Beschäftigten im Nichtinformationsbereich sind jedoch so groß, daß die Beschäftigungsentwicklung insgesamt negativ verläuft.

Der hohe Anteil der Informationsberufe in der Wirtschaftsabteilung 'Energie, Wasserversorgung, Bergbau' erklärt sich aus der großen Bedeutung von Lenkungs- und Organisationsfunktionen der zumeist monopolistisch operierenden Großunternehmen in diesem Bereiche. Die Zuwachsraten sind beachtlich. Insgesamt trägt diese Wirtschaftsabteilung in Baden-Württemberg jedoch nur mit einem Prozent zur Informationsbeschäftigung bei.

Der Handel zeigt eine unterproportionale Zunahme der Beschäftigtenzahlen, so daß sein Anteil an den insgesamt Beschäftigten geringfügig und jener an den Informationsbeschäftigten in stärkerem Maße abgenommen hat. Vor allem in Großhandel und Handelsvermittlung ist die Zahl der Informationsbeschäftigten gestiegen. Durch die Einbeziehung der Einzelhandelskaufleute in die Liste der Informationsberufe liegen die Zahlen für Informationstätigkeit im Einzelhandel eventuell etwas zu hoch.

Überproportionale Wachstumsraten weisen dagegen die Beschäftigungszahlen in der Wirtschaftsabteilung 'Verkehr und Nachrichtenübermittlung' auf; infolgedessen steigt ihr Anteil an den insgesamt Beschäftigten wie auch an den Informationsbeschäftigten im Land, da eher die Nachrichtenübermittlung als der Warenverkehr für die Zunahmen verantwortlich ist.

Gut 10% aller quartären Beschäftigten sind im Bank- und Versicherungswesen tätig, wo jeweils über 90% aller Beschäftigten (gemäß der angewendeten Ausweisung) Informationsberufen nachgehen. Das Bankwesen zeigt ein weit überdurchschnittliches Wachstum der Informationstätigen und eine (allerdings ganz geringfügige) Abnahme der Nichtinformationstätigkeiten. Die Wirtschaftsabteilung verzeichnet zusammengenommen ein gegenüber der gesamten Wirtschaft fast vierfaches Wachstum der Beschäftigtenzahlen.

Noch stärker als in der Wirtschaftsabteilung 6 wachsen die Beschäftigtenzahlen in den Sonstigen Dienstleistungen in Baden-Württemberg. Hier nehmen - im Gegensatz zur GERSHUNY-These der 'self-service economy' - vielfach auch die tertiären Dienstleistungen zu, so im Gastgewerbe und im Gesundheitswesen. Innerhalb der einzelnen Wirtschaftszweige wachsen die Zahlen für die jeweiligen Informationsbeschäftigten jedoch noch stärker als der Durchschnitt aller Beschäftigten. Die Wirtschaftsabteilung steigert damit ihren Anteil an den insgesamt Beschäftigten um 2,5% auf 17% und jenen an den Informationsbeschäftigten um knapp 2% auf 18%. In diesem großen Wirtschaftszweig sind nach dem Verarbeitenden Gewerbe die meisten Erwerbstätigen in Baden-Württemberg und auch die meisten Informationstätigen beschäftigt. Die höchsten Zuwachsraten weisen dabei die informationsintensiven Gruppen 'Rechtsberatung, Architekten, Vermögensberatung' und der Medienbereich sowie der überwiegend als tertiär anzusprechende Bereich des Gesundheitswesens auf.

Immense Zuwachsraten bei den Organisationen ohne Erwerbscharakter und den privaten Haushalten, wo der Beschäftigungszuwachs innerhalb der sieben Jahre fast ein Drittel des Ausgangswertes von 1979 beträgt, lassen auch für diese Wirtschaftsabteilung den Anteil an den insgesamt Erwerbstätigen und an den Informationsbeschäftigten ansteigen.

Da die Beamten in der Übersicht der sozialversicherungspflichtig Beschäftigten fehlen, sind die Angaben für die Öffentliche Verwaltung nur mit großer Vorsicht zu interpretieren. Aus diesem Grunde wächst die Zahl der Informationsbeschäftigten hier im Vergleich zur Gesamtwirtschaft nur unterproportional, während der Zuwachs bei den insgesamt Beschäftigten - durch Berücksichtigung der neueingestellten Arbeiter und Angestellten - bei Staat und Sozialversicherung insgesamt überproportional ausfällt. Eine weitere Erklärung für das vergleichsweise geringere Wachstum der Informationsbeschäftigten beim Staat liegt darin, daß Ende der 70er Jahre Pädagogen in weit höherem Maße im Angestelltenverhältnis beschäftigt waren als Mitte der 80er Jahre und damit im Verlauf des Untersuchungszeitraums viele Lehrer aus der Statistik der sozialversicherungspflichtig Beschäftigten quasi herausfallen (vgl. hierzu auch STATISTISCH-PROGNOSTISCHER BERICHT 1986/87, S. 97). Die Einbeziehung der Beamten würde sicherlich den Anteil der Informationsbeschäftigten bei Gebietskörperschaften insgesamt noch erheblich erhöhen.

Als bezüglich der Berufszusammensetzung eindeutig quartär dominierte Wirtschaftszweige in Baden-Württemberg zeichnen sich die Kreditinstitute und das Versicherungswesen aus - mit jeweils einer Informationsquote von über 90% - sowie einzelne Wirtschaftsgruppen der Sonstigen Dienstleistungen wie 'Rechtsberatung, Architekten, Vermögensverwaltung' und der Medienbereich. Unter Einbeziehung der Beamten dürften, wie beschrieben, in der Öffentlichen Verwaltung ebenfalls beträchtlich über die Hälfte der Beschäftigten mit dem Schwerpunkt 'Informationsumgang' befaßt sein. Auch im Großhandel, in der Druckindustrie und bei den Organisationen ohne Erwerbscharakter sind noch mehr als die Hälfte der Beschäftigten mittlerweile dem Informationssektor zuzurechnen. Rund ein Drittel Informationstätige beschäftigen die Wirtschaftsabteilungen 'Verkehr und Nachrichtenübermittlung', 'Energie, Wasserversorgung, Bergbau' sowie der Industriezweig der Elektrotechnik und Herstellung von Datenverarbeitungsanlagen. Die Informationsquoten in den übrigen Industriebranchen mit hoher Produktivität (Metallverarbeitung, Kraftfahrzeugherstellung und Feinmechanik/Optik etc.) bewegen sich um 20%. Die geringsten Anteile von Informationsbeschäftigten finden sich im Baugewerbe, in der Gastronomie und im Gesundheitswesen (wo die Ärzte nicht zum Informationssektor gezählt wurden); hier sind vorwiegend Produktionstätigkeiten bzw. personenbezogene

Dienstleistungen enthalten. Ohnehin ganz geringe Informationsquoten - zumal in Baden-Württemberg - weist der Agrarsektor auf.

Die Zahlen zeigen, daß von einer "postindustriellen Gesellschaft" in Baden-Württemberg keineswegs die Rede sein kann angesichts der Tatsache, daß knapp 50% aller Erwerbstätigen in der Industrie beschäftigt sind. Auch hinsichtlich der Wertschöpfung umfaßt das Verarbeitende Gewerbe (ohne Baugewerbe) mit rund 39% (1984) des Landeswerts immer noch den weitaus größten Anteil aller Wirtschaftsabteilungen (vgl. MÜNZENMAIER 1987b, S. 174). Ein Wandel hin zu einer in hohem Maße von Informationstätigkeiten gekennzeichneten Wirtschaftsstruktur ist jedoch deutlich zu erkennen. Dieser spielt sich dabei gerade auch innerhalb des Produzierenden Gewerbes ab. Insofern erscheint es sinnvoll, die Hypothese der Entwicklung einer industriellen Informationsökonomie für Baden-Württemberg weiter zu verfolgen.

6.3. Die räumliche Verteilung des Informationssektors auf die Stadt- und Landkreise in Baden-Württemberg

6.3.1. Das Verteilungsmuster des Informationssektors insgesamt

Berechnet man für die Stadt- und Landkreise Baden-Württembergs jeweils die Dichte der Informationsbeschäftigten (Informationsbeschäftigte pro km^2), ergibt sich im wesentlichen ein ähnliches Bild wie bei der Beschäftigtendichte (vgl. Karten 7 und 3). Diese Ähnlichkeit ist darauf zurückzuführen, daß die Unterschiede zwischen den Kreisen in den Informationsquoten, d.h. den Anteilen der Informationsbeschäftigten an den insgesamt Beschäftigten, sich weit geringer auswirken als die Größenunterschiede der Kreise. Mit anderen Worten: Einer bestimmten Dichte von Beschäftigten in einem Kreis entspricht im großen und ganzen auch eine vergleichbare Dichte von Informationsbeschäftigten in diesem Kreis.

Den höchsten Dichtewert weist die Landeshauptstadt auf (813 Informationsbeschäftigte pro km^2 zum Stichtag 31.3.1986), und dies trotz der großen Waldanteile auf der Gemarkung Stuttgart. Mit ungefähr halb so großen Werten folgen die Großstädte Mannheim (454) und Karlsruhe (345), mit einigem Abstand dann die Stadtkreise Heidelberg, Pforzheim, Freiburg, Heilbronn und Ulm mit Dichtewerten zwischen 239 und 208 Informationsbeschäftigten pro km^2.

Unter den Landkreisen weisen die Stuttgarter Umlandkreise die größten Dichtewerte auf; Esslingen, Böblingen und Ludwigsburg besitzen sogar eine höhere Informationsbeschäftigtendichte als der Stadtkreis Baden-Baden.

Von Interesse sind vor allem die Positionsverschiebungen der Rangliste der Kreise bezüglich der Dichte der Informationsbeschäftigten gegenüber jener gemäß der generellen Beschäftigtendichte: Während der Kreis Göppingen bei der Informationsbeschäftigten-Dichte etwas zurückfällt, liegen die Werte in den Kreisen Tübingen, Konstanz und auch im Bodenseekreis höher. Wie bei den Stadtkreisen mit großen Universitäten - Heidelberg und Freiburg - schlagen auch bei den Landkreisen Tübingen und Konstanz die Universitätsstandorte zu Buche, während beim Bodenseekreis vermutlich eher die Tätigkeitsstruktur innerhalb der Industrie in Richtung auf Informationstätigkeiten ausgerichtet

Karte 7 Dichte der Informationsbeschäftigten 1986

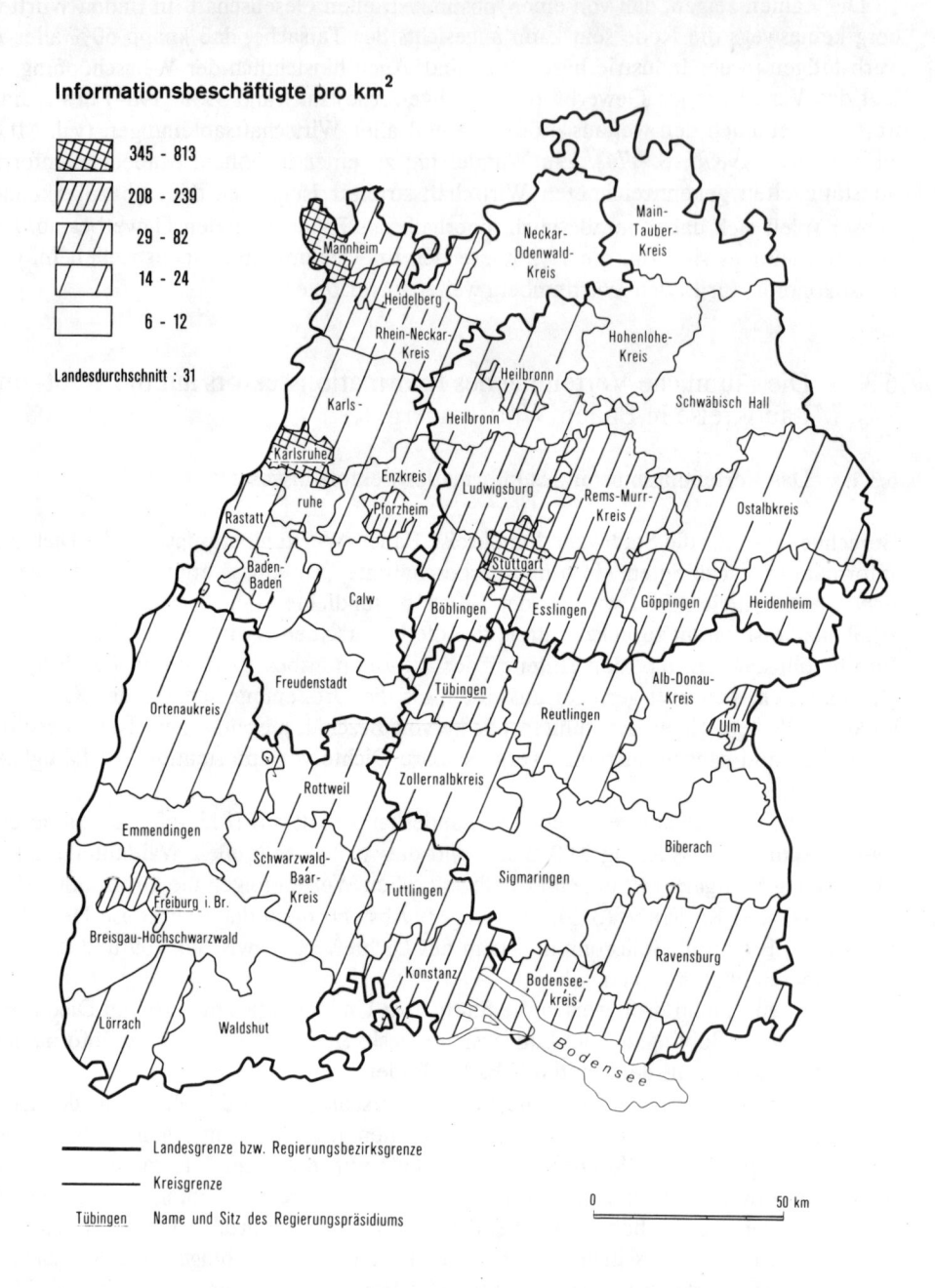

Informationsbeschäftigte pro km^2

- 345 - 813
- 208 - 239
- 29 - 82
- 14 - 24
- 6 - 12

Landesdurchschnitt : 31

───── Landesgrenze bzw. Regierungsbezirksgrenze
───── Kreisgrenze
Tübingen Name und Sitz des Regierungspräsidiums

0   50 km

ist und hier den vergleichsweise höheren Dichtewert verursacht, der identisch ist mit dem des Rhein-Neckar-Kreises.

Beim Vergleich von Beschäftigtendichte und Informationsbeschäftigtendichte in den weniger verdichteten Kreisen wechseln lediglich der Ortenaukreis, der Kreis Emmendingen sowie der Kreis Ravensburg die Klassenzugehörigkeit. Damit besitzen die Kreise entlang des Oberrheins (mit Ausnahme von Breisgau-Hochschwarzwald und Emmendingen), der Verdichtungsbereich Aalen-Heidenheim, der übrige Nordwesten des Landes sowie Landkreise der Westalb und der Baar noch insgesamt höhere Informationsbeschäftigtendichten als der Nordosten sowie weite Bereiche des Schwarzwalds und das nördliche Oberschwaben.

Die Kartierung der Informationsbeschäftigtendichte liefert jedoch insgesamt wenig mehr an Erkenntnissen zu dem räumlichen Muster, welches der Informationssektor ausbildet, als die Verteilungskarte der insgesamt im Land sozialversicherungspflichtig Beschäftigten. Insbesondere werden die Abweichungen der Informationsbeschäftigtendichte von der Dichte der insgesamt Beschäftigten nicht ausreichend deutlich. Erkennbar wird diese Differenzierung durch eine Darstellung der Informationsquoten, der Anteile der Informationsbeschäftigten an den Beschäftigten insgesamt. Die Informationsquote eines Stadt- oder Landkreises läßt sich dabei auch - dividiert durch den Landeswert - als Quotient der Abweichung vom Landeswert angeben. Diese Größe ist identisch mit dem Lokalisationskoeffizienten; er entspricht dem Quotienten aus dem Anteil eines Kreises an den Informationsbeschäftigten im Land dividiert durch den Anteil des Kreises an den insgesamt Beschäftigten im Land:

$$l_k = \frac{I_{Kreis}}{B_{Kreis}} : \frac{I_{Land}}{B_{Land}} = \frac{I_{Kreis}}{I_{Land}} : \frac{B_{Kreis}}{B_{Land}}$$

wobei I jeweils die Informationsbeschäftigten und B die Zahl der Beschäftigten insgesamt bezeichnet.

Die Lokalisationskoeffizienten der Informationsbeschäftigten bezogen auf die insgesamt Beschäftigten in den Kreisen Baden-Württembergs sind in Karte 8 dargestellt. Die höchsten Werte weisen die Stadtkreise Stuttgart, Karlsruhe, Freiburg, Heidelberg und Mannheim auf - in dieser Reihenfolge, d.h. Heidelberg und Mannheim besitzen bereits deutlich niedrigere Informationsquoten (38,9 bzw. 38,6) im Vergleich zu Stuttgart mit 46,9, aber auch im Vergleich zu Karlsruhe (43,0) und Freiburg (40,8). Informationsquoten über dem Landesdurchschnitt von 31,9 und damit Lokalisationskoeffizienten von größer als 1 existieren darüber hinaus in den übrigen vier Stadtkreisen sowie in den Landkreisen Ludwigsburg und Tübingen und den beiden Landkreisen am Bodensee.

Eine erhebliche, jedoch im Vergleich zum Landeswert bereits unterdurchschnittliche Bedeutung kommt dem Informationssektor innerhalb der Tätigkeitsstruktur in den Stuttgarter Umlandkreisen Böblingen, Esslingen und Rems-Murr-Kreis zu, im Landkreis Schwäbisch Hall sowie im Kreis Ravensburg. Zwischen 30,9 und 29,0% der Beschäftigten sind hier in Informationsberufen tätig. Etwas mehr als ein Viertel der Beschäftigten im

Karte 8 Informationsquoten 1986

ausgedrückt als Verhältnis der Informationsquote des jeweiligen Kreises zum Landeswert (Lokalisationskoeffizient):

- 1,21 - 1,47
- 1,02 - 1,14
- 0,91 - 0,97
- 0,83 - 0,89
- 0,69 - 0,80

——— Landesgrenze bzw. Regierungsbezirksgrenze
——— Kreisgrenze
<u>Tübingen</u> Name und Sitz des Regierungspräsidiums

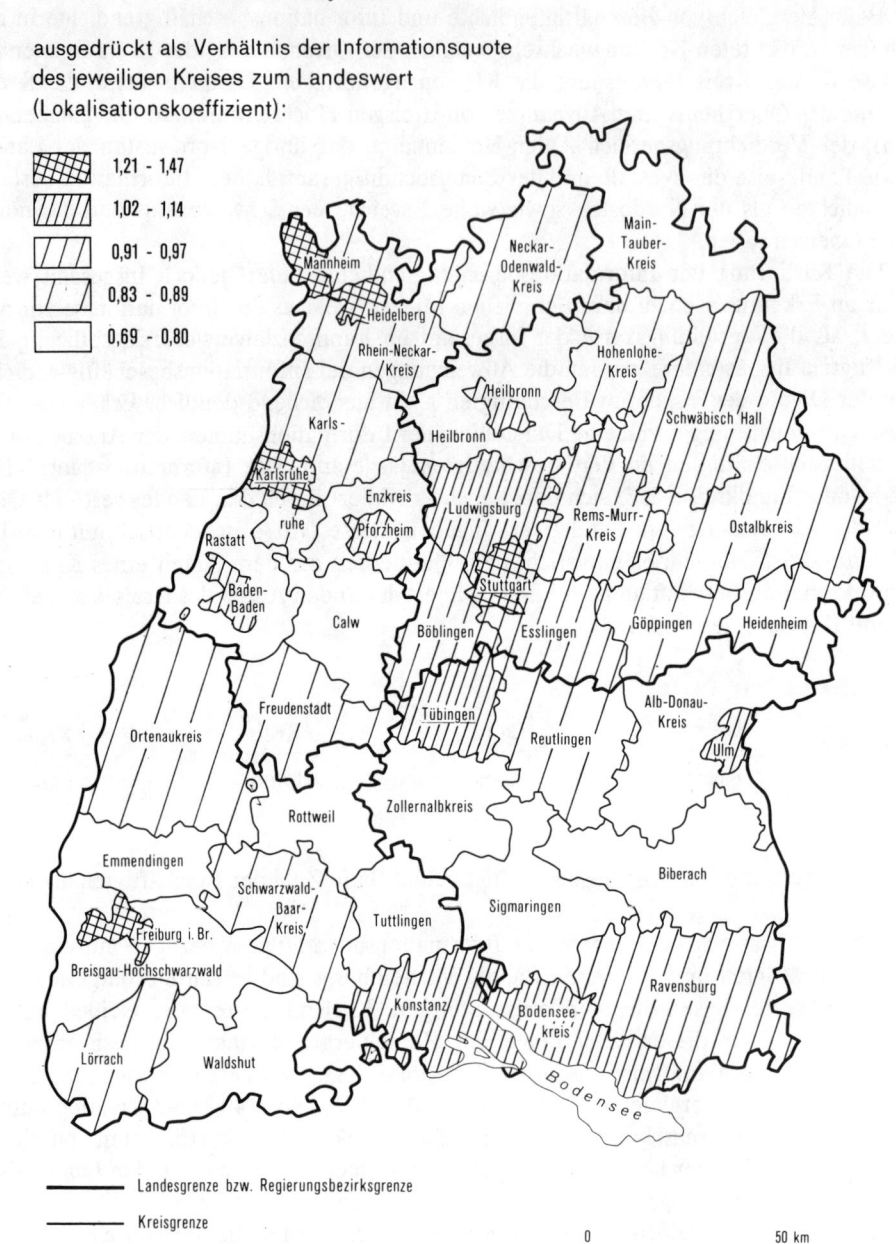

0   50 km

Informationssektor verzeichnen danach Landkreise am unteren Neckar, im Karlsruher Umland, in Ostwürttemberg sowie in Teilen des Schwarzwaldes.

Der Kartierung der Informationsquoten bzw. Lokalisationskoeffizienten zufolge spielen Informationstätigkeiten nur eine vergleichsweise geringe Rolle im Nordosten des Landes (Main-Tauber-Kreis), im Landkreis Heilbronn, in Teilbereichen des Schwarzwaldes sowie in weiten Bereichen Oberschwabens.

Die Räume mit relativ größerem Gewicht der Informationstätigkeit innerhalb der Beschäftigtenstruktur der Kreise liegen damit insgesamt - abgesehen von den Stadtkreisen mit generell höheren Anteilen an Informationsbeschäftigten an den insgesamt Beschäftigten - in der Landesmitte um Stuttgart, im östlichen Württemberg sowie am Bodensee. Mit bereits schwächeren Anteilen sind die Informationsbeschäftigten in den nordbadischen Agglomerationen vertreten.

Die Informationsquoten geben vor allem Auskunft über die Bedeutung der Informationstätigkeiten innerhalb der Wirtschaftsstruktur der einzelnen Stadt- und Landkreise. Der Nachteil bei der Darstellung der Informationsquoten in den einzelnen Raumeinheiten des Landes liegt darin, daß in diese Quoten nicht nur die Zahl der Informationsbeschäftigten, sondern in gleichem Maße auch die Zahl der insgesamt Beschäftigten eingeht. Damit wird das Verteilungsmuster des Informationssektors wiederum verzerrt wiedergegeben. Aufgrund seiner hohen Beschäftigungszahlen wird zum Beispiel das Ausmaß der Informationsbeschäftigten im Kreis Böblingen (1986: 41 503 sozialversicherungspflichtig beschäftigte Informationstätige) nicht ausreichend deutlich, während andererseits eine Zahl wie die der Informationstätigkeiten in Baden-Baden (1986: 8435 sozialversicherungspflichtig beschäftigte Informationstätige) über Gebühr gewichtet wird.

Sinnvoll erscheint deshalb eine Kartierung der Anteile der einzelnen Kreise an der Landessumme der Informationsbeschäftigten. Auch diese Methode hat ihren Nachteil: Die Kreise sind nicht gleich groß, und die Anteilswerte fallen natürlich für größere Kreise tendenziell zu groß aus. In der Zusammenschau mit den anderen Analyse- und Darstellungsweisen lassen sich jedoch mit Hilfe dieser Methode am ehesten adäquate Ergebnisse erzielen.

Die Karte der Anteile der Stadt- und Landkreise an den Informationsbeschäftigten im Land zeigt ein weiteres Mal die herausragende Bedeutung der Landeshauptstadt als Standort quartärer Funktionen (vgl. Karte 9). Jede(r) siebte Informationsbeschäftigte im Land arbeitet in Stuttgart. Um mehr als die Hälfte geringer als der Stuttgarter Wert sind die Anteile der wichtigsten badischen Zentren Mannheim und Karlsruhe. Deutlicher als die Karte der Informationsquoten zeigt die Karte der Informationsbeschäftigten-Anteile das Gewicht der an Stuttgart angrenzenden Landkreise in der Region Mittlerer Neckar: Trotz ihrer - abgesehen vom Rems-Murr-Kreis - unterdurchschnittlichen Kreisgrößen beherbergen sie jeweils beträchtlich mehr Informationstätige als der Durchschnitt aller Kreise. Insgesamt findet sich 1986 genau ein Drittel (33,3%) der sozialversicherungspflichtig Beschäftigten Baden-Württembergs mit Informationsberuf in der Region Mittlerer Neckar. Dies ist sowohl Ausdruck als auch Grundlage für die generelle wirtschaftliche Vormachtstellung dieses Verdichtungsraumes im Land und darüber hinaus.

Die Anteile der Agglomerationen in Nordbaden fallen im Vergleich zum Mittleren Neckarraum deutlich niedriger aus. Hier sind sowohl in den zentralen Stadtkreisen als auch in den Umlandkreisen die Anteilswerte geringer - die Anteile von Heidelberg,

Karte 9 Informationsbeschäftigte 1986

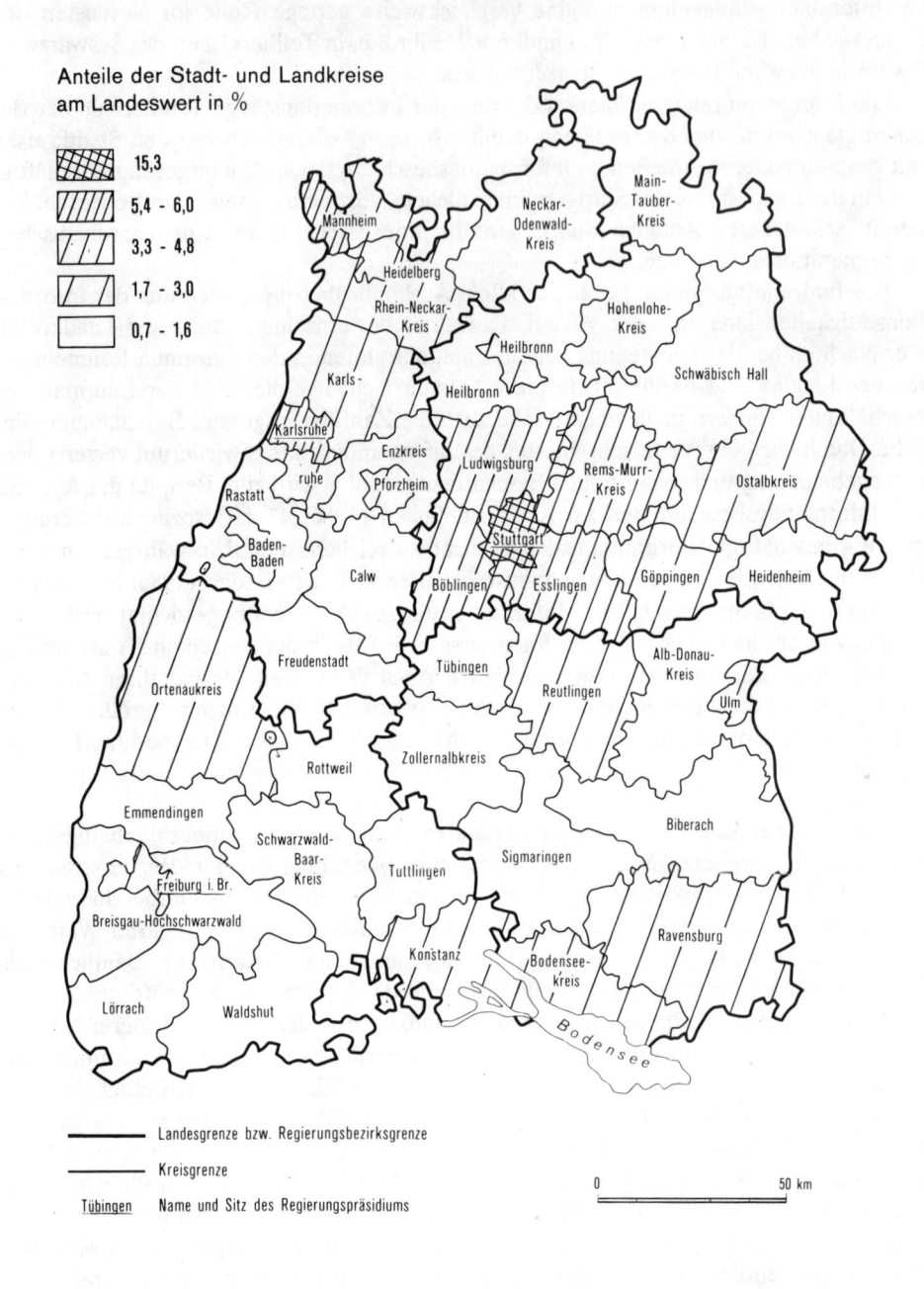

Anteile der Stadt- und Landkreise am Landeswert in %

- 15,3
- 5,4 - 6,0
- 3,3 - 4,8
- 1,7 - 3,0
- 0,7 - 1,6

― Landesgrenze bzw. Regierungsbezirksgrenze
― Kreisgrenze
Tübingen Name und Sitz des Regierungspräsidiums

0   50 km

Rhein-Neckar-Kreis und Landkreis Karlsruhe liegen nur knapp über dem Landesdurchschnitt: In der Region Unterer Neckar (einschließlich des gering verdichteten Neckar-Odenwald-Kreises) sind 12,1% der Informationsbeschäftigten des Landes tätig, in der Region Mittlerer Oberrhein 10,1%. In Freiburg finden sich 3% der Informationsbeschäftigten im Land, in Ulm 2,2% und in den beiden anderen wirtschaftlich bedeutenden Stadtkreisen Heilbronn und Pforzheim jeweils 1,9%.

In den Bereichen außerhalb der Stadtkreise und der Verdichtungsräume weist der gesamte Bodenseeraum auffallend höhere Anteilswerte auf. Vor allem der Kreis Konstanz und der Bodenseekreis sind als Standorträume von Informationsfunktionen erwähnenswert; diese baden-württembergischen 'sunbelt'-Kreise zeichnen sich ja vor allem auch durch hohe Informationsquoten aus. Die hohen absoluten Zahlen der Informationsbeschäftigten sind hier weniger eine Folge von hohen Beschäftigtenzahlen insgesamt, sondern beruhen vielmehr auf den überdurchschnittlichen Anteilen der Informationsbeschäftigten an den Beschäftigten insgesamt. Anders ist dies im Fall des Landkreises Reutlingen: Seine Informationsquote ist vergleichsweise gering, die Beschäftigtenzahl insgesamt jedoch noch so hoch, daß der Beitrag zur Landessumme der Informationsbeschäftigten dieses Kreises mit 2,3% gerade noch über dem Landesdurchschnitt liegt. Genau umgekehrt stellt sich die Situation im Nachbarkreis Tübingen dar: Trotz sehr hoher Informationsquote ist aufgrund der insgesamt geringeren Beschäftigtenzahl dieses allerdings auch kleinsten baden-württembergischen Landkreises der Beitrag zum Landeswert der Informationsbeschäftigten gering. Für den Stadtkreis Baden-Baden gilt dies noch in stärkerem Maße.

Die vergleichsweise höheren Informationsbeschäftigtenanteile in den Landkreisen Ortenaukreis, Ravensburg und Ostalbkreis rühren andererseits nicht nur daher, daß diese Kreise die drei größten Landkreise des Bundeslandes darstellen; auch die Dichte der Informationsbeschäftigten und die jeweilige Informationsquote liegen hier höher als in den Landkreisen mit geringsten Anteilen an den Informationsbeschäftigten im Land.

Aus der Analyse der Kartierungen der Informationsbeschäftigtendichte, der Informationsquoten und der Anteile der Kreise an den Informationsbeschäftigten im Land ergeben sich insgesamt drei große Bereiche in Baden-Württemberg, die durch geringe Indikatoren hinsichtlich der Informationsbeschäftigung gekennzeichnet sind. Es sind dies der Nordosten des Landes, das nördliche Oberschwaben mit Westalb und Baar sowie der gesamte Schwarzwald.

Im Untersuchungszeitraum 1979 bis 1986 hat die Zahl der Informationsbeschäftigten im Land und in allen Stadt- und Landkreisen zugenommen. Dagegen hat die Beschäftigung insgesamt im Land zwar ebenfalls zugenommen, einzelne Landkreise zeigen jedoch eine Abnahme der Beschäftigtenzahl; in diesen Kreisen ist also die Abnahme der Beschäftigung in Nichtinformationsberufen größer als die Zunahme der Informationsbeschäftigten.

Dadurch, daß in allen Stadt- und Landkreisen - bis auf eine Ausnahme - die prozentuale Zunahme im Informationssektor größer ist als jene der insgesamt sozialversicherungspflichtig Beschäftigten, erhöhen sich in allen Kreisen die Informationsquoten. Die Ausnahme bildet der Landkreis Heilbronn; hier wird der beachtliche Zuwachs an Informationsbeschäftigten um 18,0% zwischen 1979 und 1986 von der Zunahme der insgesamt Beschäftigten von 19,3% noch übertroffen, wodurch die Informationsquote im Landkreis

Karte 10 Entwicklung der Informationsbeschäftigung 1979-1986

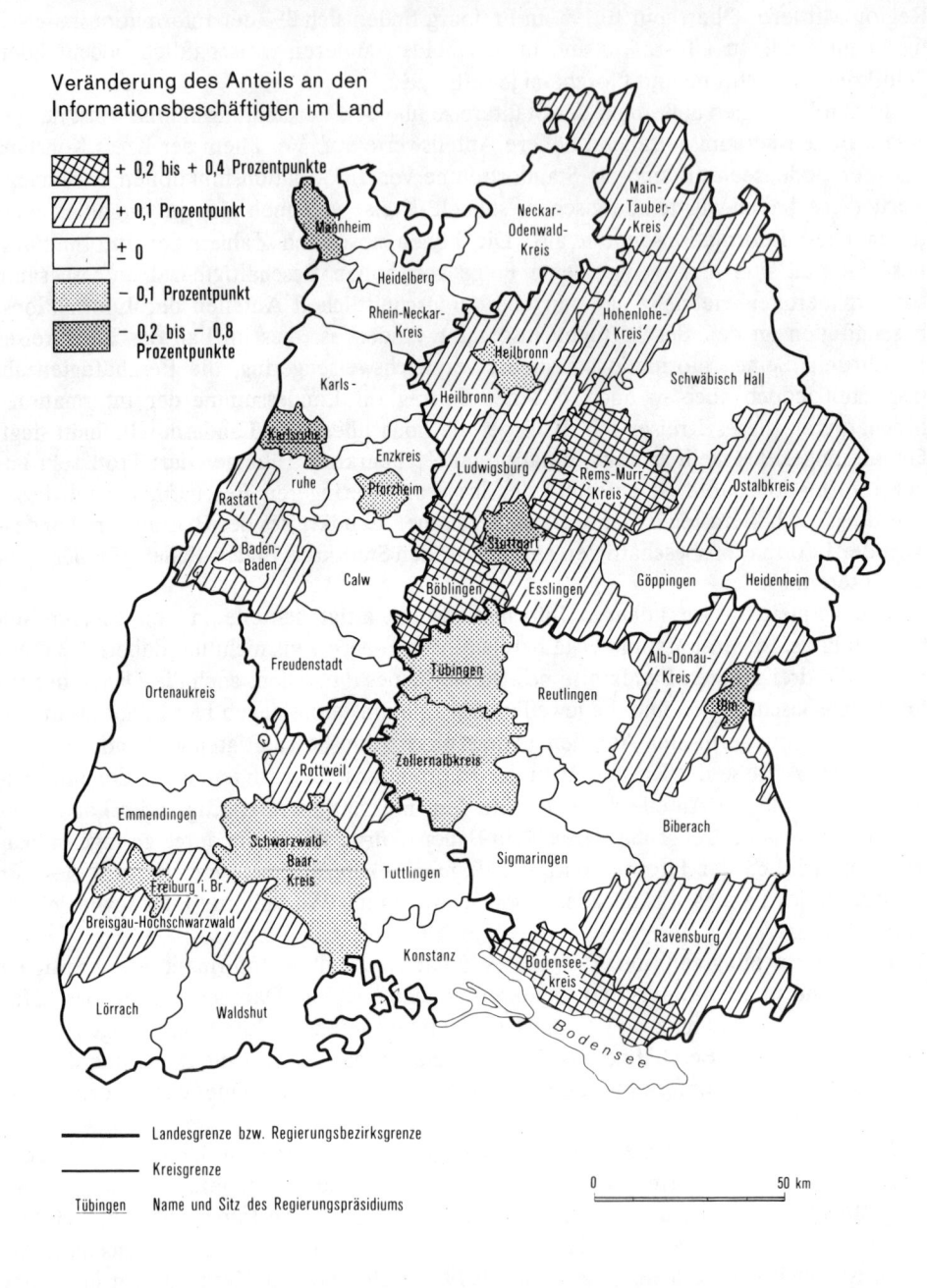

Veränderung des Anteils an den Informationsbeschäftigten im Land

- + 0,2 bis + 0,4 Prozentpunkte
- + 0,1 Prozentpunkt
- ± 0
- − 0,1 Prozentpunkt
- − 0,2 bis − 0,8 Prozentpunkte

——— Landesgrenze bzw. Regierungsbezirksgrenze
——— Kreisgrenze
Tübingen Name und Sitz des Regierungspräsidiums

0   50 km

Heilbronn auf den Minimalwert im Land von 22,0 sinkt.

In den Stadtkreisen Ulm, Pforzheim, Mannheim und Karlsruhe nimmt die Beschäftigung insgesamt ab, in Ulm sogar ganz beträchtlich. Die Zahl der Informationstätigen wächst jedoch auch in diesen Städten wie auch in den beiden Landkreisen mit einer Abnahme der insgesamt Beschäftigten, dem Schwarzwald-Baar-Kreis und dem Zollernalbkreis. Entsprechend ausgeprägt ist die jeweilige Zunahme der Informationsquote in diesen Kreisen. Die Zuwachsraten im Informationssektor sind hier jedoch in allen Fällen geringer als im Landesdurchschnitt, so daß die genannten Kreise zwischen 1979 und 1986 bezüglich ihres jeweiligen Anteils an der Landessumme der Informationsbeschäftigten Verluste zu verzeichnen haben (vgl. Karte 10).

Die Stadtkreise Stuttgart, Freiburg und Heilbronn zählen mit den Landkreisen Reutlingen, Tübingen, Calw, Lörrach und Heidenheim zu den Kreisen mit geringem Beschäftigungswachstum, zu dem die Informationsbeschäftigten jeweils mit einem überproportionalen Wachstum beitragen, welches andererseits in allen Fällen unter dem Landesdurchschnitt bleibt. Auch diese Kreise verlieren damit Anteile an der Landessumme, vielfach jedoch nur in kaum merklichem Maße. Im Stadtkreis Heidelberg wächst die Beschäftigungszahl insgesamt stärker als der Landesdurchschnitt, die Zahl der Informationsbeschäftigten im Vergleich zum Landesdurchschnitt jedoch unterproportional - jedoch immer noch mit größerer Wachstumsrate als die Beschäftigung insgesamt, so daß auch hier die Informationsquote zwischen 1979 und 1986 wächst.

Einen stärkeren Anstieg der Informationsquote verzeichnen die Landkreise Göppingen, Ostalbkreis, Enzkreis, Rhein-Neckar-Kreis, Neckar-Odenwald-Kreis sowie Rottweil, Konstanz und Sigmaringen. Hier wächst der Informationssektor stärker als im Landesdurchschnitt, während die Beschäftigung insgesamt im Verhältnis zur landesweiten Entwicklung unterdurchschnittliche Wachstumsraten aufweist. Bezüglich des Anteils an den Informationsbeschäftigten im Land resultiert daraus ein - zum Teil jedoch nur sehr geringfügiger - Zuwachs an Anteilen am Landeswert der Informationsbeschäftigten.

Überdurchschnittliche Wachstumsraten sowohl hinsichtlich der Beschäftigung insgesamt als auch hinsichtlich der Informationsbeschäftigung kennzeichnen die Entwicklung in den vier Kreisen rings um die Landeshauptstadt, Böblingen, Esslingen, Ludwigsburg und Rems-Murr-Kreis, in den peripheren Landkreisen der Region Franken, Hohenlohekreis, Kreis Schwäbisch Hall und Main-Tauber-Kreis, in den suburbanen Kreisen des Mittleren Oberrheingebiets, Karlsruhe (Land) und Rastatt sowie Baden-Baden, im Kreis Freudenstadt, im Umland von Freiburg (Ortenaukreis, Kreis Emmendingen und Landkreis Breisgau-Hochschwarzwald), in den Kreisen Tuttlingen und Waldshut sowie im Südosten Württembergs (Alb-Donau-Kreis, Biberach, Ravensburg, Bodenseekreis). Die Ausgangsbasis der Entwicklung im Jahr 1979 ist dabei jedoch sehr unterschiedlich, so daß auch die absoluten Beschäftigungszunahmen bzw. die Verschiebung der Anteile an der Landessumme für die Beurteilung heranzuziehen sind.

Im ganzen Land nimmt die Zahl der Informationsbeschäftigten um 10% zu; gleichzeitig kann eine ganze Reihe von Kreisen ihren Anteil am Landeswert noch verbessern. Die großen Gewinner in der Verschiebung der Anteile zwischen März 1979 und März 1986 sind die suburbanen Landkreise Böblingen und Rems-Murr-Kreis sowie der Bodenseekreis (vgl. Karte 10). Letzterer erreicht seine in Karte 9 ausgewiesene Position erst im untersuchten Zeitraum. Einen geringeren Anteilszuwachs verzeichnen weitere suburbane

Landkreise: Esslingen, Ludwigsburg, Heilbronn Land, Rastatt, Breisgau-Hochschwarzwald und Alb-Donau-Kreis - zumeist auf Kosten des jeweils nächstgelegenen Stadtkreises, außerdem der Ostalbkreis, Ravensburg, Rottweil sowie die nördlichen Landkreise der Region Franken (Hohenlohekreis und Main-Tauber-Kreis).

In 20 Kreisen ändert sich der Anteil am Landeswert der Informationsbeschäftigten nur unmerklich. In diesen Kreisen nimmt also die Zahl der Informationsbeschäftigten im Maße des landesweiten Wachstums zu. In den restlichen Kreisen nimmt die quartäre Beschäftigung zwar ebenfalls zu, jedoch so geringfügig, daß diese Kreise im Landesanteil zurückfallen, zum Teil auch weil der jeweilige absolute Beschäftigungszuwachs entsprechend gering ist. Während diese relative Abnahme der Informationsbeschäftigung in den Stadtkreisen Heilbronn, Pforzheim, Freiburg und den Landkreisen Tübingen, Zollernalbkreis und Schwarzwald-Baar mit 0,1 Prozentpunkt noch niedrig ausfällt, wächst sie bei Ulm auf 0,2, bei Karlsruhe und Mannheim auf 0,4 und beim Stadtkreis Stuttgart auf 0,8 Prozentpunkte.

Damit verlieren vor allem die Kerne der Agglomerationen des Landes Anteile an der Landessumme der Informationsbeschäftigten, während die Umland-Landkreise Anteilsverbesserungen zu verzeichnen haben. Auch im quartären Sektor zeigen sich also deutliche Anzeichen einer Gewichtsverlagerung aus den Agglomerationszentren heraus ins Umland der Großstädte. Überraschend positiv ist die Tendenz in Teilbereichen des ländlichen Raumes; neben dem beobachtbaren Aufstieg des Bodenseeraumes verbessern vor allem auch Landkreise im Nordosten des Landes ihre relative Position hinsichtlich der Informationsbeschäftigung im Land.

Die Dominanz des Mittleren Neckarraums als großräumliches Informationszentrum des Landes hat sich im betrachteten Zeitraum noch verstärkt. Die Zunahmen in den suburbanen Landkreisen können hier die (relativen) Verluste der Kernstadt überkompensieren. In den nordbadischen Agglomerationen ist dies nicht der Fall; ihre Anteile an der Landessumme der Informationsbeschäftigten verringern sich insgesamt, wenn auch nur geringfügig.

Durch einen überproportionalen Zuwachs in jeder seiner drei Regionen gewinnt der Regierungsbezirk Stuttgart insgesamt noch an Bedeutung als Standortraum für Informationsfunktionen innerhalb Baden-Württembergs. Sein Anteil an den Informationsbeschäftigten im Land erhöht sich von 42,7 auf 43,1%. Dies geht auf Kosten des Regierungsbezirks Karlsruhe, der außerdem sowohl an den südbadischen als auch an den südwürttembergischen Regierungsbezirk einen Prozentpunkt am Landesanteil abgeben muß.

Im Regierungsbezirk Freiburg sind kaum Verschiebungen zu erkennen. Die Entwicklung in diesem Raum und seinen Teilbereichen verläuft zwischen 1979 und 1986 insgesamt ähnlich wie im Landesdurchschnitt.

Durch die überproportionalen Wachstumsraten im ganzen nördlichen Württemberg und am württembergischen Bodenseeufer entwickelt sich die württembergische Landeshälfte hinsichtlich der Informationstätigkeit günstiger als die badische. Darin könnte einer der wesentlichen Gründe für das in jüngster Zeit beobachtete Entwicklungsgefälle zwischen den beiden Landesteilen liegen, über das in jüngster Zeit oft diskutiert worden ist (vgl. Südwestpresse vom 12.12.1985).

6.3.2. Das Verteilungsmuster der Informationsbeschäftigten in ausgewählten Wirtschaftszweigen

Die dargestellte räumliche Verteilung der Informationsbeschäftigten setzt sich zusammen aus den Verteilungsmustern der Informationsbeschäftigten in den verschiedenen Wirtschaftszweigen. Bei diesen zeigen sich zum Teil große Unterschiede. Zum besseren Verständnis von räumlicher Verteilung, Dynamik und zu vermutenden Folgewirkungen sollen deshalb Situation und Entwicklung in einzelnen Wirtschaftszweigen beschrieben werden.

Aufgrund der Besonderheiten der Statistik der sozialversicherungspflichtig Beschäftigten ist dabei die Aussagekraft des Datenmaterials in den Wirtschaftszweigen mit beträchtlichen Anteilen von Selbständigen und Beamten stark reduziert. Im Agrarsektor ermöglicht schon die geringe Zahl der Informationsbeschäftigten eine sinnvolle Auswertung der räumlichen Dimension nicht mehr. Dadurch, daß die freiberuflich Tätigen vielfach nicht berücksichtigt sind, kann aber auch die wichtige - überwiegend quartäre - Wirtschaftsunterabteilung mit Rechts-, Wirtschaftsberatung, Architekturbüros etc. sowie Grundstücks- und Wohnungswesen einer eingehenden Analyse nicht unterzogen werden. Die Untersuchung der Verteilungsmuster von Bildungsbereich und öffentlicher Verwaltung hinsichtlich der Informationsbeschäftigung wird durch das Fehlen der Beamten in der Beschäftigtenstatistik erschwert.

Wegen der hohen Informationsquote entsprechen bei Kreditinstituten und im Versicherungsgewerbe Zahl und räumliche Verteilung der Informationsbeschäftigten nahezu der Situation in der Wirtschaftsabteilung insgesamt. Hier könnte also auf eine separate Auswertung für die Informationsbeschäftigten verzichtet werden. Aufgrund der Besonderheiten dieser beiden Wirtschaftszweige soll ihr Beitrag zur räumlichen Ausprägung des Informationssektors dennoch hier betrachtet werden. Außerdem liegt ja auch die Differenzierung der Beschäftigung bei Banken und Versicherungen nach Stadt- und Landkreisen bis jetzt nicht vor.

6.3.2.1. Verarbeitendes Gewerbe

Da rund die Hälfte aller sozialversicherungspflichtig Beschäftigten Baden-Württembergs im Verarbeitenden Gewerbe tätig ist, und da mit einem guten Drittel auch weitaus die meisten Informationsbeschäftigten in diesem Wirtschaftszweig zu finden sind, kommt dem Verteilungsmuster der Informationsbeschäftigten im Verarbeitenden Gewerbe eine führende Rolle zu.

Die Vorrangstellung Stuttgarts bezüglich der Informationsfunktionen im Verarbeitenden Gewerbe ist weniger stark ausgeprägt als bezüglich der Informationsbeschäftigung allgemein: 11,4% der Informationstätigen in der baden-württembergischen Industrie - gegenüber 15,3% aller Informationsbeschäftigten - haben im Stadtkreis Stuttgart ihren Arbeitsplatz (vgl. Karte 11). Deshalb ist auch der Abstand geringer, mit dem die Landkreise um die Landeshauptstadt folgen, zusammen mit dem Stadtkreis Mannheim. In den Landkreisen der Region Mittlerer Neckar liegen die Anteile an den Informationsbeschäftigten im Verarbeitenden Gewerbe jeweils beträchtlich über den Anteilen der Landkreise an den Informationsbeschäftigten insgesamt. Im Landkreis Esslingen sind sogar mehr indu-

Karte 11 Informationsbeschäftigte im Verarbeitenden Gewerbe 1986

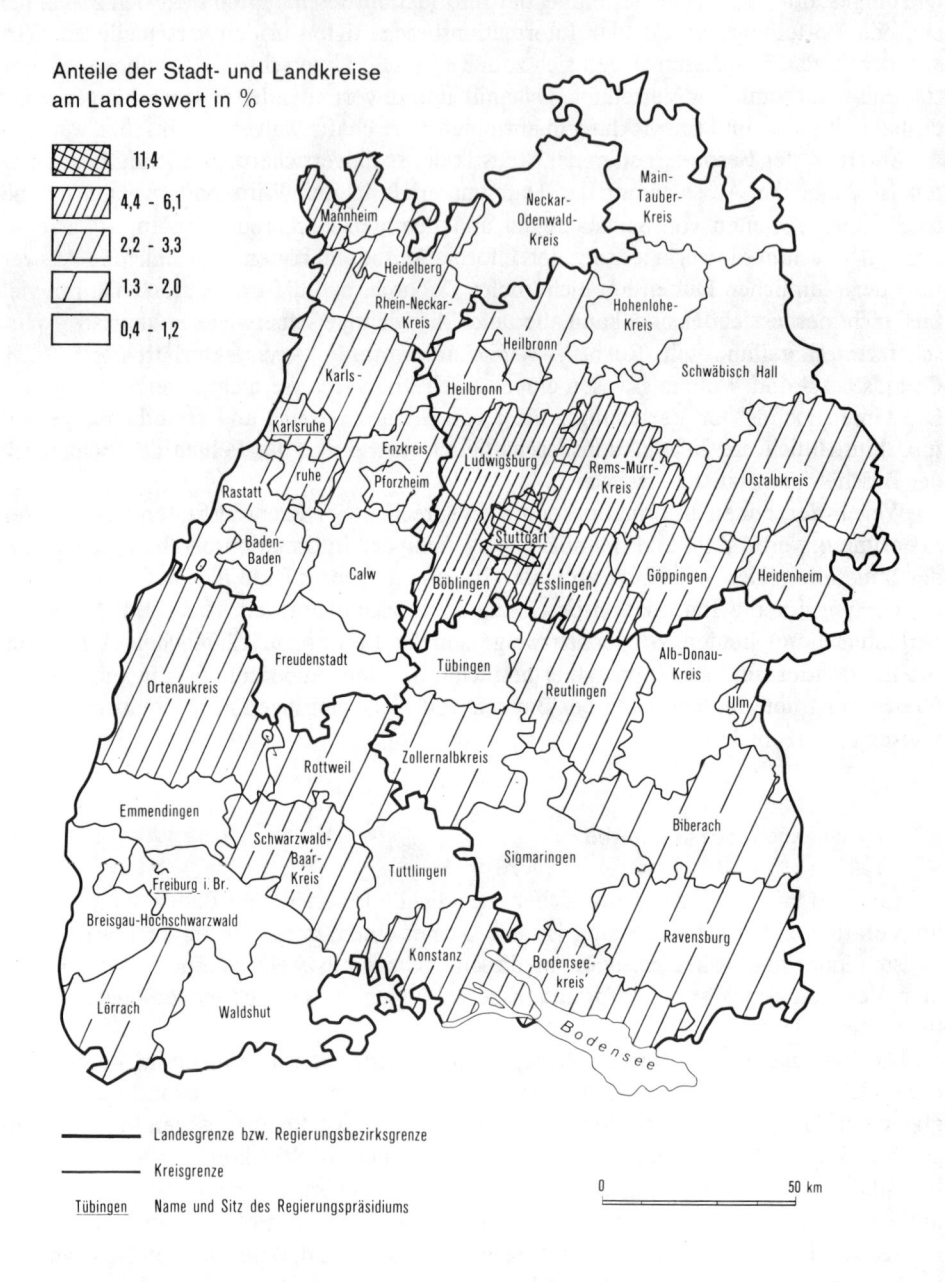

Anteile der Stadt- und Landkreise am Landeswert in %

- 11,4
- 4,4 – 6,1
- 2,2 – 3,3
- 1,3 – 2,0
- 0,4 – 1,2

——— Landesgrenze bzw. Regierungsbezirksgrenze
——— Kreisgrenze
Tübingen Name und Sitz des Regierungspräsidiums

0   50 km

strielle Informationstätige gemeldet als im Stadtkreis Mannheim. Die Bedeutung der suburbanen Landkreise der Region Mittlerer Neckar als Standortraum für Informationsarbeit resultiert also vor allem aus der hohen Informationsbeschäftigung innerhalb der Unternehmen des Produzierenden Gewerbes. Im gesamten Mittleren Neckarraum sind 34,2% aller Informationstätigen des Verarbeitenden Gewerbes Baden-Württembergs konzentriert - ein größerer Anteil an der Bezugssumme als bei den Informationsbeschäftigten in allen Wirtschaftszweigen also (33,3%).

Im Gegensatz zu diesen industriell bedeutenden Landkreisen des Mittleren Neckarraumes ist bei den beiden wichtigsten nordbadischen Großstädten Mannheim und Karlsruhe die Bedeutung als Informationszentrum innerhalb des Verarbeitenden Gewerbes geringer als in der Zusammenfassung aller Wirtschaftszweige, in Mannheim nur geringfügig (5,4% der industriellen Informationsbeschäftigten im Land gegenüber 6,0% aller Informationsbeschäftigten), in Karlsruhe jedoch beträchtlich (3,0% Anteil an den Informationsbeschäftigten im Produzierenden Gewerbe im Land gegenüber 5,4% Anteil an den Informationsbeschäftigten insgesamt im Land). Deshalb konnte in Karte 11 auch nur Mannheim in der zweiten Größenklasse mit den leistungsstarken Stuttgarter Umlandkreisen zusammengefaßt werden. Der Wert für den Stadtkreis Karlsruhe liegt sogar noch unter jenem des Rhein-Neckar-Kreises, der 3,3% der Informationsbeschäftigten im Verarbeitenden Gewerbe des Landes beherbergt. Die Umlandkreise der wichtigsten Großstädte sind damit generell vorwiegend industrielle Informationsräume; dies trifft auch für die Landkreise Karlsruhe und Rastatt, für den Enzkreis, den Landkreis Heilbronn und den Alb-Donau-Kreis zu.

Aufgrund des relativ geringeren Anteils an den Informationsbeschäftigten im Verarbeitenden Gewerbe in den Städten Mannheim, Heidelberg und Karlsruhe weisen die beiden Agglomerationsregionen Nordbadens für das Verarbeitende Gewerbe geringere Informationsanteile auf als bei den Anteilen der Informationsbeschäftigten insgesamt. Zusammen mit der Region Mittlerer Neckar umfassen sie 53,1% aller Informationsbeschäftigten im Verarbeitenden Gewerbe Baden-Württembergs; bezogen auf die gesamte Wirtschaft beträgt der Anteil 55,5%. Die Konzentration von Informationsfunktionen auf diese drei stark verdichteten Regionen des Landes ist also in der Industrie geringer als im Durchschnitt aller Wirtschaftszweige. Für die weniger verdichteten Räume verbleiben etwas höhere Anteile an den Informationsbeschäftigten.

Diese Anteile kommen, wie erwähnt, den suburbanen Landkreisen außerhalb der drei Agglomerationsregionen Mittlerer Neckar, Unterer Neckar und Mittlerer Oberrhein zugute, d.h. dem Enzkreis und dem Landkreis Heilbronn, außerdem einem Gebietsstreifen, der sich vom östlichen Württemberg über die Schwäbische Alb bis zum Schwarzwald-Baar-Kreis hinzieht, sowie dem Bodenseeraum. Die Hypothese, daß zur starken Stellung des Bodenseekreises insbesondere die Informationsbeschäftigten im Verarbeitenden Gewerbe beitragen, bestätigt sich; der Anteil des Kreises an den Informationsbeschäftigten des Landes im Verarbeitenden Gewerbe liegt mit 2,5% beträchtlich höher als der Anteil des Bodenseekreises an den Informationsbeschäftigten insgesamt (1,7%).

Ravensburg, Biberach und der Ortenaukreis fallen nur aufgrund ihrer Größe in die jeweiligen Anteilsklassen, wenn auch in den beiden letzteren - wie auch im Kreis Lörrach - der Anteil an den Informationsbeschäftigten im Verarbeitenden Gewerbe jeweils etwas größer ist als jener an den Beschäftigten generell.

Karte 12 Informationsquoten im Verarbeitenden Gewerbe 1986

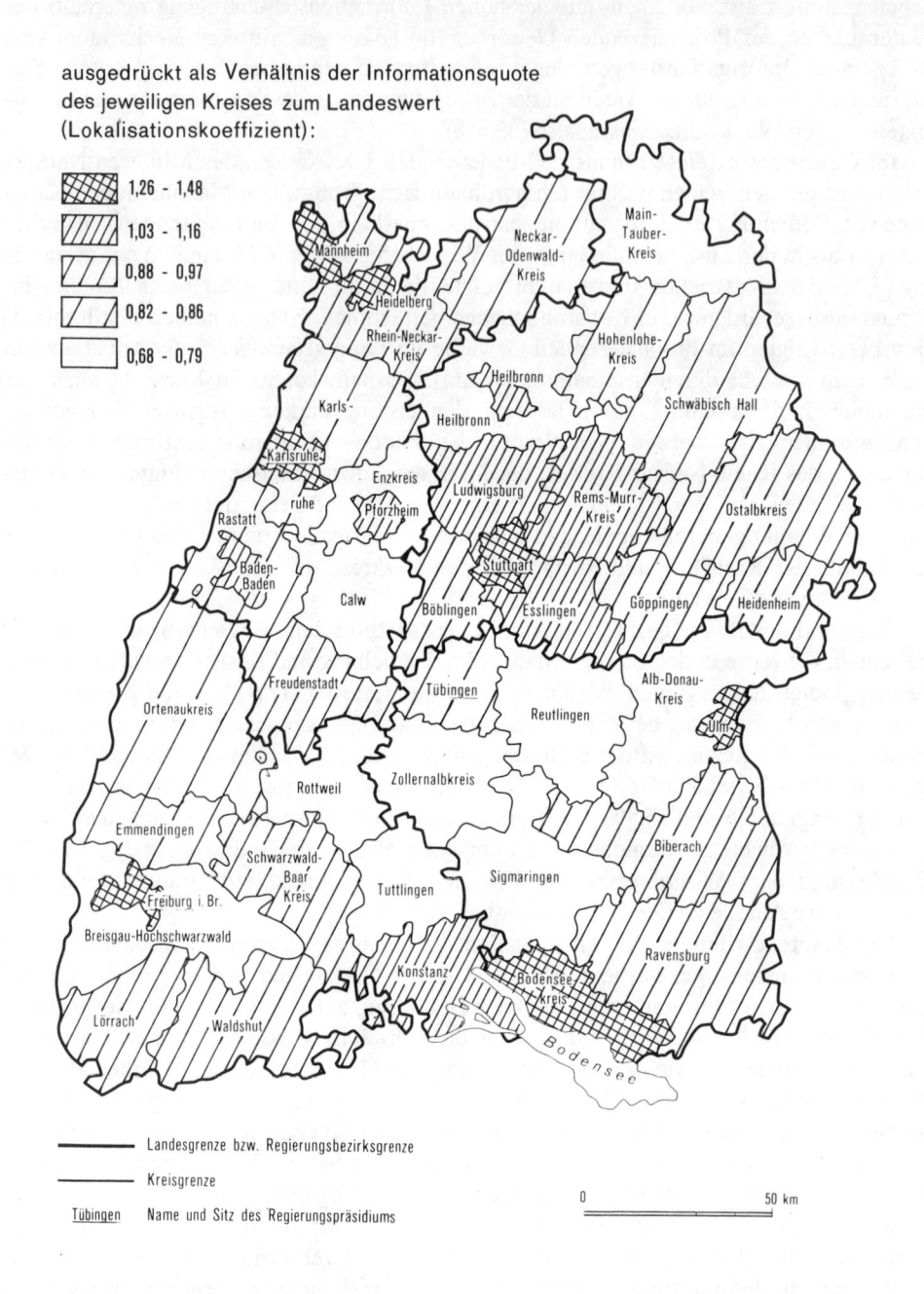

ausgedrückt als Verhältnis der Informationsquote des jeweiligen Kreises zum Landeswert (Lokalisationskoeffizient):

- 1,26 – 1,48
- 1,03 – 1,16
- 0,88 – 0,97
- 0,82 – 0,86
- 0,68 – 0,79

─── Landesgrenze bzw. Regierungsbezirksgrenze
─── Kreisgrenze
Tübingen Name und Sitz des Regierungspräsidiums

0   50 km

Wie zu erwarten war, weisen die Landkreise im Nordosten des Landes, im Nord- und Südschwarzwald und in Oberschwaben geringe Beiträge zu den Informationsbeschäftigten in der Industrie im Land auf. Zu ihnen gesellt sich in dieser Hinsicht der Landkreis Tübingen, dessen Rolle als Raum für Informationstätigkeiten in der Industrie weitaus geringer ist als für jene in allen Wirtschaftszweigen zusammengenommen.

Aus diesen Besonderheiten der Verteilung der industriellen Informationsbeschäftigung auf die Stadt- und Landkreise Baden-Württembergs folgt insgesamt ein beachtlich höherer Anteil der württembergischen Landeshälfte an den Informationsbeschäftigten im Verarbeitenden Gewerbe als bezüglich der Informationsbeschäftigung insgesamt. Aufgrund der höheren Anteile des Mittleren Neckarraumes, der Region Ostwürttemberg sowie des Bodenseekreises arbeiten 59,9% der im Verarbeitenden Gewerbe vorwiegend mit Informationstätigkeiten befaßten Beschäftigten in den Regierungsbezirken Stuttgart und Tübingen. Trotz der geringen Beiträge des fränkischen Nordostens besteht damit gerade innerhalb des Verarbeitenden Gewerbes ein markantes Gefälle zwischen östlicher und westlicher Landeshälfte. In Württemberg sind dabei sowohl die gesamtwirtschaftlichen Informationsquoten - 32,5 gegenüber 31,0 in Baden - als auch die Anteile an der Industriebeschäftigung höher als im badischen Landesteil - 58,6% der Beschäftigten im Verarbeitenden Gewerbe entfallen auf die Regierungsbezirke Stuttgart und Tübingen - sowie der Industriebesatz. Und auch innerhalb des Verarbeitenden Gewerbes sind in Württemberg etwas mehr Beschäftigte in Informationsberufen tätig als in Baden (24,9% in Württemberg gegenüber 23,7% in Baden).

Von Interesse ist ein Blick auf die Informationsquoten in den Stadt- und Landkreisen innerhalb des Verarbeitenden Gewerbes (vgl. Karte 12). Zu den Stadtkreisen Stuttgart, Heidelberg, Freiburg, Karlsruhe und Mannheim, die auch gesamtwirtschaftlich betrachtet hohe Informationsquoten aufweisen (vgl. hierzu Karte 8), gesellen sich mit hohen Anteilen von Informationsbeschäftigten der Stadtkreis Ulm und der Bodenseekreis. Informationsquoten über dem Landesdurchschnitt weisen weiterhin die übrigen Stadtkreise Heilbronn, Pforzheim und Baden-Baden auf, die Landkreise Ludwigsburg, Rems-Murr-Kreis und Esslingen im Mittleren Neckarraum sowie der Landkreis Konstanz. Im Kreis Böblingen sind im Verhältnis zum Landeswert im Verarbeitenden Gewerbe bereits mehr Beschäftigte in Nichtinformationsberufen tätig; ähnlich hoch ist die Informationsquote im Rhein-Neckar-Kreis, in den ostwürttembergischen Landkreisen (einschließlich des Kreises Göppingen), am Hochrhein, im Schwarzwald-Baar-Kreis und im Kreis Freudenstadt sowie im südöstlichen Oberschwaben. Der Kreis Tübingen, der allgemein eine überdurchschnittliche Informationsquote aufweist, besitzt innerhalb des Verarbeitenden Gewerbes nur in dem sehr unterdurchschnittlichen Ausmaß Informationsbeschäftigte, das auch die Situation in den suburbanen Landkreisen am Oberrhein und in Bereichen des Nordostens kennzeichnet. Die Tätigkeitsstruktur innerhalb des Verarbeitenden Gewerbes im peripheren Main-Tauber-Kreis, im Landkreis Heilbronn, im Nordschwarzwald und im Kreis Breisgau-Hochschwarzwald ist am stärksten von Nichtinformationsbeschäftigten geprägt. Ein großes zusammenhängendes Gebiet mit hohen Anteilen von primär materiebezogenen und sonstigen Tätigkeiten im Verarbeitenden Gewerbe findet sich ferner im Regierungsbezirk Tübingen (mit Ausnahme des stark informationstätigen Südwestens) und den westlich angrenzenden Kreisen der Region Schwarzwald-Baar-Heuberg.

Die Beschäftigungsentwicklung im Verarbeitenden Gewerbe des Landes zwischen 1979 und 1986 ist insgesamt rückläufig (-1,2%). Die Zahl der Informationsbeschäftigten nimmt jedoch in diesem Zeitraum auch innerhalb des Verarbeitenden Gewerbes um 4,9% zu. Absolut hat das Produzierende Gewerbe zwischen 1979 und 1986 einen Zuwachs von 18 842 Informationsbeschäftigten aufzuweisen. Da sich im gleichen Zeitraum die Gesamtzahl der Beschäftigten in diesem Wirtschaftszweig um 20 598 verringert hat, sind im angegebenen Zeitraum 39 440 Arbeitsplätze in Nichtinformationsberufen im Verarbeitenden Gewerbe aufgelöst worden (vgl. Tab. 15).

Die Veränderung zwischen den beiden Zeitschnitten stellt sich für die Stadt- und Landkreise zum Teil recht unterschiedlich dar. Eine Reihe von Stadt-, aber auch von Landkreisen verzeichnet überdurchschnittliche Beschäftigungsabnahmen im Verarbeitenden Gewerbe: Es sind dies die Stadtkreise Mannheim, Karlsruhe, Freiburg, Heilbronn, Pforzheim und Ulm sowie die Landkreise Tübingen, Zollernalbkreis und Schwarzwald-Baar-Kreis. Aufgrund dieser Tendenz verläuft auch die Entwicklung in drei Regionen, denen einige der genannten Kreise zugehören, negativ sowohl in bezug auf die Zahl der insgesamt im Verarbeitenden Gewerbe Beschäftigten als auch in bezug auf die im Verarbeitenden Gewerbe tätigen Informationsbeschäftigten, nämlich in den Regionen Neckar-Alb, Donau-Iller (soweit zu Baden-Württemberg gehörig) und auch in der Region Unterer Neckar.

In den drei übrigen Stadtkreisen des Landes - Stuttgart, Heidelberg und Baden-Baden - nimmt die Beschäftigtenzahl im Verarbeitenden Gewerbe ebenfalls überdurchschnittlich ab; innerhalb dieses Wirtschaftszweiges wächst jedoch die Zahl der Informationsbeschäftigten, aber schwächer als der Durchschnitt der Kreise in Baden-Württemberg. Auch die Landkreise Göppingen, Reutlingen, Calw im weiteren Umland von Stuttgart sowie Rottweil und die drei Kreise im Süden des Landes, Lörrach, Konstanz und Ravensburg, zeigen diese Entwicklung, die auf Regionebene für den gesamten Regierungsbezirk Freiburg und außerdem für die Region Nordschwarzwald kennzeichnend ist. Ein noch deutlicherer Strukturwandel ist bei den suburbanen Landkreisen Ludwigsburg und Karlsruhe sowie bei den peripheren Kreisen Sigmaringen und Neckar-Odenwald-Kreis zu erkennen, wo die Beschäftigtenzahlen im Verarbeitenden Gewerbe insgesamt überdurchschnittlich abnehmen, die Zahl der Informationstätigen in der Industrie jedoch überdurchschnittlich wächst.

Die beiden industriell geprägten Landkreise der Region Ostwürttemberg und der Kreis Waldshut verzeichnen im Untersuchungszeitraum, was die Informationsbeschäftigten im Verarbeitenden Gewerbe angeht, ebenfalls überdurchschnittliche Wachstumsraten; die Beschäftigung im Produzierenden Gewerbe geht insgesamt jedoch nur unterdurchschnittlich zurück.

Völlig gegenläufig zum Landestrend entwickelt sich die industrielle Beschäftigung im Hohenlohekreis. Während hier die Beschäftigung insgesamt zunimmt, verringert sich die Zahl der Informationsbeschäftigten im Verarbeitenden Gewerbe.

Landkreise im Umland der Stadtkreise, die ja an industrieller Beschäftigung und zum Teil auch an Informationsbeschäftigung im Produzierenden Gewerbe verlieren, zeigen vielfach überdurchschnittliche Wachstumsraten bei der Informationsbeschäftigung innerhalb des Verarbeitenden Gewerbes, bei insgesamt zunehmender Industriebeschäftigung, so der Rems-Murr-Kreis, Esslingen und Böblingen im Stuttgarter Umland, der Enzkreis, die Kreise Breisgau-Hochschwarzwald und Emmendingen, der Kreis Rastatt, der Alb-Donau-Kreis sowie der Landkreis Heilbronn, bei dem die Nichtinformationsberufe und die Industriebeschäftigung insgesamt stärker wachsen als die Informationsbeschäftigung im Verarbeitenden Gewerbe. Dieser Trend ist dabei nicht auf suburbane Räume beschränkt. Eine ebenfalls günstige Entwicklung mit wachsender Beschäftigung insgesamt und auch bei den Informationstätigkeiten in der Industrie zeigen für den Zeitraum zwischen 1979 und 1986 auch die Kreise Schwäbisch Hall und Main-Tauber-Kreis sowie Freudenstadt, Tuttlingen und der Bodenseekreis. Auch im Ortenaukreis und im Kreis Biberach nehmen sowohl die industrielle Beschäftigung insgesamt als auch die Informationsbeschäftigung in der Industrie noch zu, letztere jedoch schwächer als im Durchschnitt aller Kreise des Landes.

Die damit einhergehenden Verschiebungen gehen vor allem auf Kosten der Stadtkreise Stuttgart, Mannheim und Ulm (vgl. Karte 13). In geringerem Ausmaß verlieren auch Karlsruhe, Freiburg, Heilbronn und Pforzheim Anteile an der Landessumme der Informationsbeschäftigten im Produzierenden Gewerbe. Nur in Baden-Baden und Heidelberg nehmen die quartären Beschäftigten in der Industrie so stark zu, daß sich die Anteile dieser Städte am Landeswert nicht merklich ändern. Gewinner sind vor allem die Landkreise im Umland von Stuttgart, Böblingen und der Rems-Murr-Kreis sowie der Bodenseekreis. Auch die suburbanen Landkreise Ludwigsburg, Enzkreis, Rastatt, Breisgau-Hochschwarzwald und der Alb-Donau-Kreis verbessern jeweils ihre relative Position. Außerdem gewinnt der gesamte nordöstliche Grenzraum des Landes an Bedeutung als Standortraum quartärer Funktionen innerhalb des Produzierenden Gewerbes wie auch die Kreise Sigmaringen, Tuttlingen und Ortenaukreis.

Zwischen 1979 und 1986 verliert in der Region Unterer Neckar auch der Rhein-Neckar-Kreis merklich Anteile der Informationsbeschäftigten in der Industrie. Er zeigt also eine für die suburbanen Landkreise atypische Entwicklungstendenz. In dieser Agglomerationsregion nimmt die Zahl der Informationsbeschäftigten im Produzierenden Gewerbe sogar absolut ab. In der Region Neckar-Alb erstreckt sich der massive Abbau von Arbeitsplätzen in der Industrie ebenfalls auch auf die Informationsberufe, während sich in den Landkreisen Biberach und Ravensburg hinter den abnehmenden Anteilen am Landeswert der Informationsbeschäftigten im Verarbeitenden Gewerbe - im Verhältnis zum Landestrend - leichte absolute Zunahmen verbergen.

6.3.2.2. Energiewirtschaft, Wasserversorgung, Bergbau

Die Wirtschaftsabteilung Energie, Wasser, Bergbau umfaßt zwar nur ein Prozent der sozialversicherungspflichtig Beschäftigten in Baden-Württemberg, sie weist jedoch ein überdurchschnittliches Beschäftigungswachstum auf sowie eine hohe Informationsquote von 34%. Außerdem zeigt sich in dieser Branche ein spezifisches Verteilungsmuster der Informationsbeschäftigten.

Im Zusammenhang mit der hohen Kapitalintensität und der vielfach monopolistischen Organisationsform in diesem Wirtschaftszweig konzentrieren sich die Informationsfunktionen stärker als in anderen Branchen auf wenige Stadt- und Landkreise (vgl. Karte 14).

In den drei größten Städten des Landes sind allein fast 40% der Informationsbeschäf-

Karte 13 Entwicklung der Informationsbeschäftigung im Verarbeitenden Gewerbe 1979 -1986

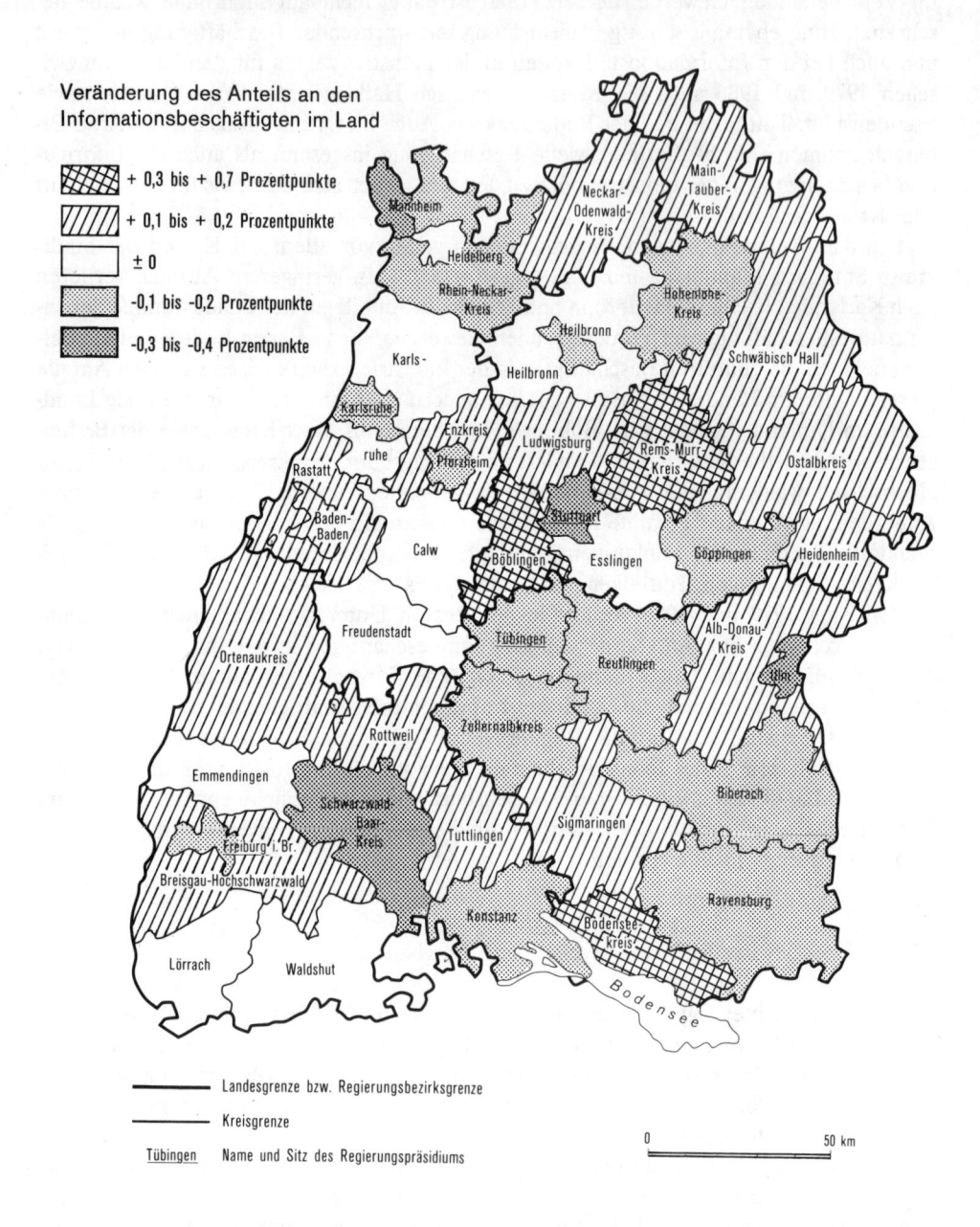

Veränderung des Anteils an den Informationsbeschäftigten im Land

- + 0,3 bis + 0,7 Prozentpunkte
- + 0,1 bis + 0,2 Prozentpunkte
- ± 0
- -0,1 bis -0,2 Prozentpunkte
- -0,3 bis -0,4 Prozentpunkte

——— Landesgrenze bzw. Regierungsbezirksgrenze
——— Kreisgrenze
Tübingen Name und Sitz des Regierungspräsidiums

0   50 km

Karte 14 Informationsbeschäftigte in Energie-, Wasserwirtschaft, Bergbau 1986

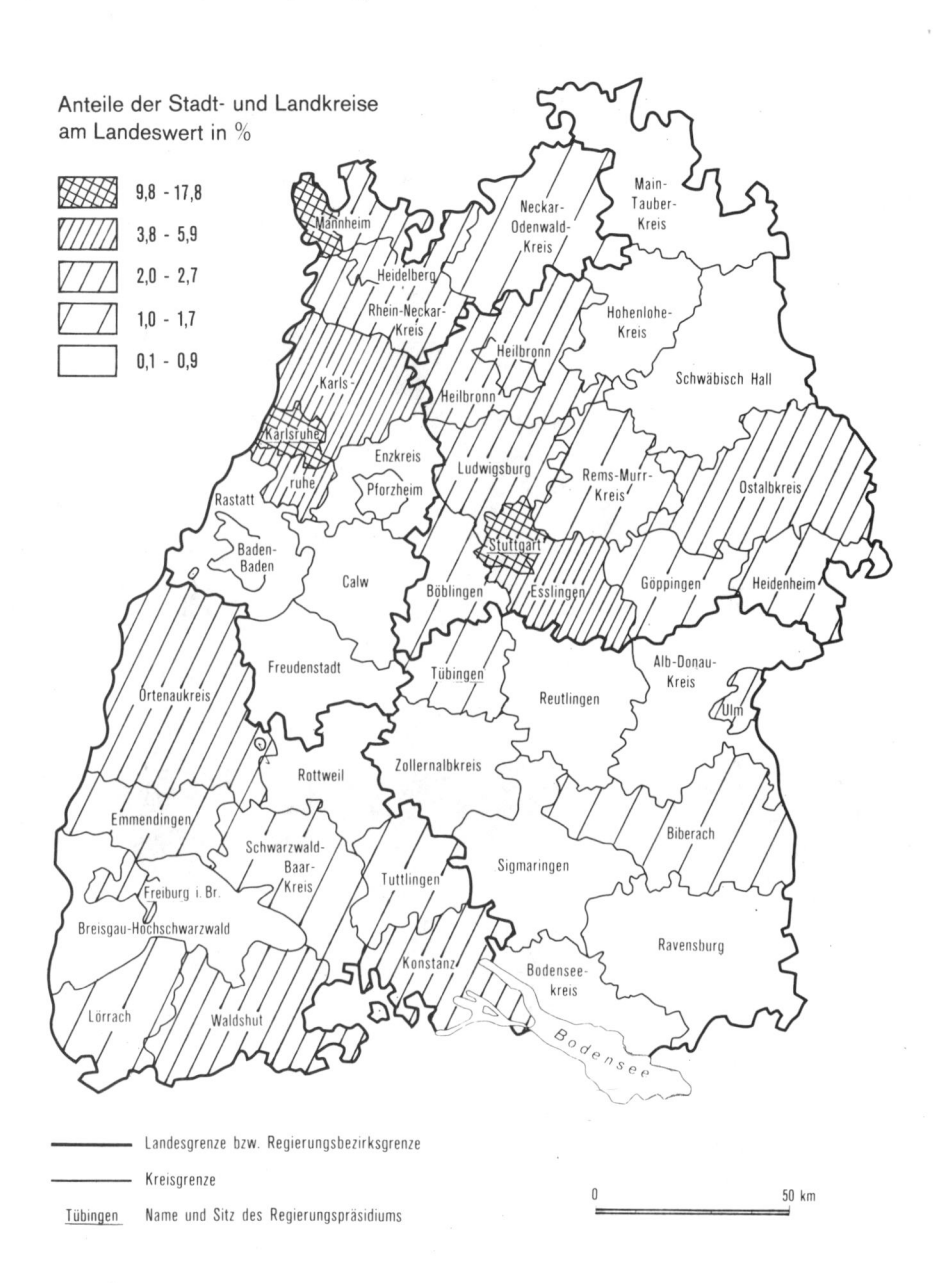

Anteile der Stadt- und Landkreise am Landeswert in %

- 9,8 - 17,8
- 3,8 - 5,9
- 2,0 - 2,7
- 1,0 - 1,7
- 0,1 - 0,9

—— Landesgrenze bzw. Regierungsbezirksgrenze
—— Kreisgrenze
Tübingen Name und Sitz des Regierungspräsidiums

0   50 km

Karte 15 Entwicklung der Informationsbeschäftigung in Energie-, Wasserwirtschaft, Bergbau 1979-1986

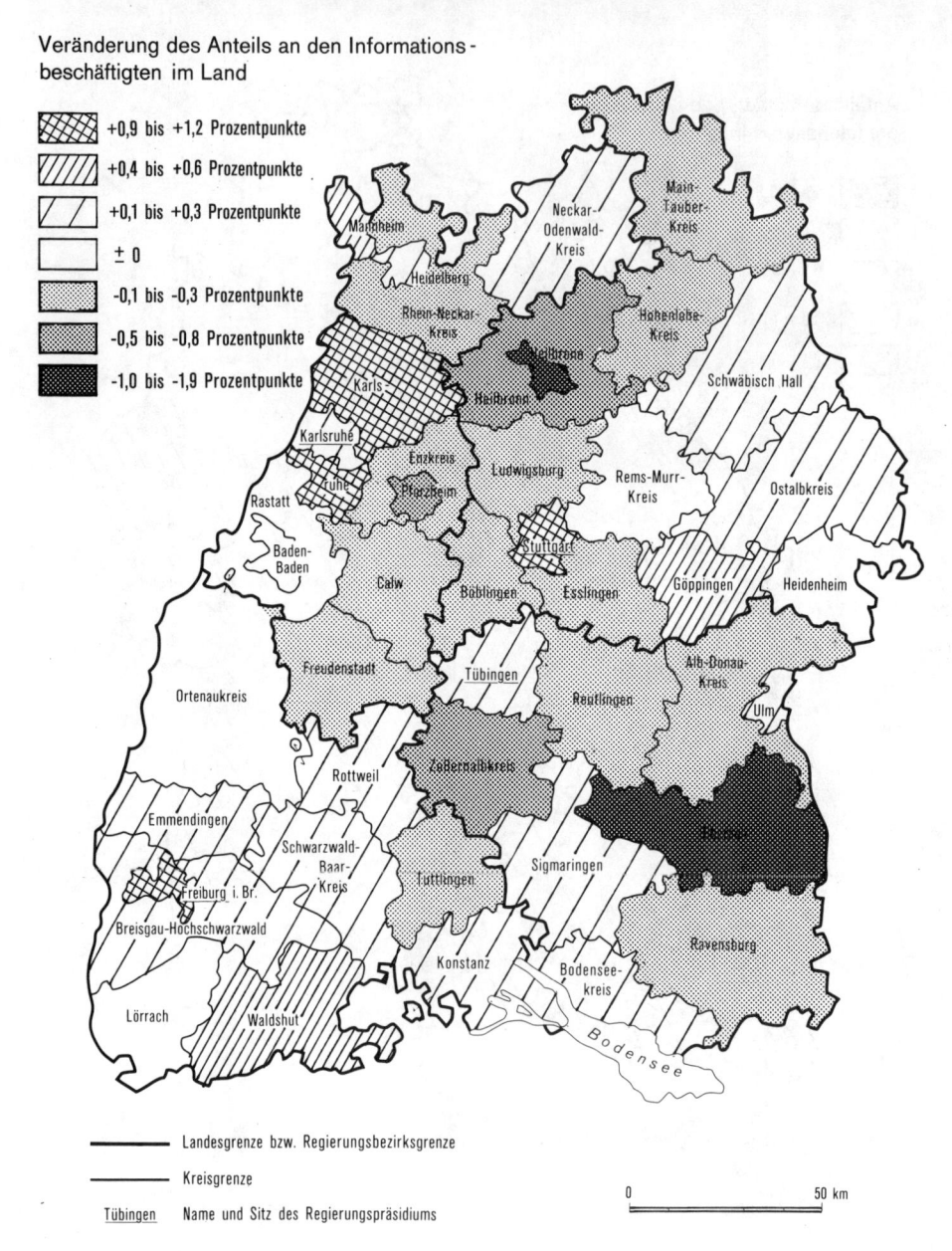

Veränderung des Anteils an den Informationsbeschäftigten im Land

- +0,9 bis +1,2 Prozentpunkte
- +0,4 bis +0,6 Prozentpunkte
- +0,1 bis +0,3 Prozentpunkte
- ± 0
- -0,1 bis -0,3 Prozentpunkte
- -0,5 bis -0,8 Prozentpunkte
- -1,0 bis -1,9 Prozentpunkte

——— Landesgrenze bzw. Regierungsbezirksgrenze
——— Kreisgrenze
Tübingen Name und Sitz des Regierungspräsidiums

0   50 km

tigten in Energie-, Wasserwirtschaft und Bergbau Baden-Württembergs gemeldet; zählt man noch die Anteile der Kreise Esslingen und Karlsruhe (Landkreis) hinzu, haben fast 50% der Informationsbeschäftigten der Branche in diesen fünf genannten Kreisen ihren Arbeitsplatz. Mit nennenswerten Anteilen tragen darüber hinaus auch die Stadtkreise Freiburg, Heidelberg, Heilbronn und Ulm zum Landeswert bei, ebenso die suburbanen Landkreise Ludwigsburg, Heilbronn, Rhein-Neckar-Kreis im Nordwesten des Landes, die beiden südbadischen Kreise Waldshut und Konstanz sowie die beiden großen Landkreise Ortenaukreis und Ostalbkreis.

Gerade in den letzten Jahren haben die drei führenden Stadtkreise sowie der Landkreis Karlsruhe ihre Anteile an den Informationsbeschäftigten der Branche beträchtlich erhöht; weit überdurchschnittliche Wachstumsraten kennzeichnen auch den Stadtkreis Freiburg sowie die Landkreise Waldshut und Göppingen (vgl. Karte 15). Die übrigen Kreise mit wachsenden Anteilen liegen vorwiegend im Südwesten des Landes und im östlichen Württemberg. Im Stadt- und Landkreis Heilbronn, im Kreis Biberach sowie in Pforzheim und im Zollernalbkreis ist im Rahmen der Verschiebungen der Anteile am Landeswert zwischen 1979 und 1986 ein beträchtlicher Rückgang eingetreten.

6.3.2.3. Großhandel und Handelsvermittlung

Wegen der unumgänglichen Einbeziehung der Berufsklasse der Einzelhandelskaufleute in die Liste der Informationsberufe (vgl. Kap. 1.3.5.1.) erscheint eine Auswertung des räumlichen Verteilungsmusters der Informationsbeschäftigten für den gesamten Handelsbereich problematisch. Für die Teilbereiche Großhandel und Handelsvermittlung lassen sich jedoch hinsichtlich der räumlichen Verteilung der Informationsbeschäftigten durchaus Aussagen treffen. Bei hohen Anteilen der Informationsbeschäftigten an den insgesamt Beschäftigten in diesem Wirtschaftszweig umfassen Großhandel und Handelsvermittlung in Baden-Württemberg rund 5% aller Beschäftigten und gut 8% der Informationsbeschäftigten des Landes.

Die jüngere Entwicklung des Raummusters der Informationsbeschäftigten in Großhandel und Handelsvermittlung ist zum einen durch Suburbanisierungstendenzen gekennzeichnet. Außer Ulm und Pforzheim verzeichnen alle Stadtkreise absolute Abnahmen bei den Informationsbeschäftigten in diesen Branchen. Auch im Rems-Murr-Kreis nimmt zwischen 1979 und 1986 die Zahl der Informationstätigen in Großhandel und Handelsvermittlung absolut ab. Aufgrund weit unterdurchschnittlichen Wachstums verlieren darüber hinaus auch der Stadtkreis Ulm sowie Böblingen und Rastatt Anteile am Landeswert (vgl. Karte 16). Landkreise im weiteren Umland um die beiden wichtigen Handelsstädte Stuttgart und Heilbronn können ihre Anteile erhöhen: Der Landkreis Heilbronn, der Hohenlohekreis sowie die Kreise Esslingen und Reutlingen. Auch bei Ulm, Freiburg, Karlsruhe sowie Mannheim und Heidelberg erhöhen die Umlandkreise ihre Anteile am Landeswert im untersuchten Zeitraum auf Kosten der zentralen Stadtkreise. Im Fall von Pforzheim weist jedoch auch der Stadtkreis selbst eine beträchtliche Zunahme der Informationsbeschäftigten in Großhandel und Handelsvermittlung auf.

Der zweite Aspekt der Entwicklung der räumlichen Verteilung der Informationsbeschäftigten in Großhandel und Handelsvermittlung besteht in einer deutlichen Schwer-

Karte 16 Entwicklung der Informationsbeschäftigung in Großhandel und Handelsvermittlung 1979-1986

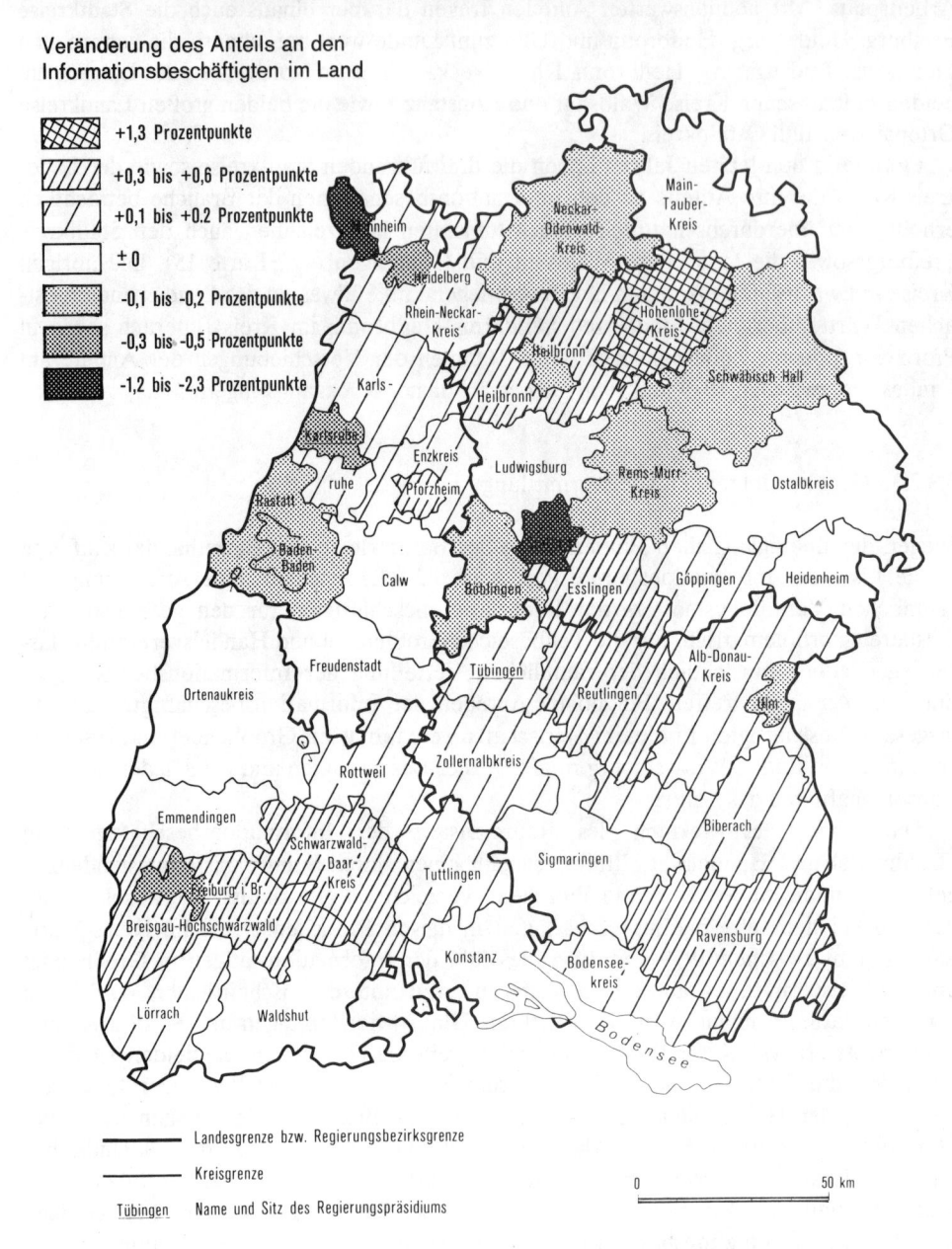

Veränderung des Anteils an den Informationsbeschäftigten im Land

- +1,3 Prozentpunkte
- +0,3 bis +0,6 Prozentpunkte
- +0,1 bis +0,2 Prozentpunkte
- ± 0
- -0,1 bis -0,2 Prozentpunkte
- -0,3 bis -0,5 Prozentpunkte
- -1,2 bis -2,3 Prozentpunkte

——— Landesgrenze bzw. Regierungsbezirksgrenze
——— Kreisgrenze
Tübingen Name und Sitz des Regierungspräsidiums

0   50 km

punktverlagerung von Norden nach Süden innerhalb des Bundeslandes. Vor allem im Nordosten - so im Neckar-Odenwald-Kreis, im Main-Tauber-Kreis, im Kreis Schwäbisch Hall und im Kreis Heidenheim - nimmt die Zahl der Großhandels- und Handelsvermittlungs-Informationstätigen absolut ab, im Süden nur im Kreis Waldshut (und auch dort nur geringfügig), während die südlichen Landkreise überwiegend eine - zum Teil beträchtliche - Anteilserhöhung aufweisen. Trotz der großen Zuwachsraten im Hohenlohekreis, im Landkreis Heilbronn und im Kreis Esslingen verlieren sowohl der nordbadische als auch der nordwürttembergische Regierungsbezirk Anteile, während die Anteile der Landkreise im Regierungsbezirk Freiburg und - mehr noch - im Regierungsbezirk Tübingen zunehmen. Vor allem im Schwarzwald-Baar-Kreis und im Kreis Ravensburg wächst die Zahl der Informationsbeschäftigten in Großhandel und Handelsvermittlung überdurchschnittlich stark.

Hinter dieser Gewichtsverlagerung von Norden nach Süden ist vor allem ein Nachholbedarf der südlichen Räume zu vermuten, denn auch Mitte der 80er Jahre ist die führende Stellung der nördlichen Landeshälfte mit ihren drei bedeutenden Agglomerationsregionen Mittlerer Neckar, Unterer Neckar und Mittlerer Oberrhein ungebrochen (vgl. Karte 17). Auf die Region Mittlerer Neckar und auf die Region Unterer Neckar ist jeweils ein vergleichsweise höherer Anteil der Informationsbeschäftigten in Großhandel und Handelsvermittung konzentriert, als dies in allen Wirtschaftszweigen zusammengenommen der Fall ist. Nur die Region um Karlsruhe hat insgesamt einen höheren Anteil an der Landessumme der Informationsbeschäftigten in allen Wirtschaftszweigen als den lediglich auf die Branchen Großhandel und Handelsvermittlung bezogenen Anteil. Dies beruht auf vergleichsweise geringeren Anteilen in Stadt- und Landkreis Karlsruhe, aber auch in den Kreisen Baden-Baden und Rastatt. Die relativen Abnahmen in den führenden Handelszentren des Landes können aber auch in verstärkt einsetzenden Rationalisierungsprozessen ihre Ursache haben. Diese Hintergründe können mit Hilfe des Datenmaterials aus der Beschäftigtenstatistik jedoch nicht geklärt werden.

Zum Teil bedingt durch die hohen Zuwachsraten im Zeitraum zwischen 1979 und 1986, heben sich in Württemberg neben den Städten Heilbronn und Ulm außerdem die Landkreise Reutlingen, Heilbronn, Hohenlohekreis und Ostalbkreis sowie Ravensburg heraus, in Baden die Stadtkreise Pforzheim und Freiburg und der Ortenaukreis sowie in schwächerem Maße der Landkreis Konstanz.

Insgesamt ist auch bei den Informationsfunktionen in Großhandel und Handelsvermittlung ein überproportionales Übergewicht des württembergischen Landesteils gegenüber dem badischen Landesteil festzustellen, und auch die jüngere Entwicklung läuft in diese Richtung: Anteilsverlusten in Nordwürttemberg und insbesondere Nordbaden stehen im Regierungsbezirk Tübingen weit höhere Anteilszunahmen als im südwestlichen Regierungsbezirk Freiburg gegenüber.

6.3.2.4. Bankwesen

Da finanzielle Transaktionen in der Regel bei der Abgrenzung des Informationssektors als Informationstätigkeiten klassifiziert worden sind, liegt in der Fallstudie Baden-Württemberg die Informationsquote bei den Kreditinstituten höher als 90%. Nur in wenigen

Karte 17 Informationsbeschäftigte in Großhandel und Handelsvermittlung 1986

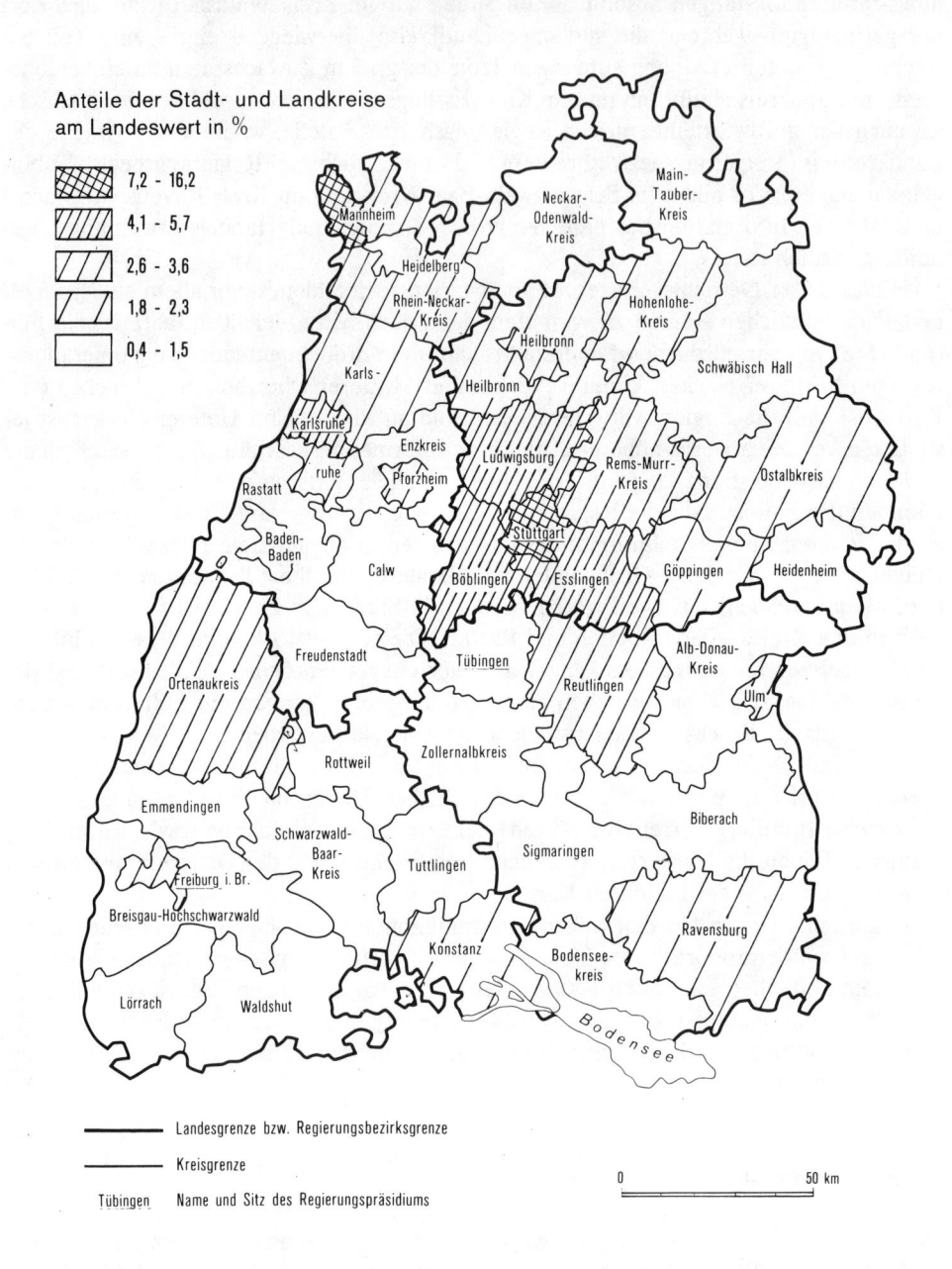

Anteile der Stadt- und Landkreise am Landeswert in %

- 7,2 – 16,2
- 4,1 – 5,7
- 2,6 – 3,6
- 1,8 – 2,3
- 0,4 – 1,5

―――― Landesgrenze bzw. Regierungsbezirksgrenze
―――― Kreisgrenze
Tübingen Name und Sitz des Regierungspräsidiums

0   50 km

Karte 18 Informationsbeschäftigte bei Kreditinstituten 1986

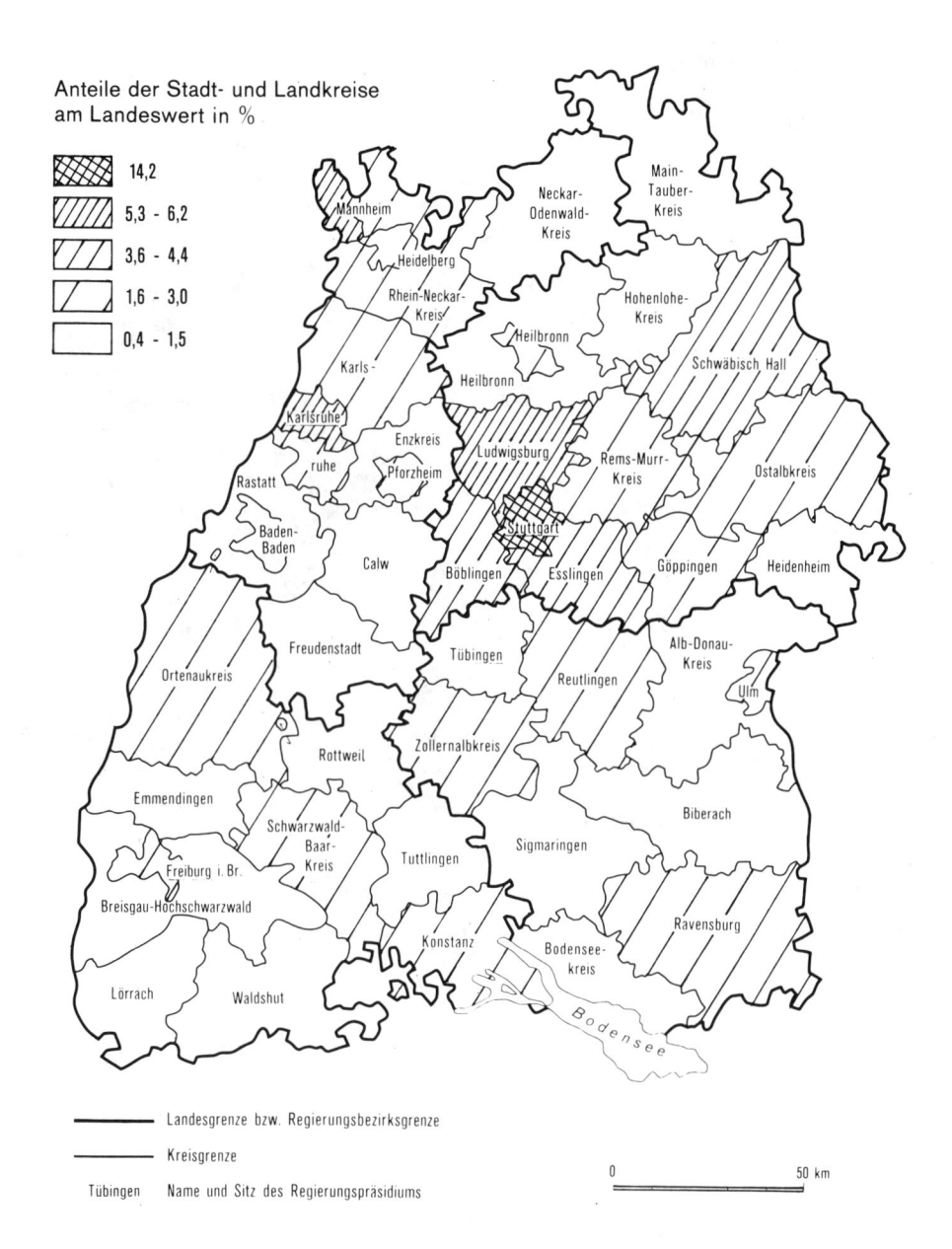

Anteile der Stadt- und Landkreise am Landeswert in %

- 14,2
- 5,3 – 6,2
- 3,6 – 4,4
- 1,6 – 3,0
- 0,4 – 1,5

—— Landesgrenze bzw. Regierungsbezirksgrenze
—— Kreisgrenze
Tübingen   Name und Sitz des Regierungspräsidiums

0 50 km

Karte 19 Entwicklung der Informationsbeschäftigung bei Kreditinstituten 1979-1986

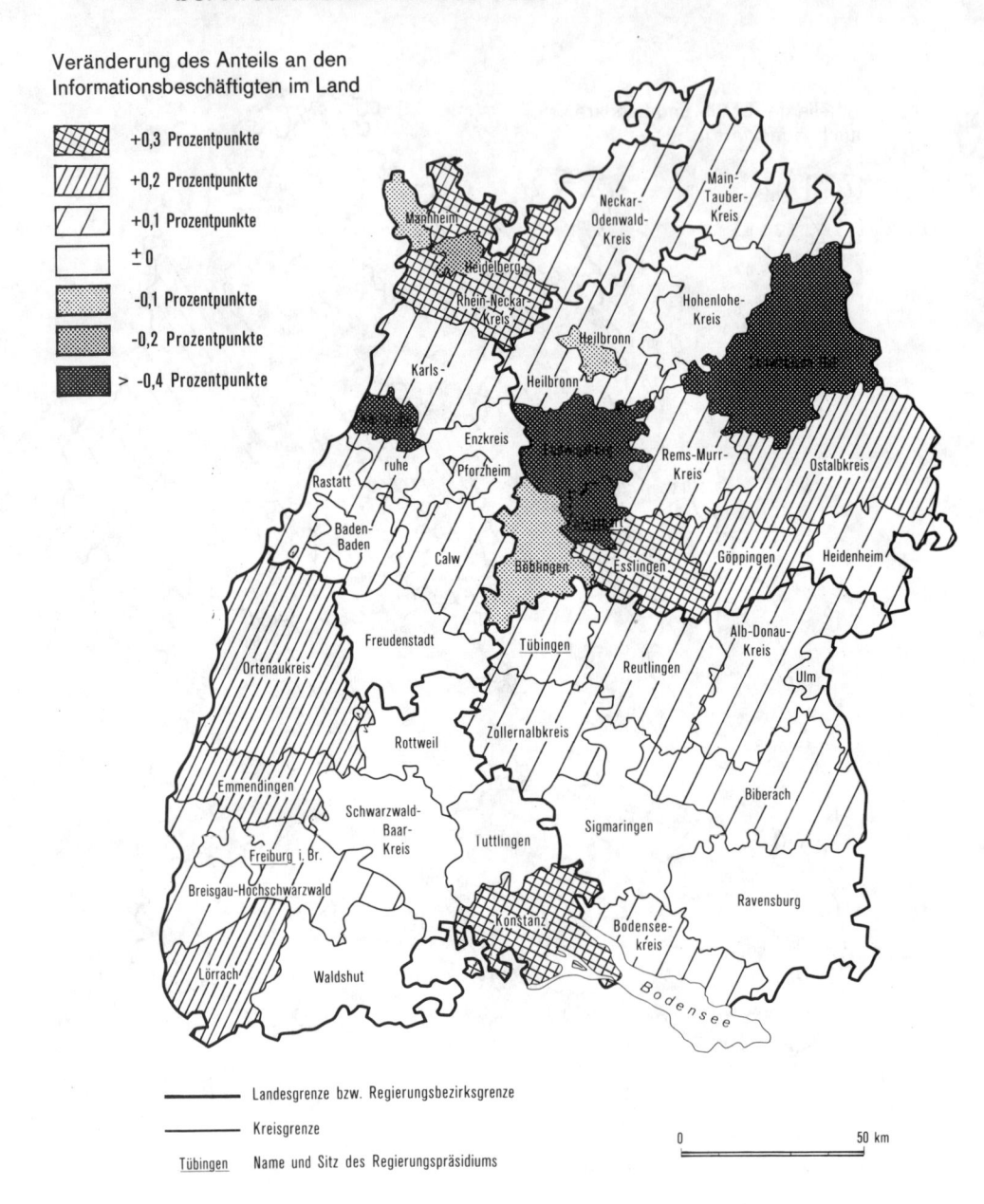

Veränderung des Anteils an den Informationsbeschäftigten im Land

- +0,3 Prozentpunkte
- +0,2 Prozentpunkte
- +0,1 Prozentpunkte
- ± 0
- −0,1 Prozentpunkte
- −0,2 Prozentpunkte
- > −0,4 Prozentpunkte

——— Landesgrenze bzw. Regierungsbezirksgrenze
——— Kreisgrenze
Tübingen Name und Sitz des Regierungspräsidiums

0   50 km

Landkreisen liegt sie unter diesem Wert, so in Schwäbisch Hall, dessen Situation durch die dortige Bausparkasse beherrscht wird. In diesem großen Unternehmen kann damit ein überdurchschnittlich großer Anteil an Nichtinformationstätigkeiten, insbesondere der innerbetrieblichen Infrastruktur, vermutet werden.

Außer in den drei größten Städten des Landes sind auch in den Landkreisen Ludwigsburg, Schwäbisch Hall, Böblingen und Esslingen bedeutende Anteile an den Informationsbeschäftigten im Bankwesen Baden-Württembergs tätig (vgl. Karte 18). Die meisten von ihnen sind erwartungsgemäß in der Landeshauptstadt beschäftigt; vor die badischen Großstädte Mannheim und Karlsruhe schiebt sich noch der Landkreis Ludwigsburg. In den sieben anteilsstärksten Kreisen allein sind 1986 43% aller Informationsbeschäftigten des Bankgewerbes im Lande tätig. Beträchtlich geringere Anteile besitzen die weiteren Stadtkreise, die übrigen suburbanen Landkreise im Mittleren Neckarraum und in den nordbadischen Verdichtungsräumen sowie in einigen industriell geprägten Landkreisen der Schwäbischen Alb und im Schwarzwald-Baar-Kreis, im Ortenaukreis und im südlichen Oberschwaben. Die Bereiche mit den niedrigsten Anteilen an den Informationsbeschäftigten des Landes werden auch bei den Kreditinstituten vom Nordosten Baden-Württembergs (mit der Ausnahme des Landkreises Schwäbisch Hall) gebildet sowie von den Landkreisen des Schwarzwaldes und des nördlichen Oberschwabens.

Die jüngeren Entwicklungstendenzen im Verteilungsmuster der Informationsfunktionen im Bankgewerbe deuten auf Suburbanisierung bzw. teilweise sogar großräumliche Dezentralisierung hin (vgl. Karte 19). Anteilsverluste weisen überwiegend jene Kreise mit den größten absoluten Anteilen auf, nämlich Stuttgart, Karlsruhe (Stadtkreis), Ludwigsburg, Schwäbisch Hall, die Städte Heidelberg, Mannheim und Heilbronn sowie der Landkreis Böblingen. Dahinter verbergen sich jedoch keine absoluten Beschäftigungsabnahmen in den einzelnen Kreisen, sondern durchweg nur unterdurchschnittliche Beschäftigungszunahmen. Insofern muß man von einer relativen Dezentralisierung zugunsten suburbaner und zum Teil auch peripherer Räume sprechen. Deutlich höhere Anteile an der Landessumme der Informationsbeschäftigten im Kreditgewerbe im Jahr 1986 gegenüber 1979 weisen die suburbanen Landkreise Esslingen und Rhein-Neckar-Kreis auf sowie der generell wirtschaftlich aufstrebende Landkreis Konstanz. Außerdem können Kreise am Oberrhein einerseits und in Ostwürttemberg andererseits sowie die Stadt Pforzheim ihre Anteile merklich verbessern. Auch im Nordosten des Landes (Neckar-Odenwald-Kreis, Main-Tauber-Kreis) und auf der Schwäbischen Alb (Regionen Neckar-Alb und Donau-Iller) nimmt die Zahl der Informationsbeschäftigten im Bankgewerbe stärker zu als im Durchschnitt der baden-württembergischen Kreise.

Von einer Führungsrolle Mannheims im Bankwesen Baden-Württembergs kann angesichts dieser Zahlen sicher nicht die Rede sein. Aber trotz der offensichtlichen Anteilsverschiebung zugunsten des Südens Baden-Württembergs auch in diesem Wirtschaftszweig können hinsichtlich der Informationsbeschäftigten im Bankwesen die Region Unterer Neckar sowie der gesamte Regierungsbezirk Karlsruhe ihre Anteile halten, d.h. diese Räume entwickeln sich - auf hohem Niveau - im Landesdurchschnitt, während die Region Mittlerer Neckar insgesamt ihren Anteil am Landeswert zwischen 1979 und 1986 von 34,3 auf 32,7% verringert.

Karte 20 Informationsbeschäftigte bei Versicherungen 1986

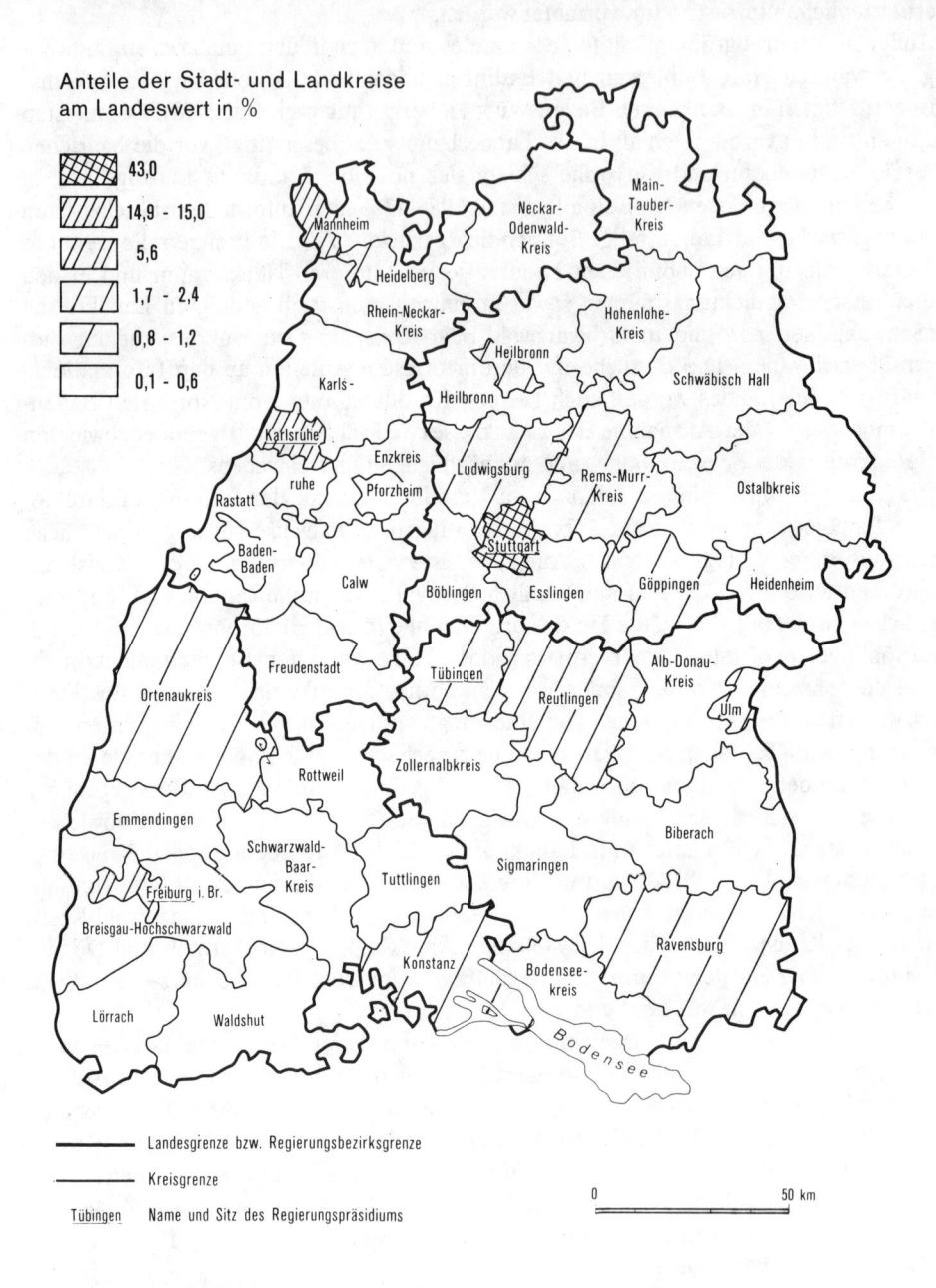

Anteile der Stadt- und Landkreise am Landeswert in %

- 43,0
- 14,9 – 15,0
- 5,6
- 1,7 – 2,4
- 0,8 – 1,2
- 0,1 – 0,6

Landesgrenze bzw. Regierungsbezirksgrenze
Kreisgrenze
Tübingen Name und Sitz des Regierungspräsidiums

0   50 km

6.3.2.5. Versicherungen

Im Versicherungsgewerbe Baden-Württembergs sind insgesamt nur rund 30 000 der knapp 3,5 Mio sozialversicherungspflichtig Beschäftigten tätig, d.h. knapp 1%; da die Informationsquote in diesem Wirtschaftszweig jedoch 95% beträgt, umfaßt die Branche fast 3% aller Informationstätigen des Landes.

Die Kartierung zeigt eine extreme Konzentration der Informationsbeschäftigten im Versicherungsgewerbe auf die Landeshauptstadt (vgl. Karte 20). In Stuttgart sind 1986 43% aller Informationsbeschäftigten im baden-württembergischen Versicherungswesen tätig. Auch die Addition der Anteile der badischen Zentren Karlsruhe (15,0%), Mannheim (14,9%) und Freiburg (5,6%) reicht nicht annähernd an den Wert von Stuttgart heran.

Aus der Menge der Kreise mit nur geringen Anteilen am Landeswert der Informationstätigen im Versicherungswesen heben sich lediglich noch die Städte Heilbronn und Ulm sowie der Landkreis Reutlingen heraus. In nennenswertem Maße tragen außerdem die nördlichen und östlichen Umlandkreise der Region Mittlerer Neckar sowie der Kreis Tübingen, die Stadt Heidelberg, der Ortenaukreis sowie Kreise im Bodenseeraum zu den Informationsbeschäftigten bei Versicherungsunternehmen bei.

Hinsichtlich der Verschiebungen im betrachteten Zeitraum 1979 bis 1986 weist in erster Linie der Mittlere Neckarraum eine Steigerung seines Anteils auf: Sowohl die Kernstadt Stuttgart als auch die Landkreise der Region steigern ihre Anteile an der - insgesamt in diesem Zeitraum um 6,1% gewachsenen - Landessumme (vgl. Karte 21). In den sechs Kreisen zusammen sind 1986 47% der im Versicherungsgewerbe Baden-Württembergs sozialversicherungspflichtig beschäftigten Informationstätigen gemeldet. Vergleichbare Zuwachsraten weisen im badischen Landesteil der Ortenaukreis, der Schwarzwald-Baar-Kreis sowie der Stadtkreis Heidelberg auf.

Anteilsverluste sind für die Städte Mannheim, Karlsruhe, Ulm, Freiburg und Pforzheim sowie die Landkreise Konstanz und Biberach zu erkennen. Dahinter verbergen sich absolute Abnahmen der Informationsbeschäftigten im Versicherungswesen in Mannheim, Ulm, Pforzheim sowie in den beiden Landkreisen im Süden des Landes; bei Karlsruhe und Freiburg beruhen die Anteilsverluste auf unterdurchschnittlichen Zuwachsraten.

In vielen peripheren Landkreisen wächst die Zahl der Informationsbeschäftigten im Versicherungsgewerbe des Landes im Maße des Landesdurchschnitts, in den Kreisen der mittleren und östlichen Alb sowie im südöstlichen Oberschwaben sogar stärker als im Landesmittel.

Die bedeutenden Wachstumsräume liegen jedoch zumeist im Umland der Großstädte. Auch für Informationsfunktionen im Versicherungsgewerbe lassen sich (teilweise lediglich relative) Suburbanisierungstendenzen feststellen, so im Mittleren Neckarraum, in den Agglomerationsregionen Unterer Neckar (wo Heidelberg und der Rhein-Neckar-Kreis auf Kosten Mannheims wachsen) und Mittlerer Oberrhein sowie um Ulm, Pforzheim und Freiburg.

In der südlichen Landeshälfte tritt eine geringfügige Verschiebung zugunsten des Regierungsbezirks Freiburg auf, der seinen Landesanteil an den Informationsbeschäftigten im Versicherungsgewerbe um 0,2 Prozentpunkte steigern kann, während der Regierungsbezirk Tübingen den gleichen Anteil verliert.

Karte 21 Entwicklung der Informationsbeschäftigung bei Versicherungen 1979-1986

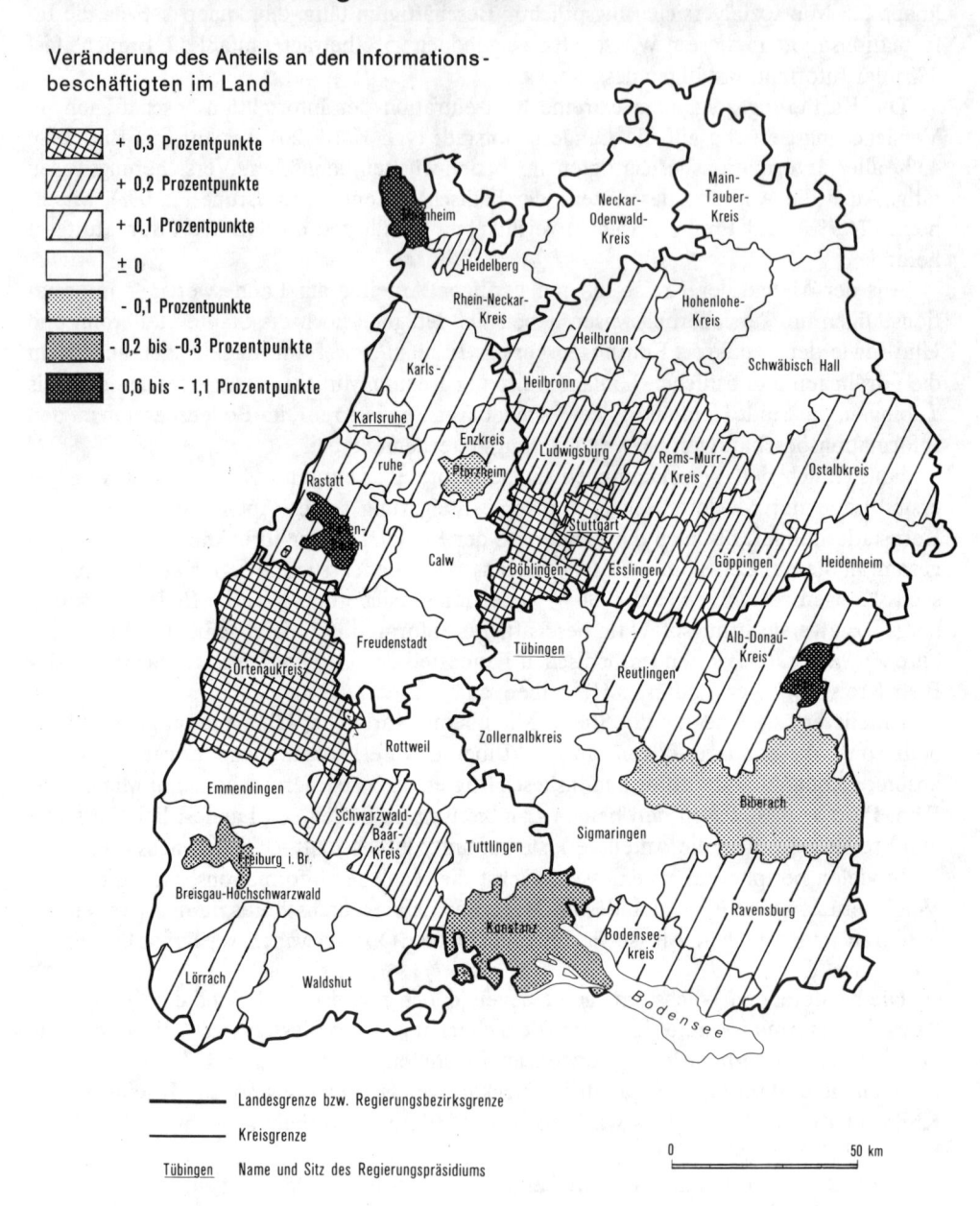

Veränderung des Anteils an den Informationsbeschäftigten im Land

- ⊞ + 0,3 Prozentpunkte
- ▨ + 0,2 Prozentpunkte
- ▧ + 0,1 Prozentpunkte
- □ ± 0
- ▒ - 0,1 Prozentpunkte
- ▓ - 0,2 bis -0,3 Prozentpunkte
- ■ - 0,6 bis - 1,1 Prozentpunkte

—— Landesgrenze bzw. Regierungsbezirksgrenze
—— Kreisgrenze
Tübingen   Name und Sitz des Regierungspräsidiums

0   50 km

Die Anteilsverlagerung in der nördlichen Landeshälfte dagegen ist weit gravierender: Die beiden nordbadischen Agglomerationsregionen verlieren - bei insgesamt geringer absoluter Zunahme an Informationstätigen im Versicherungswesen - 1,4 Prozentpunkte bezüglich ihrer Anteile am Landeswert. In diesem Ausmaß kann der Mittlere Neckarraum zusammen mit den angrenzenden Kreisen Heilbronn (Stadt- und Landkreis) sowie Ostalbkreis seine führende Position als Standortraum für Informationstätigkeiten im Versicherungsgewerbe des Landes ausbauen.

6.3.2.6. Medienwirtschaft

Innerhalb der 'Sonstigen Dienstleistungen' ist der Bereich der Medienwirtschaft als Zusammenfassung von Kunst, Theater, Film, Rundfunk und Fernsehen, Verlags-, Literatur- und Pressewesen abzugrenzen, zu dem jedoch hier nicht die unter Produzierendes Gewerbe subsumierte Druckindustrie zählt. In diesem Wirtschaftszweig nimmt die Beschäftigung in Baden-Württemberg insgesamt stark zu, zwischen 1979 und 1986 ist sie um 25% gestiegen, wobei das Wachstum zu mehr als 75% in den Informationsberufen stattfindet, deren Anteil an den Beschäftigten insgesamt bei über 70% liegt.

Auch in der Medienwirtschaft konzentrieren sich die Informationstätigen stark auf Stuttgart, wo 30% der im Land Beschäftigten arbeiten. Der gleiche Prozentsatz verteilt sich in Baden auf 5 bedeutendere Medienstädte: Baden-Baden, Heidelberg, Mannheim, Freiburg und Karlsruhe. Ein Übergewicht des Mittleren Neckarraums ergibt sich jedoch auch in diesem Wirtschaftszweig, da insbesondere Esslingen, aber auch Böblingen und Ludwigsburg beträchtliche Anteile an den Informationstätigen im Mediensektor des Landes aufweisen, die im Land nur noch von Ortenaukreis und Landkreis Ravensburg erreicht werden bzw. - wie im Falle von Ulm und Konstanz - leicht übertroffen werden (vgl. Karte 22).

Bei der Verschiebung der Anteile zwischen 1979 und 1986 verlieren vor allem die Stadtkreise (außer Heilbronn und Ulm) Anteile, überwiegend aufgrund unterproportionaler Wachstumsraten bei den Informationsbeschäftigten in dieser Branche; einzig in Mannheim verringert sich die absolute Zahl der in Medien tätigen Informationsbeschäftigten (vgl. Karte 23). Anteile gewinnen vor allem Landkreise im suburbanen Raum, insbesondere um Stuttgart, außerdem der Ortenaukreis. Bei den Informationsfunktionen im Medienbereich sind also ebenfalls Suburbanisierungstendenzen erkennbar. Verluste in Landkreisen der Peripherie des Landes werden zumeist durch Gewinne von Nachbarkreisen ausgeglichen. Eine deutliche Gewichtsverlagerung vom Westen des nördlichen Landesteils zur Mitte bleibt jedoch auch für die Medienbranche festzuhalten: Die Regionen Unterer Neckar und Mittlerer Oberrhein verlieren beträchtlich an Anteilen der Landessumme. Dagegen verbessert der Mittlere Neckarraum - trotz der beträchtlichen Anteilsverluste Stuttgarts - seine relative Position, wie auch der Stadtkreis Heilbronn. Regionen mit Anteilszunahme bilden darüber hinaus nur noch die Region Südlicher Oberrhein und der baden-württembergische Teil der Region Donau-Iller.

Karte 22 Informationsbeschäftigte in der Medienwirtschaft 1986

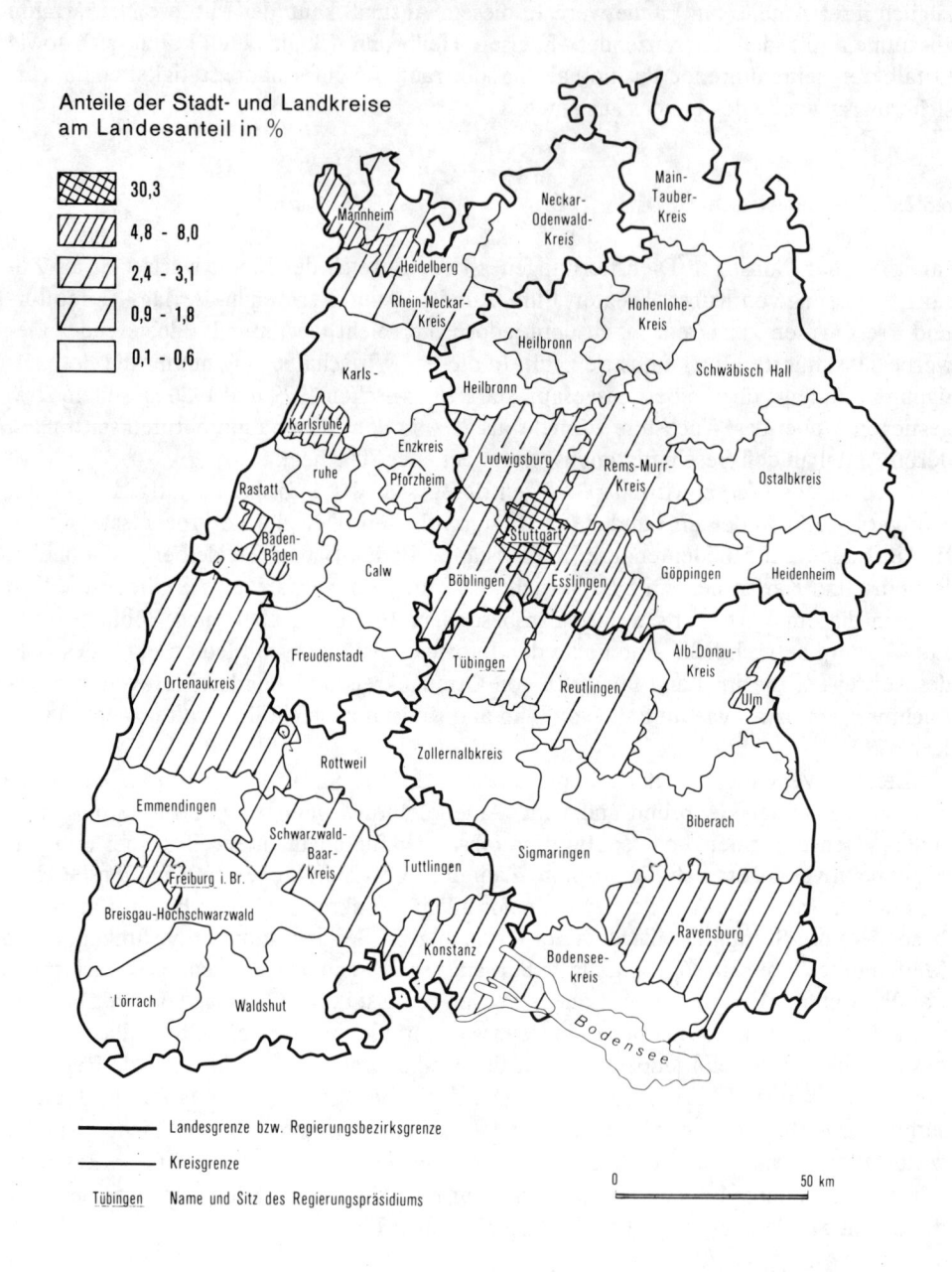

Anteile der Stadt- und Landkreise
am Landesanteil in %

- 30,3
- 4,8 – 8,0
- 2,4 – 3,1
- 0,9 – 1,8
- 0,1 – 0,6

— Landesgrenze bzw. Regierungsbezirksgrenze
— Kreisgrenze

Tübingen Name und Sitz des Regierungspräsidiums

0   50 km

Karte 23 Entwicklung der Informationsbeschäftigung in der Medienwirtschaft 1979-1986

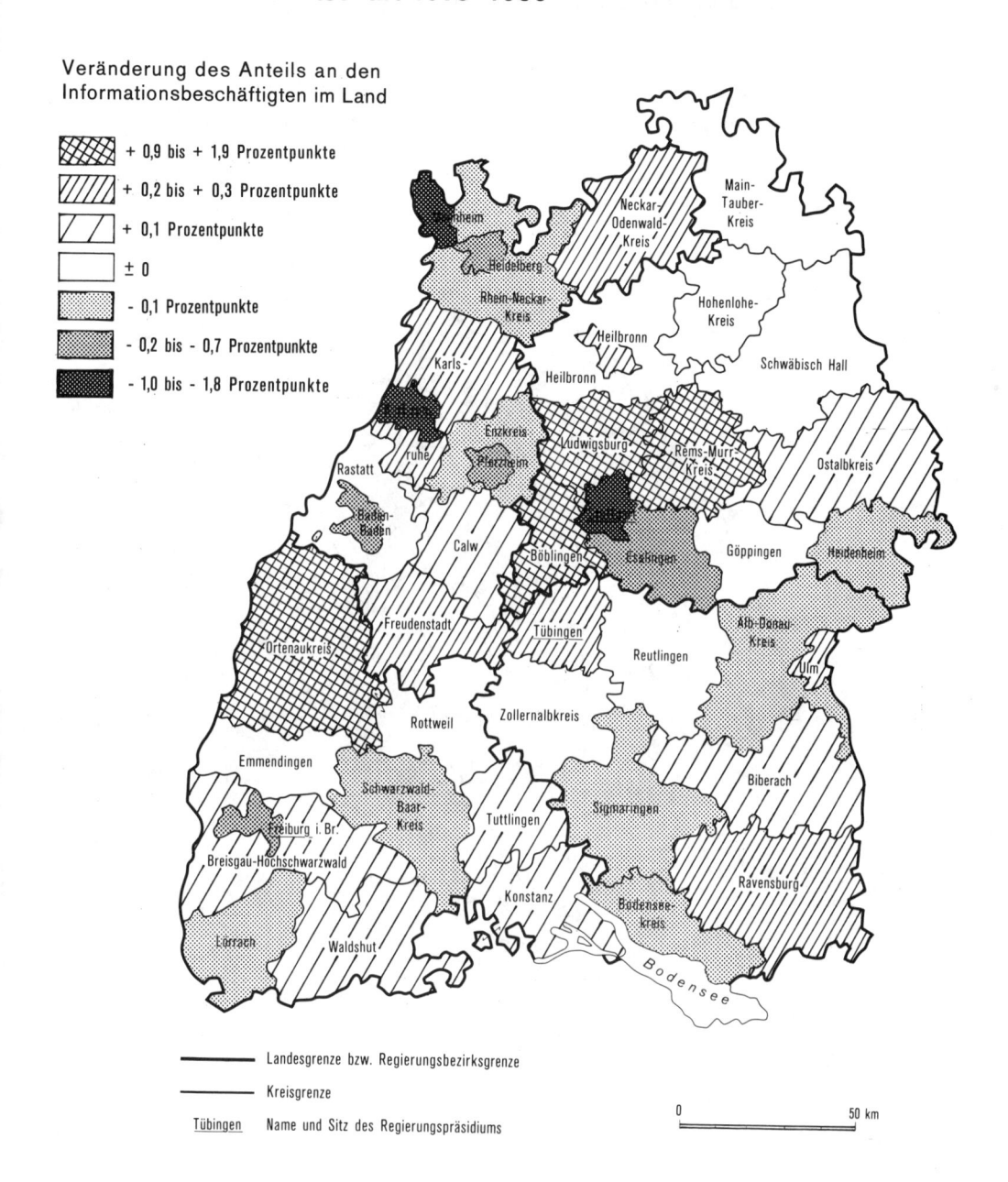

Veränderung des Anteils an den Informationsbeschäftigten im Land

- ▨ + 0,9 bis + 1,9 Prozentpunkte
- ▧ + 0,2 bis + 0,3 Prozentpunkte
- ▨ + 0,1 Prozentpunkte
- ☐ ± 0
- ▦ − 0,1 Prozentpunkte
- ▦ − 0,2 bis − 0,7 Prozentpunkte
- ▪ − 1,0 bis − 1,8 Prozentpunkte

― Landesgrenze bzw. Regierungsbezirksgrenze
― Kreisgrenze
Tübingen Name und Sitz des Regierungspräsidiums

0   50 km

Karte 24 Informationsbeschäftigte bei Organisationen ohne Erwerbscharakter 1986

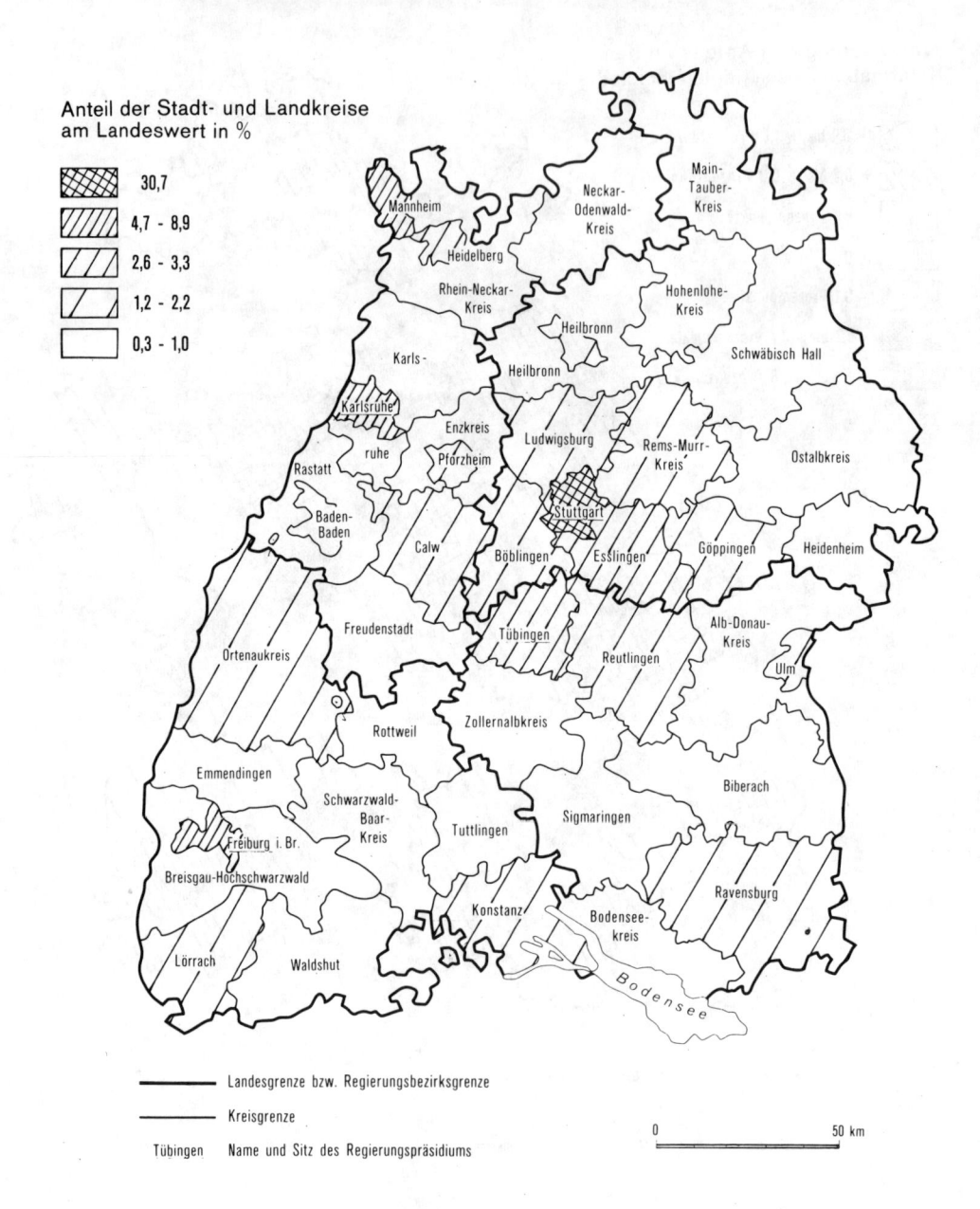

6.3.2.7. Organisationen ohne Erwerbscharakter

Die Organisationen ohne Erwerbscharakter zeigen im betrachteten Zeitraum ebenfalls eine beträchtliche Beschäftigungszunahme um 30%, von insgesamt 47 000 auf 60 000 Beschäftigte, von denen die Hälfte in Informationsberufen tätig ist. Ein Drittel dieser 30 000 Informationsbeschäftigten ist dabei bei den Kirchen und Religionsgemeinschaften beschäftigt.

Rund 30% der Informationsbeschäftigten der Organisationen arbeiten in Stuttgart, knapp 9% jeweils in Karlsruhe und Freiburg und knapp 5% in Mannheim (vgl. Karte 24). Außerhalb dieser genannten Stadtkreise weisen vor allem die Kreise im Stuttgarter Umland hohe Anteile an den Informationsbeschäftigten der Organisationen ohne Erwerbscharakter auf, insbesondere der Kreis Esslingen und auch der Kreis Tübingen. In letzterem zählen allerdings auch die Forschungsinstitute der Max-Planck-Gesellschaft zu diesem Wirtschaftszweig, wodurch sich der hohe Anteil erklärt, der die Werte von Esslingen und vom Stadtkreis Heidelberg noch übertrifft.

Insgesamt ist die Konzentration auf die Landesmitte nicht zu übersehen. Nennenswerte Anteile der Informationsbeschäftigten bei Organisationen ohne Erwerbscharakter sind darüber hinaus nur noch in Ulm, Konstanz und Lörrach sowie in den großen Landkreisen Ortenaukreis und Ravensburg zu finden.

Hinsichtlich der Entwicklung zwischen 1979 und 1986 fällt eine krasse absolute Beschäftigtenabnahme im Stadtkreis Karlsruhe und im Landkreis Tübingen aus dem Rahmen der allgemein zunehmenden Beschäftigung. Dahinter verbergen sich Umverteilungen bei den Informationsbeschäftigten im kirchlichen Bereich, die vermutlich eher durch eine Anpassung des registrierten Arbeitsortes an den tatsächlichen Arbeitsort zu erklären sind als durch Arbeitsplatzverlagerungen bzw. -aufgabe und -neugründung. Dadurch verzerrt sich jedoch das Bild der Verschiebungen so stark, daß eine Darstellung nicht mehr sinnvoll erscheint.

Ein Grund für diese Konzentration der Informationsbeschäftigten bei Organisationen ohne Erwerbscharakter auf den Mittleren Neckarraum liegt in der Tatsache, daß die meisten Verbände und Vereine ihren Landessitz in der Landeshauptstadt oder in deren Umland eingerichtet haben. Von 894 im Landesadreßbuch genannten Vereins- und Verbandszentralen - ohne Organisationszentralen, die ihre Aufgabe nur für einen Landesteil wahrnehmen, - sitzen 551 oder 61,6% in Stuttgart und 87 oder 9,7% darüber hinaus in den Umlandkreisen Stuttgarts (vor allem in den Landkreisen Esslingen und Ludwigsburg), jeweils 8 (bzw. 0,9%) in Reutlingen und Tübingen sowie 10 (bzw. 1%) in Stadt- und Landkreis Heilbronn, so daß der Verdichtungsraum Stuttgart fast drei Viertel der baden-württembergischen Verbandszentralen aufnimmt.

In Karlsruhe haben 48 Verbände ihre Landeszentrale eingerichtet (5,4%), in Mannheim 37 (4,2%), in Freiburg 31 (3,5%) und in Heidelberg 23 (2,6%). Auf die badischen Agglomerationsregionen entfallen damit rund 8% (Unterer Neckar), 7% (Mittlerer Oberrhein) bzw. 4,5% (Südlicher Oberrhein), zusammen also knapp 20% der Verbandssitze; nur gut 5% verbleiben für das gesamte übrige Landesgebiet. In der Auswertung nicht berücksichtigt sind Parteien und sonstige politische Landesvereinigungen, die alle ihre Landeszentrale in Stuttgart haben.

Etwas abgemildert wird die Konzentration von Verbandszentralen auf die Landeshauptstadt und ihr Umland dadurch, daß eine Reihe von Vereinigungen separate Organisationen für den württembergischen und den badischen Landesteil behalten bzw. aufgebaut haben, deren Spitzen sich zumeist in Stuttgart einerseits und in Karlsruhe, Freiburg oder Mannheim andererseits befinden. Zu nennen sind hier vor allem die großen Kirchen, deren Verwaltungszentralen in Stuttgart und Rottenburg für Württemberg bzw. in Karlsruhe (Evangelische Landeskirche in Baden) und Freiburg (badische Erzdiözese) ihren Standort haben. Aber auch verschiedene Touristenvereine (wie Naturfreunde, Jugendherbergswerk und Deutscher Campingclub), viele Sportverbände, die Deutsche Lebens-Rettungs-Gesellschaft, aber auch Landwirtschaftsverbände, der Technische Überwachungsverein sowie Haus- und Grundeigentümerverbände einerseits und Mieterverbände andererseits sind getrennt für Baden und Württemberg organisiert.

6.4. Die räumliche Verteilung bestimmter privatwirtschaftlicher und öffentlicher Funktionen als Determinante für das Verteilungsmuster der Informationsbeschäftigten

Die Konzentrationen von Informationsbeschäftigten an bestimmten Standorten bzw. in bestimmten Teilräumen des Landes hängen eng mit der Standortverteilung verschiedener Informationsfunktionen zusammen, deren Tätigkeitsbereich sich über das ganze Bundesland bzw. über größere Teilräume (häufig entweder den badischen oder den württembergischen Landesteil) erstreckt, in vielen Fällen, so bei Hauptverwaltungen von Großunternehmen, jedoch auch weit über die Landesgrenzen national und international hinausgreifen kann. Zu den Schlüsselbereichen des Informationssektors gehören dabei die Hauptverwaltungen von Großunternehmen in allen Wirtschaftszweigen, staatliche Behörden sowie Einrichtungen von Forschung und Lehre, welche zum Teil staatlich, zum Teil auch privat betrieben werden.

6.4.1. Die Hauptverwaltungsstandorte der größten Unternehmen des Landes

Den bedeutendsten Bereich für quartäre Tätigkeiten in der privaten Wirtschaft bilden die Führungs- und Verwaltungszentralen von Großunternehmen. Sie stellen auch aus räumlicher Sicht Brennpunkte wirtschaftlicher Macht dar. Gerade in Baden-Württemberg, wo vor allem die Industrieunternehmen eine starke Stellung innerhalb der Wirtschaftsstruktur des Landes besitzen, ist eine enge Korrelation der Standorte der Hauptverwaltungen der Großunternehmen und der räumlichen Konzentration von Informationsbeschäftigten zu erwarten. Großunternehmen existieren außerdem aber auch im Handel, in der Energieversorgung und in wachsendem Maße auch im Medienbereich; deswegen betrifft die folgende Darstellung nicht allein den Wirtschaftszweig des Produzierenden Gewerbes.

Aus der Übersicht "Die großen 500" (SCHMACKE 1986), die für die Bundesrepublik die 500 größten Unternehmen auflistet, lassen sich für Baden-Württemberg die 75 größten Unternehmen zusammenstellen. Als Kriterium für diese Rangliste gilt der Umsatz der Unternehmen. Banken und Versicherungen, für die sich dieses Kriterium nicht eignet, erscheinen nicht in der Liste und werden - nach der Bilanzsumme - in einer gesonderten Liste aufgeführt. Die für die Auswertung neueste verfügbare Zusammenstellung stammt vom 1.12.1986 und berücksichtigt die Unternehmensumsätze im Jahr 1985.

Die Auswertung der SCHMACKE-Liste für raumbezogene Zwecke birgt bestimmte Probleme (vgl. auch Kap. 3.1.3.): Zum einen kann der angegebene Sitz des Unternehmens nicht mit dem Standort der Hauptverwaltung identisch sein. Bei den 75 baden-württembergischen Unternehmen ist dies jedoch nur bei Bosch der Fall, wo sich die Hauptverwaltung nicht am angegebenen Standort Stuttgart befindet, sondern jenseits der Stadtgrenze in Gerlingen (Kreis Ludwigsburg). Zum anderen wird bei Konzernverflechtungen, wenn sowohl Mutter- als auch Tochtergesellschaft aufgezählt werden, nicht in jedem Fall deutlich, inwieweit der Umsatz der Tochtergesellschaft auch bei der Muttergesellschaft enthalten ist und dann bei der Addition zum regionalem oder zum Landeswert zu subtrahieren ist. Aus diesem Grund sind gelegentlich weitere firmenkundliche Auskünfte einzuholen.

Bei 21 der 75 größten Unternehmen des Landes ist als Sitz Stuttgart angegeben. Darunter befinden sich die drei umsatzstärksten, Daimler-Benz, Bosch und IBM. Aus der Liste der ersten 20 Unternehmen haben neun ihren Standort in Stuttgart. Damit beherbergt die Landeshauptstadt nicht nur den weitaus größten Anteil an Großunternehmen des Landes, sondern unter diesen auch noch überproportional viele Besetzer von Spitzenrängen. Deshalb werden 1985 58,8% der Umsätze der 75 größten Unternehmen von Stuttgart (bzw. Gerlingen) aus kontrolliert (vgl. Karte 25). 10 der Unternehmen der Liste sind mit ihrer Hauptverwaltung in Mannheim angesiedelt, darunter drei aus der Gruppe der ersten 20. Der Anteil des von Mannheim aus kontrollierten Umsatzes ist mit 10,5% bereits sehr viel niedriger als jener von Stuttgart. Auf Karlsruhe entfallen sechs Unternehmen, die über 4,5% des Umsatzes gebieten. Ähnlich hohe Anteile weisen der Bodenseekreis und der Stadtkreis Ulm auf, da in Friedrichshafen und Ulm jeweils drei Großunternehmen ihren Standort haben.

In weiteren vier Städten des Landkreises Ludwigsburg (Ludwigsburg, Asperg, Kornwestheim und Bietigheim-Bissingen) und in jeweils zwei Städten der anderen an Stuttgart grenzenden Landkreise der Region Mittlerer Neckar befinden sich Hauptverwaltungen baden-württembergischer Großunternehmen (in Böblingen und Sindelfingen, Esslingen und Filderstadt sowie Waiblingen und Backnang). Diese 10 Städte im Mittleren Neckarraum kontrollieren zusammen mit Stuttgart knapp zwei Drittel des Umsatzes (64,6%) der 75 größten Unternehmen. Auch aus dieser Perspektive zeigt sich also die dominierende Stellung der Region Mittlerer Neckar im (raum-)wirtschaftlichen Geschehen des Landes deutlich.

Nordwürttemberg besitzt zwei weitere Standorte mit Hauptverwaltungen von Großunternehmen, die beträchtliche Umsatzzahlen aufweisen, nämlich Oberkochen im Ostalbkreis (Carl Zeiss) und Neckarsulm (Lidl und Schwarz sowie Kolbenschmidt) im Landkreis Heilbronn. Im badischen Landesteil sind hier der Rhein-Neckar-Kreis mit Freudenberg in Weinheim, der Stadtkreis Heidelberg (mit Heidelberger Druckmaschinen AG und Heidelberger Zement AG) sowie im Landkreis Karlsruhe Philippsburg (mit der Kernkraftwerksgesellschaft) und Ettlingen (Papiergroßhandel G. Schneider & Söhne) aufgeführt. Die Anteile der badischen Agglomerationsregionen Unterer Neckar (13,3%) und Mittlerer Oberrhein (5,9%) am Umsatz der 75 Größten sind jedoch in krasser Weise niedriger als der Wert für die Region Mittlerer Neckar.

Karte 25 Anteile der Stadt- und Landkreise an den Umsätzen der 75 größten Unternehmen 1985

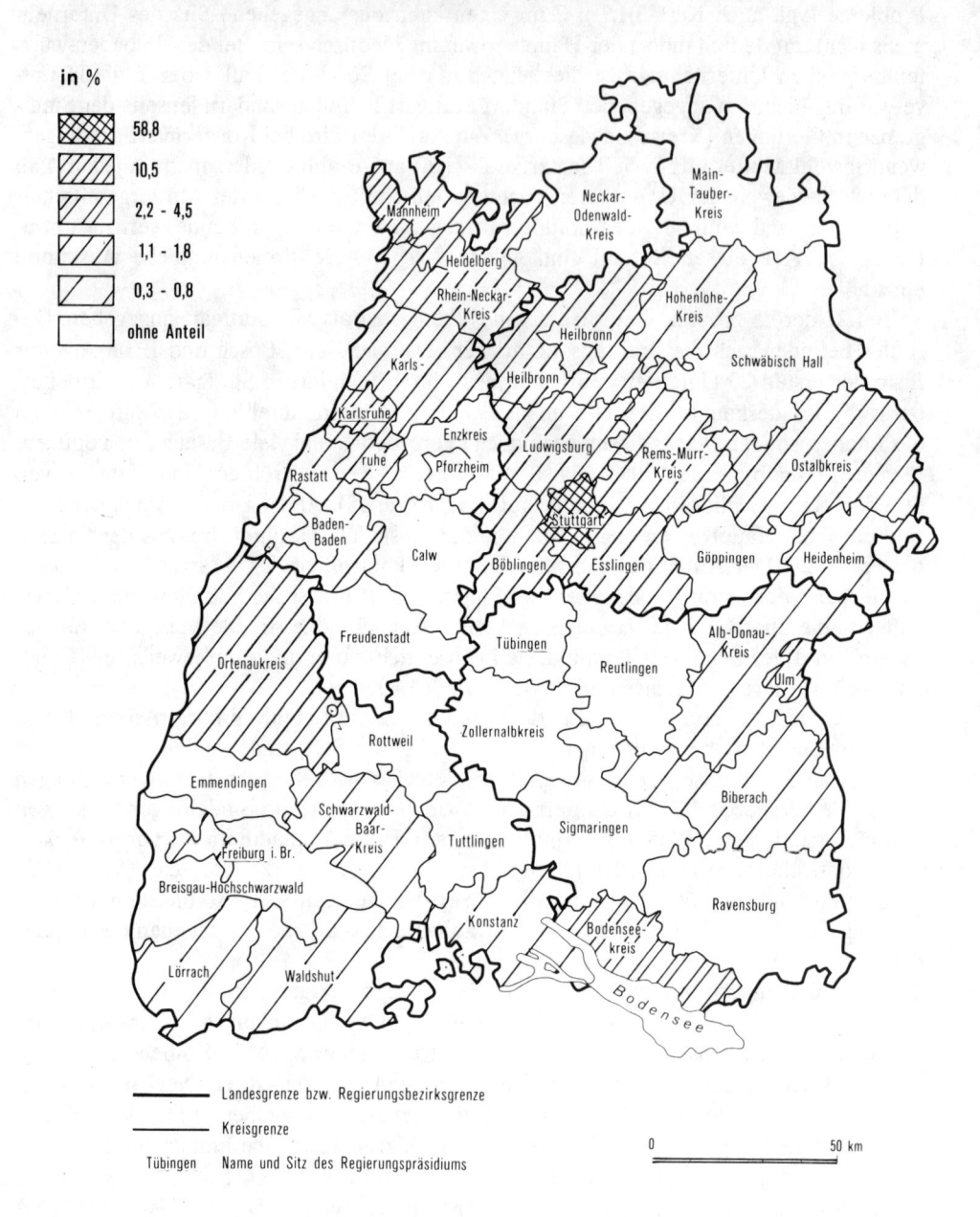

in %

- 58,8
- 10,5
- 2,2 - 4,5
- 1,1 - 1,8
- 0,3 - 0,8
- ohne Anteil

Landesgrenze bzw. Regierungsbezirksgrenze
Kreisgrenze
Tübingen   Name und Sitz des Regierungspräsidiums

0   50 km

Die Großunternehmen in Offenburg (Burda) und Lahr (Roth-Händle) lassen den Ortenaukreis im Südwesten des Landes hervortreten. In 11 weiteren Land- und Stadtkreisen existiert jeweils eine Hauptverwaltung eines Großunternehmens: in Weisenbach (Kreis Rastatt) Holtzmann (Papierfabriken), in Heilbronn die deutsche Fiat-Gesellschaft, in Künzelsau (Hohenlohekreis) die Firma Würth, Schrauben und Werkzeuge, in Heidenheim Voith, in Ehingen (Alb-Donau-Kreis) die Zentrale des Handelsunternehmens Schlecker, in Biberach Liebherr, in Villingen-Schwenningen Mannesmann-Kienzle. Die drei Unternehmen in den südbadischen Landkreisen Konstanz, Waldshut und Lörrach gehören jeweils zu schweizerischen Konzernen: die Aluminiumwerke in Singen (zur Schweizerischen Aluminium AG), Ciba-Geigy in Wehr und Hoffmann-La Roche in Grenzach-Wyhlen. Auffallend gering ist die Bedeutung Freiburgs als Standort von Großunternehmen. Das einzige hier genannte Unternehmen, Rhodia Chemie, gehört zum französischen Rhône-Poulenc-Konzern.

In den übrigen Kreisen, also im Nordosten des Landes, im überwiegenden Teil des Schwarzwaldes sowie in den westlichen Bereichen der Schwäbischen Alb und Oberschwabens sind keine Hauptverwaltungen von Unternehmen aus der Liste der 75 größten lokalisiert.

Insgesamt kann die außerordentliche Dominanz von Stuttgart und seinen Umlandkreisen bezüglich der umsatzstärksten Großunternehmen im Land die beobachtete Massierung von Informationsbeschäftigten in diesem Raum zu einem Teil erklären (vgl. Karten 9 und 25). In vielen Landkreisen - vor allem im Süden und Südosten des Landes - bedeutet jedoch die Existenz einer Hauptverwaltung eines Großunternehmens noch nicht, daß dort deswegen notwendigerweise eine hohe Zahl von Informationsbeschäftigten festzustellen ist. Andererseits treten Fälle auf - so die Kreise Göppingen, Reutlingen und Ravensburg -, wo ein erwähnenswertes Ausmaß an Beschäftigten in Informationsberufen ohne die Existenz einer Hauptverwaltung eines der 75 größten Unternehmen erreicht wird. In diesen Teilräumen beruht die Bedeutung der Informationsbeschäftigung auf der größeren Zahl von Unternehmen außerhalb des Kreises der 75 größten, bei denen auch vielfach die dispositiven Funktionen noch am gleichen Standort wie die Produktions- und sonstigen Funktionsbereiche bestehen.

6.4.2. Behördenstandorte

Als Landeshauptstadt ist Stuttgart der weitaus bedeutendste Behördenstandort des Landes. Hier haben das Landesparlament sowie Landesregierung, Ministerpräsident und die Landesministerien ihren Sitz, also mit Ausnahme des Rechnungshofes sämtliche Oberste Landesbehörden. Darüber hinaus sind in Stuttgart 11 der 15 Landesoberbehörden Baden-Württembergs beheimatet sowie die einzige für das ganze Land verantwortliche höhere Sonderbehörde, das Landesamt für die Wiedergutmachung. In größerem Ausmaß auch als jede andere Stadt des Landes beherbergt Stuttgart Behörden des Bundes. Diese sind allerdings fast ausschließlich Landesniederlassungen der jeweiligen Bundesbehörde für Baden-Württemberg, so die Landeszentralbank (als Zweigstelle der Bundesbank), das Landesarbeitsamt (als Zweigstelle der Bundesanstalt für Arbeit), die Wirtschaftsprüferkammer oder auch - im militärischen Bereich - das Wehrbereichskommando V. Lediglich das Sozialamt der Bundespost nimmt von Stuttgart aus (mit Außenstelle in Tübingen) Aufgaben für die gesamte Bundesrepublik wahr.

Die Anzahl weiterer Landesbehörden in Stuttgart ist beträchtlich. Vier Landeszentralen des Justizwesens sitzen in Stuttgart (Staatsgerichtshof, Landessozialgericht, Landesarbeitsgericht und Ehrengerichtshof für Rechtsanwälte), ebenso die kommunalen Landesverbände Gemeindetag, Landkreistag und Städtetag, die Datenzentrale Baden-Württemberg einerseits sowie die Landesbeauftragte für den Datenschutz andererseits, das Landeskriminalamt, der Regierungsbeauftragte für den Technologietransfer, das Wirtschaftsarchiv Baden-Württemberg, der Zentralkatalog der baden-württembergischen Bibliotheken, die dem Leihverkehr angeschlossen sind, sowie eine Reihe weiterer Institutionen des Landes wie zum Beispiel Landeshauptkasse oder Landespersonalausschuß.

In fünf weiteren Städten des Verdichtungsraums Stuttgart befinden sich Bundes- und Landesbehörden mit landesweiter Bedeutung, in Ludwigsburg (Grenzschutzkommando Süd, Landesamt für Flurbereinigung und Siedlung sowie Landesbeschaffungsstelle für die staatliche Polizei), in Göppingen (Bereitschaftspolizeidirektion), Leinfelden-Echterdingen (Bundesanstalt für Flugsicherung), Tübingen (Landesstelle für Baustatik) und Heilbronn (Wehrbereichsverpflegungsamt V). Eine weitere Bundesinstitution in Tübingen, die Ausführungsbehörde für Unfallversicherung der Bundespost, ist dabei in ihrem Tätigkeitsbereich nicht auf das Land Baden-Württemberg beschränkt.

Die insgesamt beträchtliche Konzentration von Zentralbehörden des Landes auf Stuttgart wird wie bei den Organisationen ohne Erwerbscharakter in gewissem Ausmaß zum einen dadurch gemindert, daß andere Gemeinden, insbesondere die drei bedeutendsten badischen Großstädte, derartige Institutionen beherbergen. Zum anderen werden innerhalb des Bundeslandes bestimmte Zuständigkeitsbereiche für die Landesteile Baden und Württemberg separat verwaltet; hinsichtlich der zentralen Lenkungsinstitutionen kommt es damit zu einer Aufteilung zwischen Stuttgart einerseits und Karlsruhe, Mannheim und Freiburg andererseits. Während für Württemberg also ausschließlich Stuttgart die Zentralbehörde aufnimmt, müssen sich im badischen Landesteil die drei genannten Städte die Hauptsitzfunktionen nochmals teilen.

So erklärt es sich, daß Karlsruhe mit seinen verschiedenen Institutionen Zentralfunktionen zum Teil für das gesamte Bundesgebiet, zum Teil für das Land Baden-Württemberg und zum Teil auch nur für den badischen Landesteil ausübt. Von herausragender Bedeutung in Karlsruhe sind die Bundeseinrichtungen des Justizwesens auf höchster Ebene, Bundesverfassungsgericht, Bundesgerichtshof sowie Generalbundesanwalt. Daneben bestehen in Karlsruhe drei weitere Bundesbehörden: die Bundesanstalt für Wasserbau, die Versorgungsanstalt des Bundes und der Länder sowie Eurocontrol - Europäische Organisation zur Sicherheit der Luftfahrt. Mit dem Landesrechnungshof besitzt Karlsruhe die einzige Oberste Landesbehörde außerhalb der Landeshauptstadt, daneben mit der Staatsschuldenverwaltung eine Landesoberbehörde. Das Justizwesen der Landesebene ist durch das Finanzgericht Baden-Württemberg vertreten. Außerdem haben in Karlsruhe als Landesbehörden die Landeskreditbank, der Kommunale Versorgungsverband einschließlich seiner Zusatzversorgungskasse und die Zentrale Anlaufstelle für Asylbewerber ihren Sitz.

Wie oben erwähnt, muß sich Karlsruhe in einer ganzen Reihe von Funktionsbereichen die Kompetenz für das Bundesland mit Stuttgart teilen. Die zentrale Lenkungsfunktion wird in Karlsruhe also nur für den badischen Landesteil wahrgenommen. Unter diese Rubrik fallen für Karlsruhe das Oberlandesgericht und die Nebenstelle des Bundesdisziplinargerichts als Justizbehörden, die Bundesbahndirektion, verschiedene staatliche und kommunale Versicherungsanstalten wie Landesversicherungsanstalt Baden, Badische Gebäudebrandversicherungsanstalt, Badischer Gemeinde-Versicherungs-Verband und Badischer Gemeindeunfallversicherungsverband, der Fachvermittlungsdienst beim Arbeitsamt, die Gemeindeprüfungsanstalt, die Landesbildstelle Baden, das Chemisch-Technische Prüfungsamt Karlsruhe und der Landeswohlfahrtsverband Baden. An dieser Aufteilung der Zuständigkeit zwischen Stuttgart für den württembergischen und Karlsruhe für den badischen Landesteil ist darüber hinaus auch bei einigen wissenschaftlichen bzw. kulturellen Einrichtungen festgehalten worden. Der badische Landesteil besitzt damit in Karlsruhe seine Landesbibliothek, sein Staatstheater, sein Landesmuseum und seine Naturkundlichen Sammlungen, als Fortführung der bereits vor Gründung des Südweststaats existierenden zentralstaatlichen Einrichtungen der Hauptstadt des Großherzogtums, später des Freistaats Baden. Das Landesgewerbeamt (Sitz in Stuttgart) besitzt für Baden ebenfalls eine Direktion in Karlsruhe.

Mannheim, von seiner Bevölkerungszahl her immerhin die zweitgrößte Stadt Baden-Württembergs, erscheint im Gegensatz zu Stuttgart und auch zu Karlsruhe geradezu grob vernachlässigt als Behördenstandort. Der Bund betreibt hier eine Außenstelle der Bundesanstalt für landwirtschaftliche Marktordnung sowie zwei militärische Bildungseinrichtungen, die weitere militärische Einrichtungen in der Stadt ergänzen. Als Zentralfunktionen für Baden-Württemberg befinden sich in Mannheim der Verwaltungsgerichtshof des Landes sowie - auf der Gemarkung, wo der größte Strom des Landes seine größte Abflußmenge erreicht - die Wasserschutzpolizeidirektion und das Staatliche Hafenamt. Zwei öffentliche Bankanstalten mit Zuständigkeit für den badischen Teil des Bundeslandes haben ihren Sitz in Mannheim: die Badische Kommunale Landesbank-Girozentrale und die mit ihr zusammenhängende Öffentliche Versicherungsanstalt der Badischen Sparkassen, deren Pendants für Württemberg jeweils in Stuttgart sind.

Im Rahmen der dargestellten württembergisch-badischen Funktionentrennung fungiert Freiburg als Standort eines Wetteramts. Für das gesamte Bundesland zuständig sind die beiden hier lokalisierten Landesoberbehörden Geologisches Landesamt und Landesbergamt sowie das Staatliche Amt für Vor- und Frühgeschichte. Als Bundesinstitution findet sich in Freiburg lediglich das Militärgeschichtliche Forschungsamt.

Außerhalb dieser vier größten Städte des Landes existieren nur in ganz geringem Umfang Standorte von überregional tätigen Bundes- und Landesbehörden. Auf die Städte im Verdichtungsraum Stuttgart wurde oben bereits eingegangen; im württembergischen Landesteil bestehen außer den genannten Institutionen nur noch Bildungs- und Forschungseinrichtungen von Bund und Land, die in Kap. 6.4.3. behandelt werden. Im heute badischen Landesteil sind dagegen immerhin sieben Städte zu nennen mit Bundes- oder Landesbehörden, die vielfach landesweit Befugnisse besitzen. Es sind dies Kehl mit einer Einrichtung des Bundesamts für Ernährung und Forstwirtschaft, Baden-Baden mit dem Wehrbereichsbekleidungsamt V, Konstanz und Lörrach mit Grenzschutzämtern, Rastatt mit einer weiteren militärischen Einrichtung, dem Wehrgeschichtlichen Museum, Nagold mit der Staatsklenge und Radolfzell mit der Vogelwarte. Deren Bedeutung bleibt jedoch in den meisten Fällen hinter den in den Großstädten konzentrierten Verwaltungseinrichtungen weit zurück.

Die Sendebereiche der beiden öffentlich-rechtlichen Rundfunkanstalten des Landes orientieren sich an den Besatzungszonen: Der Süddeutsche Rundfunk in Stuttgart wurde für die amerikanische Zone eingerichtet, der Südwestfunk in Baden-Baden für die französische Zone.

Auf der mittleren Ebene ist die Landesverwaltung in vier Regierungsbezirke regionalisiert, deren Präsidien sich in Stuttgart, Tübingen, Karlsruhe und Freiburg befinden und außer im Fall von Stuttgart, wo dies ohnehin ausreichend ausgeprägt ist, wesentlich mit dazu beitragen, daß diese Städte wichtige Verwaltungszentren darstellen. Zwei Probleme fallen dabei auf: Zum einen ist der Verdichtungsraum Rhein-Neckar nicht Sitz einer derartigen Landesmittelbehörde. Zum anderen besitzt das Regierungspräsidium Tübingen in seinem Regierungsbezirk eine stark exzentrische Lage, die weit über das Maß an Abweichung vom jeweiligen geographischen bzw. verkehrsgeographischen Mittelpunkt in den Regierungsbezirken hinausgeht. Ganz Südwürttemberg mit Ulm als größtem Zentrum, nahe der Nordost-Ecke des Regierungsbezirks gelegen, wird auch auf der mittleren Ebene aus dem Verdichtungsraum Stuttgart heraus 'regiert', was Forderungen von Bürgernähe einerseits und Effektivität andererseits sicherlich entgegensteht.

In gleicher Weise räumlich organisiert wie die Regierungspräsidien sind die Forstdirektionen, Oberschulämter und Landespolizeidirektionen (mit der Ergänzung, daß es für Stuttgart dabei zwei gibt), sowie die Verteidigungsbezirkskommandos im Wehrbereich V. In einzelnen Bereichen ersetzt Sigmaringen Tübingen in der Vierer-Runde, so bei den Verwaltungsgerichten, den Chemischen Landesuntersuchungsanstalten (wo zudem für Südbaden auch Offenburg eine Anstalt beherbergt), und den Landesarchiven, die in Stuttgart, Ludwigsburg, Sigmaringen, Karlsruhe und Wertheim ihren Sitz haben. Nur im Falle der vergleichsweise weniger bedeutenden Orthopädischen Versorgungsstellen tritt Ulm als Standort anstelle Tübingens auf.

Tübingen fällt als Verwaltungszentrum für den südwürttembergischen Regierungsbezirk gänzlich aus bei der regionalen Einteilung der Oberpost- und Oberfinanzdirektionen, bei denen der gesamte württembergische Landesteil von Stuttgart aus verwaltet wird, während sich auf der badischen Seite Karlsruhe und Freiburg die Fläche teilen.

6.4.3.   Standorte von Hochschulen und Forschungseinrichtungen

Als Städte mit jeweils über 20 000 Studierenden sind die drei 'alten' Universitätsstädte Heidelberg, Freiburg und Tübingen sowie die beiden ehemaligen Hauptstädte der Länder Baden und Württemberg, Karlsruhe und Stuttgart, die bedeutendsten Hochschulstädte in Baden-Württemberg. Heidelberg besitzt nicht nur die größte Universität des Landes, sondern auch eine Pädagogische Hochschule sowie die Fachhochschule Rehabilitation und die kleine Hochschule für jüdische Studien. In Freiburg wird die von der Universität geprägte Hochschullandschaft ergänzt durch PH, Musikhochschule sowie Fachhochschulen für Sozialwesen und Religionspädagogik. Die Landeshauptstadt weist in Stuttgart und Hohenheim zwei Universitäten auf und beherbergt außerdem drei Fachhochschulen sowie Kunst- und Musikhochschulen. Ein ebenso vielgestaltiges Bild bietet die Hochschulstruktur Karlsruhes mit Universität, PH, Fachhochschule sowie ebenfalls Kunst- und Musikhochschulen.

Die Größenordnung der Hochschuleinrichtungen in den 'neuen' Universitätsstädten Mannheim, Konstanz und Ulm ist beträchtlich geringer als in den obengenannten traditionellen Hochschulstädten - hier werden jeweils zwischen 6000 und 12 000 Studierende gezählt -, obwohl neben den Universitäten jeweils auch eine Fachhochschule ihren Sitz in diesen Städten hat, in Mannheim sind es sogar drei Fachhochschulen sowie die Musikhochschule Heidelberg-Mannheim.

Vier Städte im Verdichtungsraum Stuttgart - vor allem Esslingen, aber auch Heilbronn, Ludwigsburg und Reutlingen sowie die Stadt Pforzheim - haben aufgrund ihrer Fachhochschulen bzw. Pädagogischen Hochschulen mehr als 2000 Studenten aufzuweisen. Außer in Heilbronn sind hier jeweils zwei oder mehr Hochschuleinrichtungen konzentriert. Mit der kleineren Fachhochschule in Nürtingen befindet sich im zentralen Verdichtungsraum des Landes noch ein weiterer Fachhochschul-Standort. Die Fachhochschulen bzw. Pädagogischen Hochschulen in den Städten außerhalb der Verdichtungsräume sind in der Regel kleiner als jene in den Verdichtungsräumen, so daß die Studentenzahlen in Schwäbisch Gmünd, Aalen, Kehl, Offenburg, Furtwangen und Weingarten die Zahl 2000 nicht erreichen. Einzelne kleinere Einrichtungen der Hochschulbildung bestehen darüber hinaus in Schwetzingen, Trossingen, Unterkirnach, Rottenburg, Sigmaringen, Biberach und Isny.

Nach Regionen betrachtet, erweist sich die Region Unterer Neckar als bedeutendster Hochschulraum, da Heidelberg und Mannheim zusammen mehr Studenten aufweisen als Stuttgart mit Ludwigsburg, Esslingen und Nürtingen. Nach dem Mittleren Neckarraum folgen die Regionen Südlicher Oberrhein, Neckar-Alb und Mittlerer Oberrhein. Als Raum ohne Hochschulstandorte bleibt der Nordosten des Landes, da östlich von Heilbronn und nördlich von Aalen keine derartige Einrichtung existiert. Auch der Südosten besitzt nur wenige kleine Ausbildungsstätten auf Hochschulebene. Im württembergischen Landesteil konzentrieren sich damit die Hochschulfunktionen stark auf (die beiden historischen württembergischen Hauptstädte) Stuttgart und Tübingen und deren Umland, also auf **einen** Verdichtungsraum, während sich die Hochschulen Badens auf die drei Verdichtungsräume entlang der Rheinachse verteilen. Insgesamt ist bei vergleichbarer Zahl der Hochschuleinrichtungen die Zahl der Studierenden im badischen Landesteil beträchtlich höher als im württembergischen, da die badischen Hochschulen im Durchschnitt größer sind. Damit können diese Bildungsfunktionen des Hochschulbereichs die Defizite des badischen Landesteils in bezug auf die Ausstattung mit Informationseinrichtungen in vielen Bereichen ein Stück weit ausgleichen.

Eine Zählung der im "Vademecum deutscher Lehr- und Forschungsstätten" genannten Forschungseinrichtungen kommt ebenfalls zu dem Ergebnis, daß die Summe der in den badischen Agglomerationsregionen lokalisierten Forschungsinstitutionen größer ist als diejenige der Region Mittlerer Neckar, und daß insgesamt der badische Landesteil mehr Forschungsinstitutionen aufweist als der württembergische.

Für die Region Mittlerer Neckar wurden 43 Forschungseinrichtungen erhoben (ohne Hochschulen), 34 davon in Stuttgart selbst und 9 in den Stuttgarter Umlandkreisen. In der Region Unterer Neckar entfallen von den insgesamt 32 Forschungseinrichtungen auf Heidelberg 18, auf Mannheim 10 und auf vier Gemeinden im Rhein-Neckar-Kreis je eine.

Nach der Anzahl der Forschungsstätten rangieren unter den Städten Karlsruhe und Freiburg mit je 23 hinter Stuttgart auf dem zweiten Rang, wobei bei Karlsruhe zusätzlich im Umland fünf bedeutende Forschungseinrichtungen lokalisiert sind, zwei in Eggenstein-Leopoldshafen (Kernforschungszentrum und Fachinformationszentrum Karlsruhe), zwei landwirtschaftliche Forschungsstätten in Rheinstetten und ein Fraunhofer-Institut in Pfinztal. Durch diese Bedeutung des Umlandes für Forschungsstandorte unterscheidet sich Karlsruhe von Freiburg. In Oberwolfach, Wolfach und Offenburg besitzt jedoch auch der Ortenaukreis drei (staatliche) Forschungsstätten.

Neben der Universität existieren in Tübingen laut Vademecum 11 Forschungsstätten, dazu je eine in Reutlingen, Eningen und Bad Urach im Kreis Reutlingen. Damit reicht die Region Neckar-Alb als Standort-Raum für Forschungsstätten jedoch bei weitem nicht an die Bedeutung der Agglomerationsregionen des Landes heran.

In den übrigen Bereichen des Landes außerhalb der Agglomerationsregionen stehen die Forschungsstätten häufig im Zusammenhang mit größeren Industrieunternehmen bzw. ansässigen Industriezweigen. In Aalen betreiben die Schwäbischen Hüttenwerke ein Institut, in Oberkochen die Firma Zeiss, in Heidenheim Voith, in Heilbronn Maizena und in Tuttlingen die Aesculap-Werke. In Wertheim befindet sich ein Forschungsinstitut für die Glasindustrie, ebenso in Schwäbisch Gmünd eines für die Edelmetallindustrie und in Reutlingen eine entsprechende Einrichtung für die Lederwirtschaft. Auch in Friedrichshafen und Ulm sind die Forschungsinstitutionen jeweils Abteilungen der wichtigsten Industrieunternehmen, also von Dornier, der Zahnradfabrik Friedrichshafen bzw. von Iveco. Drei Institute im Kreis Ravensburg dienen der landwirtschaftlichen Forschung; sie befinden sich in Aulendorf, Ravensburg und Wangen.

Die Konzentration von Forschungsstätten auf Verdichtungsräume ist insgesamt nicht zu übersehen: Nur 18 der 173 registrierten Forschungsinstitutionen liegen im ländlichen Raum (einschließlich dessen Verdichtungsbereiche).

6.5. Die Zusammensetzung des Informationssektors in den Kreisen und die Städtesystem-Struktur

Die Verteilung der Informationsbeschäftigten auf die Wirtschaftszweige zeigt zwischen den Kreisen des Landes große Unterschiede (vgl. Tab. 21). Die Analyse dieser unterschiedlichen Verteilung untersucht die Frage, welche Führungs-, Verwaltungs- oder Forschungsfunktionen in welchem Grad in dem jeweiligen Stadt- oder Landkreis von Bedeutung sind. Bei zusätzlicher Berücksichtigung des Ausmasses der Informationsbeschäftigten insgesamt ermöglicht diese Analyse auch Aussagen über den informationellen Aspekt der Städtesystem-Organisation des Landes - dies vor allem auch unter der Annahme, daß die Beschäftigten in den quartären Institutionen vielfach überlokale Informationsaufgaben insbesondere im Zusammenhang mit Machtausübung und Wissensproduktion wahrnehmen.

Die fünf größten Städte sind auch die informationsintensivsten; sie besetzen die Spitzenränge der Städte-Hierarchie (vgl. Karte 8), wobei allerdings die Landeshauptstadt von den vier wichtigsten badischen Zentren noch abgesetzt werden muß. Ihre Stellung als Informationszentrum des Bundeslandes ist einzigartig.

Gerade im untersuchten Zeitraum ist der Quartärisierungsprozeß in Stuttgart deutlich vorangeschritten. Die Zahl der Nicht-Informationsbeschäftigten nimmt ab, nur aufgrund der Zunahme der quartären Beschäftigten nimmt auch die Beschäftigung insgesamt - geringfügig - zu. Der Anteil der Informationsbeschäftigten erhöht sich von 45% auf 47%. Fast die Hälfte der sozialversicherungspflichtig Beschäftigten in Stuttgart haben also vorwiegend mit Informationstätigkeit zu tun.

Die Informationsbeschäftigten Stuttgarts verteilen sich auf ein breites Spektrum von Wirtschaftszweigen. Im Vergleich zur Struktur des Informationssektors im ganzen Land sind in Stuttgart im Verarbeitenden Gewerbe (einschließlich Baugewerbe) weniger Informationsbeschäftigte tätig. Der für einen Stadtkreis jedoch immer noch beträchtliche Anteil von knapp 30% der Industrie an den Informationsbeschäftigten ist auf die Größe und Anzahl der Industrieunternehmen zurückzuführen, deren Verwaltungs- und Führungseinheiten in Stuttgart ihren Sitz haben. Überdurchschnittlich hohe Anteile entfallen auf spezielle Branchen, nämlich Versicherungen, Medien und Organisationen ohne Erwerbscharakter, aber auch Großhandel und Energieversorgung. Banken, Bildungseinrichtungen, Beratungsfunktionen und die öffentliche Verwaltung sind innerhalb der Struktur des quartären Sektors in Stuttgart von vergleichbarer Bedeutung wie im Land. Stuttgart ist damit insgesamt der herausragende Führungsraum in Baden-Württemberg, ohne Konkurrenz im württembergischen Landesteil und dominierend auch in vieler Hinsicht für das gesamte Bundesland. Vor allem hinsichtlich der Investitionsgüterindustrie werden von hier aus global tätige Unternehmen gesteuert.

Informationsquoten um 40% weisen die vier badischen Stadtkreise Karlsruhe, Freiburg, Heidelberg und Mannheim auf. In Karlsruhe und Freiburg, deren Strukturen des Informationssektors sich sehr ähnlich sind, ist die Bedeutung des Produzierenden Gewerbes als Arbeitgeber für Informationsbeschäftigte auffallend gering, während die Anteile der anderen Wirtschaftszweige sämtlich über dem Landesdurchschnitt liegen. Als Standorte von Regierungspräsidien und weiterer Behörden nimmt der Staat eine führende Rolle ein (vgl. Kap. 6.4.2.), als Standorte der badischen Kirchenverwaltungen außerdem die Organisationen ohne Erwerbscharakter. Beide Städte beherbergen außerdem in hohem Maße Informationsfunktionen im Großhandel. Karlsruhe zeichnet sich darüber hinaus durch Zentralen von Versicherungen und der Energiewirtschaft aus, während Freiburgs Wirtschaftsstruktur natürlich von der Universität beherrscht wird.

In ganz markanter Weise sind Mannheim und Heidelberg zueinander komplementär hinsichtlich der Ausstattung mit Informationsfunktionen in den Wirtschaftszweigen: Mannheim tritt vor allem als Industriestadt in Erscheinung, übt daneben vor allem auch Informationsfunktionen in der Energiewirtschaft, im Handel, im Verkehrswesen und in der Versicherungsbranche aus. In den Zweigen, in denen Mannheim im Vergleich zur Landesstruktur schwächer entwickelt ist, liegen Heidelbergs Schwerpunkte, vor allem aufgrund der Universität im Bildungsbereich, aber auch bei Medien und Organisationen und bezüglich der öffentlichen Verwaltung.

Auf der nächstniedrigeren Ebene hinsichtlich der Informationsquoten liegen die übrigen Stadtkreise des Landes, gefolgt von den vier Landkreisen um Stuttgart sowie dem Landkreis Tübingen, drei Landkreisen im Bodenseegebiet und dem Landkreis Schwäbisch Hall.

Die große Bedeutung des Handels in Pforzheim, Ulm und Heilbronn kann zum Teil weit in die Geschichte zurückverfolgt werden. Vor allem in Pforzheim zeigen sich bei hohen Anteilen von Handel und Verkehr sowie des Verarbeitenden Gewerbes an den Informationsbeschäftigten nur geringe Anteile anderer Branchen. In Ulm dagegen treten Bildungs- und Medienbereich als Informationsfunktionen mit größeren Beschäftigungsanteilen hinzu, in Heilbronn die öffentliche Verwaltung. Wirtschaftsstruktur und Struktur des Informationssektors in Baden-Baden werden maßgeblich vom Südwestfunk, daneben von Kurbetrieb und öffentlicher Verwaltung geprägt.

In den vier an Stuttgart grenzenden Landkreisen arbeiten die Informationsbeschäftigten zur Hälfte im Produzierenden Gewerbe. Dieser Bereich des suburbanen Raums um die Landeshauptstadt nimmt vor allem also industrielle Steuerungsfunktionen auf. Der Kreis Ludwigsburg setzt sich allerdings dadurch ab, daß er auch bei Großhandel (mit der Apotheker-Einkaufszentrale in Asperg), Verkehr und im Bankwesen (mit der Bausparkasse Wüstenrot in Ludwigsburg) einen Großteil der Informationsbeschäftigten aufweist. Dagegen dominiert in den Kreisen Esslingen, Rems-Murr-Kreis und Böblingen die Industrie unangefochten den Informationssektor. Im Landkreis Tübingen beherrscht - wie bei Heidelberg - die Universität die Struktur des Informationssektors, daneben aufgrund des Regierungspräsidiumssitzes auch die öffentliche Verwaltung.

Der Kreis Schwäbisch Hall verdankt seine hohe Informationsquote der Existenz der Bausparkasse Schwäbisch Hall - Bausparkasse der Volksbanken und Raiffeisenbanken mit knapp 3000 Beschäftigten. Ihr Standort erklärt sich aus der Verlagerung der Bausparzentrale der Genossenschaftsbanken 1947 aus Berlin nach Schwäbisch Hall.

Informationsintensive Industrien kennzeichnen die Wirtschaftsstruktur im Bodenseekreis, mit Firmen wie Dornier, MTU, Zeppelin-Metallwerke und Zahnradfabrik Friedrichshafen. Dagegen spielt die Industrie in den Landkreisen Konstanz und Ravensburg eine geringere Rolle für die Informationsbeschäftigten, die hier vor allem im Bildungs-, Beratungs- und Medienbereich sowie in sonstigen Dienstleistungen beschäftigt sind. In beiden Landkreisen wirken sich dabei die Hochschulstandorte aus, während die Medienbeschäftigten vor allem auf die Zeitungsverlage in Konstanz (Südkurier) und Leutkirch (Schwäbische Zeitung) zurückzuführen sind.

Geringere Informationsquoten bei allerdings noch überdurchschnittlichen Anteilen an den Informationsbeschäftigten im Land weisen die Landkreise Reutlingen, Göppingen und Ostalbkreis, die Umlandkreise von Mannheim-Heidelberg und Karlsruhe sowie der Ortenaukreis auf (vgl. Karte 8). In letzterem sind die Informationstätigen überwiegend bei Handel und Verkehr beschäftigt. In Offenburg, Lahr und Kehl befinden sich eine Reihe größerer Handels- und Speditionsunternehmen, für deren Standorte ähnlich wie bei Freiburg, Karlsruhe und Mannheim die günstige Verkehrslage im Oberrheinischen Tiefland mit verantwortlich ist. Der hohe Wert für die Informationsbeschäftigten in den sonstigen Dienstleistungen erklärt sich durch die Existenz des Burda-Verlags in Offenburg. In den anderen fünf genannten Landkreisen sind die Informationsbeschäftigten vorwiegend in der Industrie tätig, die ohnehin die Wirtschaftsstruktur in den zumeist als suburban anzusprechenden Kreisen beherrscht. Am stärksten ausgeprägt ist dies im Ostalbkreis (mit dem Großunternehmen Zeiss in Oberkochen) und im Kreis Göppingen. Im Rhein-Neckar-Kreis und im Kreis Reutlingen sind daneben Handels- und Beratungsfunktionen als quartäre Tätigkeitsbereiche zu nennen, im Landkreis Karlsruhe der Bildungs- und Forschungsbereich, wobei hierunter offensichtlich das Kernforschungszentrum sowie das Fachinformationszentrum Karlsruhe in Eggenstein-Leopoldshafen gefaßt sind.

In den übrigen Landkreisen sind vergleichsweise wenige Informationsbeschäftigte gemeldet, entweder aufgrund der geringen Beschäftigtenzahlen insgesamt in den Kreisen oder aber aufgrund einer äußerst niedrigen Informationsquote. Eher erstere Erklärung trifft zu für sechs Landkreise: Im Schwarzwald-Baar-Kreis und noch stärker im Kreis Heidenheim konzentrieren sich die Informationsbeschäftigten im Verarbeitenden Gewerbe - im Schwarzwald-Baar-Kreis insbesondere in der Uhrenindustrie mit dem daraus hervorgegangenen Unternehmen Mannesmann-Kienzle, in Heidenheim im Maschinenbau (mit dem Großunternehmen Voith). Der Hohenlohekreis zeichnet sich daneben durch hohe Anteile des Großhandels an den Informationsbeschäftigten aus; dies ist vor allem auf die Existenz der Firma Würth, Metallhandel in Künzelsau zurückzuführen. Auch im Landkreis Lörrach tritt ein starker (Einzel-)Handelsbereich neben die Industrie als Arbeitgeber für Informationsbeschäftigte; Ursache dafür ist im wesentlichen das Großversandhaus Schöpflin in Lörrach. In den beiden Landkreisen Freudenstadt und Neckar-Odenwald-Kreis treten neben die Industrie vor allem die sonstigen Dienstleistungen und die öffentliche Verwaltung als Beschäftigungsbereiche der Informationstätigen. Bei insgesamt geringer Informationsbeschäftigung machen sich hier die Rechts- und Wirtschaftsberatungsfunktionen und der Staatsbereich stärker bemerkbar.

Wenn in den übrigen Landkreisen Informationsbeschäftigte registriert werden, sind diese ebenfalls zumeist zur Hälfte im Verarbeitenden Gewerbe (einschließlich Baugewerbe) beschäftigt, so in den Kreisen Biberach, Zollernalbkreis, Rottweil, Tuttlingen, Emmendingen und Waldshut.

Im Kreis Breisgau-Hochschwarzwald zeigen Dienstleistungsbereiche weit überdurchschnittliche Anteile der Informationsbeschäftigten, die vermutlich hier vor allem im Gesundheitswesen und in der Gastronomie zu suchen sind. Dies gilt auch für den Kreis Calw, der außerdem durch hohe Anteile des Staats an den Informationsbeschäftigten gekennzeichnet ist. Hier wirken sich möglicherweise die Militärstandorte mit Bundeswehr-Verwaltung aus, wie dies auch im Main-Tauber-Kreis und im Landkreis Sigmaringen der Fall ist.

In den Landkreisen mit den geringsten Informationsquoten und mit geringsten absoluten Zahlen der Informationsbeschäftigten rückt wiederum die Industrie als Bereich mit quartären Berufen in den Vordergrund, im Landkreis Heilbronn außerdem der Großhandel. In diesem Landkreis wie auch im Enzkreis und im Alb-Donau-Kreis zeigt außerdem die öffentliche Verwaltung unterdurchschnittliche Quoten, da in diesen drei Kreisen ja nicht einmal das jeweils zuständige Landratsamt seinen Sitz hat.

6.6. Zusammenfassung und Schlußfolgerungen

Innerhalb der Bundesrepublik zählt Baden-Württemberg gegenwärtig zu den prosperierenden Wachstumsräumen. Dies ist vor allem auf die günstige Industriestruktur zurückzuführen, in der Wirtschaftszweige mit Wachstumsperspektiven wie Automobilherstellung, Elektrotechnik und Datenverarbeitung stark vertreten sind. Das Land liegt im Prozeßfeld des zu beobachtenden Süd-Nord-Gefälles auf der 'Sonnenseite'; auch die Beschäftigtenzahlen nehmen noch zu. Dabei ist festzustellen, daß in den letzten Jahren diese Zunahme ganz überwiegend auf die Entwicklung der Informationsberufe zurückzuführen ist. Der quartäre Sektor umfaßt in Baden-Württemberg 1986 knapp ein Drittel aller sozialversicherungspflichtig Beschäftigten; er nimmt hinsichtlich der gegenwärtigen wirtschaftlichen Entwicklung sowohl des ganzen Landes als auch seiner Teilräume eine Schlüsselstellung ein.

Die in den Studien zu räumlichen Aspekten des quartären Sektors beschriebenen makroräumlichen Konzentrationstendenzen zeigen sich auch bei den Informationsfunktionen in Baden-Württemberg: Arbeitsplätze für Informationsbeschäftigte befinden sich vorwiegend in den Verdichtungsräumen; die Anteile des ländlichen Raums an den Informationsbeschäftigten sind gering. Von den untersuchten Wirtschaftszweigen weisen Energie-, Wasserwirtschaft, Bergbau, Großhandel und Handelsvermittlung, Versicherungen, Medienwirtschaft und Organisationen ohne Erwerbscharakter die stärksten Konzentrationstendenzen auf Stadtkreise bzw. Verdichtungsräume auf. An den im Verarbeitenden Gewerbe registrierten Informationsbeschäftigten haben die Landkreise im Umland der großen Städte relativ höhere Anteile, außerdem aber auch die peripheren Landkreise in den industriell geprägten Regionen Ostwürttemberg, Schwarzwald-Baar-Heuberg und Bodensee-Oberschwaben (vgl. Tab. 20).

Innerhalb der Agglomerationsräume können wie bei der räumlichen Verteilung von Bevölkerung und den Arbeitsplätzen in sekundärem und tertiärem Sektor auch beim Informationssektor Suburbanisierungsphänomene beobachtet werden. Bei eher verbraucherorientierten Informationsfunktionen kann dabei angenommen werden, daß dies eine Folge der Bevölkerungsverschiebungen darstellt. Aber auch bei den Informations-Arbeitsstätten in fernbedarfsorientierten Bereichen der verschiedenen Wirtschaftszweige zeigt sich eine Gewichtsverlagerung aus den Agglomerationskernen ins Umland. Vor allem in den Landkreisen um die Landeshauptstadt nehmen Informationsfunktionen in starkem Maße zu. Zu vermuten ist, daß einerseits vielfach Informationsfunktionen nach wie vor räumlich zusammen mit anderen Funktionen - etwa Produktion oder Lagerung - eines Unternehmens bestehen und daß andererseits aber auch räumlich autonome informationsbezogene Arbeitsstätten Standorte an der Peripherie von Agglomerationsräumen aufsuchen.

Hinsichtlich der großräumlichen Dynamik läßt der Vergleich der Situation im Jahr 1986 mit derjenigen von 1979 nicht den Schluß zu, daß sich die Kluft zwischen verdichteten Kernräumen und ländlicher Peripherie bezüglich der Ausstattung mit Informationsfunktionen vergrößert hat. Im betrachteten Zeitraum ist das räumliche Verteilungsmuster (abgesehen von den genannten Suburbanisierungstendenzen) im wesentlichen stabil geblieben. Einige Landkreise in den peripheren Regionen Franken und Ostwürttemberg wie auch die Landkreise am württembergischen Bodenseeufer haben sogar ihre jeweiligen Anteile an der Landessumme der Informationsbeschäftigten erhöhen können - wenn auch nur geringfügig -, während vor allem die badischen Agglomerationsregionen Anteile verlieren. Damit läßt sich die Entwicklung des Raummusters der Informationsbeschäftigten im Zeitraum zwischen 1979 und 1986 nicht als zirkulär-kumulativer Polarisierungsprozeß zwischen den Agglomerationen einerseits und dem ländlichen Raum andererseits beschreiben. Dies ist insofern verständlich, als Strukturen von räumlich-funktionaler Arbeitsteilung zwischen verdichteten und nicht-verdichteten Räumen in Baden-Württemberg häufig überlagert werden von derartigen Strukturen zwischen Teilräumen der Peripherie Baden-Württembergs und Räumen außerhalb des Landes. Auch in Ulm, Künzelsau, Heidenheim, Schwäbisch Hall, Oberkochen, Biberach, Ehingen, Villingen-Schwenningen, Lahr und anderen Orten - und natürlich in Friedrichshafen - werden globale Operationen von beachtlichem Ausmaß organisiert, gesteuert und kontrolliert, insbesondere bei Industrie- und Handelsunternehmen. Für diese Standorte sind dabei nicht die neuen Informationstechnologien in erster Linie verantwortlich. Zumeist haben sich autochthone Firmen am jeweiligen Standort derartig entwickelt, daß entsprechende informationsintensive Unternehmensbereiche entstanden sind. Für einige dieser makroräumlich dezentralen Standorte sind jedoch auch Verlagerungen der unmittelbaren Nachkriegszeit als standortbestimmend zu nennen oder die Nähe zum (schweizerischen) Ausland, wo die Muttergesellschaften lokalisiert sind.

Polarisierungsprozesse deuten sich jedoch auf einer anderen Ebene an: Die im betrachteten Zeitraum entscheidenden Verschiebungen laufen zwischen den Agglomerationen des Landes ab: Die nordbadischen Regionen Unterer Neckar und Mittlerer Oberrhein verlieren Anteile an der Landessumme der Informationsbeschäftigten, während nur die Regionen im Regierungsbezirk Stuttgart - abgesehen von Bodenseekreis und Kreis Ravensburg - ihre Anteile erhöhen. Daraus ist zu folgern, daß die Dynamik im Informationssektor am Metropolisierungsprozeß auf den sich weiter ausdehnenden Kernraum des Landes am mittleren Neckar maßgeblich mitwirkt. Die für die USA beobachtete Konkurrenz der Verdichtungsräume bzw. ihrer Kernstädte um Informationsfunktionen als wesentlicher Aspekt der Dynamik des Siedlungssystems erweist sich auch für Baden-Württemberg als relevant. Der polyzentrische Verdichtungsraum um Stuttgart mit seinem weiten Umland nimmt immer mehr Wissens- und Machtfunktionen auf, während die Entwicklung in den Verdichtungsräumen Mannheim-Heidelberg und Karlsruhe stagniert bzw. nur unterdurchschnittliches Wachstum aufweist. Dadurch werden sich die Disparitätsindikatoren wie Lohnniveau und Arbeitslosigkeit vermutlich in den beiden Landesteilen ebenfalls eher auseinanderentwickeln, als daß sie konvergieren.

Auch die mittel- und langfristigen Perspektiven der hieraus entstehenden räumlichen Entwicklungsprozesse erscheinen bedenklich: Bei anhaltender Dynamik im expandierenden Kernraum um Stuttgart wachsen hier die Flächenansprüche von Nutzungen für Zwecke des Produktions- sowie des Reproduktionsbereichs. Das Ausgreifen des Suburbanisierungsprozesses in heute noch als ländlicher Raum klassifizierte Bereiche schreitet fort und zieht erhöhte Verkehrsbelastungen nach sich. Auf der anderen Seite verringert sich - zumindest relativ - die wirtschaftliche Grundlage für den 'Betrieb' des an sich positiv zu bewertenden dezentralen hochrangigen Siedlungssystems der vier 'kleinen' Großstädte im Regierungsbezirk Karlsruhe.

Die Kartierung der von den größten Unternehmen kontrollierten Umsätze weist auf einen wesentlichen Faktor dieser Entwicklung hin: Hinter den beobachteten Phänomenen stehen in erster Linie die wirtschaftlichen Konzentrationsprozesse, die in Baden-Württemberg im Gange sind. In fast allen Wirtschaftsbereichen bildet der Mittlere Neckarraum den dominierenden Steuerungsraum des Landes. Während seine - in bestimmten Bereichen globale - Bedeutung wächst (und gepflegt wird), vergrößert sich jedoch der Abstand zu den anderen Verdichtungsräumen und den Verdichtungsbereichen im ländlichen Raum.

Ein Beispiel für die damit angesprochenen räumlich-funktionalen Zusammenhänge bietet das größte Unternehmen des Landes (und der Bundesrepublik insgesamt), Daimler-Benz: Während für die informationsbezogenen Führungsfunktionen in Stuttgart ein neuer Großbau entsteht, sollen die anderen Landesteile flächenintensive Nutzungen wie Produktion oder - wie ursprünglich geplant - eine Teststrecke aufnehmen. Vor dem Hintergrund der Analyse der räumlichen Aspekte des Informationssektors und deren Folgewirkungen erscheint gerade die Förderung des Daimler-Benz-Montagewerks in Rastatt als regionalpolitische Maßnahme äußerst problematisch, da sie die Arbeitsteilung zwischen Disposition in Stuttgart und Ausführung in anderen Landesteilen verstärkt.

Ein weiterer Faktor für die wachsende Konzentration auf die württembergische Landesmitte liegt in der Expansion der stark agglomerierend wirkenden Informationsfunktionen in den Wirtschaftsbereichen Medien, sonstige Dienstleistungen und Organisationen ohne Erwerbscharakter. Unter diesen gegebenen Vorzeichen wird sich der Konzentrationsprozeß von Informationsfunktionen auf die Landeshauptstadt und den grossen Verdichtungsraum, der sie umgibt, weiter fortsetzen.

Es erscheint notwendig, die angesprochene Tendenz einer 'hypertrophen' Entwicklung des Verdichtungsraums Stuttgart und des parallelen Zurückbleibens der Agglomerationen im badischen Landesteil sorgfältig zu beobachten, um ihr gegebenenfalls mit den Mitteln von Landesplanung und regionaler Wirtschaftspolitik begegnen zu können. Zum Beispiel muß die Planung von Behördenstandorten diese Fragen berücksichtigen. Nachdem die Abschaffung der Regierungspräsidien und die Übertragung verschiedener ihrer Kompetenzen auf die Ebene der Regionalverbände in den 70er Jahren scheiterte, ist es heute allerdings schwierig, einen Regierungspräsidiumssitz zu verlegen, auch wenn dies regionalpolitisch - wie im Fall des Regierungsbezirks Tübingen - wünschenswert wäre.

Am Beispiel des Ausbaus von Ulm als 'Wissenschaftsstadt' zeigt sich, daß gegenwärtig versucht wird, durch Zusammengehen von Industrie und Staat die von Entzugseffekten bedrohten Großstädte und Verdichtungsbereiche zu stützen. Hinsichtlich der räumlichen Verteilung der Informationsbeschäftigten, auch im Elitebereich, hat dieses Vorgehen dezentralisierende Wirkung. Aufgrund der Kontrolle durch externe Unternehmen ist jedoch fraglich, ob es zu einer Autonomisierung der betreffenden Regionen beiträgt. Dieses Ziel muß auf anderen Wegen verfolgt werden. So sind für den Energiebereich bereits vielfach Vorschläge zur Dezentralisierung gemacht worden, die auch für das Raummuster von Informationsbeschäftigten positive Dezentralisierungseffekte mit sich bringen würden.

Darüber hinaus weist die Bedeutung von Großunternehmen für das Raummuster des quartären Sektors darauf hin, daß Lösungen hier vor allem in einem verstärkten Bemühen zu suchen sind, der wirtschaftlichen Konzentration Einhalt zu gebieten. Eine diesbezügliche Umorientierung der Politik ist jedoch nicht zu erwarten. Im Gegenteil: Die

Kommerzialisierung von Information leitet eher eine neue Spirale von Konzentrationstendenzen ein. Wenn kommerzielle Medien-, Bildungs- und Sachinformationsdienstleistungen in wachstumsstarken Ballungsräumen gewinnträchtiger angeboten werden können, entsteht auch für räumliche Polarisierungsprozesse ein neues Prozeßfeld. Dieser Entwicklung muß m.E. dadurch begegnet werden, daß die drei genannten Bereiche als gesellschaftliche Infrastruktur anerkannt und behandelt bleiben. Das heißt für den Bereich Sachinformation zum Beispiel, daß das öffentliche Bibliothekswesen ausgebaut werden muß, einschließlich des Aufbaus und der Nutzung von Datenbanken und der dafür notwendigen Beratungsfunktionen.

Die Gefahr räumlicher Polarisierungsprozesse aufgrund der immanenten selektiven Immobilität von Information darf nicht unterschätzt werden. Dies ist kein Votum für Disurbanisierung. Information ist an Urbanität gebunden und schafft Urbanität. Aber es geht um Hypertrophie versus 'sanfte Urbanität', die gerade Verdichtungsräume unter der Millionengrenze bieten können. Zur Entwicklung und Förderung von in dieser Weise wirkenden räumlichen Prozessen und einer entsprechenden räumlichen Struktur bedürfte es allerdings in vielen Bereichen genereller politischer, wirtschaftlicher und technologischer Veränderungen.

Tab. 17: Beschäftigte insgesamt bzw. in Informationsberufen nach Kreisen 1979 und 1986

Kreis Region Regierungsbezirk Land	Beschäftigte insgesamt 1979	Beschäftigte insgesamt 1986	Informationssektor im weiteren Sinne einschließlich Infrastrukturberufe 1979	Informationssektor im weiteren Sinne einschließlich Infrastrukturberufe 1986	Veränderung 1986 gegen 1979	Veränderung der Beschäftigten insgesamt 1986 gegen 1979	Anteil der Beschäftigten im Informationssektor an den Beschäftigten insgesamt 1979	Anteil der Beschäftigten im Informationssektor an den Beschäftigten insgesamt 1986
	Anzahl	Anzahl	Anzahl	Anzahl	%	%	%	%
Stadtkreis								
Stuttgart, Landeshauptstadt	358 607	358 796	161 039	168 439	+ 4,6	+ 0,1	44,9	46,9
Landkreise								
Böblingen	118 708	140 856	33 691	41 503	+ 23,2	+ 18,7	28,4	29,5
Esslingen	161 299	170 830	46 686	52 851	+ 13,2	+ 5,9	28,9	30,9
Göppingen	79 380	81 486	19 916	22 456	+ 12,8	+ 2,7	25,1	27,6
Ludwigsburg	135 485	141 258	40 770	46 468	+ 14,0	+ 4,3	30,1	32,9
Rems-Murr-Kreis	109 482	116 819	30 700	36 193	+ 18,2	+ 6,7	28,0	30,1
Region Mittlerer Neckar	962 961	1 010 045	332 802	367 910	+ 10,5	+ 4,9	34,6	36,4
Stadtkreis								
Heilbronn	58 722	59 183	19 967	21 175	+ 6,0	+ 0,8	34,0	35,8
Landkreise								
Heilbronn	61 254	73 049	13 610	16 066	+ 18,0	+ 19,3	22,2	22,0
Hohenlohekreis	26 960	30 118	7 229	8 595	+ 18,9	+ 11,7	26,8	28,5
Schwäbisch Hall	44 961	49 436	12 682	14 585	+ 15,0	+ 10,0	28,2	29,5
Main-Tauber-Kreis	36 056	39 612	7 995	9 567	+ 19,7	+ 9,9	22,2	24,2
Region Franken	227 953	251 398	61 483	69 988	+ 13,8	+ 10,3	27,0	27,8
Landkreise								
Heidenheim	45 396	45 899	11 221	12 306	+ 9,7	+ 1,1	24,7	26,8
Ostalbkreis	91 969	94 433	23 289	25 983	+ 11,6	+ 2,7	25,3	27,5
Region Ostwürttemberg	137 365	140 332	34 510	38 289	+ 11,0	+ 2,2	25,1	27,3
Regierungsbezirk Stuttgart	1 328 279	1 401 775	428 795	476 187	+ 11,1	+ 5,5	32,3	34,0
Stadtkreise								
Baden-Baden	22 728	24 153	7 637	8 435	+ 10,4	+ 6,3	33,6	34,9
Karlsruhe	141 504	139 199	58 026	59 843	+ 3,1	− 1,6	41,0	43,0
Landkreise								
Karlsruhe	95 796	100 415	23 610	26 986	+ 14,3	+ 4,8	24,6	26,9
Rastatt	62 235	65 787	14 155	16 273	+ 14,7	+ 5,7	22,7	24,7
Region Mittlerer Oberrhein	322 263	329 554	103 204	111 537	+ 8,1	+ 2,3	32,0	33,8
Stadtkreise								
Heidelberg	63 939	67 084	23 730	26 066	+ 9,8	+ 4,9	37,1	38,9
Mannheim	173 838	170 363	63 891	65 847	+ 3,1	− 2,0	36,8	38,6
Landkreise								
Neckar-Odenwald-Kreis	35 946	36 578	8 645	9 791	+ 13,3	+ 1,8	24,0	26,8
Rhein-Neckar-Kreis	113 636	115 344	28 519	31 415	+ 10,2	+ 1,5	25,1	27,2
Region Unterer Neckar	387 359	389 369	124 785	133 119	+ 6,7	+ 0,5	32,2	34,2
Stadtkreis								
Pforzheim	60 185	58 610	19 672	21 261	+ 8,1	− 2,6	32,7	36,3
Landkreise								
Calw	36 610	37 268	8 654	9 449	+ 9,2	+ 1,8	23,6	25,3
Enzkreis	42 142	43 592	8 698	9 833	+ 13,0	+ 3,4	20,6	22,6
Freudenstadt	31 149	32 495	7 710	8 778	+ 13,9	+ 4,3	24,8	27,0
Region Nordschwarzwald	170 086	171 965	44 734	49 321	+ 10,3	+ 1,1	26,3	28,7
Regierungsbezirk Karlsruhe	879 708	890 888	272 947	293 977	+ 7,7	+ 1,3	31,0	33,0
Stadtkreis								
Freiburg im Breisgau	80 726	81 389	31 288	33 167	+ 6,0	+ 0,8	38,8	40,8
Landkreise								
Breisgau-Hochschwarzwald	43 514	50 500	9 538	11 782	+ 23,5	+ 16,1	21,9	23,3
Emmendingen	32 323	34 036	7 049	8 146	+ 15,6	+ 5,3	21,8	23,9
Ortenaukreis	118 432	125 474	29 929	33 247	+ 11,1	+ 5,9	25,3	26,5
Region Südlicher Oberrhein	274 995	291 399	77 804	86 342	+ 11,0	+ 6,0	28,3	29,6
Landkreise								
Rottweil	43 822	45 077	9 350	10 868	+ 16,2	+ 2,9	21,3	24,1
Schwarzwald-Baar-Kreis	77 981	75 507	19 734	20 471	+ 3,7	− 3,2	25,3	27,1
Tuttlingen	39 634	42 911	8 678	10 184	+ 17,4	+ 8,3	21,9	23,7
Region Schwarzwald-Baar-Heuberg	161 437	163 495	37 762	41 523	+ 10,0	+ 1,3	23,4	25,4
Landkreise								
Konstanz	73 070	74 975	22 055	24 589	+ 11,5	+ 2,6	30,2	32,8
Lörrach	61 011	62 970	16 096	17 420	+ 8,2	+ 3,2	26,4	27,7
Waldshut	41 856	44 254	10 165	11 297	+ 11,1	+ 5,7	24,3	25,5
Region Hochrhein-Bodensee	175 937	182 199	48 316	53 306	+ 10,3	+ 3,6	27,5	29,3
Regierungsbezirk Freiburg	612 369	637 093	163 882	181 171	+ 10,5	+ 4,0	26,8	28,4
Landkreise								
Reutlingen	87 255	88 898	22 910	25 049	+ 9,3	+ 1,9	26,3	28,2
Tübingen	50 570	51 683	15 606	16 777	+ 7,5	+ 2,2	30,9	32,5
Zollernalbkreis	70 991	69 152	14 919	15 707	+ 5,3	− 2,6	21,0	22,7
Region Neckar-Alb	208 816	209 733	53 435	57 533	+ 7,7	+ 0,4	25,6	27,4
Stadtkreis								
Ulm	74 969	69 214	24 336	24 770	+ 1,8	− 7,7	32,5	35,8
Landkreise								
Alb-Donau-Kreis	32 974	36 964	6 548	8 362	+ 27,7	+ 12,1	19,9	22,6
Biberach	45 061	47 608	10 996	12 137	+ 10,4	+ 5,7	24,4	25,5
Region Donau-Iller	153 004	153 786	41 880	45 269	+ 8,1	+ 0,5	27,4	29,4
Landkreise								
Bodenseekreis	53 719	58 966	15 464	19 102	+ 23,5	+ 9,8	28,8	32,4
Ravensburg	70 528	76 150	19 165	22 115	+ 15,4	+ 8,0	27,2	29,0
Sigmaringen	35 184	35 971	7 756	8 680	+ 11,9	+ 2,2	22,0	24,1
Region Bodensee-Oberschwaben	159 431	171 087	42 385	49 897	+ 17,7	+ 7,3	26,6	29,2
Regierungsbezirk Tübingen	521 251	534 606	137 700	152 699	+ 10,9	+ 2,6	26,4	28,6
Baden-Württemberg	3 341 607	3 464 362	1 003 324	1 104 034	+ 10,0	+ 3,7	30,0	31,9

Tab. 18: Anteil der Informationsberufe an der Gesamtzahl der sozialversicherungspflichtig Beschäftigten 1979

Kreis Region Regierungsbezirk Land	I Land- und Forst- wirt- schaft, Tier- haltung und Fischerei	II Energie- wirt- schaft und Wasser- versor- gung, Bergbau	III Verarbei- tendes Gewerbe (ohne Bau- gewerbe) einschl. ohne Angabe	IV Bau- gewerbe	V Handel	darunter in d. WKL 620 u. 621 Groß- handel, Handels- ver- mittlung	VI Verkehr und Nach- richten- über- mittlung	VII Kredit- institute und Ver- siche- rungs- gewerbe	darunter in d. WKL 690 Kredit- und sonstige Finan- zierungs- institute	VIII Dienst- leistungen, soweit ander- weitig nicht genannt	74 u. 75 Hoch- schulen, Schulen, sonstige Unter- richts- anstalten usw.	76 u. 77 Kunst, Theater, Film, Verlags- und Presse- wesen	79–81 Rechts- beratung, Archi- tektur- büros, Vermö- gensver- waltung	IX Organi- sationen ohne Erwerbs- u. sonstige Organi- sationen ohne Erwerbs- charakter private Haus- halte	88 Politische Parteien u. sonstige Organi- sationen ohne Erwerbs- charakter	89 Christ- liche Kirchen usw.	X Gebiets- körper- schaften und Sozial- ver- sicherung
Stadtkreis																	
Stuttgart, Landeshauptstadt	11,2	39,6	33,8	18,4	43,6	57,9	50,4	92,5	91,4	46,6	61,7	73,3	83,5	56,7	44,7	55,8	69,8
Landkreise																	
Böblingen	7,4	36,5	23,1	11,1	38,6	56,6	45,5	90,5	90,5	33,7	43,6	80,2	69,3	17,4	7,8	44,7	42,8
Esslingen	9,6	45,3	23,9	12,6	38,5	56,6	36,0	91,0	90,8	37,0	51,6	75,4	83,4	41,6	40,4	42,0	45,2
Göppingen	8,0	36,0	20,5	12,5	31,4	53,3	32,9	92,1	91,6	27,1	51,8	56,7	70,8	44,4	50,5	44,3	47,4
Ludwigsburg	8,7	25,8	23,9	11,3	35,4	52,3	36,4	91,1	90,8	32,4	42,6	83,0	82,7	41,0	32,5	49,7	57,4
Rems-Murr-Kreis	7,3	30,5	23,6	11,3	37,0	51,3	41,2	90,3	89,6	31,3	47,8	83,0	78,9	39,1	28,8	42,5	60,3
Region Mittlerer Neckar	8,9	37,9	26,1	14,1	39,8	56,1	43,9	91,9	91,0	39,3	52,3	73,9	80,8	50,5	40,1	50,8	60,1
Stadtkreis																	
Heilbronn	7,9	30,9	27,3	11,7	38,6	51,2	28,2	94,4	93,5	31,2	44,7	67,5	90,0	48,7	35,8	50,0	55,6
Landkreise																	
Heilbronn	8,7	34,7	17,7	11,7	39,2	49,7	24,0	88,8	88,4	25,1	49,4	82,0	86,9	22,5	14,0	33,9	31,7
Hohenlohekreis	6,2	29,2	23,0	10,6	42,6	57,1	34,9	94,4	94,2	28,7	42,1	13,6	87,6	30,2	19,0	44,7	44,6
Schwäbisch Hall	3,5	31,2	18,3	8,3	31,1	42,0	26,2	88,4	88,3	26,9	51,5	80,0	82,4	34,6	19,7	48,0	48,4
Main-Tauber-Kreis	4,7	34,1	16,6	9,2	30,7	46,0	34,7	94,0	93,7	20,7	35,2	75,2	80,3	33,7	24,8	36,8	40,8
Region Franken	5,9	32,2	20,4	10,3	37,2	49,8	28,0	90,9	90,3	26,2	45,5	71,7	86,2	34,4	22,1	41,7	45,9
Landkreise																	
Heidenheim	3,9	26,9	22,0	10,5	27,1	41,7	32,0	90,9	90,6	26,9	42,2	45,9	81,3	44,4	44,6	43,8	53,1
Ostalbkreis	5,1	35,2	19,9	9,2	37,3	56,3	29,9	88,0	87,6	28,3	40,2	61,8	88,6	29,7	26,5	30,4	56,6
Region Ostwürttemberg	4,8	32,4	20,6	9,6	34,0	52,4	30,5	88,9	88,5	27,8	40,9	51,8	86,3	34,7	32,8	35,5	55,8
Regierungsbezirk Stuttgart	7,3	35,9	24,5	12,8	38,9	54,8	40,3	91,6	90,7	36,2	50,1	73,2	81,7	48,2	38,6	49,0	56,9
Stadtkreise																	
Baden-Baden	8,8	14,4	26,5	11,9	34,4	51,8	41,0	88,2	87,3	38,6	41,4	70,5	87,6	39,8	35,8	53,2	44,6
Karlsruhe	8,6	36,6	29,5	11,8	40,0	57,5	33,3	92,4	90,8	36,8	49,3	64,0	83,6	67,8	61,3	70,3	66,9
Landkreise																	
Karlsruhe	5,2	32,1	18,6	11,3	32,0	44,0	27,6	90,6	90,4	36,8	55,1	48,8	81,7	38,8	48,2	42,3	43,1
Rastatt	7,1	25,7	19,1	10,0	31,5	51,8	24,6	92,2	92,0	25,5	33,2	53,9	88,1	33,2	28,1	38,0	45,1
Region Mittlerer Oberrhein	7,0	34,3	22,4	11,2	36,6	53,2	31,7	92,0	90,7	35,8	50,4	66,4	84,0	61,9	54,6	68,5	57,0
Stadtkreise																	
Heidelberg	6,3	36,0	30,8	12,3	36,2	60,6	28,4	92,7	92,2	37,5	58,0	74,3	84,1	38,1	34,1	38,4	59,9
Mannheim	11,0	32,3	29,1	18,5	40,8	56,1	39,1	92,4	89,4	35,8	48,6	67,0	82,2	56,3	37,2	30,5	53,2
Landkreise																	
Neckar-Odenwald-Kreis	3,5	36,6	18,5	10,2	33,7	44,4	34,5	88,3	88,1	28,1	38,3	68,7	87,6	43,0	40,0	59,0	38,7
Rhein-Neckar-Kreis	6,2	38,7	21,6	10,6	32,5	50,9	28,4	93,4	93,4	29,0	38,3	79,7	79,3	34,8	28,1	43,5	40,1
Region Unterer Neckar	6,4	34,1	25,6	13,6	37,4	54,8	34,9	92,4	90,8	34,3	50,5	71,1	82,1	45,8	35,3	39,0	50,2
Stadtkreis																	
Pforzheim	4,3	20,2	26,0	12,4	41,0	59,3	44,8	94,3	94,1	30,1	48,3	71,5	80,3	49,9	34,7	44,2	68,5
Landkreise																	
Calw	8,9	36,1	17,2	11,9	34,8	58,8	37,0	93,6	93,4	21,1	48,4	66,7	73,2	40,8	30,5	49,0	46,1
Enzkreis	8,2	28,3	17,6	12,7	32,8	48,7	28,7	85,6	86,4	24,5	34,1	64,8	79,1	36,1	37,2	44,4	45,7
Freudenstadt	7,3	34,6	21,4	9,9	28,4	44,4	45,8	92,6	92,9	22,0	56,4	86,3	83,8	24,5	7,3	28,6	47,6
Region Nordschwarzwald	7,7	28,4	21,0	11,8	37,3	55,3	39,1	92,8	92,8	24,3	45,5	70,7	79,2	39,9	30,6	43,4	52,5
Regierungsbezirk Karlsruhe	7,0	33,7	23,5	12,4	37,1	54,3	34,1	92,3	91,1	33,2	50,0	68,9	82,5	54,6	44,7	62,3	53,3
Stadtkreis																	
Freiburg im Breisgau	13,5	26,6	31,5	10,4	36,7	54,5	40,9	93,4	91,6	36,8	56,6	65,3	82,4	59,2	54,5	67,1	49,9
Landkreise																	
Breisgau-Hochschwarzwald	7,2	18,0	19,0	8,8	32,2	45,7	28,9	88,8	88,7	20,0	45,9	61,9	85,9	30,8	24,2	26,1	32,0
Emmendingen	4,4	38,3	19,4	10,1	25,9	41,3	17,1	85,2	84,8	20,0	39,4	54,9	57,8	42,1	18,6	23,5	43,7
Ortenaukreis	4,4	30,2	20,2	10,8	34,1	46,2	33,2	92,0	91,9	24,8	35,5	60,9	80,9	38,9	28,5	44,1	43,4
Region Südlicher Oberrhein	6,4	28,4	21,8	10,2	34,3	49,1	34,9	91,6	90,4	28,2	48,0	63,8	79,7	51,0	47,8	55,2	44,7
Landkreise																	
Rottweil	3,7	30,3	16,5	9,6	25,6	40,0	27,3	94,6	94,0	25,4	41,3	86,0	89,2	34,4	20,8	30,3	50,9
Schwarzwald-Baar-Kreis	3,6	30,4	21,7	12,0	31,0	52,9	34,1	92,4	92,3	26,7	54,1	80,0	81,9	45,9	36,0	46,1	46,6
Tuttlingen	8,4	41,2	16,0	11,9	35,7	56,2	35,5	90,2	89,8	27,3	48,9	72,4	85,0	41,6	39,4	50,6	48,7
Region Schwarzwald-Baar-Heuberg	4,0	34,2	18,9	11,3	30,9	51,0	31,5	92,4	92,1	26,5	49,6	80,1	84,5	41,6	35,1	42,5	43,4
Landkreise																	
Konstanz	10,9	43,1	24,4	10,1	33,6	51,4	30,3	91,3	89,4	33,3	65,6	69,7	84,5	55,3	42,6	51,4	59,0
Lörrach	4,2	34,2	21,1	9,6	31,1	45,0	30,4	92,1	91,9	29,6	58,8	76,5	88,0	36,9	32,4	50,4	43,1
Waldshut	4,1	38,1	20,1	9,2	30,7	52,0	36,4	93,8	94,0	24,3	66,7	59,8	82,9	39,7	22,7	41,1	47,8
Region Hochrhein-Bodensee	7,6	38,3	22,2	9,7	33,9	50,9	31,2	92,1	91,3	30,3	64,3	69,5	85,2	45,7	41,1	50,6	50,2
Regierungsbezirk Freiburg	6,2	32,9	20,1	10,3	33,1	49,8	33,1	91,9	91,1	28,4	52,2	66,6	82,1	48,7	40,6	47,7	46,9
Landkreise																	
Reutlingen	7,6	13,9	19,4	10,1	35,8	51,6	39,3	93,6	92,5	32,1	36,4	77,7	87,6	50,7	56,0	42,0	54,5
Tübingen	6,2	29,4	19,8	9,6	33,6	53,1	34,7	91,5	91,5	34,2	55,3	70,3	83,0	69,9	69,2	72,7	60,8
Zollernalbkreis	5,0	36,0	16,0	10,3	32,5	51,5	36,0	93,1	92,8	27,8	52,4	66,3	90,1	41,9	34,7	48,4	47,6
Region Neckar-Alb	6,5	26,8	18,1	10,1	34,5	51,9	37,3	92,9	92,4	31,1	49,0	73,5	87,1	62,5	61,6	67,4	54,5
Stadtkreis																	
Ulm	8,3	29,3	27,7	10,3	34,6	50,2	27,0	93,6	91,8	34,7	49,2	62,2	82,9	38,8	32,9	38,6	59,9
Landkreise																	
Alb-Donau-Kreis	3,3	23,9	14,7	9,2	31,6	33,0	89,5	89,1	30,0	44,5	90,3	83,0	22,1	20,0	16,2	34,9	
Biberach	5,3	42,7	21,4	9,7	29,0	43,6	35,7	89,4	88,7	24,8	50,0	65,5	80,6	27,3	41,5	21,8	44,1
Region Donau-Iller	5,0	35,5	22,8	9,7	33,3	49,1	29,5	91,8	90,2	31,1	48,3	64,2	82,4	32,4	33,8	26,9	49,9
Landkreise																	
Bodenseekreis	6,0	26,2	28,1	11,8	34,5	51,7	94,3	94,3	29,3	50,9	63,4	77,9	43,7	29,2	38,7	45,6	
Ravensburg	3,5	28,5	21,8	9,4	30,6	45,5	30,3	92,4	91,8	31,1	49,1	69,6	81,8	30,7	41,4	15,0	51,7
Sigmaringen	7,0	13,5	15,3	12,1	28,8	43,4	29,1	91,9	91,7	32,7	57,2	79,1	70,3	34,4	27,4	37,2	
Region Bodensee-Oberschwaben	5,0	24,7	22,6	10,9	29,0	42,3	30,4	92,8	92,5	30,8	50,9	69,5	78,8	34,2	40,6	25,0	45,3
Regierungsbezirk Tübingen	5,4	30,6	20,7	10,2	32,5	48,4	32,5	92,5	91,8	31,4	49,3	68,7	82,6	47,6	48,5	50,9	50,0
Baden-Württemberg	6,6	34,1	23,0	11,8	36,5	53,1	36,2	91,9	91,0	33,0	50,3	70,3	82,1	49,8	41,8	53,5	52,9

Tab. 19: Anteil der Informationsberufe an der Gesamtzahl der sozialversicherungspflichtig Beschäftigten 1986

Kreis Region Regierungsbezirk Land	I Land- und Forstwirtschaft, Tierhaltung und Fischerei	II Energiewirtschaft und Wasserversorgung, Bergbau	III Verarbeitendes Gewerbe (ohne Baugewerbe) ohne Angabe	IV Baugewerbe	V Handel	darunter in d WKL 620 u. 621 Großhandel, Handelsvermittlung	VI Verkehr und Nachrichtenübermittlung	VII Kreditinstitute und Versicherungsgewerbe	darunter in d WKL 690 Kreditund sonstige Finanzierungsinstitute	VIII Dienstleistungen, soweit anderweitig nicht genannt	74 u. 75 Hochschulen, Schulen, sonstige Unterrichtsanstalten usw.	76 u. 77 Kunst, Theater, Film, Verlags- und Pressewesen	79–81 Rechtsberatung, Architekturbüros, Vermögensverwaltung	IX Organisationen ohne Erwerbscharakter und private Haushalte	88 Politische Parteien u. sonstige Organisationen ohne Erwerbscharakter	89 Christliche Kirchen usw	X Gebietskörperschaften und Sozialversicherung
Stadtkreis																	
Stuttgart, Landeshauptstadt	12,0	41,1	36,0	18,0	44,7	59,9	50,4	93,4	92,3	48,7	62,7	77,1	87,5	57,8	47,6	56,7	67,2
Landkreise																	
Böblingen	8,5	39,9	23,8	13,1	36,6	56,3	56,8	91,9	91,8	36,9	35,7	77,6	68,2	22,2	11,8	45,7	41,6
Esslingen	9,4	45,1	25,2	13,9	40,8	59,6	38,9	93,8	93,0	37,8	42,6	77,1	84,6	45,3	41,2	46,2	45,0
Göppingen	6,9	42,0	21,9	15,0	34,2	56,2	37,6	94,3	93,8	26,5	37,5	58,0	82,3	47,5	47,8	45,7	48,5
Ludwigsburg	8,4	32,8	26,4	13,0	37,7	55,6	41,2	91,7	91,4	33,6	31,8	79,3	82,7	46,5	31,2	60,2	59,0
Rems-Murr-Kreis	7,4	30,2	26,8	13,0	37,6	54,4	42,4	90,6	90,0	33,0	37,2	86,2	86,1	40,7	31,0	44,1	71,2
Region Mittlerer Neckar	8,9	40,4	27,8	15,0	40,7	58,2	45,9	92,9	92,0	40,7	48,7	77,5	83,1	52,1	42,9	52,7	58,9
Stadtkreis																	
Heilbronn	12,1	32,1	28,4	13,4	40,8	55,9	32,4	94,9	94,3	34,0	42,3	56,2	91,1	51,6	37,5	53,0	53,1
Landkreise																	
Heilbronn	7,9	27,3	16,5	13,4	39,4	55,0	27,8	92,8	92,5	25,1	29,8	67,5	89,0	27,3	21,1	36,5	31,8
Hohenlohekreis	6,3	32,6	20,8	12,6	55,1	68,8	26,6	94,0	93,9	27,7	32,4	42,5	88,5	29,6	22,9	47,3	43,7
Schwäbisch Hall	3,4	31,1	20,2	10,1	30,8	47,6	30,8	87,1	86,9	25,8	33,4	65,0	87,9	38,5	24,8	54,0	48,1
Main-Tauber-Kreis	5,3	26,9	18,9	11,9	30,1	49,0	32,4	94,5	94,4	19,4	25,7	76,2	82,0	46,3	24,7	64,4	42,1
Region Franken	6,4	24,1	20,3	12,2	39,9	56,9	31,7	91,1	90,5	26,2	32,5	62,9	88,5	38,9	26,0	50,5	45,1
Landkreise																	
Heidenheim	4,9	29,1	23,5	13,1	30,2	48,4	38,3	91,6	91,6	24,7	31,5	36,9	85,2	41,6	42,8	43,0	58,8
Ostalbkreis	4,3	35,7	22,2	11,4	37,9	61,4	37,7	87,0	86,5	27,4	30,1	71,8	87,9	32,7	27,1	39,3	57,7
Region Ostwürttemberg	4,5	33,8	22,6	11,9	35,5	58,4	37,9	88,5	88,1	26,5	30,6	49,1	87,1	35,9	32,5	40,7	57,9
Regierungsbezirk Stuttgart	7,5	35,5	25,9	14,1	40,2	57,9	43,1	92,3	91,4	37,0	44,4	76,0	83,9	49,8	41,2	51,5	55,9
Stadtkreise																	
Baden-Baden	9,7	15,4	27,4	13,1	33,9	53,7	41,2	91,5	91,1	37,5	45,3	70,5	85,7	43,6	39,7	53,6	47,7
Karlsruhe	3,8	39,1	31,9	13,5	42,0	57,7	35,7	93,9	93,0	38,6	51,5	59,1	86,0	63,0	55,8	65,9	67,2
Landkreise																	
Karlsruhe	6,1	37,4	20,5	12,9	33,0	46,8	30,1	93,2	92,9	35,7	51,5	51,4	86,5	39,1	39,1	45,3	42,8
Rastatt	6,5	25,9	20,5	12,5	30,7	54,8	31,3	93,7	93,5	26,6	26,4	67,4	91,5	40,7	19,6	55,4	43,2
Region Mittlerer Oberrhein	6,3	37,0	24,1	13,0	37,5	54,3	34,6	93,7	92,9	36,3	49,5	65,2	86,8	56,7	50,7	61,9	56,8
Stadtkreise																	
Heidelberg	4,8	31,5	33,5	11,9	34,4	60,5	32,3	94,9	94,3	38,5	60,9	79,6	83,0	48,0	35,2	59,3	59,0
Mannheim	9,9	34,9	30,8	17,7	40,8	57,5	42,5	94,3	92,8	36,9	44,8	66,8	83,4	60,6	45,7	53,2	54,3
Landkreise																	
Neckar-Odenwald-Kreis	4,9	37,1	20,6	12,1	32,1	44,3	42,3	92,3	93,0	29,2	25,9	69,0	90,5	42,1	37,8	61,1	42,6
Rhein-Neckar-Kreis	5,2	32,8	23,2	11,4	34,0	50,4	30,9	95,3	95,2	29,1	34,2	80,4	83,9	39,0	35,7	46,9	43,8
Region Unterer Neckar	6,0	34,9	27,3	13,8	37,2	55,0	38,3	94,5	93,7	34,9	49,5	73,6	83,9	51,9	39,5	54,3	51,8
Stadtkreis																	
Pforzheim	6,4	3,1	27,7	14,8	46,4	66,4	48,9	96,1	96,2	31,6	41,8	68,3	82,2	55,7	40,2	65,4	66,0
Landkreise																	
Calw	8,4	31,8	18,4	13,1	35,4	61,4	30,0	93,2	92,9	22,0	39,9	63,9	72,0	44,6	38,6	49,8	44,5
Enzkreis	5,4	29,4	19,3	12,7	39,8	57,4	28,9	87,5	87,4	22,8	18,2	63,4	88,0	46,0	55,7	46,6	44,7
Freudenstadt	7,8	33,2	23,3	12,2	28,6	43,4	39,8	95,3	95,4	24,6	38,1	89,3	86,9	34,8	35,2	35,4	47,1
Region Nordschwarzwald	7,3	19,1	22,6	13,3	41,2	60,7	37,4	94,5	94,5	25,4	34,9	69,8	81,7	47,5	41,3	51,0	51,1
Regierungsbezirk Karlsruhe	6,4	34,5	25,1	13,4	38,1	55,7	36,7	94,1	93,5	33,9	48,1	69,2	84,7	53,2	45,5	56,3	53,7
Stadtkreis																	
Freiburg im Breisgau	16,8	39,4	32,1	12,9	38,6	58,4	38,1	95,9	95,4	37,4	55,8	64,3	86,2	59,5	54,5	65,5	54,8
Landkreise																	
Breisgau-Hochschwarzwald	5,7	26,0	19,4	11,1	33,8	47,8	31,4	92,2	92,0	19,8	33,7	66,5	88,7	23,7	14,1	35,7	36,9
Emmendingen	5,8	40,9	21,0	12,6	28,0	43,5	24,8	94,4	94,4	19,5	27,3	56,7	88,9	41,3	21,6	31,2	46,3
Ortenaukreis	4,3	32,0	20,0	11,4	34,9	50,0	34,6	92,6	92,3	27,0	27,7	72,9	85,3	47,5	33,5	47,9	45,5
Region Südlicher Oberrhein	6,4	34,8	21,9	11,8	35,5	52,3	35,1	94,2	93,5	28,7	43,2	66,5	86,5	50,6	45,2	57,1	48,0
Landkreise																	
Rottweil	4,2	35,5	19,2	11,4	28,1	46,1	30,5	93,5	93,0	24,3	32,7	85,4	91,5	41,4	60,4	46,4	51,9
Schwarzwald-Baar-Kreis	4,2	30,7	21,9	13,3	33,4	61,3	40,4	93,2	92,7	27,6	39,4	76,8	83,0	36,4	27,1	62,6	49,9
Tuttlingen	4,6	43,7	17,4	15,0	38,1	58,3	31,7	91,0	90,1	25,3	34,3	78,8	87,7	41,9	34,6	54,6	50,7
Region Schwarzwald-Baar-Heuberg	4,3	35,5	19,9	13,2	33,3	57,1	34,9	92,8	92,3	26,3	36,5	78,2	85,8	45,4	34,6	55,5	50,7
Landkreise																	
Konstanz	11,5	42,5	26,6	11,6	34,4	53,2	34,5	94,7	94,1	33,8	64,6	70,8	84,6	58,8	40,8	66,1	60,3
Lörrach	3,9	34,4	22,4	12,1	32,8	52,6	34,0	93,3	93,1	26,3	41,4	76,1	85,7	50,2	41,2	55,1	50,5
Waldshut	5,6	28,4	21,9	11,2	29,7	51,8	38,7	94,1	93,9	23,2	50,3	61,6	82,2	40,8	22,4	35,4	47,9
Region Hochrhein-Bodensee	8,5	33,1	23,9	11,7	32,8	52,8	34,7	94,1	93,7	29,2	58,1	70,3	84,6	50,6	37,2	54,0	53,8
Regierungsbezirk Freiburg	6,7	34,3	21,8	12,0	34,3	53,3	34,9	93,9	93,3	28,4	45,4	68,4	85,8	49,9	43,0	56,0	50,1
Landkreise																	
Reutlingen	8,2	11,7	21,1	11,0	38,0	53,5	38,2	94,1	93,3	31,4	30,1	81,4	90,1	51,4	55,7	44,0	54,1
Tübingen	4,8	34,9	19,5	11,5	35,0	53,1	39,8	91,3	91,0	34,9	54,3	71,6	87,8	61,8	66,8	58,7	61,8
Zollernalbkreis	6,3	21,2	16,6	12,8	34,3	52,3	39,6	93,9	93,7	26,5	37,0	62,7	90,2	47,7	50,0	54,6	48,2
Region Neckar-Alb	7,0	22,5	19,2	11,6	36,3	53,1	39,0	93,3	92,8	32,0	45,3	75,2	89,5	56,3	61,2	54,4	54,9
Stadtkreis																	
Ulm	9,6	22,2	31,1	11,6	35,8	52,6	31,9	93,8	92,6	36,2	56,8	69,3	85,6	43,5	31,9	50,1	55,6
Landkreise																	
Alb-Donau-Kreis	3,9	26,5	17,7	12,1	36,9	51,1	37,7	90,3	89,8	24,8	29,5	83,3	89,2	25,8	22,8	26,3	40,4
Biberach	5,0	46,5	21,4	11,9	31,7	46,8	33,5	88,7	88,1	25,1	39,0	68,5	80,9	34,2	31,8	41,9	46,7
Region Donau-Iller	5,1	37,1	24,1	11,9	35,1	51,1	33,1	91,7	90,6	31,0	45,4	69,9	85,0	37,4	31,4	39,4	50,2
Landkreise																	
Bodenseekreis	4,7	29,5	31,9	13,1	28,8	41,1	48,3	93,8	93,6	31,1	45,1	53,4	82,4	40,0	26,5	62,0	50,1
Ravensburg	4,9	32,3	17,1	12,1	31,3	47,1	32,5	93,6	93,1	31,0	44,7	50,8	84,4	42,1	53,6	30,8	51,1
Sigmaringen	7,2	17,2	17,2	16,4	28,0	40,1	24,1	93,2	93,1	29,9	45,4	62,7	78,9	35,1	42,5	32,7	37,9
Region Bodensee-Oberschwaben	5,3	27,1	25,1	13,6	29,9	45,8	34,7	93,6	93,3	30,8	44,9	51,8	82,9	40,2	45,0	37,4	46,6
Regierungsbezirk Tübingen	5,7	27,5	22,3	12,4	34,0	50,5	35,7	92,9	92,3	31,3	45,2	65,0	85,8	45,9	48,2	45,0	50,6
Baden-Württemberg	6,7	34,2	24,4	13,2	37,7	55,6	38,8	93,1	92,4	33,5	46,1	71,5	84,7	50,1	43,0	52,6	53,4

Tab. 20: Anteile der Kreise an den Informationsbeschäftigten des Landes 179

Krs. Nr.	Lfd. Nr.	Kreis Region Regierungsbezirk Land	alle Wirtschaftszweige 1979	alle Wirtschaftszweige 1986	Verarbeitendes Gewerbe 1979	Verarbeitendes Gewerbe 1986	Energie Wasser Bergbau 1979	Energie Wasser Bergbau 1986	Großhandel Handelsvermittlung 1979	Großhandel Handelsvermittlung 1986	Kreditinstitute 1979	Kreditinstitute 1986	Versicherungen 1979	Versicherungen 1986	Medienwirtschaft 1979	Medienwirtschaft 1986	Organisationen ohne Erwerbszweck 1979	Organisationen ohne Erwerbszweck 1986
111	1	Stadtkreis Stuttgart, Landeshauptstadt	16,1	15,3	11,8	11,4	16,7	17,8	18,5	16,2	16,0	14,2	42,7	43,0	31,5	30,3	30,7	30,7
115	2	Landkreise Böblingen	3,4	3,8	4,5	5,2	1,5	1,3	4,3	4,1	4,1	4,0	0,3	0,6	1,4	2,7	1,0	1,3
116	3	Esslingen	4,7	4,8	6,1	6,1	6,1	5,9	5,1	5,7	3,3	3,6	0,4	0,6	5,3	5,0	2,2	2,7
117	4	Göppingen	2,0	2,0	2,6	2,5	0,8	1,3	1,6	1,8	1,9	2,1	0,7	0,9	0,2	0,2	1,7	1,8
118	5	Ludwigsburg	4,1	4,2	4,5	4,7	3,0	2,7	4,5	4,5	6,6	6,2	0,8	1,0	0,9	2,8	1,6	1,9
119	6	Rems-Murr-Kreis	3,1	3,3	3,9	4,4	1,1	1,1	3,1	3,0	2,5	2,6	0,6	0,8	0,6	1,5	1,3	1,6
	7	Region Mittlerer Neckar	33,2	33,3	33,3	34,2	29,3	30,2	37,2	33,4	34,3	32,7	45,5	46,6	39,9	42,6	38,5	40,0
121	8	Stadtkreis Heilbronn	2,0	1,9	1,7	1,6	3,9	2,0	3,1	2,9	2,1	2,0	2,3	2,4	0,4	0,6	1,1	1,3
125	9	Landkreise Heilbronn	1,4	1,5	1,7	1,7	3,5	2,7	1,8	2,3	1,3	1,4	0,1	0,2	0,2	0,2	0,6	0,9
126	10	Hohenlohekreis	0,7	0,8	1,0	0,9	1,0	0,9	0,8	2,1	0,7	0,7	0,1	0,1	0,1	0,1	0,2	0,3
127	11	Schwäbisch Hall	1,3	1,3	1,0	1,1	0,8	0,9	0,8	0,7	4,8	4,4	0,2	0,2	0,4	0,4	0,6	0,7
128	12	Main-Tauber-Kreis	0,8	0,9	0,7	0,9	0,9	0,6	0,6	0,6	1,1	1,2	0,1	0,1	0,6	0,6	0,4	0,9
	13	Region Franken	6,1	6,3	6,0	6,2	10,1	7,2	7,1	8,4	9,9	9,7	2,8	3,0	1,7	2,0	3,0	4,0
135	14	Landkreise Heidenheim	1,1	1,1	1,6	1,7	1,0	1,0	0,5	0,5	1,0	1,1	0,1	0,1	0,4	0,3	0,7	0,7
136	15	Ostalbkreis	2,3	2,4	2,8	3,0	2,5	2,6	2,0	2,0	2,0	2,2	0,3	0,4	0,3	0,4	0,9	1,0
	16	Region Ostwürttemberg	3,4	3,5	4,5	4,7	3,5	3,6	2,6	2,5	3,0	3,3	0,4	0,5	0,8	0,7	1,6	1,8
	17	Regierungsbezirk Stuttgart	42,7	43,1	43,8	45,1	42,8	40,9	46,9	46,3	47,2	45,7	48,7	50,1	42,3	45,3	43,1	45,8
211	18	Stadtkreise Baden-Baden	0,8	0,8	0,4	0,4	0,2	0,2	0,6	0,5	0,6	0,6	0,2	0,2	8,4	8,0	0,9	0,8
212	19	Karlsruhe	5,8	5,4	3,2	3,0	11,8	12,0	5,5	5,1	6,2	5,5	15,9	15,0	5,8	4,8	16,5	8,9
215	20	Landkreise Karlsruhe	2,4	2,4	2,6	2,6	2,6	3,8	1,8	2,0	1,8	1,9	0,2	0,3	0,3	0,5	0,7	0,8
216	21	Rastatt	1,4	1,5	1,8	1,9	0,8	0,8	1,2	1,1	1,4	1,5	0,1	0,2	0,6	0,6	0,6	0,7
	22	Region Mittlerer Oberrhein	10,3	10,1	8,0	8,0	15,4	16,8	9,1	8,7	10,0	9,5	16,4	15,8	15,2	13,9	18,7	11,2
221	23	Stadtkreise Heidelberg	2,4	2,4	1,5	1,5	2,2	2,4	2,0	1,5	1,9	1,7	0,9	1,1	7,0	6,5	1,9	2,6
222	24	Mannheim	6,4	6,0	5,8	5,4	9,2	9,8	8,4	7,2	5,4	5,3	16,0	14,9	7,7	5,9	3,5	4,7
225	25	Landkreise Neckar-Odenwald-Kreis	0,9	0,9	0,8	0,9	1,3	1,5	0,7	0,6	0,8	0,9	0,1	0,1	0,1	0,3	0,5	0,5
226	26	Rhein-Neckar-Kreis	2,8	2,8	3,5	3,3	2,5	2,2	3,0	3,2	2,7	3,0	0,3	0,3	1,6	1,5	0,8	1,0
	27	Region Unterer Neckar	12,4	12,1	11,6	11,0	15,2	15,9	14,2	12,6	10,8	10,9	17,2	16,4	16,3	14,1	6,6	8,9
231	28	Stadtkreis Pforzheim	2,0	1,9	2,1	2,0	0,6	0,1	2,2	2,7	2,1	2,3	0,6	0,5	1,2	1,0	1,0	1,7
235	29	Landkreise Calw	0,9	0,9	0,7	0,7	0,9	0,7	0,8	0,8	0,8	0,9	0,1	0,1	0,2	0,3	1,0	1,2
236	30	Enzkreis	0,9	0,9	1,3	1,4	0,4	0,3	0,4	0,4	0,4	0,4	0,1	0,2	0,5	0,4	0,3	0,5
237	31	Freudenstadt	0,8	0,8	0,9	0,9	0,4	0,5	0,5	0,8	0,8	0,1	0,1	0,2	0,4	0,3	0,5	
	32	Region Nordschwarzwald	4,5	4,5	5,0	4,9	2,2	1,3	4,1	4,7	4,1	4,5	0,9	0,9	2,1	2,1	2,5	3,9
	33	Regierungsbezirk Karlsruhe	27,2	26,6	24,7	23,9	32,8	34,1	27,3	26,1	24,9	24,9	34,5	33,0	33,7	30,1	27,9	24,0
311	34	Stadtkreis Freiburg im Breisgau	3,1	3,0	1,6	1,4	2,6	2,5	3,9	3,6	2,5	2,5	5,9	5,6	6,3	5,6	7,9	8,7
315	35	Landkreise Breisgau-Hochschwarzwald	1,0	1,1	0,9	0,9	0,4	0,6	1,0	1,4	1,2	1,3	0,1	0,1	0,4	0,5	0,6	0,6
316	36	Emmendingen	0,7	0,7	0,9	0,9	0,7	1,0	0,4	0,4	0,8	1,0	0,1	0,1	0,3	0,3	0,6	0,7
317	37	Ortenaukreis	3,0	3,0	3,1	2,9	2,7	2,7	3,4	3,4	2,8	3,0	0,7	1,0	1,8	2,7	1,9	2,2
	38	Region Südlicher Oberrhein	7,8	7,8	6,4	6,2	5,4	6,8	8,8	8,8	7,4	7,8	6,8	6,9	8,8	9,1	11,0	12,2
325	39	Landkreise Rottweil	0,9	1,0	1,2	1,3	0,5	0,7	0,4	0,5	0,9	0,9	0,4	0,2	0,2	0,4	0,6	
326	40	Schwarzwald-Baar-Kreis	2,0	1,9	2,7	2,4	1,2	1,3	1,0	1,3	1,8	1,8	0,3	0,5	1,0	0,9	0,9	0,9
327	41	Tuttlingen	0,9	0,9	1,1	1,2	1,3	1,1	0,9	1,0	0,9	0,9	0,2	0,2	0,1	0,2	0,4	0,5
	42	Region Schwarzwald-Baar-Heuberg	3,8	3,8	4,9	4,8	3,0	2,4	2,8	3,6	3,6	0,9	1,2	1,3	1,2	1,7	2,3	
335	43	Landkreise Konstanz	2,2	2,2	2,3	2,2	1,9	2,0	1,9	1,9	1,7	2,0	1,4	1,2	3,0	3,1	1,7	2,1
336	44	Lörrach	1,6	1,6	1,7	1,7	1,7	1,7	0,8	0,9	1,3	1,5	0,2	0,3	0,7	0,6	0,8	1,5
337	45	Waldshut	1,0	1,0	1,2	1,2	1,6	2,0	0,7	0,7	1,1	1,1	0,1	0,1	0,4	0,5	0,6	0,5
	46	Region Hochrhein-Bodensee	4,8	4,8	5,1	5,1	5,2	5,7	3,4	3,5	4,2	4,6	1,7	1,7	4,2	4,2	3,1	4,2
	47	Regierungsbezirk Freiburg	16,3	16,4	16,4	16,2	13,6	15,5	14,5	15,0	15,1	16,0	9,4	9,6	14,3	14,6	15,8	18,7
415	48	Landkreise Reutlingen	2,3	2,3	2,5	2,4	0,5	0,4	2,3	2,7	2,1	2,2	1,6	1,7	1,8	1,8	1,6	1,7
416	49	Tübingen	1,6	1,5	1,1	1,0	1,0	1,2	1,0	1,2	1,2	1,3	0,8	0,8	1,3	1,5	6,3	3,3
417	50	Zollernalbkreis	1,5	1,4	2,0	1,9	1,4	0,8	1,2	1,3	1,5	1,6	0,3	0,3	0,3	0,3	0,6	0,7
	51	Region Neckar-Alb	5,3	5,2	5,6	5,3	2,8	2,5	4,6	5,3	4,8	5,1	2,7	2,8	3,5	3,6	8,5	5,7
421	52	Stadtkreis Ulm	2,4	2,2	2,6	2,2	1,9	2,0	2,7	2,6	1,8	1,8	2,9	2,3	2,8	3,1	1,5	1,7
425	53	Landkreise Alb-Donau-Kreis	0,7	0,8	0,7	0,9	0,5	0,4	0,7	0,9	0,8	0,9	0,1	0,2	0,3	0,2	0,3	0,4
426	54	Biberach	1,1	1,1	1,4	1,3	3,7	2,7	0,7	0,9	1,1	1,2	0,3	0,2	0,2	0,3	0,6	0,7
	55	Region Donau-Iller[1]	4,2	4,1	4,7	4,4	6,1	5,0	4,1	4,4	3,7	3,9	3,3	2,7	3,3	3,6	2,3	2,8
435	56	Landkreise Bodenseekreis	1,5	1,7	2,2	2,5	0,7	0,8	0,5	0,6	1,3	1,4	0,1	0,2	0,4	0,3	0,7	0,6
436	57	Ravensburg	1,9	2,0	1,9	1,8	1,0	0,8	1,5	1,8	2,0	2,0	1,1	1,2	2,2	2,4	1,2	1,7
437	58	Sigmaringen	0,8	0,8	0,7	0,8	0,2	0,3	0,5	0,5	1,0	1,0	0,1	0,1	0,3	0,2	0,5	0,5
	59	Region Bodensee-Oberschwaben	4,2	4,5	4,8	5,1	1,9	2,0	2,6	2,9	4,3	4,4	1,3	1,6	2,9	2,9	2,4	2,9
	60	Regierungsbezirk Tübingen	13,7	13,8	15,1	14,8	10,8	9,5	11,2	12,6	12,8	13,4	7,3	7,1	9,7	10,1	13,2	11,4
	61	Baden-Württemberg	100	100	100	100	100	100	100	100	100	100	100	100	100	100	100	100

1) Soweit Land Baden-Württemberg.

Tab. 21: Anteile der Wirtschaftszweige an den Informationsbeschäftigten in den Kreisen 1986

Krs. Nr.	Lfd. Nr.	Kreis Region Regierungsbezirk Land	0 Land- und Forst- wirt- schaft, Tier- haltung und Fischerei	1 Energie- wirt- schaft und Wasser- ver- sorgung Bergbau	2 Verarbei- tendes Gewerbe (ohne Bau- gewerbe)	3 Bau- gewerbe	2+3	4 Handel	5 Groß- handel, Handels- ver- mittlung	Verkehr und Nach- richten- über- mittlung	4+5	6 Kredit- institute und Ver- siche- rungs- gewerbe	Kredit- und sonstige Finan- zierungs- institute	7 Dienst- leistungen, soweit anderw. nicht genannt	Hoch- schulen, Schulen, sonstige Unter- richts- anstalten	Kunst, Theater, Film, Verlags- und Presse- wesen	Rechts- beratung, Archi- tektur- büros, Vermö- gensver- waltung	8 Orga- nisationen ohne Erwerbs- charakter und private Haus- halte	Christ- liche Kirchen	7+8	9 Gebiets- körper- schaften und Sozial- versicherung
111	1	Stadtkreis Stuttgart, Landeshauptstadt	0,1	1,2	27,4	2,1	29,5	13,4	9,1	5,4	18,8	15,1	7,5	19,4	3,8	4,2	7,7	5,6	1,2	24,9	10,4
115	2	Landkreise Böblingen	0,1	0,4	50,9	1,9	52,7	13,1	9,4	3,5	16,6	8,9	8,5	13,9	1,1	1,5	8,5	1,0	0,5	14,8	6,5
116	3	Esslingen	0,2	1,3	47,0	2,6	49,6	14,9	10,2	4,2	19,1	6,3	6,0	15,6	2,1	2,2	7,7	1,6	0,8	17,1	6,4
117	4	Göppingen	0,2	0,7	45,0	4,1	49,0	12,7	7,8	4,8	17,5	9,5	8,4	10,9	1,4	0,2	5,8	2,4	0,9	13,3	9,8
118	5	Ludwigsburg	0,3	0,6	40,7	2,6	43,3	13,2	9,1	6,5	19,7	12,5	11,9	15,1	2,9	1,4	6,8	1,3	0,8	16,4	7,1
119	6	Rems-Murr-Kreis	0,3	0,3	49,2	3,2	52,4	12,8	7,7	2,9	15,7	7,1	6,5	15,6	2,7	1,0	6,1	1,4	0,9	16,9	7,2
	7	Region Mittlerer Neckar																			
121	8	Stadtkreis Heilbronn	0,2	1,1	30,5	2,1	32,6	20,4	12,9	6,6	27,0	11,7	8,4	13,2	1,5	0,6	6,9	1,9	0,6	15,1	12,2
125	9	Landkreise Heilbronn	0,6	1,9	43,9	3,8	47,7	18,4	13,3	2,4	20,8	7,9	7,6	14,1	2,0	0,3	5,8	1,6	0,7	15,7	5,3
126	10	Hohenlohekreis	0,5	1,2	41,3	3,0	44,3	26,1	22,6	2,2	28,3	7,8	7,4	9,6	1,9	0,4	4,3	1,1	0,6	10,8	7,2
127	11	Schwäbisch Hall	0,2	0,7	31,2	2,7	34,0	8,5	4,4	3,7	12,2	27,3	26,9	12,7	2,0	0,6	4,8	1,4	0,7	14,1	11,5
128	12	Main-Tauber-Kreis	0,3	0,8	37,4	4,1	41,4	10,2	5,4	2,1	12,3	11,2	10,9	14,5	2,0	1,5	5,5	2,7	0,4	17,2	16,7
	13	Region Franken																			
135	14	Landkreise Heidenheim	0,2	0,9	54,6	3,0	57,7	9,6	3,7	2,5	12,1	8,2	7,9	11,0	2,8	0,7	5,2	1,8	0,9	12,8	8,1
136	15	Ostalbkreis	0,2	1,1	46,9	2,9	49,8	12,5	7,4	2,7	15,1	8,0	7,5	12,1	2,5	0,3	5,6	1,2	0,6	13,3	12,4
	16	Region Ostwürttemberg																			
	17	Regierungsbezirk Stuttgart																			
211	18	Stadtkreise Baden-Baden	0,3	0,3	20,3	3,0	23,2	9,5	5,7	3,2	12,5	7,2	6,3	40,9	2,6	21,9	6,4	2,8	0,4	43,8	12,7
212	19	Karlsruhe	0,1	2,3	20,3	1,7	22,1	14,5	8,1	5,9	20,4	15,6	8,1	20,5	6,0	1,8	8,9	4,5	1,5	25,1	14,6
215	20	Landkreise Karlsruhe	0,2	1,6	39,4	3,8	43,2	12,5	6,9	3,0	15,4	6,7	6,4	25,0	13,2	0,4	6,7	0,9	0,3	25,9	7,0
216	21	Rastatt	0,3	0,5	48,0	4,4	52,5	10,2	6,6	3,4	13,6	8,7	8,3	12,6	1,8	0,9	6,7	1,4	0,8	14,0	10,4
	22	Region Mittlerer Oberrhein																			
221	23	Stadtkreise Heidelberg	0,1	1,0	22,8	1,3	24,1	10,0	5,6	3,6	13,6	7,2	5,9	37,7	18,1	5,7	7,8	3,1	1,3	40,8	13,3
222	24	Mannheim	0,1	1,7	33,1	2,6	35,7	14,4	10,4	5,9	20,3	13,9	7,1	17,4	2,8	2,1	8,2	2,2	0,6	19,6	8,7
225	25	Landkreise Neckar-Odenwald-Kreis	0,2	1,8	36,0	4,4	40,4	10,3	6,0	3,6	13,9	8,5	8,2	19,3	1,9	0,6	6,6	1,7	0,4	20,9	14,3
226	26	Rhein-Neckar-Kreis	0,2	0,8	43,0	4,0	47,0	15,7	9,7	3,2	18,9	8,8	8,4	16,9	3,7	1,1	8,4	1,0	0,6	17,9	6,5
	27	Region Unterer Neckar																			
231	28	Stadtkreis Pforzheim	0,1	0,1	37,2	2,1	39,3	25,7	11,9	2,2	27,9	10,4	9,8	11,8	2,1	1,1	5,3	2,5	1,1	14,3	7,9
235	29	Landkreise Calw	0,6	0,8	29,6	3,9	33,4	12,8	7,5	2,9	15,7	9,2	8,8	21,0	5,1	0,7	6,7	3,9	2,9	24,9	15,3
236	30	Enzkreis	0,2	0,4	57,2	3,8	61,0	13,2	7,9	2,2	15,4	4,3	3,8	11,4	1,6	0,9	4,8	1,4	0,6	12,8	5,9
237	31	Freudenstadt	0,4	0,3	41,3	3,3	44,6	9,4	5,2	4,4	13,8	8,7	8,3	19,2	1,2	1,0	8,5	1,6	1,0	20,8	11,4
	32	Region Nordschwarzwald																			
	33	Regierungsbezirk Karlsruhe																			
311	34	Stadtkreis Freiburg im Breisgau	0,2	0,9	17,7	1,8	19,5	15,8	10,2	4,8	20,6	11,9	6,8	26,3	8,8	3,9	8,6	8,0	2,7	34,3	12,6
315	35	Landkreise Breisgau-Hochschwarzwald	0,4	0,6	33,9	4,7	38,6	15,9	11,0	3,0	18,9	10,4	10,1	21,5	2,7	1,0	8,2	1,6	0,6	23,1	8,1
316	36	Emmendingen	0,3	1,4	43,9	5,3	49,2	10,4	4,9	1,6	12,1	10,9	10,4	13,7	2,2	0,7	6,7	2,5	0,4	16,2	10,0
317	37	Ortenaukreis	0,2	0,9	35,8	3,4	39,2	15,2	9,7	6,1	21,3	8,8	7,9	16,7	2,5	1,9	7,0	2,1	0,7	18,7	10,8
	38	Region Südlicher Oberrhein																			
325	39	Landkreise Rottweil	0,1	0,7	48,0	3,2	51,2	8,9	4,0	4,7	13,6	9,0	7,8	11,7	2,4	0,4	5,9	1,7	0,9	13,4	12,0
326	40	Schwarzwald-Baar-Kreis	0,1	0,7	47,2	2,9	49,9	11,1	6,0	3,5	14,5	8,5	7,8	15,2	2,9	1,0	7,1	1,4	0,9	16,9	9,4
327	41	Tuttlingen	0,1	1,2	47,3	3,8	51,1	13,5	9,7	2,4	16,0	8,4	7,8	10,4	2,1	0,4	5,1	1,5	0,8	11,9	11,3
	42	Region Schwarzwald-Baar-Heuberg																			
335	43	Landkreise Konstanz	0,5	0,9	36,6	2,1	38,7	12,2	7,4	4,6	16,8	8,7	7,2	21,5	6,8	2,9	6,2	2,6	0,8	24,2	10,2
336	44	Lörrach	0,1	1,1	39,8	3,3	43,1	13,7	4,8	6,3	20,0	8,1	7,5	14,6	1,9	0,8	6,9	2,6	1,5	17,2	10,4
337	45	Waldshut	0,2	2,0	43,2	4,3	47,6	11,7	5,6	2,6	14,3	8,9	8,6	14,7	2,2	1,0	6,3	1,5	0,7	16,1	10,9
	46	Region Hochrhein-Bodensee																			
	47	Regierungsbezirk Freiburg																			
415	48	Landkreise Reutlingen	0,4	0,2	39,3	3,0	42,3	15,5	10,3	4,2	19,7	9,7	7,7	16,0	2,9	1,6	7,1	2,1	0,5	18,1	9,6
416	49	Tübingen	0,1	0,8	23,1	2,4	25,5	11,0	6,8	3,7	14,7	8,5	7,0	31,2	15,9	2,1	6,1	5,9	2,5	37,1	13,2
417	50	Zollernalbkreis	0,2	0,6	48,6	2,8	51,4	12,9	8,0	3,3	16,2	9,5	9,0	10,8	2,0	0,4	6,0	1,4	0,7	12,2	9,8
	51	Region Neckar-Alb																			
421	52	Stadtkreis Ulm	0,1	0,9	35,5	1,5	37,0	16,4	10,1	4,7	21,1	9,4	6,6	19,2	4,1	2,9	6,2	2,1	0,7	21,3	10,1
425	53	Landkreise Alb-Donau-Kreis	0,4	0,6	43,5	5,5	49,0	13,8	10,1	3,8	17,6	9,9	9,2	13,4	3,3	0,6	6,5	1,4	1,0	14,8	7,7
426	54	Biberach	0,5	2,5	44,4	4,2	48,6	10,9	6,7	2,8	13,7	9,4	8,8	14,1	2,8	0,5	5,6	1,8	0,9	15,9	9,5
	55	Region Donau-Iller[1]																			
435	56	Landkreise Bodenseekreis	0,2	0,5	53,4	3,0	56,4	7,2	3,1	2,4	9,5	6,9	6,6	17,9	3,5	0,3	7,4	1,0	0,5	18,9	7,5
436	57	Ravensburg	0,3	0,4	33,4	3,1	36,5	12,4	7,7	4,3	16,6	9,9	8,2	23,1	4,9	2,6	8,4	2,4	0,6	25,5	10,8
437	58	Sigmaringen	0,6	0,5	35,6	6,3	41,9	10,0	5,3	1,7	11,7	10,9	10,4	17,2	3,2	0,5	6,0	1,8	0,8	19,0	15,4
	59	Region Bodensee-Oberschwaben																			
	60	Regierungsbezirk Tübingen																			
	61	Baden-Württemberg	0,2	1,0	36,8	2,8	39,5	13,6	8,6	4,3	18,0	10,8	8,1	17,8	4,0	2,1	7,1	2,8	0,9	20,6	9,9

1) Soweit Land Baden-Württemberg.

Anmerkungen

1) "We can of course subdivide the service sector itself into those workers concerned with the transfer of goods from one place to another or from one owner to another, those concerned with the provision of (non-informational) services to persons, and those concerned with the generation, transmission, transformation and interpretation of information" (MARQUAND 1983, S. 101).

2) "Behind the present spread of offices so characteristic of the business districts of Megalopolitan cities is a long tradition of traders thirsty for information to better the conduct of their commercial operations. Information is indeed the very life blood of commerce anywhere" (GOTTMANN 1961, S. 573).

3) "The heavy dependence of modern business and social services on information production and usage makes it clear that in the future, information will have to be singled out as a separate sector. In the U.S. the quaternary sector as defined by ABLER and ADAMS, has been the only sector that has presented a continuous growth in terms of percentage contribution to national income between 1950 and 1980" (KELLERMAN 1985, S. 141).

4) "... only occupations for which the primary purpose is an output of produced, processed of distributed information will be ascribed to the 'information sector'" (INFORMATION ACTIVITIES 1981, S. 22).

5) "The large majority of the information labor force... is concerned in a broad sense with the administration, coordination and organization of economic activity ... They form the administrative or organizational superstructure which directs, coordinates, monitors and records activities taking place within the economy" (JONSCHER 1983, S. 20f.).

6) "The good news is that information is leaky, that sharing is the natural mode of scientific discovery and technological innovation. The new information environment seems bound to undermine the knowledge monopolies which totalitarian governments convert into monopolies of power" (CLEVELAND 1985, S. 181).

7) "The specialized information pertaining to costs, prices, supply, demand, and technological and other matter which influences the decisions underlying city-system growth and development is virtually never universally available. On the contrary, the circulation of specialized information is 'spatially biased'. That is, because of the means by which different forms of specialized information circulate through contact networks, the probability of a particular bundle of specialized information being known or acquired varies from place to place at any given time. And, conversely, any actor possessing specialized information at a given location is more likely to have wrought or unintentionally obtained it from some contacts or places rather than others" (PRED 1977, S. 20).

8) "Service activites, where a service is performed for individuals or institutions or businesses, are not primarily transactions. Thus, a doctor or dentist, beauty operator or barber, florist or undertaker, teacher (!) or garage mechanic performs a service. As in manufacturing, something is done and, although a transaction may also take place, the service is most important. Transactions dominate in trade, finance, business services, and real estate, where nothing is produced and no direct service other than the transaction occurs" (HARPER 1982, S. 94).

9) "Es gibt einige große Städte, in denen ein unverhältnismäßig großer Teil der bedeutendsten geschäftlichen Transaktionen auf der Welt abgewickelt wird" (HALL 1966, S. 7).

10) "If all these services have a common characteristic that is locationally significant, it is probably their preoccupation with a flow of facts and figures - with the collection, processing, or distribution of information and the making of administrative decisions" (LICHTENBERG 1960, S. 153).

11) "unsubstantiated assertion" ist das Urteil bei MANDEVILLE 1983, S. 65.

12) FISCHER 1984, S. 98 und bereits mündlich 1980 auf einer SRL-Planertagung in Konstanz; weiterhin z.B. STORBECK 1984, S. 55, BAKIS 1984, S. 124.

13) Die Geschichte der Datenverarbeitung zeigt diese Wechselwirkung zwischen wachsenden Kapazitäten und wachsenden Aufgaben deutlich (vgl. WEIZENBAUM 1978, S. 50ff.).

14) Es sei hier nur daran erinnert, daß SOMBART mit der von ihm geprägten Unterscheidung von 'städtebildenden' und 'städtefüllenden' Funktionen der Wegbereiter der Export-Basis-Theorie war (vgl. SOMBART 1907, S. 6ff.).

15) "The need for direct face-to-face contact offers perhaps the best explanation for the strong attraction retained by the urban center" (MEIER 1962, S. 64).

16) Diese Unterscheidung scheint in den hier relevanten Werken der amerikanischen Anthropogeographie immer wieder durch, so bei Richard L. MEIER in seiner "Kommunikationstheorie des urbanen Wachstums" und auch bei Edgar S. DUNN in seiner Städtesystemtheorie. MEIER schreibt in der Zusammenfassung seines Argumentationsgangs: "An intensification of **communications, knowledge** and **controls** seemed to be highly correlated with the growth of cities. The bonds that tie individuals to the city seem to result from the conservation and accumulation of some concomitant of these factors" (MEIER 1962, S. 43; Hervorhebungen im Original!). DUNN nennt die beiden Bereiche "developmental information processes" bzw. "regulating processes" (DUNN 1980, S. 26ff.); ihre Verwendung bei DUNN und auch den Bezug der "development processes" zu Lernprozessen, für den oben plädiert

wird, erläutern NOYELLE und STANBACK in ihrer Übersicht zu den jüngeren amerikanischen städtesystem-theoretischen Ansätzen: "In addition to the networks involved with the production and distribution of goods discussed above, the economic system comprises two other general categories of networks, each of which involves transformations and transfers relating to information. The first relates to control functions within the economy (...), the second to activities involved in development - 'social learning'" (STANBACK/NOYELLE 1984, S. 39).

17) "The informational mode of development requires some concentrated centers for production of knowledge and storage of information, as well as centers for emission of images and information. So, universities, laboratories, scientific design units, news centers, information agencies, public service centers, financial centers, managerial units, with all their technicians, workers and employees must still be spatially concentrated in some places" (CASTELLS 1983, S. 6).

18) Vgl. auch zur jüngeren sozialwissenschaftlichen Legitimation der Kategorien von 'Zentrum' und 'Peripherie' KRECKEL 1985, S. 313 ff.

19) "Information is addressed to human minds and received by human minds, though the recipient need not always be chosen by the informant or transmitter. Pieces of information carry meanings and are interpreted by cognitive processes, but not necessarily by all intermediaries" (MACHLUP 1983, S. 660). Noch einen Schritt weiter in der Relativierung des Informationsgehalts von Texten geht der soziolinguistische Ansatz der 'Kommunikationsanalyse'; er geht davon aus, daß ein Text keine Information enthält, sondern daß die Information erst im Zusammenbringen von Text und situationellem Kontext beim Sender-Empfänger entsteht (vgl. BUCHER/FRITZ 1987, S. 9ff.).

20) Vgl. die Diskussion um Künstliche Intelligenz zwischen ihren Propagandisten NEWELL, BARR et al. und den von HOFSTADTER genannten Kritikern, vor allem dem Linguisten SEARLE in MACHLUP/MANSFIELD (eds.) 1983; wie SEARLE bezweifelt auch WEIZENBAUM grundsätzlich die Möglichkeit der Semantifizierung des Computers: "Computers process information, not meanings" (WEIZENBAUM 1979, S. 440). Eine vermittelnde Stellung nimmt HOFSTADTER selbst ein (vgl. HOFSTADTER 1983, S. 282).

Summary

The theoretical part of the thesis presents the evolution of the concepts of 'quaternary sector' and 'information sector' in various fields of spatial analysis on the one hand and in economics and social science in general on the other hand. Mainly the dissatisfaction with the heterogeneous category of the tertiary sector in the conventional three-sector-model of economic functions has led geographers to establish the new category of a 'quaternary sector'. Parallel to this, in economics the concept of an 'information sector' has been developed.

Although there exists a wide variety of criteria to separate the quaternary sector from other sectors, it can be shown that the most common and most reasonable way to delimit the quaternary sector is by defining it as the group of all information-handling activities, as information is characterized by specific socio-economic and spatially relevant qualities which discern it from material goods or services. Thus the concepts of quaternary and information sector converge.

Another main cause for distinguishing information activities as a separate functional category in economics and spatial analysis is their growing share in the workforce of industrial nations. According to various studies connected with research undertaken by the OECD, employment in information occupations has increased considerably and accounts for nearly 50% in the US, about 40% in the UK and about 35% in the Federal Republic of Germany.

As the information sector becomes the leading sector in terms of occupational distribution of the workforce in advanced industrial nations, the question arises whether the current socio-economic development means in fact the transition from industrial society to 'post-industrial', 'service' or 'information society'. Careful analysis of the ongoing trends shows that the Federal Republic of Germany and other highly advanced Western countries cannot be classified as 'post-industrial', regarding for instance the contribution of manufacturing industry to the gross national product. The expansion of information labour is actually strongest in manufacturing industry: Whereas routine manual operations are replaced by machinery, the extent of management, planning, administration and research work is increasing.

Due to substitution effects of services by self-service goods, the term 'service society' also seems inappropriate. With the increasing importance of information as the most vital input factor in the economy, the concept of the 'information society', however, becomes more and more relevant for macrosociological research. In accordance with various social scientists the growing importance of information must be viewed as the consequence of technological development, economic concentration, the growing dimensions and complexity of operations as well as bureaucratization tendencies in advanced industrial nations.

An approach to a theory of the interplay of information activities and spatial development, stressing especially the dynamics on the macrospatial level, has to consider a whole range of research fields which can make valuable contributions and which are therefore discussed: Office location research studies the spatial aspects of information-handling functions, however rather on a microspatial than on a macrospatial level. A number of geographical studies have analysed the spatial impacts of headquarters of large multiplant enterprises, which also form a key function within the information sector. Similarly, researchers in several European countries have analysed an interregional division of labour between urban centres, where directive, administrative and innovative functions are performed, and peripheral regions with manual routine work dominating the employment structure.

A lot of work on the understanding of the functioning of information activities has been done in 'contact'-studies, an approach that spread from Sweden to researchers in the English-speaking world and beyond. Within urban geography, the analysis of urban systems - on an interregional level - as well as the functional approach to urban geography mainly developed in North America - on an innerregional level - are relevant for a geography of the quaternary (information) sector.

Of course, the wide field of studies looking at the spatial consequences of the introduction of new information and telecommunication technologies also represents an important branch of quaternary sector geography. In addition, various other studies in planning and spatial analysis are devoted to questions of information and space, for instance the approach of innovation-oriented regional policy. Moreover, media, communications and other social sciences centred around the concept of information are increasingly discovering the relevance of space in their fields and have also to be considered as elements of information sector geography.

Derived from the survey of research approaches relevant for a geography of the quaternary sector a number of location factors can be formulated. Thus, quaternary institutions seek locations with good accessibility (by car, air, rail or other public transport), existing intensive information flows, other existing quaternary institutions and their transactional performance, availability of elite and routine information labour as well as various service and leisure facilities. This locational orientation results in the tendency of information functions to concentrate in high-ranking urban centres.

Especially contact studies and similar approaches as well as studies in organisational and social psychology stress the need for face-to-face-communication as a main factor for the agglomeration of information functions.

From the point of view of a dynamic spatio-economic theory the concentration of information functions in high-ranking urban centres can be seen as a cumulative-circular process. Starting from observations of urban systems dynamics and urban communication studies, this process is described as the cumulative-circular concentration of 'knowledge' on the one hand and of 'power' on the other. The two processes of learning and decision-making are characterized by circular-cumulative concentration tendencies. Using the language of the critical regional economics approach, information presents itself in both aspects as a highly selectively immobile growth determinant, therefore favouring already information-intensive agglomeration regions.

Empirical studies of quaternary functions are difficult as official statistics do not provide the necessary data. Beside the problem of measuring information in general, the category of the quaternary sector is usually not applied in industry or occupation statistics.

For the federal state of Baden-Württemberg a special analysis of employment statistics was made, mapping the spatial distribution of information occupations over the 44 'Kreise' (administrative districts) for 1979 and 1986.

Nearly one third of the labour force of Baden-Württemberg is primarily occupied with information-handling activities in 1986, most of them in manufacturing industry, which dominates the economic structure of the state, with engineering, car manufacturing and electronics as important foundations of the strong performance of the state's industry. As was to be expected, information labour is highly concentrated in urban agglomerations, especially in branches like energy, mining, wholesale trade, insurance, the media and non-profit organizations, whereas in manufacturing the share of rural districts tends to be comparatively larger. Especially the districts surrounding the most important urban centres show remarkable growth rates in information labour, which is correlated with losses in the centres themselves; so, the quaternary sector is also affected by suburbanisation tendencies.

As far as the dynamics between 1979 and 1986 is concerned, it cannot be concluded that the gap between agglomerations and peripheral regions has widened; the macro-spatial pattern shows a remarkable stability. The polarization of informational leader functions in urban centres and manual routine functions in the periphery does not proceed as the theory would suggest. Most interestingly, however, shifts of shares of information employment can be observed at the level of the highest ranks of the state's urban system, i.e. between the largest agglomeration regions: While the agglomerations in the northern part of Baden are losing some of their share of the state's total information employment, the central agglomeration in Württemberg with the state capital of Stuttgart is gaining further importance. Thus, the quaternary sector plays a key role in the metropolitanization process in South West Germany and in the inter-urban competition within the state.

Factors responsible for the observed development include the ongoing process of economic concentration, especially where company headquarters centred in Stuttgart are involved, and the expansion of branches with high agglomeration tendencies of their information functions, like the media, special services and non-profit organizations. Under the present socio-economic conditions the process of metropolitan concentration of information functions will continue, thereby posing problems of 'hypertrophic' development in the core region of the state with high pressure for land use and threatening the economic functioning of the rather decentralized urban system in the Baden part of the federal state. If administrative decision-making, regional policy and economic policy in general are summoned to counteract the dynamics described, this is not a vote against urbanity and urban life, but rather one against hypertrophic development, in favour of 'soft urbanity' which especially agglomerations below the one-million-inhabitants threshold can offer.

Literaturverzeichnis

ABLER, R.: Effects of space-adjusting technologies on the human geography of the future. In: ABLER, R. et al. (eds.): Human geography in a shrinking world. North Scituate 1975, S. 35-56.

ABLER, R.: The telephone and the evolution of the American metropolitan system. In: POOL, I. de Sola (ed.): The social impact of the telephone. Cambridge, Mass. 1977, S. 318-341.

ABLER, R., J.S. ADAMS and P. GOULD: Spatial organization. The geographer's view of the world. London, Englewood Cliffs 1977.

AHNSTRÖM, L.: Why are offices where they are? The search for factors determining the location of company headquarters. In: Geojournal, 9, 1984, S. 163-170.

ALEXANDER, I.: Office location and public policy. London, New York 1979.

ALEXANDER, J.W.: Economic geography. Englewood Cliffs 1963.

ALLPASS, J. et al.: Urban centres and changes in the centre structure. In: Urban core and inner city. Proceedings of the international study week Amsterdam, 11-17 September 1966. Leiden 1967, S. 103-117.

ANDERSON, C.W.: Das liberale Paradigma und die weitere Entwicklung der fortgeschrittenen Industriegesellschaft. In: KERN, L. (Hrsg.): Probleme der postindustriellen Gesellschaft. (Neue Wissenschaftliche Bibliothek; 87). Köln 1974, S. 294-331.

DAS ARBEITSGEBIET DER BUNDESSTATISTIK 1981. Hrsgg. vom Statistischen Bundesamt. Wiesbaden 1981.

ARBEITSPLATZ STUTTGART 1990. (Beiträge zur Stadtentwicklung; 14). Stuttgart 1980.

ARMSTRONG, R.B.: The office industry: Patterns of growth and location. Cambridge, Mass., London 1972.

BADE, F.-J.: Die Standortstruktur großer Industrieunternehnen. Eine explorative Studie zum Einfluß von Großunternehmen auf die regionale Wirtschaftsentwicklung. In: Jahrbücher für Nationalökonomie und Statistik, 196, 1981, S. 341-366.

BADE, F.-J.: Large corporations and regional development. In: Regional Studies, 17, 1983, S. 315-326.

BADE, F.-J.: Die funktionale Struktur der Wirtschaft und ihre räumliche Arbeitsteilung. (Discussion papers IIM/IP; 84-27). Berlin 1984.

BADE, F.-J.: Die Beschäftigungsentwicklung in den Regionen der Bundesrepublik Deutschland 1976-1983. 2. Zwischenbericht zum Gutachten "Die regionale Verteilung von Wirtschaftsaktivitäten" im Auftrag des Niedersächsischen Ministers für Wirtschaft und Verkehr. Ms. Berlin 1985.

BADE, F.-J.: Funktionale Arbeitsteilung und regionale Beschäftigungsentwicklung. In: Informationen zur Raumentwicklung, 1986, S. 695-713.

BADEN-WÜRTTEMBERG. Eine politische Landeskunde. (Schriften zur politischen Landeskunde Baden-Württembergs; Bd. 1). Stuttgart ²1981.

BAHRS-DISCHER, E.: Kommunikativ bedingte Wirtschaftsstandorte. Theoretische und empirische Untersuchung zur kommunikativ bedingten Standortwahl in der Bundesrepublik Deutschland. (Arbeitshefte des Instituts für Stadt- und Regionalplanung der TU Berlin; H. 20). Berlin 1981.

BAIN, G.S. and R. PRICE: Who is a white-collar employee? In: British Journal of Industrial Relations, 10, 1972, S. 325-339.

BAKIS, H.: Géographie des télécommunications. (Que sais-je?; 2152). Paris 1984.

BARTELS, D.: Theorien nationaler Siedlungssysteme und Raumordnungspolitik. In: Geographische Zeitschrift, 67, 1979, S. 110-146.

BARTELS, H.: Die Zahl der Beschäftigten im Büro. Entwicklungstendenzen und Zukunftsperspektiven. Vortrag. Ms. Köln 1980.

BASSAND, M.: Structure of regional power and development. In: KUKLINSKI, A. (ed.): Polarized development and regional policies. Tribute to Jacques Boudeville. (United Nations Research Institute for Social Development; Regional Planning; vol. 12). The Hague et al. 1981, S. 241-250.

BATEMAN, M.: Office development: a geographical analysis. London, Sidney 1985.

BAUSINGER, H. und B.J. WARNEKEN: Gutachten. In: Analysen und Interpretationen zur Kommunikation und Mediensituation in Baden-Württemberg. (Jahrbücher für Statistik und Landeskunde von Baden-Württemberg, 26, 1981), S. 5-20.

BECKER, J.: Widersprüche bei der Informatisierung von Politik und Gesellschaft. In: SONNTAG, P. (Hrsg.): Die Zukunft der Informationsgesellschaft. (Arnoldshainer Schriften zur interdisziplinären Ökonomie; 5). Frankfurt 1983, S. 240-261.

BECKER, J.: Folgen neuer Informations- und Kommunikationstechnologien. In: ERD, R. et al. (Hrsg.): Strukturwandel in der Industriegesellschaft. Frankfurt, New York 1986, S. 169-181.

BELL, D.: Die nachindustrielle Gesellschaft. Frankfurt, New York ^{2}1976.

BELL, D.: The social framework of the information society. In: DERTOUZOS, M.L. and J. MOSES (eds.): The computer age. A twenty-year view. Cambridge, Mass. 1979, S. 163-211.

BENDER, D.: Entwicklungspolitik. In: Vahlens Kompendium der Wirtschaftstheorie und Wirtschaftspolitik; Bd. 2. München ^{2}1985, S. 493-535.

BERGER, J.: Die Nachkriegsprosperität: ein nach innen gewandter Imperialismus? In: Soziologische Revue, 9, 1986, S. 127-132.

BERGER, J. und C. OFFE: Die Entwicklungsdynamik des Dienstleistungssektors. In: Leviathan, 8, 1980, S. 41-75.

BERGER, U. und U. ENGFER: Strukturwandel der gesellschaftlichen Arbeit. In: LITTEK, W. et al. (Hrsg.): Einführung in die Arbeits- und Industriesoziologie. (Campus Studium; Kritische Sozialwissenschaft; Bd. 548). Frankfurt, New York 1982.

BERGER, U. und C. OFFE: Das Rationalisierungsdilemma der Angestelltenarbeit. Arbeitssoziologische Überlegungen zur Erklärung des Status von kaufmännischen Angestellten aus der Eigenschaft ihrer Arbeit als 'Dienstleistungsarbeit'. In: OFFE, C. (Hrsg.): "Arbeitsgesellschaft". Strukturprobleme und Zukunftsperspektiven. Frankfurt, New York 1984, S. 271-290.

BESTANDSAUFNAHME UND STRUKTURANALYSE des Medienplatzes Hamburg. Zusammenstellung wichtiger Ergebnisse eines von der BWVL in Auftrag gegebenen Gutachtens des Hans-Bredow-Instituts für Rundfunk und Fernsehen an der Universität Hamburg und des HWWA-Instituts für Wirtschaftsforschung Hamburg. Ms. Hamburg 1987.

BEUTEL, J.: Wirtschaftssektoren. In: GEIGANT, F. et al. (Hrsg.): Lexikon der Volkswirtschaft. München ^{3}1979, S. 758-759.

BIRG, H.: Regionales Humankapital und räumliche Mobilität. In: BIRG, H.: Regionale Demographie und regionalwissenschaftliche Analyse. Vier Aufsätze. (IBS-Materialien; Nr. 21). Bielefeld 1986, S. 97-112.

BIRKENHAUER, J.: Die Daseinsgrundfunktionen und die Frage einer "Curricularen Plattform" für das Schulfach Geographie. In: Geographische Rundschau, 26, 1974, S. 499-503.

BLOCH, A.: Entwicklung und Standortorientierung des Dienstleistungsbereichs aus der Sicht der Landesplanung. (Schriftenreihe Landes- und Stadtentwicklungsforschung des Landes Nordrhein-Westfalen; Bd. 1.021). Dortmund 1980.

BLOTEVOGEL, H.H.: Zeitungsregionen in der Bundesrepublik Deutschland. In: Erdkunde, 38, 1984, S. 79-93.

BÖGE, A.: Maschinenbautechniker/Maschinenbautechnikerin. (Blätter zur Berufskunde, 2-IP 20). Nürnberg ^{3}1980.

BÖHME, G. and N. STEHR: The growing impact of scientific knowledge on social relations. In: BÖHME, G. and N. STEHR (eds.): The knowledge society. Dordrecht et al. 1986, S. 7-29.

BOESLER, F.: Kritische Anmerkungen zur Diskussion um den "tertiären Sektor". In: Stadtbauwelt, 54, 1964, S. 64-66.

BORCHERDT, C.: Das Land Baden-Württemberg - ein Überblick. In: BORCHERDT, C. (Hrsg.): Geographische Landeskunde von Baden-Württemberg. (Schriften zur politischen Landeskunde Baden-Württembergs; Bd. 8). Stuttgart 1983, S. 21-80.

BORCHERT, J.R.: Major control points in American economic geography. In: Annals of the Association of American Geographers, 68, 1978, S. 214-232.

BOUSTEDT, O.: Grundriß der empirischen Regionalforschung. Teil III: Siedlungsstrukturen. (Taschenbücher zur Raumplanung; Bd. 6). Hannover 1975.

BOYCE, R.R.: The bases of economic geography. New York et al. 1974.

BRAEHMER, U.: Nachrichtendiffusion in Großunternehmen. Eine empirische Fallstudie zur kommunikativen Verbreitung von unternehmensinternen Nachrichten in einer industriellen Großorganisation. (Betriebswirtschaftliche Schriftenreihe; Bd. 6). Münster 1983.

BRANDT, S.: Aufgaben-Dezentralisierung durch moderne Kommunikationsmittel. Konsequenzen für die räumliche Struktur von Bürotätigkeiten. München 1984.

BROWNING, H.L. and J. SINGELMANN: The transformation of the U.S. labor force: The interaction of industry and occupation. In: Politics and Society, 8, 1978, S. 481-509.

BRUGGER, E.A.: Innovationsorientierte Regionalpolitik. Notizen zu einer neuen Strategie. In: Geographische Zeitschrift, 68, 1980, S. 173-198.

BUCHER, H.-J. und G. FRITZ: Sprachtheorie, Kommunikationsanalyse, Inhaltsanalyse. Ms. Tübingen 1987.

BUCHHOLZ, E.W.: Erwerbsstruktur. In: Handwörterbuch der Raumforschung und Raumordnung. Hannover ^{2}1970, Sp. 642-649.

BÜROFLÄCHENNUTZUNG UND BÜROFLÄCHENBEDARF in der Stadt Frankfurt am Main. Kurzfassung. Frankfurt 1976.

BULL, K.-O.: Wirtschaftsgeschichtlicher Überblick. In: Das Land Baden-Württemberg. Amtliche Beschreibung nach Kreisen und Gemeinden. Bd. I. Stuttgart 1974, S. 613-631.

BULLINGER, D.: Klein und dezentral? Zentralisierungs- und Dezentralisierungswirkungen neuer Informations- und Kommunikationstechnologien. In: Die neue Gesellschaft, 30, 1983, S. 709-717.

DIE BUNDESREPUBLIK DEUTSCHLAND. Staatshandbuch. Teilausgabe Verbände, Vereinigungen, wissenschaftliche Einrichtungen, juristische Personen des öffentlichen Rechts. Köln et al. 1986.

BURNS, L.S.: The location of the headquarters of industrial companies: a comment. In: Urban Studies, 14, 1977, S. 211-214.

BURROWS, E.M.: Office employment and the regional problem. In: Regional Studies, 7, 1973, S. 17-31.

BUTTLER, F., K. GERLACH und P. LIEPMANN: Grundlagen der Regionalökonomie. Reinbek 1977.

CAMPHAUSEN-BUSOLD, B.: Entwicklungstendenzen im Dienstleistungsbereich und die Auswirkungen auf die Raumwirtschaft. (Bochumer Wirtschaftswissenschaftliche Studien; 73). Bochum 1981.

CAPURRO, R.: Information. Ein Beitrag zur etymologischen und ideengeschichtlichen Begründung des Informationsbegriffs. München et al. 1978.

CARDEW, R.V. et al. (eds.): Why cities change. Urban development and economic change in Sidney. Sidney et al. 1982.

CASTELLS, M.: Crisis, planning, and the quality of life: managing the new historical relationships between space and society. In: Environment and Planning D, 1, 1983, S. 3-21.

CAVES, R.E.: Ungewißheit, Marktstruktur und Unternehmensverhalten. In: KERN, L. (Hrsg.): Probleme der postindustriellen Gesellschaft. (Neue Wissenschaftliche Bibliothek; 87). Köln 1974, S. 239-260.

CHABERNY, A. et al.: "Tätigkeitsschwerpunkt" als Strukturmerkmal in der Erwerbsstatistik. In: Mitteilungen aus der Arbeitsmarkt- und Berufsforschung, 5, 1972, S. 230-257.

CHRISTALLER, W.: Die zentralen Orte in Süddeutschland. Eine ökonomisch-geographische Untersuchung über die Gesetzmäßigkeit der Verbreitung und Entwicklung der Siedlungen mit städtischen Funktionen. Jena 1933, Darmstadt ^{2}1968.

CLARK, C.: The conditions of economic progress. London ^{2}1951.

CLAPP, J.M.: A model of public policy toward office relocation. In: Environment and Planning A, 15, 1983, S. 1299-1309.

CLAVAL, P.: Nouvelle géographie, communication et transparence. In: Annales de Géographie, 94, 1985, S. 129-144.

CLEVELAND, H.: The twilight of hierarchy: speculations on the global information society. In: Public Administration Review, 45, 1985, S. 185-195.

COHEN, R.B.: The changing transactions economy and its spatial implications. In: Ekistics, 46, 1979, S. 7-15.

COHEN, R.B.: The new international division of labor, multinational corporations and urban hierarchy. In: DEAR, M. and A.J. SCOTT (eds.): Urbanization and urban planning in capitalist society. London, New York 1981, S. 287-315.

CONRAD, C.: Strategic organizational communication. Cultures, situations, and adaptation. New York et al. 1985.

COREY, K.E.: The transactional city: A call for research and policy attention. In: Pennsylvania Geographer, 21, 1983, H. 3/4, S. 1-6.

COREY, K.E.: An introduction to the transactional city. In: GOTTMANN, J.: The coming of the transactional city. (Institute for Urban Studies monograph series; 2 and Occasional Papers in Geography; 5). College Park, Maryland 1983, S. xi-xvii.

COWAN, P. et al.: The office, a facet of urban growth. London 1969.

CRUM, R.E. and G.R. GUDGIN: Non-production activities in UK manufacturing industry. (Commission of the European Communities, Regional Policy series; 3). Brussels 1977.

CUNHA, A. und L. BRIDEL: Les disparités régionales des activités tertiaires, nouvel enjeu de la politique régionale. In: Geographica Helvetica, 41, 1986, S. 168-178.

DACH, P.: Struktur und Entwicklung von peripheren Zentren des tertiären Sektors, dargestellt am Beispiel Düsseldorf. (Düsseldorfer Geographische Schriften, H. 13). Düsseldorf 1980.

DAMESICK, P.: Office location and planning in the Manchester conurbation. In: Town Planning Review, 50, 1979, S. 346-366.

DANIELS, P.W.: Office location. An urban and regional study. London 1975.

DANIELS, P.W. (ed.): Spatial patterns of office growth and location. Chichester et al. 1979.

DANIELS, P.W.: Business service offices in British provincial cities: location and control. In: Environment and Planning A, 15, 1983, S. 1101-1120.

DANIELS, P.W.: Business service offices in provincial cities: sources of input and destinations of output. In: Tijdschrift voor Econ. en Soc. Geografie, 75, 1984, S. 124-139.

DANIELS, P.W. and B.P. HOLLY: Office location in transition: observations on research in Britain and North America. In: Environment and Planning A, 15, 1983, S. 1293-1298.

DAVIES, R.: The location of service activities. In: CHISHOLM, M. and B. ROGERS (eds.): Studies in human geography. London 1973, S. 125-171.

DECKER, F.: Einführung in die Dienstleistungsökonomie. (UTB 505). Paderborn 1975.

DERENBACH, R.: Qualifikation und Innovation als Strategie der regionalen Entwicklung. In: Informationen zur Raumentwicklung, 1982, S. 449-462.

DERENBACH, R.: Berufliche Kompetenz und selbsttragende regionalwirtschaftliche Entwicklung. Plädoyer für eine qualitative Regionalpolitik auf der Grundlage von Qualifikation und Innovation. In: Informationen zur Raumentwicklung, 1984, S. 79-95.

DEUTSCH, K.W.: Soziale und politische Aspekte der Informationsgesellschaft. In: SONNTAG, P. (Hrsg.): Die Zukunft der Informationsgesellschaft. (Arnoldshainer Schriften zur interdisziplinären Ökonomie; 5). Frankfurt 1983, S. 68-88.

DICHTL, E. und O. ISSING (Hrsg.): Vahlens Großes Wirtschaftslexikon. Band 2. München 1987

DICKEN, P. and P.E. LLOYD: Die moderne westliche Gesellschaft. Arbeit, Wohnung und Lebensqualität aus geographischer Sicht. New York 1984.

DÖHN, L.: Macht und Herrschaft. In: DRECHSLER, H. et al. (Hrsg.): Gesellschaft und Staat. Lexikon der Politik. Baden-Baden ^{6}1984, S. 399-400.

DÖPPING, F., D. HENCKEL und N. RAUCH: Informationstechnologie und Dezentralisierung. In: Stadtbauwelt, 71, 1981, S. 269-272.

DÖSER, H.: Bautechniker/Bautechnikerin. (Blätter zur Berufskunde, 2-IN 20). Nürnberg ^{3}1981.

DONNAY, J.-P.: Méthodologie de la localisation des bureaux. In: Annales de Géographie, 94, 1985, S. 152-173.

DOSTAL, W.: Datenverarbeitung und Beschäftigung. Teil 3: Der Informationsbereich. In: Mitteilungen aus der Arbeitsmarkt- und Berufsforschung, 17, 1984, S. 490-505.

DOSTAL, W.: Informationstechnik und Informationsbereich im Kontext aktueller Prognosen. In: Mitteilungen aus der Arbeitsmarkt- und Berufsforschung, 19, 1986, S. 134-144.

DUNCAN, S. et al: Interaction structure and strategy. Cambridge 1985.

DUNN, E.S.: The development of the U.S. urban system. Vol. I: Concepts, structures, regional shifts. Baltimore, London 1980.

EDELMANN, W.: Lernpsychologie. Eine Einführung. München, Weinheim ^{2}1986.

EDSTA, B.: Umsiedlung der zentralen Staatsverwaltung als Mittel der Regionalpolitik. (Aktuelle Informationen aus Schweden; Nr. 254). Stockholm 1980.

ELLGER, C.: Informationssektor und Raumentwicklung. Beiträge zur Geographie des quartären Sektors. Examensarbeit. Ms. Tübingen 1982.

ELLGER, C.: Der quartäre Sektor in Stuttgart: Flächenzuwachs und Standortorientierungen. In: Jahrbücher für Statistik und Landeskunde von Baden-Württemberg, 30, 1985a, S. 131-143.

ELLGER, C.: Der Informationssektor in Baden-Württemberg. Wirtschaftlicher Strukturwandel und räumliche Entwicklung. In: KULLEN, S. (Hrsg.): Aspekte landeskundlicher Forschung. Beiträge zur Sozialen und Regionalen Geographie unter besonderer Berücksichtigung Südwestdeutschlands. Festschrift für Hermann Grees. (Tübinger Geographische Studien; H. 90). Tübingen 1985b, S. 329-345.

ELLIOTT, R.F.: The growth of white-collar employment in Great Britain 1951 to 1971. In: British Journal of Industrial Relations, 15, 1977, S. 39-44.

ELLWEIN, T. und W. BRUDER: Innovationsorientierte Regionalpolitik. (Beiträge zur sozialwissenschaftlichen Forschung; Bd. 31). Opladen 1982.

ERWERBSTÄTIGKEIT. Tätigkeitsmerkmale der Erwerbstätigen. Ergebnis der Mikrozensus-Zusatzbefragung Juli 1969. In: Wirtschaft und Statistik, 23, 1971, S. 552-557.

ERWERBSTÄTIGKEIT. Berufe der Erwerbstätigen nach Wirtschaftszweigen. Ergebnis des Mikrozensus Mai 1976. In: Wirtschaft und Statistik, 30, 1978, S. 690-696.

ERWERBSTÄTIGKEIT. Beruf und Art der überwiegend ausgeübten Tätigkeit der Erwerbstätigen. Ergebnis des Mikrozensus. In: Wirtschaft und Statistik, 30, 1978, S. 354-360.

ERWERBSTÄTIGKEIT. Entwicklung der Erwerbstätigkeit nach Berufen. Ergebnis des Mikrozensus April 1980. In: Wirtschaft und Statistik, 33, 1981, S. 497-501.

ERWERBSTÄTIGKEIT. Beruf und Tätigkeitsmerkmale der Erwerbstätigen. Ergebnis des Mikrozensus April 1980. In: Wirtschaft und Statistik, 34, 1982, S. 437-443.

EVANS, A.W.: The location of the headquarters of industrial companies. In: Urban Studies, 10, 1973, S. 387-395.

EWERS, H.-J. et al.: Innovationsorientierte Regionalpolitik. (Schriftenreihe Raumordnung des BMBau; 06.042). Bonn 1980.

FALK, T. and R. ABLER: Intercommunications, distance, and geographical theory. In: Geografiska Annaler, B, 62, 1980, S. 59-67.

FELBER, W.: Eliteforschung in der Bundesrepublik. Analyse, Kritik, Alternativen. (Teubner Studienskripten; 129). Stuttgart 1986.

FELS, G. und K.-D. SCHMIDT: Die deutsche Wirtschaft im Strukturwandel. (Kieler Studien; 166). Tübingen 1981.

FILIP-KÖHN, R. et al.: Information activities: updating and improving the data base for the Federal Republic of Germany. Berlin 1984.

FILIP-KÖHN, R.: Wachsende Bedeutung des Informationssektors in der Bundesrepublik Deutschland. In: DIW-Wochenbericht, 52, 1985, S. 397-403.

FIRNBERG, H.: Eröffnungsvortrag. In: MOLDEN, O. (Hrsg.): Wissen und Macht. Europäisches Forum Alpbach 1978. Innsbruck 1979, S. 15-18.

FISCHER, K.: Telekommunikation, Raumordnung und regionale Strukturpolitik. Auswirkungen der neuen Informations- und Kommunikationstechniken auf die Umwelt und notwendige Konsequenzen für die kommunale Planungspraxis. (Kommunalwissenschaftliche Schriften des Deutschen Landkreistages; Bd. 7). Köln 1984.

FISHER, A.G.B.: The clash of progress and security. London 1935. FOLEY, D.L.: The suburbanization of administrative offices in the San Francisco Bay Area. (University of California, Real Estate Research Program; Research Report; 10). Berkeley 1957.

FORGAS, J.A.: Interpersonal behaviour. The psychology of social interaction. Sidney et al. 1985.

FOURASTIE, J.: Die große Hoffnung des 20. Jahrhunderts. Köln 1954.

FRERICH, J. und R. PÖTZSCH: Tertiärer Sektor und Regionalpolitik. (Schriften der Kommission für wirtschaftlichen und sozialen Wandel; Bd. 62). Göttingen 1975.

FREY, A.: The geographer's burden of office. In: Progress in Human Geography, 5, 1981, S. 131-139.

FRIEDMANN, J. and G. WOLFF: World city formation: an agenda for research and action. In: International Journal of Urban and Regional Research, 6, 1982, S. 309-344.

FRIEDRICHS, J. (Hrsg.): Die Städte in den 80er Jahren. Demographische, ökonomische und technologische Entwicklungen. Opladen 1985.

FUCHS, G.: Die Bundesrepublik Deutschland in der Gegenwart. Eine aktuelle Geographie. Stuttgart 1974.

GAD, G.: Büros im Stadtzentrum von Nürnberg. Ein Beitrag zur Cityforschung. (Mitteilungen der Fränkischen Geographischen Gesellschaft, Bd. 13/14 für 1966 und 1967). Erlangen 1968, S. 133-341.

GÄCHTER, E.K.: Die Bedeutung des tertiären Sektors und der öffentlichen Verwaltung in der Bundesstadt. In: Geographica Helvetica, 41, 1986, S. 191-197.

GALBRAITH, J.K.: The new industrial state. Harmondsworth ^{2}1974.

GEILINGER, U.: Ausmaß, Ursachen und Folgen der funktionalen Arbeitsteilung zwischen Regionen der Schweiz. (Zürcher Geographische Schriften; H. 12). Zürich 1984.

GERSHUNY, J.: After industrial society? The emerging self-service economy. London et al. 1978.

GERSHUNY, J.: Goods, services and the future of work. In: MATTHES, J. (Hrsg.): Krise der Arbeitsgesellschaft? Verhandlungen des 21. Deutschen Soziologentages in Bamberg 1982. Frankfurt, New York 1983, S. 82-93.

GERSHUNY, J. and I.D. MILES: The new service economy. The transformation of employment in industrial societies. London 1983.

GODDARD, J.B.: The national system of cities as a framework for urban and regional policy. In: SANT, M. (ed.): Regional policy and planning for Europe. Westmead, Farnborough 1974, S. 107-127.

GODDARD, J.B.: Office location in urban and regional development. London 1975.

GODDARD, J.B.: The location of non-manufacturing activities within manufacturing industries. In: HAMILTON, F.E.I. (ed.): Contemporary industrialization: spatial analysis and regional development. London 1978, S. 62-85.

GODDARD, J.B. and A.G. CHAMPION (eds.): The urban and regional transformation of Britain. London 1983.

GODDARD, J.B. and A.E. GILLESPIE: Advanced telecommunications and regional economic development. In: The Geographical Journal, 152, 1986, S. 383-397.

GODDARD, J.B. and I.J. SMITH: Changes in corporate control in the British urban system, 1972-1977. In: Environment and Planning A, 10, 1978, S. 1073-1084.

GOODWIN, W.: The management center in the United States. In: The Geographical Review, 55, 1965, S. 1-16.

GOTTMANN, J.: Megalopolis. The urbanized Northeastern seabord of the United States. New York 1961.

GOTTMANN, J.: Why the skyscraper? In: The Geographical Review, 56, 1966, S. 190-212.

GOTTMANN, J.: Urban centrality and the interweaving of quaternary activities. In: Ekistics, 29, 1970, S. 322-331.

GOTTMANN, J.: The dynamics of large cities. In: The Geographical Journal, 140, 1974, S. 254-261.

GOTTMANN, J.: Megalopolis and Antipolis. The telephone and the structure of the city. In: POOL, I. de Sola (ed.): The social impact of the telephone. Cambridge, Mass. 1977, S. 303-317.

GOTTMANN, J.: Office work and the evolution of cities. In: Ekistics, 46, 1979, S. 4-7.

GOTTMANN, J.: The coming of the transactional city. (Institute for Urban Studies, Monograph series; 2 and Occasional Papers in Geography; 5). College Park, Maryland 1983.

GRÄBER, H. et al.: Zur Bedeutung der externen Kontrolle für die regionale Wirtschaftsentwicklung. In: Informationen zur Raumentwicklung, 1986, S. 679-694.

GRAUHAN, R.-R.: Rationalisierung - Bürokratisierung - Gesellschaftlicher Fortschritt? Zwischenbilanz zur "Dialektik der Aufklärung".In: Aus Politik und Zeitgeschichte, B 3, 1975, S. 3-40.

GROOT, H. de: The future of the quaternary sector. In: Planning and Development in the Netherlands, 12, 1980, S. 103-115.

GROSS, H.: Das quartäre Zeitalter. Systemdenken in Wirtschaft, Gesellschaft und Politik. Düsseldorf, Wien 1973.

GRUNWALD, W.: Innerbetriebliche Information. In: STOLL, F. (Hrsg.): Die Psychologie des 20. Jahrhunderts. Bd. XIII. Anwendungen im Berufsleben. Arbeits-, Wirtschafts- und Verkehrspsychologie. Zürich 1981, S. 836-862.

GUSTAFSSON, B. (ed.): Post-industrial society. Proceedings of an international symposium held in Uppsala from 22 to 25 March 1977. London 1979.

HÄGERSTRAND, T.: Aspekte der räumlichen Struktur von sozialen Kommunikationsnetzen und der Informationsausbreitung. In: BARTELS, D. (Hrsg.): Wirtschafts- und Sozialgeographie. (Neue Wissenschaftliche Bibliothek; 35). Köln, Berlin 1970, S. 367-379.

HÄGERSTRAND, T.: Rede zur Verleihung des August-Lösch-Ehrenrings am 13.9.1986 in Heidenheim. Ms.

HAGGETT, P.: Geography. A modern synthesis. New York et al. ^{3}1979.

HAHLWEG, H.: Tendenzen und Auswirkungen der Bevölkerungsentwicklung im ländlichen Raum. In: Landkreisnachrichten aus Baden-Württemberg, 26, 1987, S. 5-8.

HAIG, R.M.: Major economic factors in metropolitan growth and arrangement. (Regional plan of New York and Environs. Regional survey; vol. 1). New York 1927.

HALL, K.: The economic nature of information. In: The information society, 1, 1981, S. 143-166.

HALL, P.: Weltstädte. München 1966.

HALL, P.: The anatomy of job creation: nations, regions and cities in the 1960s and 1970s. In: Regional Studies, 21, 1987, S. 95-106.

HALL, P. and A. MARKUSEN (eds.): Silicon landscapes. Boston et al 1985.

HALLER, M.: Auf dem Weg zur Dienstleistungsgesellschaft? Tendenzen und Implikationen der Umschichtung der Berufs- und Klassenstruktur in der Nachkriegszeit am Beispiel Österreichs. In: Wirtschaft und Gesellschaft, 8, 1982, S. 607-654.

HAMBLOCH, H.: Allgemeine Anthropogeographie. Eine Einführung. (Erdkundliches Wissen; H. 31). Wiesbaden ^{5}1982.

HAMRIN, R.D.: The information economy. Exploiting an infinite resource. In: The Futurist, 15, 1981, S. 25-30.

HANDBUCH DER GROSSUNTERNEHMEN 1987. 34. Ausgabe. Darmstadt et al. 1987.

HANSON, R. (ed.): Rethinking urban policy. Urban development in an advanced economy. Washington 1983.

HARPER, R.A.: Metropolitan areas as transactional centers. In: CHRISTIAN, C.M. and R.A. HARPER (eds.): Modern metropolitan systems. Columbus 1982, S. 87-109.

HEILBRONER, R.L.: Wirtschaftliche Probleme einer "postindustriellen" Gesellschaft. In: KERN, L. (Hrsg.): Probleme der postindustriellen Gesellschaft. (Neue Wissenschaftliche Bibliothek; 87). Köln 1976, S. 218-238.

HEINEBERG, H. et al. (Hrsg.): Beiträge zur empirischen Bürostandortforschung. (Münchener Geographische Hefte; 50). München 1983.

HEINEBERG, H. und G. HEINRITZ: Konzepte und Defizite der empirischen Bürostandortforschung in der Geographie. In: HEINEBERG, H. et al. (Hrsg.): Beiträge zur empirischen Bürostandortforschung. (Münchener Geographische Hefte; 50). München 1983, S. 9-28.

HEINEBERG, H. und N. de LANGE: Die Cityentwicklung in Münster und Dortmund seit der Vorkriegszeit - unter besonderer Berücksichtigung des Standortverhaltens quartärer Dienstleistungsgruppen. In: WEBER, P. und K.-F. SCHREIBER (Hrsg.): Westfalen und angrenzende Regionen. Festschrift zum 44. Deutschen Geographentag in Münster. Teil I. (Münstersche Geographische Arbeiten; 15). Paderborn 1983, S. 221-285.

HEINRITZ, G.: (Hrsg.): Standorte und Einzugsbereiche tertiärer Einrichtungen. Beiträge zu einer Geographie des tertiären Sektors. (Wege der Forschung; Bd. 591). Darmstadt 1985.

HEINZE, J.: Strukturwandel in der Bundesrepublik. Eine Auseinandersetzung mit der Drei-Sektoren-Hypothese. In: ifo-Schnelldienst, 32, 1979, H. 33, S. 8-19.

HELBING, W.: Chemotechniker/Chemotechnikerin. (Blätter zur Berufskunde, 2-ID 20). Nürnberg ^{4}1982.

HELLBERG, H.: Der suburbane Raum als Standort von privaten Dienstleistungseinrichtungen. In: HEINRITZ, G. (Hrsg.): Standorte und Einzugsbereiche tertiärer Einrichtungen. Beiträge zu einer Geographie des tertiären Sektors. (Wege der Forschung; Bd. 591). Darmstadt 1985, S. 20-52.

HENCKEL, D. et al.: Informationstechnologie und Stadtentwicklung. (Schriften des Deutschen Instituts für Urbanistik; Bd. 71). Stuttgart 1984.

HENCKEL, D. und E. NOPPER: Einflüsse der Informationstechnologie auf die Stadtentwicklung. In: FRIEDRICHS, J. (Hrsg.): Die Städte in den 80er Jahren. Demographische, ökonomische und technologische Entwicklungen. Opladen 1985, S. 196-213.

HERBERGER, L.: Das Gesamtsystem der Erwerbstätigenstatistik. In: Wirtschaft und Statistik, 1975, S. 349-362.

HERBERGER, L. und B. BECKER: Sozialversicherungspflichtig Beschäftigte in der Beschäftigtenstatistik und im Mikrozensus. In: Wirtschaft und Statistik, 1983, S. 290-304.

HERRMANN, E.: Information über Information. In: Archiv für das Post- und Fernmeldewesen, 38, 1986, S. 10-15.

HOBERG, R.: Raumwirksamkeit neuer Kommunikationstechniken - innovations- und diffusionstheoretische Überlegungen. Ms. Stuttgart 1983.

HÖNEKOPP, E. und H. ULLMANN: Auf dem Weg zur Dienstleistungsökonomie? Wirtschafts- und Beschäftigungsstrukturen ausgewählter Industriestaaten im Vergleich. In: Mitteilungen aus der Arbeitsmarkt- und Berufsforschung, 13, 1980, S. 255-271.

HOFFMANN-LANGE, U.: Eliteforschung in der Bundesrepublik Deutschland. In: Aus Politik und Zeitgeschichte, 33, 1983, B. 47, S. 11-25.

HOFSTADTER, D.R.: Artificial intelligence: Subcognition as computation. In: MACHLUP, F. and U. MANSFIELD (eds.): The study of information. Interdisciplinary messages. New York et al. 1983, S. 263-285.

HOLTFRERICH, C.-L.: Wachstum I. In: Handwörterbuch der Wirtschaftswissenschaft. Band 8. Stuttgart et al. 1980, S. 413-432.

HOLZ, J.-M.: Le tertiaire de commandement: approche pour une géographie de la décision. La répartition des sièges sociaux d'entreprises et le pouvoir de commandement des villes en République Fédérale d'Allemagne. In: Mosella, 7, 1977, S. 229-258.

HOOVER, E.M. and R. VERNON: Anatomy of a metropolis: the changing distribution of people and jobs within the New York Metropolitan Region. Cambridge, Mass. 1959.

HOWELLS, J.R.L.: The location of research and development: some observations and evidence from Britain. In: Regional Studies, 18, 1984, S. 13-29.

HUBER, W.: Vom quantitativen zum qualitativen Begriff der Information. Regensburg 1984.

IBLHER, P.: Hauptstadt oder Hauptstädte? Die Machtverteilung zwischen den Großstädten der BRD. (Analysen; Bd. 4). Opladen 1970.

INFORMATION ACTIVITIES, electronics and telecommunications technologies. Impact on employment, growth and trade. Vol. I. (ICCP series; No. 6). Paris 1981.

IPSEN, G.: Stadt: IV. Neuzeit. In: Handwörterbuch der Sozialwissenschaften, Band 9. Stuttgart et al. 1956, S. 786-800.

ISCO. International Standard Classification of Occupations. Genf ^{2}1968.

ISENBERG, G.: Die raumwirtschaftliche Lage der Stadt Stuttgart im Verhältnis zu ihren Nachbargemeinden. In: Raumforschung und Raumordnung, 29, 1971, S. 200-201.

ISENBERG, G.: Ökonomische Grundlagen der Raumplanung. Ms. Stuttgart 1972.

ISENBERG, G.: Wirtschaftliche Zusammenhänge zwischen Verdichtungsräumen und entfernteren ländlichen Räumen Baden-Württembergs und Folgerungen für den Ansatz von Industriebetrieben. Ms. o.O. 1973.

ISENBERG, G.: Wirtschaftsstruktur. In: DAS LAND BADEN-WÜRTTEMBERG. Amtliche Beschreibung nach Kreisen und Gemeinden. Band I. Stuttgart 1974, S. 632-666.

ISENBERG, G.: Die Bedeutung der neueren ökonomischen Tendenzen für Baden-Württemberg. (ARL, Arbeitsmaterial 1976-6). Hannover 1976.

JOHNSTON, R.J.: The American urban system. A geographical perspective. London 1982.

JONES, B.: Sleepers, wake! Technology and the future of work. Melbourne et al. 1982.

JONSCHER, C.: Information resources and economic productivity. In: Information Economics and Policy, 1, 1983, S. 13-35.

KAISER, K. und M. von SCHAEWEN: Stuttgart und die Region Mittlerer Neckar. (Zahl und Leben; H. 13). Stuttgart 1973.

KARSTEN, D.: Handel. In: DAS LAND BADEN-WÜRTTEMBERG. Amtliche Beschreibung nach Kreisen und Gemeinden. Band I. Stuttgart 1974, S. 731-745.

KAUFMANN, F.-X.: Elite. In: Staatslexikon. Recht, Wirtschaft, Gesellschaft. Band II. Freiburg et al. ^{7}1986, Sp. 218-222.

KELLER, K.: Zur Regionalstruktur der personellen Forschungskapazitäten. In: Baden-Württemberg in Wort und Zahl, 34, 1986, S. 452-460.

KELLER, T.: Innerstädtische Betriebsverlagerungen am Beispiel von 5 Banken in der Stadt Zürich. In: Geographica Helvetica, 40, 1980, S. 76-83.

KELLERMAN, A.: Telecommunications and the geography of metropolitan areas. In: Progress in Human Geography, 8, 1984, S. 222-246.

KELLERMAN, A.: The evolution of service economies: a geographical perspective. In: The Professional Geographer, 37, 1985, S. 133-143.

KERN, L.: Einleitung. In: KERN, L. (Hrsg.): Probleme der postindustriellen Gesellschaft. (Neue Wissenschaftliche Bibliothek; 87). Köln 1976, S. 9-75.

KLASSIFIZIERUNG DER BERUFE. Systematisches und alphabetisches Verzeichnis der Berufsbenennungen. Stuttgart, Mainz 1975.

KLEMMER, P.: Ermittlung von Basisdienstleistungsbereichen. (Veröffentlichungen der ARL; Beiträge; Bd. 38). Hannover 1980.

KNILLI, F.: Massenmedien und Metropolen. Vom Spielplan des Warentheaters. In: medium, 15, 1985, H. 4/5, S. 65-70.

KOCKA, J.: Angestellter. In: BRUNNER, O. et al. (Hrsg.): Geschichtliche Grundbegriffe. Historisches Lexikon zur politisch-sozialen Sprache in Deutschland. Bd. 1. Stuttgart 1972, S. 110-128.

KOCKA, J. und M. PRINZ: Vom "neuen Mittelstand" zum angestellten Arbeitnehmer. Kontinuität und Wandel der deutschen Angestellten seit der Weimarer Republik. In: CONZE, W. und M.R. LEPSIUS (Hrsg.): Sozialgeschichte der Bundesrepublik Deutschland. Beiträge zum Kontinitätsproblem. (Industrielle Welt; 34). Stuttgart 1983, S. 210-255.

KÖPPEL, M.: Zur Bedeutung der Dienstleistungssektoren für die regionale Entwicklung der Bundesrepublik. In: Mitteilungen des Rheinisch-Westfälischen Instituts für Wirtschaftsforschung, 34, 1983, S. 205-227.

KOMMUNIKATIONSATLAS: Medien in Baden-Württemberg. (Expertenkommission Neue Medien; Abschlußbericht Teil III). Stuttgart 1981.

KRECKEL, R.: Zentrum und Peripherie. "Alte" und "neue" Ungleichheiten in weltgesellschaftlicher Perspektive. In: STRASSER, H. und J.H. GOLDTHORPE (Hrsg.): Die Analyse sozialer Ungleichheit. Kontinuität, Erneuerung, Innovation. Opladen 1985, S. 307-323.

KREIBICH, R.: Die Wissenschaftsgesellschaft. Thesen zum gegenwärtigen Wandel der Industriegesellschaft. In: Gewerkschaftliche Monatshefte, 37, 1986, S. 334-343.

KREIBICH, V.: Modernisierungsprozesse und Mobilität. Referat auf der ARPUD 86. Ms. Dortmund 1986.

KRICKAU-RICHTER, L. und J. OLBRICH: Regionale Strukturpolitik mit Dienstleistungsbetrieben. Möglichkeiten und Grenzen der Standortsteuerung. (Dortmunder Beiträge zur Raumplanung; 25). Dortmund 1982.

KUBICEK, H.: Der Mythos der Informationsgesellschaft. Von der Illusion, durch Techniken der Telekommunikation Beschäftigung und neue Freiheiten zu sichern. In: Gewerkschaftliche Monatshefte, 37, 1986, S. 344-360.

KUBICEK, H. und A. ROLF: Mikropolis. Mit Computernetzen in die "Informationsgesellschaft". Hamburg ^{2}1986.

KÜPPER, U.I.: Neue Technologien, Wirtschaftswachstum und Innenstadtentwicklung. In: Archiv für Kommunalwissenschaften, 24, 1985, S. 189-207.

KUNZ, D. und P. TIMKO: Der Tertiärsektor als regionalpolitisches Instrument. Stuttgart 1977.

KUZNETS, S.: Economic growth of nations. Total output and production structure. Cambridge, Mass. 1971.

DAS LAND BADEN-WÜRTTEMBERG. Amtliche Beschreibung nach Kreisen und Gemeinden. Band I. Stuttgart 1974.

LANDESADRESSBUCH BADEN-WÜRTTEMBERG. 34. Jahrgang 1987. Stuttgart 1987.

LANDESENTWICKLUNGSBERICHT 1986 für Baden-Württemberg. Tendenzen und Konsequenzen. Stuttgart 1986.

LANDESENTWICKLUNGSPLAN Baden-Württemberg vom 12. Dezember 1983, mit Begründung und Anlagen. Freudenstadt 1984.

LANDESHAUPTSTADT DÜSSELDORF: Entwicklung der Bürobautätigkeit. (Beiträge zur Stadtentwicklung und -forschung; Bd. 12). Düsseldorf 1976.

LANGE, B.-P. und U. PAETZOLD: Medienatlas Nordrhein-Westfalen. Grundlagen der Kommunikation. 3 Bände. Bochum 1983.

LANGHEIN, J.: Modellvorstellungen zur Informationsvermittlung und Informationsökonomie. In: Nachrichten für Dokumentation, 36, 1986, S. 234-242.

LEGLER, H. und B. SPECKNER: Informationssektor in der Bundesrepublik Deutschland. Beschäftigung und Einkommen. Karlsruhe 1978.

LEUENBERGER, T.: Bürokratisierung und Modernisierung der Gesellschaft. (UTB; 439). Bern, Stuttgart 1975.

LEWANDOWSKI, T.: Linguistisches Wörterbuch. (UTB; 201). Heidelberg, Wiesbaden ^{4}1985.

LEY, D.: Downtown or the suburbs? A comparative study of two Vancouver head offices. In: The Canadian Geographer, 29, 1985, S. 30-43.

LICHTENBERG, R.M.: One-tenth of a nation. National forces in the economic growth of the New York Region. Cambridge, Mass. 1960.

LINDER, S.B.: The harried leisure class. New York 1970.

LIPIETZ, A.: Interregional polarisation and the tertiarisation of society. In: Papers of the Regional Science Association, 44, 1980, S. 3-17.

LLOYD, P.E. and P. DICKEN: Location in space. A theoretical approach to economic geography. London et al. ²1977.

LLOYD, P.E. and P. DICKEN: The components of change in metropolitan areas: events in their corporate context. In: GODDARD, J.B. and A.G. CHAMPION (eds.): The urban and regional transformation of Britain. London 1983, S. 51-70.

LÜSCHER, K.: Gutachten. In: Analysen und Interpretationen zur Kommunikation und Mediensituation in Baden-Württemberg. (Jahrbücher für Statistik und Landeskunde von Baden-Württemberg, 26, 1981), S. 21-31.

LUTZ, B.: Der kurze Traum immerwährender Prosperität. Eine Neuinterpretation der industriell-kapitalistischen Entwicklung im Europa des 20. Jahrhunderts. Frankfurt, New York 1984.

MACHLUP, F.: The production and distribution of knowledge in the United States. Princeton 1962.

MACHLUP, F.: Knowledge: Its creation, distribution, and economic significance. Vol. I: Knowledge and knowledge production. Princeton 1980.

MACHLUP, F.: The economics of information: a new classification. In: Intermedia, 11, 1983, S. 28-37.

MACHLUP, F.: Semantic quirks in studies of information. In: MACHLUP, F. and U. MANSFIELD (eds.): The study of information. Interdisciplinary messages. New York et al. 1983, S. 641-671.

MACHLUP, F. and U. MANSFIELD (eds.): The study of information. Interdisciplinary messages. New York et al. 1983.

MALECKI, E.J.: Corporate organization of R and D and the location of technological activities. In: Regional Studies, 14, 1980, S. 219-234.

MALERI, R.: Grundzüge der Dienstleistungsproduktion. (Heidelberger Taschenbücher; Bd. 123). Berlin et al. 1973.

MALUSCHKE, G.: Macht, -theorien. In: NOHLEN, D. und R.-O. SCHULZE (Hrsg.): Politikwissenschaft. Theorien, Methoden, Begriffe. (Pipers Wörterbuch zur Politik, Bd. 1). München, Zürich 1985, S. 521-525.

MANDEVILLE, T.: The spatial effects of information technology. Some literature. In: Futures, 15, 1983, S. 65-72.

MARQUAND, J.: The changing distribution of service employment. In: GODDARD, J.B. and A.G. CHAMPION (eds.): The urban and regional transformation of Britain. London 1983, S. 99-134.

MARSHALL, J.N.: Business-service activities in British provincial conurbations. In: Environment and Planning A, 15, 1983, S. 1343-1359.

MARTINELLI, F.: The service sector. Industries, employment and the urban economy. A bibliography. (Council of Planning Librarians Bibliography; No. 113). Chicago 1983.

MARTZ, D.J.F. and R.K. SEMPLE: Hierarchical corporate decision-making structure within the Canadian urban system: the case of banking. In: Urban Geography, 6, 1985, S. 316-330.

MASUDA, Y.: The information society as post-industrial society. Bethesda 1981.

MAYNTZ, R. (Hrsg.): Bürokratische Organisation. (Neue Wissenschaftliche Bibliothek; 27). Köln, Berlin 1971.

MEIER, R.L.: A communication theory of urban growth. Cambridge, Mass. 1962.

MENZ, L.: Der tertiäre Sektor. Der Dienstleistungsbereich in den modernen Volkswirtschaften. (Veröffentlichungen der Hochschule St. Gallen für Wirtschafts- und Sozialwissenschaften. Volkswirtschaftlich-wirtschaftsgeographische Reihe; Bd. 4). Zürich, St. Gallen 1965.

MESNARD, A. und A. VIGARIE: Internal linkages in the upper tertiary sector of Nantes. In: Ekistics, 46, 1979, S. 53-66.

MEUSBURGER, P.: Entwicklung, Stellung und Aufgaben einer Geographie des Bildungswesens. Eine Zwischenbilanz. In: Mitteilungen der Österreichischen Geographischen Gesellschaft, 118, 1976, S. 9-54.

MEUSBURGER, P.: Beiträge zur Geographie des Bildungs- und Qualifikationswesens. Regionale und soziale Unterschiede des Ausbildungsniveaus der österreichischen Bevölkerung. (Innsbrucker Geographische Studien; Bd. 7). Innsbruck 1980.

MEYER, D.R.: Control and coordination links in the metropolitan system of cities: The South as case study. In: Social Forces, 63, 1984, S. 349-362.

MILES, I.D.: The new post-industrial state. In: Futures, 17, 1985, S. 588-617.

MITTELSTANDSBERICHT 1982. Bericht der Landesregierung von Baden-Württemberg über die Entwicklung der mittelständischen Wirtschaft und über die Förderungsmaßnahmen der Landesregierung. Stuttgart 1982.

MÖLLER, A.: Banken und Versicherungen. In: DAS LAND BADEN-WÜRTTEMBERG. Amtliche Beschreibung nach Kreisen und Gemeinden. Band I. Stuttgart 1974, S. 745-759.

MÖRTL, H.: Beruf und Tätigkeitsmerkmale der Erwerbstätigen. Ergebnisse des Mikrozensus April 1982. In: Wirtschaft und Statistik, 1984, S. 408-419.

MÖRTL, H.: Berufsstatistik. Aufgaben, Quellen und Darstellungsmöglichkeiten. In: Wirtschaft und Statistik, 1985, S. 359-372.

MOLITOR, G.T.T.: The information society: The path to post-industrial growth. In: The Futurist, 15, 1981, S. 23-30.

MORGAN, W.T.W.: A functional approach to the study of office distributions: Internal structures in London's Central Business District. In: Tijdschrift voor Econ. en Soc. Geografie, 52, 1961, S. 207-210.

MÜLLER, K.: Wirtschaftlicher Strukturwandel und räumliche Entwicklung. Fallstudien-Ergebnisse zum Ausmaß sowie zu den Ursachen und Wirkungen funktionaler Konzentration in der Schweiz. (Publikationen des Schweizerischen Nationalfonds aus den Nationalen Forschungsprogrammen; Bd. 10). Bern, Stuttgart 1981.

MÜLLER, W.: Wege und Grenzen der Tertiarisierung. Wandel der Berufsstruktur in der Bundesrepublik Deutschland 1950-1980. In: MATTHES, J. (Hrsg.): Krise der Arbeitsgesellschaft? Verhandlungen des 21. Deutschen Soziologentages in Bamberg 1982. Frankfurt, New York 1983, S. 142-160.

MÜNZENMAIER, W.: Regionale Unterschiede im gesamtwirtschaftlichen Wachstum des Landes. Ergebnisse der Bruttowertschöpfung zu Marktpreisen in den Stadt- und Landkreisen 1970 bis 1984. In: Baden-Württemberg in Wort und Zahl, 35, 1987a, S. 98-106.

MÜNZENMAIER, W.: Sektorale Wirtschaftsstruktur und ihre Veränderung in den Stadt- und Landkreisen. Ergebnisse der Bruttowertschöpfung zu Marktpreisen 1970 bis 1984. In: Baden-Württemberg in Wort und Zahl, 35, 1987b, S. 171-177.

MÜNZENMAIER, W. und I.A. WALTER: Die Arbeitnehmer sowie ihre Löhne und Gehälter in den Stadt- und Landkreisen 1970 und 1980. Ergebnisse einer neuen Berechnung im Rahmen der volkswirtschaftlichen Gesamtrechnungen. In: Baden-Württemberg in Wort und Zahl, 33, 1985, S. 182-188.

MURPHY, R.E.: The American city. An urban geography. New York et al. 1966.

NAISBITT, J.: Megatrends. Ten new directions transforming our lives. New York 1982.

NICOLAS, R.: Beschäftigtenentwicklung in den verdichteten und ländlichen Räumen. In: Baden-Württemberg in Wort und Zahl, 31, 1983, S. 42-47.

NILLES, J.M. et al.: The telecommunications-transportation tradeoff. Options for tomorrow. New York et al. 1976.

NOYELLE, T.J.: The rise of advanced services. Some implications for economic development in U.S. cities. In: Journal of the American Planning Association, 49, 1983, S. 280-290.

NOYELLE, T.J. and T.M. STANBACK: The economic transformation of American cities. Totowa 1984.

OESER, E.: Der Informationsbegriff in der Philosophie und in der Wissenschaftstheorie. In: FOLBERTH, O.G. und C. HACKL (Hrsg.): Der Informationsbegriff in Technik und Wissenschaft. (Fachberichte und Referate; 18). München, Wien 1986, S. 231-256.

OFFE, C.: Das Wachstum der Dienstleistungsarbeit: Vier soziologische Erklärungsansätze. In: OFFE, C. (Hrsg.): "Arbeitsgesellschaft". Strukturprobleme und Zukunftsperspektiven. Frankfurt, New York 1984, S. 291-319.

OLANDER, L.-O. and T. CARLSTEIN: The study of activities in the quaternary sector. In: CARLSTEIN, T. et al. (eds.): Human activity and time geography. (Timing Space and Spacing Time; vol. 2). London 1978, S. 198-213.

OSTNER, I. und A. WILLMS: Strukturelle Veränderungen der Frauenarbeit in Haushalt und Beruf? In: MATTHES, J. (Hrsg.): Krise der Arbeitsgesellschaft? Verhandlungen des 21. Deutschen Soziologentages in Bamberg 1982. Frankfurt, New York 1983, S. 206-227.

OTTO, P.: Voraussetzungen der Automatisierung von Hand- und Kopfarbeit. In: SONNTAG, P. (Hrsg.): Die Zukunft der Informationsgesellschaft. (Arnoldshainer Schriften zur Interdisziplinären Ökonomie; 5). Frankfurt 1983, S. 142-165.

OTTO, P. und P. SONNTAG: Wege in die Informationsgesellschaft. Steuerungsprobleme in Wirtschaft und Politik. (dtv; Wissenschaftliche Reihe; 4439). München 1985.

PARE, S.: Informatique et géographie. Paris 1982.

PARKER, E.B.: Social implications of computer/telecommunications systems. (Program in information technology and telecommunications; report no. 16). Stanford 1975.

PETERS, H.-R.: Grundlagen der Mesoökonomie und Strukturpolitik. (UTB; 1087). Stuttgart, Bern 1981.

PHILLIPS, K.L.: Comments at the Institute in International Telecommunications Policy. o.O. 1980.

POHL, H.-J.: Kritik der Drei-Sektoren-Theorie. In: Mitteilungen aus der Arbeitsmarkt- und Berufsforschung, 3, 1970, S. 313-325.

POLLARD, S.: The rise of the service industries and white-collar employment. In: GUSTAFSSON, B. (ed.): Post-industrial society. Proceedings of an international symposium held in Uppsala from 22 to 25 March 1977. London 1979, S. 17-43.

POOL, I. de Sola (ed.): The social impact of the telephone. (MIT Bicentennial Studies; 1). Cambridge, Mass. 1977.

POOL, I. de Sola et al.: Foresight and hindsight: the case of the telephone. In: POOL, I. de Sola (ed.): The social impact of the telephone. (MIT Bicentennial Studies; 1). Cambridge, Mass. 1977, S. 127-157.

POOL, I. de Sola et al.: Communications flows. A census in the United States and Japan. (Information research and resource reports; 3). Amsterdam et al. 1984.

PORAT, M.V.: The information economy. Vol. I. Stanford 1977.

PRED, A.R.: The growth and development of systems of cities in advanced economies. In: PRED, A.R. and G.E. TÖRNQVIST: Systems of cities and information flows. Two essays. (Lund Studies in Geography, B; 38). Lund 1973, S. 7-82.

PRED, A.R.: Diffusion, organizational spatial structure, and city-system development. In: Economic Geography, 51, 1975, S. 252-268.

PRED, A.R.: City-systems in advanced economies. Past growth, present processes and future development options. London 1977.

RAHLENBECK, E.: Gutachten. In: Analysen und Interpretationen zur Kommunikation und Mediensituation in Baden-Württemberg. (Jahrbücher für Statistik und Landeskunde von Baden-Württemberg, 26, 1981), S. 56-71.

RASMUSSEN, T.: Entwicklungslinien des Dienstleistungssektors. Internationaler Strukturvergleich und Perspektiven für die Bundesrepublik Deutschland. (Wirtschaftspolitische Studien aus dem Institut für Europäische Wirtschaftspolitik der Universität Hamburg; 44). Göttingen 1977.

RAUCH, W.D.: Büro-Informations-Systeme. Sozialwissenschaftliche Aspekte der Büro-Automatisierung durch Informations-Systeme. Wien et al. 1982.

RAUMORDNUNGSBERICHT 1986. Bonn-Bad Godesberg 1986.

RECKER, E. und G. SCHÜTTE: Räumliche Verteilung von qualifizierten Arbeitskräften und regionale Innovationstätigkeit. In: Informationen zur Raumentwicklung, 1982, S. 543-560.

REES, J.: Manufacturing headquarters in a post-industrial urban context. In: Economic Geography, 54, 1978, S. 337-354.

REINHARD, M. et al.: Gesamtwirtschaftliche und sektorale Perspektiven der Telekommunikation in der Bundesrepublik Deutschland. (ifo-Studien zur Industriewirtschaft; Bd. 26). München 1983.

RIEDL, R.: Energie, Information und Negentropie in der Biosphäre. In: Naturwissenschaftliche Rundschau, 26, 1973, S. 413-420.

RIVIERE-MOREL, V.: Structures et mutations du tertiaire supérieur en Ile de France. In: Cahiers du centre de recherche d'analyse de l'espace, 1, 1984, S. 1-18.

ROBBINS, S.M. and N.E. TERLECKYJ: Money metropolis: a locational study of financial activities in the New York Region. Cambridge, Mass. 1960.

ROJAHN, G.: Großunternehmen und regionale Disparitäten in Europa. Die Führungsfunktion von industriellen Großunternehmen im Prozeß räumlich-funktionaler Aufgabenteilung und regionaler Disparitäten in Europa. (Europäische Hochschulschriften; Reihe V, Volks- und Betriebswirtschaft; Bd. 494). Frankfurt et al. 1984.

ROSSI, A.: Importanza del terziario per lo sviluppo regionale: il caso ticinese. In: Geographica Helvetica, 41, 1986, S. 185-190.

ROTHKIRCH, C. v. et al.: Die Zukunft der Arbeitslandschaft. Zum Arbeitskräftebedarf nach Umfang und Tätigkeiten bis zum Jahr 2000. (Beiträge zur Arbeitsmarkt- und Berufsforschung; 94.1). Nürnberg 1985.

RUBIN, M.R. and M.E. SAPP: Selected roles of information goods and services in the U.S. national economy. In: Information Processing and Management, 17, 1981, S. 195-213.

RÜRUP, B. und R. CREMER: Beschäftigungswirkungen. In: Bundesarbeitsblatt, 33, 1982, H. 4, S. 9-12.

SCHÄTZL, L.: Wirtschaftsgeographie 1. Theorie. (UTB; 782). Paderborn 1978.

SCHÄTZL, L.: Wirtschaftsgeographie 2. Empirie. (UTB 1052). Paderborn et al. 1981.

SCHÄTZL, L.: Regionale Wachstums- und Entwicklungstheorien. In: Geographische Rundschau, 35, 1983, S. 322-327.

SCHARPF, F.W.: Strukturen der postindustriellen Gesellschaft, oder: Verschwindet die Massenarbeitslosigkeit in der Dienstleistungs- und Informationsökonomie? In: Soziale Welt, 37, 1986, S. 3-24.

SCHEEWE, P.: Entwicklung der Erwerbstätigkeit nach Berufen. Ergebnis des Mikrozensus 1985. In: Wirtschaft und Statistik, 1987, S. 292-296.

SCHILLER, H.I.: Information and the crisis economy. Norwood, N.J. 1984.

SCHMACKE, E. (Hrsg.): Die großen 500. Deutschlands führende Unternehmen und ihr Management. Lieferung Nr. 113. Neuwied 1986.

SCHMITT, G.: Die Entwicklungs- und Standorttendenzen des tertiären und quartären Wirtschaftssektors. Dargestellt am Beispiel Frankfurt am Main und Umland. Diss. Frankfurt 1984.

SCHMORANZ, I.: Makroökonomische Analyse des Informationssektors. (Schriftenreihe der Österreichischen Computer-Gesellschaft; Bd. 10). Wien, München 1980.

SCHÖHL, W.: "Informationsgesellschaft". Der Stand der wirtschaftlichen Kommunikationsforschung in Japan und in den Vereinigten Staaten von Amerika - eine Herausforderung für die deutsche Wissenschaft. In: Publizistik, 29, 1984, S. 401-417.

SELLIEN, R. et al.: Gablers Wirtschafts-Lexikon. Wiesbaden [10]1979.

SEMPLE, R.K.: Toward a quaternary place theory. In: Urban Geography, 6, 1985, S. 285-296.

SEMPLE, R.K. and M.B. GREEN: Interurban corporate headquarters relocation in Canada. In: Cahiers de Géographie du Québec, 27, 1983, S. 389-406.

SEMPLE, R.K. and A.G. PHIPPS: The spatial evolution of corporate headquarters within an urban system. In: Urban Geography, 3, 1982, S. 258-279.

SIMMIE, J.M.: Beyond the industrial city? In: Journal of the American Planning Association, 49, 1983, S. 59-76.

SIMMIE, J.M.: The spatial division of labour in London 1978-1981. In: International Journal of Urban and Regional Research, 9, 1985, S. 557-569.

SMIDT, M. de: Office location and the urban functional mosaic. A comparative study of five cities in the Netherlands. In: Tijdschrift voor Econ. en Soc. Geografie, 75, 1984, S. 401-417.

SOLLA PRICE, D. de: Little Science, Big Science. Von der Studierstube zur Großforschung. (stw; 48). Frankfurt 1974.

SOMBART, W.: Der Begriff der Stadt und das Wesen der Städtebildung. In: Archiv für Sozialwissenschaft und Sozialpolitik, 25, 1907, S. 1-9.

SOMBART, W.: Liebe, Luxus und Kapitalismus. Über die Entstehung der modernen Welt aus dem Geist der Verschwendung. Berlin 1983.

SPEHL, H.: Räumliche Wirkungen der Telematik. Stand der Diskussion und Programm des Arbeitskreises der Akademie für Raumforschung und Landesplanung. In: Raumforschung und Raumordnung, 43, 1985, S. 254-269.

SPINNER, H.F.: Der Mensch in der Informationsgesellschaft. In: Die Neue Gesellschaft, 31, 1984, S. 797-804.

STATISTISCH-PROGNOSTISCHER BERICHT 1986/87. Daten, Analysen, Perspektiven. Stuttgart 1987.

STEINMÜLLER, W.: Die zweite Phase des Kapitalismus: "Industrialisierung" der geistigen Arbeit. In: Blätter für deutsche und internationale Politik, 30, 1985, S. 1123-1125.

STEPHENS, J.D.: Metropolitan areas as decision-making centers. In: CHRISTIAN, C.M. and R.A. HARPER (eds.): Modern metropolitan systems. Columbus 1982, S. 111-146.

STEPHENS, J.D. and B.P. HOLLY: City system behaviour and corporate influence: the headquarter location of US industrial firms, 1955-75. In: Urban Studies, 18, 1981, S. 285-300.

STIENS, G.: Zum Anspruch der Regionalplanung auf gesellschaftspolitische Relevanz. In: Informationen zur Raumentwicklung, 1977, S. 385-395.

STÖBER, G.: Das Standortgefüge der Großstadtmitte. (Wege zur neuen Stadt: Schriftenreihe der Verwaltung Bau und Verkehr der Stadt Frankfurt am Main; Bd. 3). Frankfurt 1964.

STORBECK, D.: Telekommunikation und Siedlungsstruktur. In: Arch plus, Nr. 75/76, 1984, S. 53-55.

STRICKLAND, D. and M. AIKEN: Corporate influence and the German urban system: headquarters location of German industrial corporations, 1950-1982. In: Economic Geography, 60, 1984, S. 38-54.

SZAMEITAT, K.: Zur Situation der amtlichen Statistik. In: Jahrbücher für Statistik und Landeskunde von Baden-Württemberg, 25, 1980, H. 2, S. 5-49.

TANK, H.: Standorttendenzen in Branchen des Dienstleistungssektors und ihre Bedeutung für die Stadtentwicklungsplanung. (Forschungsbericht des Landes Nordrhein-Westfalen, Nr. 2908/Fachgruppe Wirtschafts- und Sozialwissenschaften). Opladen 1980.

TAUCHEN, H. und A.D. WITTE: An equilibrium model of office location and contact patterns. In: Environment and Planning A, 15, 1983, S. 1311-1326.

TAUVERON, A.: Le 'tertiaire supérieur', moteur du développement régional? In: L'Espace Géographique, 3, 1974, S. 169-178.

TAYLOR, M. (ed.): The geography of Australian corporate power. Sidney et al. 1984.

TESCHNER, M.: Bürokratie. In: KUNST, H. und S. GRUNDMANN (Hrsg.): Evangelisches Staatslexikon. Stuttgart, Berlin ^{2}1975, S. 194-200.

THORNGREN, B.: How do contact systems affect regional development? In: Environment and Planning, 2, 1970, S. 409-427.

THORNGREN, B.: Silent actors. Communication networks for development. In: POOL, I. de Sola (ed.): The social impact of the telephone. Cambridge, Mass. 1977, S. 374-385.

TÖDTLING, F.: Organisatorischer Status von Betrieben und Arbeitsplatzqualität in peripheren und entwicklungsschwachen Gebieten Österreichs. Wien 1983.

TÖRNQVIST, G.: Flows of information and the location of economic activities. In: Lund Studies in Geography, B, No. 30, 1968, S. 99-107.

TÖRNQVIST, G.: Contact systems and regional development. (Lund Studies in Geography, B.; No. 35). Lund 1970.

TÖRNQVIST, G.: Contact requirements and travel facilities. Contact models of Sweden and regional development alternatives in the future. In: PRED, A.R. and G.E. TÖRNQVIST: Systems of cities and information flows. Two essays. (Lund Studies in Geography, B; No. 38). Lund 1973, S. 83-121.

TÖRNQVIST, G.: Swedish industry as a spatial system. In: HAMILTON, F.E.I. (ed.): Contemporary industrialization: spatial analysis and economic development. London 1978, S. 87-109.

TÖRNQVIST, G.: Creativity and the renewal of regional life. In: BUTTIMER, A. (ed.): Creativity and context. A seminar report. (Lund Studies in Geography, B; No. 50). Lund 1983, S. 91-112.

TOFFLER, A.: The rushing tidal wave of change. In: The Sunday Times, 17.6.1984.

TRENDS IN THE INFORMATION ECONOMY. (ICCP series; vol. 11). Paris 1986.

TROLL, L.: Büroberufe im Wandel. (Materialien aus der Arbeitsmarkt- und Berufsforschung 1/1984). Nürnberg 1984.

ULLRICH, O.: Wege und Abwege der "Informationsgesellschaft". In: Soziologische Revue, 10, 1987, S. 31-43.

URBAN CORE AND INNER CITY. Proceedings of the international study week, Amsterdam, 11-17 September 1966. Leiden 1967.

VADEMECUM deutscher Lehr- und Forschungsstätten. Stuttgart [8]1985.

VOPPEL, G.: Wirtschaftsgeographie. (Schaeffers Grundriß des Rechts und der Wirtschaft; Abteilung III: Wirtschaftswissenschaften; Bd. 98). Stuttgart, Düsseldorf 1970, [2]1975.

WALLA, W.: Die Versorgung mit Telefonanschlüssen. In: Baden-Württemberg in Wort und Zahl, 27, 1979, S. 94-96.

WALLA, W.: Die Bevölkerungsentwicklung in den verdichteten und ländlichen Räumen seit 1962. Ein Überblick. Teil III: Gesamtentwicklungen, Bevölkerungsbilanzen und Modellrechnungen. In: Baden-Württemberg in Wort und Zahl, 31, 1983, S. 85-90.

WALTER, I.A.: Zur Umsatz- und Kapitalkonzentration baden-württembergischer Unternehmen. In: Jahrbücher für Statistik und Landeskunde von Baden-Württemberg, 27, 1982, H. 2, S. 39-65.

WATTS, H.D.: The branch plant economy: a study of external control. Harlow 1981.

WEHLING, H.-G.: Gutachten. In: Analysen und Interpretationen zur Kommunikation und Mediensituation in Baden-Württemberg. (Jahrbücher für Statistik und Landeskunde von Baden-Württemberg, 26, 1981), S. 31-55.

WEIDENMANN, B. et al. (Hrsg.): Pädagogische Psychologie. Ein Lehrbuch. München, Weinheim 1986.

WEINERT, F.E. et al.: Pädagogische Psychologie. Frankfurt 1974.

WEISCHENBERG, S.: Marktplatz der Elektronen. Reuters auf dem Weg zurück in die Zukunft. Eine Fallstudie zum Profil künftiger "Massenkommunikation". In: Publizistik, 30, 1985, S. 485-508.

WEIZENBAUM, J.: Die Macht der Computer und die Ohnmacht der Vernunft. (stw; 274). Frankfurt 1978.

WEIZENBAUM, J.: Once more: the computer revolution. In: DERTOUZOS, M.L. and J. MOSES (eds.): The computer age. A twenty-year view. Cambridge, Mass. 1979, S. 439-458.

WER GEHÖRT ZU WEM. Mutter- und Tochtergesellschatten von A bis Z. Hamburg [15]1985.

WERSIG, G.: Informationsgesellschaft, Informationskultur und Veränderung des Raumkonzeptes als kommunikative Herausforderung. In: Publizistik, 29, 1984, S. 387-400.

WESTAWAY, J.: Contact potential and the occupational structure of the British urban system 1961-1966: an empirical study. In: Regional Studies, 8, 1974a, S. 57-73.

WESTAWAY, J.: The spatial hierarchy of business organizations and its implications for the British urban system. In: Regional Studies, 8, 1974b, S. 145-155.

WHEELER, J.O. and C.L. BROWN: The metropolitan corporate hierarchy in the U.S. South, 1960-1980. In: Economic Geography, 61, 1985, S. 66-78.

WIENER, N.: Kybernetik, Regelung und Nachrichtenübertragung in Lebewesen und Maschine. (Rowohlts deutsche Enzyklopädie; 294/295; Naturwissenschaften). Frankfurt 1968.

WILLMS, M.: Strukturpolitik. In: Vahlens Kompendium der Wirtschaftstheorie und Wirtschaftspolitik. Band 2. München [2]1985, S. 361-399.

WINTERLING, K.: Die Bestimmung optimaler Standorte für Einrichtungen des tertiären Wirtschaftssektors in Steuerungsräumen der Landesplanung. Frankfurt 1978.

WÖRNER, M.: Verschiebungen in der Berufsstruktur des Verarbeitenden Gewerbes. Tertiarisierung im Sekundären Sektor? In: Baden-Württemberg in Wort und Zahl, 35, 1987, S. 267-270.

WOLFE, M.: The concept of economic sectors. In: Quaterly Journal of Economics, 69, 1955, S. 402-420.

WÜRTH, M.: Räumliche Konsequenzen des Strukturwandels innerhalb des tertiären Sektors in der Schweiz. In: Geographica Helvetica, 41, 1986, S. 179-184.

YEATES, M. and B. GARNER: The North American city. San Francisco et al. ^{3}1980.

ZENTRALE STANDORTE - BÜROFLÄCHEN. Analysen und Entwicklungstendenzen 1970-1985 und Leitlinien für die planerische Behandlung der Standort und Flächenanforderungen. Hamburg 1977.

ZUKUNFTSPERSPEKTIVEN gesellschaftlicher Entwicklungen. Bericht der Kommission "Zukunftsperspektiven gesellschaftlicher Entwicklungen", erstellt im Auftrag der Landesregierung von Baden-Württemberg. Stuttgart 1983.

TÜBINGER GEOGRAPHISCHE STUDIEN

Heft 1	M. König:	Die bäuerliche Kulturlandschaft der Hohen Schwabenalb und ihr Gestaltswandel unter dem Einfluß der Industrie. 1958. 83 S. Mit 14 Karten, 1 Abb. u. 5 Tab.	**vergriffen**
Heft 2	I. Böwing-Bauer:	Die Berglen. Eine geographische Landschaftsmonographie. 1958. 75 S. Mit 15 Karten	**vergriffen**
Heft 3	W. Kienzle:	Der Schurwald. Eine siedlungs- und wirtschaftsgeographische Untersuchung. 1958. 59 S. Mit 14 Karten u. Abb.	**vergriffen**
Heft 4	W. Schmid:	Der Industriebezirk Reutlingen—Tübingen. Eine wirtschaftsgeographische Untersuchung. 1960. 109 S. Mit 15 Karten	**vergriffen**
Heft 5	F. Obiditsch:	Die ländliche Kulturlandschaft der Baar und ihr Wandel seit dem 18. Jahrhundert. 1961. 83 S. Mit 14 Karten u. Abb., 4 Skizzen	**vergriffen**
Sbd. 1	A. Leidlmair (Hrsg.):	Hermann von Wissmann — Festschrift. 1962. 384 S. Mit 68 Karten u. Abb., 15 Tab. u. 32 Fotos	**DM 29.—**
Heft 6	F. Loser:	Die Pfortenstädte der Schwäbischen Alb. 1963. 169 S. Mit 6 Karten u. 2 Tab.	**vergriffen**
Heft 7	H. Faigle:	Die Zunahme des Dauergrünlandes in Württemberg und Hohenzollern. 1963. 79 S. Mit 15 Karten u. 6 Tab.	**vergriffen**
Heft 8	I. Djazani:	Wirtschaft und Bevölkerung in Khuzistân und ihr Wandel unter dem Einfluß des Erdöls. 1963. 115 S. Mit 18 Fig. u. Karten, 10 Fotos	**vergriffen**
Heft 9	K. Glökler:	Die Molasse-Schichtstufen der mittleren Alb. 1963. 71 S. Mit 5 Abb., 5 Karten im Text u. 1 Karte als Beilage	**vergriffen**
Heft 10	E. Blumenthal:	Die altgriechische Siedlungskolonisation im Mittelmeerraum unter besonderer Berücksichtigung der Südküste Kleinasiens. 1963. 182 S. Mit 48 Karten u. Abb.	**vergriffen**
Heft 11	J. Härle:	Das Obstbaugebiet am Bodensee, eine agrargeographische Untersuchung. 1964. 117 S. Mit 21 Karten, 3 Abb. im Text u. 1 Karte als Beilage	**vergriffen**
Heft 12	G. Abele:	Die Fernpaßtalung und ihre morphologischen Probleme. 1964. 123 S. Mit 7 Abb., 4 Bildern, 2 Tab. im Text u. 1 Karte als Beilage	**DM 8.—**
Heft 13	J. Dahlke:	Das Bergbaurevier am Taff (Südwales). 1964. 215 S. Mit 32 Abb., 10 Tab. im Text u. 1 Kartenbeilage	**DM 11.—**
Heft 14	A. Köhler:	Die Kulturlandschaft im Bereich der Platten und Terrassen an der Riß. 1964. 153 S. Mit 32 Abb. u. 4 Tab.	**DM 12.—**
Heft 15	J. Hohnholz:	Der englische Park als landschaftliche Erscheinung. 1964. 91 S. Mit 13 Karten u. 11 Abb.	**vergriffen**
Heft 16	A. Engel:	Die Siedlungsformen im Ohrnwald. 1964. 122 S. Mit 1 Karte im Text u. 17 Karten als Beilagen	**DM 11.—**
Heft 17	H. Prechtl:	Geomorphologische Strukturen. 1965. 144 S. Mit 26 Fig. im Text u. 14 Abb. auf Tafeln	**DM 15.—**

Heft 18	E. Ehlers:	Das nördliche Peace River Country, Alberta, Kanada. 1965. 246 S. Mit 51 Abb., 10 Fotos u. 31 Tab.	**vergriffen**
Sbd. 2	M. Dongus:	Die Agrarlandschaft der östlichen Poebene. 1966. 308 S. Mit 42 Abb. u. 10 Karten	**DM 40.—**
Heft 19	B. Nehring:	Die Maltesischen Inseln. 1966. 172 S. Mit 39 Abb., 35 Tab. u. 8 Fotos	**vergriffen**
Heft 20	N. N. Al-Kasab:	Die Nomadenansiedlung in der Irakischen Jezira. 1966. 148 S. Mit 13 Fig., 9 Abb. u. 12 Tab.	**DM 15.—**
Heft 21	D. Schillig:	Geomorphologische Untersuchungen in der Saualpe (Kärnten). 1966. 81 S. Mit 6 Skizzen, 15 Abb., 2 Tab. im Text u. 5 Karten als Beilagen	**DM 13.—**
Heft 22	H. Schlichtmann:	Die Gliederung der Kulturlandschaft im Nordschwarzwald und seinen Randgebieten. 1967. 184 S. Mit 4 Karten, 16 Abb. im Text u. 2 Karten als Beilagen	**DM 12.—**
Heft 23	C. Hannss:	Die morphologischen Grundzüge des Ahrntales. 1967. 144 S. Mit 5 Karten, 4 Profilen, 3 graph. Darstellungen. 3 Tab. im Text u. 1 Karte als Beilage	**DM 10.—**
Heft 24	S. Kullen:	Der Einfluß der Reichsritterschaft auf die Kulturlandschaft im Mittleren Neckarland. 1967. 205 S. Mit 42 Abb. u. Karten, 24 Fotos u. 15 Tab.	**vergriffen**
Heft 25	K.-G. Krauter:	Die Landwirtschaft im östlichen Hochpustertal. 1968. 186 S. Mit 7 Abb., 15 Tab. im Text u. 3 Karten als Beilagen	**DM 9.—**
Heft 26	W. Gaiser †:	Berbersiedlungen in Südmarokko. 1968. 163 S. Mit 29 Abb. u. Karten	**vergriffen**
Heft 27	M.-U. Kienzle:	Morphogenese des westlichen Luxemburger Gutlandes. 1968. 150 S. Mit 14 Abb. im Text u. 3 Karten als Beilagen	**vergr.**
Heft 28	W. Brücher:	Die Erschließung des tropischen Regenwaldes am Ostrand der kolumbianischen Anden. — Der Raum zwischen Rio Ariari und Ecuador —. 1968. 218 S. Mit 23 Abb. u. Karten, 10 Fotos u. 23 Tab.	**vergriffen**
Heft 29	J. M. Hamm:	Untersuchungen zum Stadtklima von Stuttgart. 1969. 150 S. Mit 37 Fig., 14 Karten u. 11 Tab. im Text u. 22 Tab. im Anhang	**vergriffen**
Heft 30	U. Neugebauer:	Die Siedlungsformen im nordöstlichen Schwarzwald. 1969. 141 S. Mit 27 Karten, 5 Abb., 6 Fotos u. 7 Tab.	**vergriffen**
Heft 31	A. Maass:	Entwicklung und Perspektiven der wirtschaftlichen Erschliessung des tropischen Waldlandes von Peru, unter besonderer Berücksichtigung der verkehrsgeographischen Problematik. 1969. VI u. 262 S. Mit 20 Fig. u. Karten, 35 Tab. u. 28 Fotos	**vergriffen**
Heft 32	E. Weinreuter:	Stadtdörfer in Südwest-Deutschland. Ein Beitrag zur geographischen Siedlungstypisierung. 1969. VIII u. 143 S. Mit 31 Karten u. Abb., 32 Fotos, 14 Tab. im Text u. 1 Karte als Beilage	**vergriffen**
Heft 33	R. Sturm:	Die Großstädte der Tropen. — Ein geographischer Vergleich —. 1969. 236 S. Mit 25 Abb. u. 10 Tab.	**vergriffen**

Heft 34 (Sbd. 3)	H. Blume und K.-H. Schröder (Hrsg.):	Beiträge zur Geographie der Tropen und Subtropen. (Herbert Wilhelmy-Festschrift). 1970. 343 S. Mit 24 Karten, 13 Fig., 48 Fotos u. 32 Tab. **DM 27.—**
Heft 35	H.-D. Haas:	Junge Industrieansiedlung im nordöstlichen Baden-Württemberg. 1970. 316 S. Mit 24 Karten, 10 Diagr., 62 Tab. u. 12 Fotos **vergriffen**
Heft 36 (Sbd. 4)	R. Jätzold:	Die wirtschaftsgeographische Struktur von Südtanzania. 1970. 341 S. Mit 56 Karten u. Diagr., 46 Tab. u. 26 Bildern. Summary **DM 35.—**
Heft 37	E. Dürr:	Kalkalpine Sturzhalden und Sturzschuttbildung in den westlichen Dolomiten. 1970. 120 S. Mit 7 Fig. im Text, 3 Karten u. 4 Tab. im Anhang **vergriffen**
Heft 38	H.-K. Barth:	Probleme der Schichtstufenlandschaften West-Afrikas am Beispiel der Bandiagara-, Gambaga- und Mampong-Stufenländer. 1970. 215 S. Mit 6 Karten, 57 Fig. u. 40 Bildern **DM 15.—**
Heft 39	R. Schwarz:	Die Schichtstufenlandschaft der Causses. 1970. 106 S. Mit 2 Karten, 23 Abb. im Text u. 2 Karten als Beilagen **DM 10.—**
Heft 40	N. Güldali:	Karstmorphologische Studien im Gebiet des Poljesystems von Kestel (Westlicher Taurus, Türkei). 1970. 104 S. Mit 14 Abb., 3 Karten, 11 Fotos u. 7 Tab. **vergriffen**
Heft 41	J. B. Schultis:	Bevölkerungsprobleme in Tropisch-Afrika. 1970. 138 S. Mit 13 Karten, 7 Schaubildern u. 8 Tab. **vergriffen**
Heft 42	L. Rother:	Die Städte der Çukurova: Adana — Mersin — Tarsus. 1971. 312 S. Mit 51 Karten u. Abb., 34 Tab. **DM 21.—**
Heft 43	A. Roemer:	The St. Lawrence Seaway, its Ports and its Hinterland. 1971. 235 S. With 19 maps and figures, 15 fotos and 64 tables **DM 21.—**
Heft 44 (Sbd. 5)	E. Ehlers:	Südkaspisches Tiefland (Nordiran) und Kaspisches Meer. Beiträge zu ihrer Entwicklungsgeschichte im Jung- und Postpleistozän. 1971. 184 S. Mit 54 Karten u. Abb., 29 Fotos. Summary **DM 24.—**
Heft 45 (Sbd. 6)	H. Blume und H.-K. Barth:	Die pleistozäne Reliefentwicklung im Schichtstufenland der Driftless Area von Wisconsin (USA). 1971. 61 S. Mit 20 Karten u. Abb., 3 Tab. u. 6 Fotos. Summary **DM 18.—**
Heft 46 (Sbd. 7)	H. Blume (Hrsg.):	Geomorphologische Untersuchungen im Württembergischen Keuperbergland. Mit Beiträgen von H.-K. Barth, R. Schwarz und R. Zeese. 1971. 97 S. Mit 25 Karten u. Abb. u. 15 Fotos **DM 20.—**
Heft 47	H.-D. Haas:	Wirtschaftsgeographische Faktoren im Gebiet der Stadt Esslingen und deren näherem Umland in ihrer Bedeutung für die Stadtplanung. 1972. 106 S. Mit 15 Karten, 3 Diagr. u. 5 Tab. **vergriffen**
Heft 48	K. Schliebe:	Die jüngere Entwicklung der Kulturlandschaft des Campidano (Sardinien). 1972. 198 S. Mit 40 Karten u. Abb., 10 Tab. im Text u. 3 Kartenbeilagen **DM 18.—**

Heft 49	R. Zeese:	Die Talentwicklung von Kocher und Jagst im Keuperbergland. 1972. 121 S. Mit 20 Karten u. Abb., 1 Tab. u. 4 Fotos **vergriffen**
Heft 50	K. Hüser:	Geomorphologische Untersuchungen im westlichen Hintertaunus. 1972. 184 S. Mit 1 Karte, 14 Profilen, 7 Abb., 31 Diagr., 2 Tab. im Text u. 5 Karten, 4 Tafeln u. 1 Tab. als Beilagen **DM 27.—**
Heft 51	S. Kullen:	Wandlungen der Bevölkerungs- und Wirtschaftsstruktur in den Wölzer Alpen. 1972. 87 S. Mit 12 Karten u. Abb., 7 Fotos u. 17 Tab. **DM 15.—**
Heft 52	E. Bischoff:	Anbau und Weiterverarbeitung von Zuckerrohr in der Wirtschaftslandschaft der Indischen Union, dargestellt anhand regionaler Beispiele. 1973. 166 S. Mit 50 Karten, 22 Abb., 4 Anlagen u. 22 Tab. **DM 24.—**
Heft 53	H.-K. Barth und H. Blume:	Zur Morphodynamik und Morphogenese von Schichtkamm- und Schichtstufenreliefs in den Trockengebieten der Vereinigten Staaten. 1973. 102 S. Mit 20 Karten u. Abb., 28 Fotos. Summary **DM 21.—**
Heft 54	K.-H. Schröder (Hrsg.):	Geographische Hausforschung im südwestlichen Mitteleuropa. Mit Beiträgen von H. Baum, U. Itzin, L. Kluge, J. Koch, R. Roth, K.-H. Schröder und H. P. Verse. 1974. 110 S. Mit 20 Abb. u. 3 Fotos **DM 19.50**
Heft 55	H. Grees (Hrsg.):	Untersuchungen zu Umweltfragen im mittleren Neckarraum. Mit Beiträgen von H.-D. Haas, C. Hannss und H. Leser. 1974. 101 S. Mit 14 Abb. u. Karten, 18 Tab. u. 3 Fotos **vergriffen**
Heft 56	C. Hannss:	Val d'Isère. Entwicklung und Probleme eines Wintersportplatzes in den französischen Nordalpen. 1974. XII und 173 S. Mit 51 Karten u. Abb., 28 Tab. Résumé **DM 42.—**
Heft 57	A. Hüttermann:	Untersuchungen zur Industriegeographie Neuseelands. 1974. XX und 243 S. Mit 33 Karten, 28 Diagrammen und 51 Tab. Summary **DM 36.—**
Heft 58 (Sbd. 8)	H. Grees:	Ländliche Unterschichten und ländliche Siedlung in Ostschwaben. 1975. 320 S. Mit 58 Karten, 32 Tab. und 14 Abb. Summary **vergriffen**
Heft 59	J. Koch:	Rentnerstädte in Kalifornien. Eine bevölkerungs- und sozialgeographische Untersuchung. 1975. XV, 154 S. Mit 51 Karten u. Abb., 15 Tab. und 4 Fotos. Summary **DM 30.—**
Heft 60 (Sbd. 9)	G. Schweizer:	Untersuchungen zur Physiogeographie von Ostanatolien und Nordwestiran. Geomorphologische, klima- und hydrogeographische Studien im Vansee- und Rezaiyehsee-Gebiet. 1975. 145 S. Mit 21 Karten, 6 Abb., 18 Tab. und 12 Fotos. Summary. Résumé **DM 39.—**
Heft 61 (Sbd. 10)	W. Brücher:	Probleme der Industrialisierung in Kolumbien unter besonder Berücksichtigung von Bogotá und Medellín. 1975. 175 S. Mit 26 Tab. und 42 Abb. Resumen **DM 42.—**

Heft 62	H. Reichel:	Die Natursteinverwitterung an Bauwerken als mikroklimatisches und edaphisches Problem in Mitteleuropa. 1975. 85 S. Mit 4 Diagrammen, 5 Tab. und 36 Abbildungen. Summary. Résumé	**DM 30.—**
Heft 63	H.-R. Schömmel:	Straßendörfer im Neckarland. Ein Beitrag zur geographischen Erforschung der mittelalterlichen regelmäßigen Siedlungsformen in Südwestdeutschland. 1975. 118 S. Mit 19 Karten, 2 Abb., 11 Tab. und 6 Fotos. Summary	**DM 30.—**
Heft 64	G. Olbert:	Talentwicklung und Schichtstufenmorphogenese am Südrand des Odenwaldes. 1975. 121 S. Mit 40 Abb., 4 Karten und 4 Tabellen. Summary	**DM 27.—**
Heft 65	H. M. Blessing:	Karstmorphologische Studien in den Berner Alpen. 1976. 77 S. Mit 3 Karten, 8 Abb. und 15 Fotos. Summary. Résumé	**DM 30.—**
Heft 66	K. Frantzok:	Die multiple Regressionsanalyse, dargestellt am Beispiel einer Untersuchung über die Verteilung der ländlichen Bevölkerung in der Gangesebene. 1976. 137 S. Mit 17 Tab., 4 Abb. und 19 Karten. Summary. Résumé	**DM 36.—**
Heft 67	H. Stadelmaier:	Das Industriegebiet von West Yorkshire. 1976. VII, 155 S. Mit 38 Karten, 8 Diagr. u. 25 Tab. Summary	**DM 39.—**
Heft 68 (Sbd. 11)	H.-D. Haas	Die Industrialisierungsbestrebungen auf den Westindischen Inseln unter besonderer Berücksichtigung von Jamaika und Trinidad. 1976. XII, 171 S. Mit 31 Tab., 63 Abb. u. 7 Fotos. Summary	**vergriffen**
Heft 69	A. Borsdorf:	Valdivia und Osorno. Strukturelle Disparitäten und Entwicklungsprobleme in chilenischen Mittelstädten. Ein geographischer Beitrag zu Urbanisierungserscheinungen in Lateinamerika. 1976. VIII, 155 S. Mit 28 Fig. u. 48 Tab. Summary. Resumen	**DM 39.—**
Heft 70	U. Rostock:	West-Malaysia — ein Entwicklungsland im Übergang. Probleme, Tendenzen, Möglichkeiten. 1977. X, 199 S. Mit 22 Abb. u. 28 Tab. Summary	**DM 36.—**
Heft 71 (Sbd. 12)	H.-K. Barth:	Der Geokomplex Sahel. Untersuchungen zur Landschaftsökologie im Sahel Malis als Grundlage agrar- und weidewirtschaftlicher Entwicklungsplanung. 1977. 234 S. Mit 68 Abb. u. 26 Tab. Summary	**DM 42.—**
Heft 72	K.-H. Schröder:	Geographie an der Universität Tübingen 1512—1977. 1977. 100 S.	**DM 30.—**
Heft 73	B. Kazmaier:	Das Ermstal zwischen Urach und Metzingen. Untersuchungen zur Kulturlandschaftsentwicklung in der Neuzeit. 1978. 316 S. Mit 28 Karten, 3 Abb. und 83 Tab. Summary	**DM 48.—**
Heft 74	H.-R. Lang:	Das Wochenend-Dauercamping in der Region Nordschwarzwald. Geographische Untersuchung einer jungen Freizeitwohnsitzform. 1978. 162 S. Mit 7 Karten, 40 Tab. und 15 Fotos. Summary	**DM 36.—**

Heft 75	G. Schanz:	Die Entwicklung der Zwergstädte des Schwarzwaldes seit der Mitte des 19. Jahrhunderts. 1979. 174 S. Mit 2 Abb., 10 Karten und 26 Tab. **DM 36.—**
Heft 76	W. Ubbens:	Industrialisierung und Raumentwicklung in der nordspanischen Provinz Alava. 1979. 194 S. Mit 16 Karten, 20 Abb. und 34 Tab. **DM 40.—**
Heft 77	R. Roth:	Die Stufenrandzone der Schwäbischen Alb zwischen Erms und Fils. Morphogenese in Abhängigkeit von lithologischen und hydrologischen Verhältnissen. 1979. 147 S. Mit 29 Abb. **DM 32.—**
Heft 78	H. Gebhardt:	Die Stadtregion Ulm/Neu-Ulm als Industriestandort. Eine Industriegeographische Untersuchung auf betrieblicher Basis. 1979. 305 S. Mit 31 Abb., 4 Fig., 47 Tab. und 2 Karten. Summary **DM 48.—**
Heft 79 (Sbd. 14)	R. Schwarz:	Landschaftstypen in Baden-Württemberg. Eine Untersuchung mit Hilfe multivariater quantitativer Methodik. 1980. 167 S. Mit 31 Karten, 11 Abb. und 36 Tab. Summary **DM 35.—**
Heft 80 (Sbd. 13)	H.-K. Barth und H. Wilhelmy (Hrsg.):	Trockengebiete. Natur und Mensch im ariden Lebensraum. (Festschrift für H. Blume) 1980. 405 S. Mit 89 Abb., 51 Tab., 38 Fotos. **DM 68.—**
Heft 81	P. Steinert:	Góry Stołowe — Heuscheuergebirge. Zur Morphogenese und Morphodynamik des polnischen Tafelgebirges. 1981. 180 S. Mit 23 Abb., 9 Karten. Summary, Streszszenie **DM 24.—**
Heft 82	H. Upmeier:	Der Agrarwirtschaftsraum der Poebene. Eignung, Agrarstruktur und regionale Differenzierung. 1981. 280 S. Mit 26 Abb., 13 Tab., 2 Übersichten und 8 Karten. Summary, Riassunto **DM 27.—**
Heft 83	C. C. Liebmann:	Rohstofforientierte Raumerschließungsplanung in den östlichen Landesteilen der Sowjetunion (1925—1940). 1981. XI, 466 S. Mit 16 Karten, 24 Tab. Summary **DM 54.—**
Heft 84	P. Kirsch:	Arbeiterwohnsiedlungen im Königreich Württemberg in der Zeit vom 19. Jahrhundert bis zum Ende des Ersten Weltkrieges. 1982. 343 S. Mit 39 Kt., 8 Abb., 15 Tab., 9 Fotos. Summary **DM 40.—**
Heft 85	A. Borsdorf und H. Eck:	Der Weinbau in Unterjesingen. Aufschwung, Niedergang und Wiederbelebung der Rebkultur an der Peripherie des württembergischen Hauptanbaugebietes. 1982. 96 S. Mit 14 Abb., 17 Tab. Summary **DM 15.—**
Heft 86	U. Itzin:	Das ländliche Anwesen in Lothringen. 1983. 183 S. Mit 21 Karten, 36 Abb., 1 Tab. **DM 35.—**
Heft 87	A. Jebens:	Wirtschafts- und sozialgeographische Untersuchungen über das Heimgewerbe in Nordafghanistan unter besonderer Berücksichtigung der Mittelstadt Sar-e-Pul. Ein geographischer Beitrag zur Stadt-Umland-Forschung und zur Wirtschaftsform des Heimgewerbes. 1983. 426 S. Mit 19 Karten, 29 Abb., 81 Tab. Summary u. persische Zusammenfassung **DM 59.—**

Heft 88	G. Remmele:	Massenbewegungen an der Hauptschichtstufe der Benbulben Range. Untersuchungen zur Morphodynamik und Morphogenese eines Schichtstufenreliefs in Nordwestirland. 1984. 233 S. Mit 9 Karten, 22 Abb., 3 Tab. und 30 Fotos. Summary **DM 44.—**
Heft 89	C. Hannss:	Neue Wege der Fremdenverkehrsentwicklung in den französischen Nordalpen. Die Antiretortenstation Bonneval-sur-Arc im Vergleich mit Bessans (Hoch-Maurienne). 1984. 96 S. Mit 21 Abb. und 9 Tab. Summary. Resumé **DM 16.—**
Heft 90 (Sbd. 15)	S. Kullen (Hrsg.):	Aspekte landeskundlicher Forschung. Beiträge zur Sozialen und Regionalen Geographie unter besonderer Berücksichtigung Südwestdeutschlands. (Festschrift für Hermann Grees) 1985. 483 S. Mit 42 Karten (teils farbig), 38 Abb., 18 Tab., Lit. **DM 59,—**
Heft 91	J.-W. Schindler:	Typisierung der Gemeinden des ländlichen Raumes Baden-Württembergs nach der Wanderungsbewegung der deutschen Bevölkerung. 1985. 274 S. Mit 14 Karten, 24 Abb., 95 Tab. Summary. **DM 40,—**
Heft 92	H. Eck:	Image und Bewertung des Schwarzwaldes als Erholungsraum — nach dem Vorstellungsbild der Sommergäste. 1985. 274 S. Mit 31 Abb. und 66 Tab. Summary. **DM 40,—**
Heft 93 (TBGL 1)	G. Kohlhepp (Hrsg.):	Brasilien. Beiträge zur regionalen Struktur- und Entwicklungsforschung. 1987. 318 S. Mit 78 Abb., 41 Tab. **DM 45,—**
Heft 94 (TBGL 2)	R. Lücker:	Agrarräumliche Entwicklungsprozesse im Alto-Uruguai-Gebiet (Südbrasilien). Analyse eines randtropischen Neusiedlungsgebietes unter Berücksichtigung von Diffusionsprozessen im Rahmen modernisierender Entwicklung. 1986. 278 S. Mit 20 Karten, 17 Abb., 160 Tab., 17 Photos. Summary. Resumo. **DM 54,—**
Heft 95 (Sbd. 16) (TBGL 3)	G. Kohlhepp und A. Schrader (Hrsg.):	Homem e Natureza na Amazônia. Hombre y Naturaleza en la Amazonía. Simpósio internacional e interdisciplinar. Simposio internacional e interdisciplinario. Blaubeuren 1986. 1987. 507 S. Mit 51 Abb., 25 Tab. **DM 37,—**
Heft 96 (Sbd. 17) (TBGL 4)	G. Kohlhepp und A. Schrader (Hrsg.):	Ökologische Probleme in Lateinamerika. Wissenschaftliche Tagung Tübingen 1986. 1987. 317 S. Mit Karten, 74 Abb., 13 Tab., 14 Photos. **DM 27,—**
Heft 97 (TBGL 5)	M. Coy:	Regionalentwicklung und regionale Entwicklungsplanung an der Peripherie in Amazonien. Probleme und Interessenkonflikte bei der Erschließung einer jungen Pionierfront am Beispiel des brasilianischen Bundesstaates Rondônia. 1988. 549 S. Mit 31 Karten, 22 Abb. 79 Tab. Summary. Resumo. **DM 48,—**

Mit TBGL bezeichnete Bände erscheinen zugleich in der Reihe „Tübinger Beiträge zur Geographischen Lateinamerika-Forschung", hrsg. von Gerd Kohlhepp.